吴晗 著

大学者谈史系列

皇权、绅权与相权

中国文史出版社

图书在版编目（CIP）数据

皇权、绅权与相权 / 吴晗著 . -- 北京：中国文史出版社 , 2023.10
（大学者谈史系列 / 史鸣主编）
ISBN 978-7-5205-4229-6

Ⅰ . ①皇… Ⅱ . ①吴… Ⅲ . ①中国历史 – 古代史 – 文集 Ⅳ .
① K220.7-53

中国国家版本馆 CIP 数据核字 (2023) 第 146435 号

责任编辑：方云虎

出版发行：中国文史出版社
社　　址：北京市海淀区西八里庄路 69 号院　邮编：100142
电　　话：010-81136606　81136602　81136603（发行部）
传　　真：010-81136655
印　　装：廊坊市海涛印刷有限公司
经　　销：全国新华书店
开　　本：16 开
印　　张：27.75
字　　数：323 千字
版　　次：2024 年 1 月北京第 1 版
印　　次：2024 年 1 月第 1 次印刷
定　　价：80.00 元

编者说明

　　著名历史学家吴晗以研究明史尤其是明代政治史著称,他对皇权、绅权和相权的研究为人所称道,《论皇权》《论绅权》《胡惟庸党案考》等论文影响颇大,为了解中国传统社会结构、政治结构和政治运作提供了门径和方法。他关于海瑞罢官的研究,关于相权与皇权冲突的阐述,成为现象级事件。本书所收录的相关文章行文生动,考证严谨,集知识性和可读性于一体,是了解中国历史和中国传统政治的好读物,值得历史爱好者阅读和收藏。

　　本书的编辑参考了《吴晗全集》和其他相关著作,订正了个别错讹。

编　者

目　录

朱元璋的统治术

一、大明帝国和明教

吴元年（1367，元至正二十七年）十二月，朱元璋的北伐大军已经平定山东。南征军已降方国珍，移军福建，水陆两路都势如破竹。一片捷报声使应天的文武臣僚欢天喜地，估量军力、人事，和元政府的无能腐败，加上元朝将军疯狂的内战，荡平全国已经是算得出日子的事情了。苦战了十几年，为的是什么？无非是为作大官，拜大爵位，封妻荫子，大庄园，好奴仆，数不尽的金银钱钞，用不完的锦绮绸罗，风风光光，体体面面，舒舒服服过日子。如今，这个日子来了。吴王要是升一级作皇帝，王府臣僚自然也进一等作帝国将相了。朱元璋听了朱升的话，"缓称王"，好容易熬了这多年，才称王，称呼从主公改成殿下，如今眼见得一统在望，再也熬不住了，立刻要过皇帝瘾。真是同心一意，在前方厮杀声中，应天的君臣在商量化家为国的大典。

自然，主意虽然打定，自古以来作皇帝的一套形式，还是得照样搬演一下。照规矩，是臣下劝进三次，主公推让三次，文章都是刻板的烂调，于是，文班首长中书省左丞相宣国公李善长率文武百官奉表劝进："开基创业，既宏盛世之舆图，应天顺人，宜正大君之宝位……既膺在躬之历数，必当临御于宸居……伏冀俯从众请，早定尊称"。不用三推三让，只一劝便答应了。十天后，朱元璋搬进新盖的宫殿，把要作皇帝的意思，祭告于上帝皇祇说："惟我中国人民之君，自宋运告终，帝命真人于沙漠，入中国为天下主，其君臣父子及孙百有余年，今运亦终。其天下土地人民豪杰分争。惟臣帝赐英贤，为臣之辅，遂戡定诸雄，息民于田野。今地周回二万里广，诸臣下皆曰生民无主，必欲推尊帝号，臣不敢辞，亦不敢不告上帝皇祇。是用明年正月四日于钟山之阳，设坛备仪，昭告帝祇，惟简在帝心。如臣可为生民主，告祭之日，帝祇来临，天朗气清。如臣不可，至日当烈风异景，使臣知之。"①

即位礼仪也决定了，这一天先告祀天地，再即皇帝位于南郊，丞相率百官以下和都民耆老拜贺舞蹈，连呼万岁三声。礼成，具皇帝卤簿威仪导从，到太庙追尊四代祖父母父母都为皇帝皇后，再祭告社稷。于是皇帝服衮冕，在奉天殿受百官贺。天地社稷祖先百官和都民耆老都承认了，朱元璋成为合法的皇帝。

皇帝的正殿命名为奉天殿，皇帝诏书的开头也规定为奉天承运。原来元时皇帝白话诏书的开头是"长生天气力里，大福荫护助里"，文言的译作"上天眷命"，朱元璋以为这口气不够谦卑奉顺，改作奉作承，为"奉天承运"，表示他的一切行动都是奉天而行的，他的皇朝是承方兴之运的，谁能反抗天命？谁又敢于违逆兴运？

洪武元年正月初四日，朱元璋和他的文武臣僚照规定的礼仪节目，逐一搬演完了，定有天下之号曰大明，建元洪武。以应天为京师。去年年底，接连下雨落雪，阴沉沉的天气，到大年初一

---

① 《明太祖实录》卷二四。

雪停了，第二天天气更好，到行礼这一天，竟是大太阳，极好的天气，元璋才放了心。回宫时忽然想起陈友谅采石矶的故事，作皇帝这样一桩大事，连日子也不挑一个，闹得拖泥带水，衣冠污损，不成体统，实在好笑，怪不得他没有好下场。接着又想起这日子是刘基拣的，真不错，开头就好，将来会更好，子子孙孙都会好，越想越喜欢，不由得在玉辂里笑出声来。

奉天殿受贺后，立妃马氏为皇后，世子标为皇太子，以李善长、徐达为左右丞相，各文武功臣也都加官进爵。皇族不管死的活的，全都封王。一霎时闹闹攘攘，欣欣喜喜，新朝廷上充满了蓬勃的气象，新京师里添了几百千家新贵族，历史上也出现了一个新朝代。①

皇族和其他许多家族组织成功一个新统治集团，代表这集团执行统治的机构是朝廷，这朝廷是为朱家皇朝服务的，朱家皇朝的建立者朱元璋，给他的皇朝起的名号——大明。

大明这一朝代名号的决定，事前曾经经过长期的考虑。

历史上的朝代称号，都有其特殊的意义。大体上可以分作四类：第一类用初起时的地名，如秦如汉。第二类用所封的爵邑，如隋如唐。第三类用特殊的物产，如辽（镔铁）如金。第四类用文字的含义，如大真大元。②大明不是地名，也不是爵邑，更非物产，应该归到第四类。

大明这一国号出于明教。明教有明王出世的传说，主要的经典有《大小明王出世经》。经过了五百多年公开的秘密的传播，明王出世成为民间所熟知所深信的预言。这传说又和佛教的弥勒

---

① 《明太祖实录》卷二五。
② 赵翼：《廿二史劄记》卷二九，《元建国始用文义》条。

降生说混淆了，弥勒佛和明王成为二位一体的人民救主。韩山童自称明王起事，败死后，他的儿子韩林儿继称小明王，西系红军别支的明昇也称小明王。朱元璋原来是小明王的部将，害死小明王，继之而起，国号也称大明。[①] 据说是刘基提出的主意。[②]

朱元璋部下分红军和儒生两个系统，这一国号的采用，使两面人都感觉满意。就红军方面说，他们大多数都起自淮西，受了彭莹玉的教化。其余的不是郭子兴的部曲，就是小明王的余党，天完和汉的降将，总之，都是明教徒。国号大明，第一表示新政权还是继承小明王这一系统，所有明教徒都是一家人，应该团结在一起，共享富贵。第二告诉人"明王"在此，不必痴心妄想，再搞这一套花样了。第三使人民安心，本本分分，来享受明王治下的和平合理生活。就儒生方面说，他们固然和明教无渊源，和红军处于敌对地位，用尽心机，劝诱朱元璋背叛明教，遗弃红军，暗杀小明王，另建新朝代。可是，对于这一国号，却用儒家的看法去解释，"明"是光亮的意思，是火，分开来是日月，古礼有祀"大明"朝"日"夕"月"的说法，千多年来"大明"和日月都算是朝廷的正祀，无论是列作郊祭或特祭，都为历代皇家所看重，儒生所乐于讨论的。而且，新朝是起于南方的，和以前各朝从北方起事平定南方的恰好相反。拿阴阳五行之说来推论，南方为火，为阳，神是祝融，颜色赤，北方是水，属阴，神是玄冥，颜色黑，元朝建都北平，起自更北的蒙古大汉。那么，以火制水，以阳消阴，以明克暗，不是

---

① 孙宜：《洞庭集·大明初略》四："国号大明，承林儿小明号也"。吴晗：《明教与大明帝国》，载《清华周报》三十周年纪念号。

② 祝允明：《九朝野记》卷一。

恰好？再则，历史上的宫殿名称有大明宫，大明殿，古神话里，"朱明"一名词把国姓和国号联在一起，尤为巧合。因此，儒生这一系统也赞成用这国号。一些人是从明教教义，一些人是从儒家经说，都以为合式，对劲。①

　　元朝末年二十年的混战，宣传标榜的是"明王出世"，是"弥勒降生"的预言。朱元璋是深深明白这类预言，这类秘密组织的意义的。他自己从这一套得到机会和成功，成为新兴的统治者，要把这份产业永远保持下去，传之子孙，再也不愿意，不许别的人也来要这一套，危害治权。而且，"大明"已经成为国号了，也应该保持它的尊严。为了这，建国的第一年就用诏书禁止一切邪教，尤其是白莲社、大明教和弥勒教。接着把这禁令正式公布为法律，《大明律·礼律》禁止师巫邪术条规定："凡师巫假降邪神，书符咒水，扶鸾祷圣，自号端公、太保，师婆，妄称弥勒佛，白莲社，明尊教、白云宗等会，一应左道乱正之术，或隐藏图像，烧香集众，夜聚晓散，佯修善事，扇惑人民，为首者绞，为从者各杖一百，流三千里。"句解：端公、太保，降神之男子；师婆，降神之妇人。白莲社如昔远公修净土之教，今奉弥勒佛十八龙天持斋念佛者。朋尊教谓男子修行斋戒，奉牟尼光佛教法者。白云宗等会，盖谓释氏支流派分七十二家，白云持一宗如黄梅曹溪之类也。明尊教即明教，牟尼光佛即摩尼。《昭代王章》条例："左道惑众之人，或烧香集徒，夜聚晓散，为从者及称为善友，求讨布施，至十人以上，事发，属军卫者俱发边卫充军，属有司者发口外为民。"善友也正是明教教友称号的一种。招判枢机定师巫邪术罪款说："有等捏怪之徒，罔领明时之法，乃

---

　　① 吴晗：《明教与大明帝国》。

敢立白莲社，自号端公，拭清风刀，人呼太保，尝云能用五雷，能集方神，得先天，知后世，凡所以煽惑人心者千形万状，小则入迷而忘亲忘家，大即心惑而丧心丧志，甚至聚众成党，集党成祸，不测之变，种种立见者，其害不可胜言也。"①何等可怕，不禁怎么行？温州、泉州的大明教，从南宋以来就根深蒂固流传在民间，到明初还"造饰殿堂甚侈，民之无业者咸归之"。因为名犯国号，教堂被毁，教产被没收，教徒被适归农。②甚至宋元以来的明州，也改名为宁波。③明教徒在严刑压制之下，只好再改换名称，藏形匿影，暗地里活动，成为民间的秘密组织了。

事实是，法律的条款和制裁，并不能也不可能消除人民对政治的失望。朱元璋虽然建立了大明帝国，并没有替人民解除了痛苦，改善了生活，二十年后，弥勒教仍然在农村里传播，尤其是江西。朱元璋在洪武十九年年底诰戒人民说："元政不纲，天将更其运祚，而愚民好作乱者兴焉。初本数人，其余愚者闻此风而思为之，合共谋倡乱。是等之家，吾亲目睹……秦之陈胜、吴广，汉之黄巾，隋之杨玄感、僧向海明，唐之王仙芝，宋之王则等辈，皆系造言倡乱者致干戈横作，物命损伤者既多，比其事成也，天不与首乱者，殃归首乱，福在殿兴。今江西有等愚民，妻不谏夫，夫不戒前人所失，夫妇愚于家，反教子孙，一概念诵南无弥勒尊佛，以为六字，又欲造祸，以殃乡里……今后良民凡有六字者即时烧毁，毋存毋奉，永保已安，良民戒之哉！"他特别指出凡是造言首事的都没有好下场，"殃归首乱"，只有他自己

---

① 以上并据玄览堂丛书本《昭代王章》。

② 宋濂：《芝园续集》卷四，《故岐宁卫经历熊府君墓铭》；何乔远：《闽书》卷七，《方域志》。

③ 吕忌：《明朝小史》卷二。

是跟从的，所以"福在殿兴"。劝人民不要首事肇祸，脱离弥勒教，翻来覆去地说，甚至不惜拿自己作例证。可以看出当时民间对现实政治的不满意，和渴望光明的情形。

政府对明教的压迫虽然十分严厉,小明王在西北的余党却仍然很活跃。从洪武初年到永乐七年（1409）四十多年间，王金刚奴自称四天王，在沔县西黑山天池平等处，以佛法惑众，其党田九成自称后明皇帝，年号还是龙凤，高福兴自称弥勒佛，帝号和年号都直承小明王，根本不承认这个新兴的朝代。前后攻破屯塞，杀死官军。[①] 同时西系红军的根据地蕲州，永乐四年"妖僧守座聚男女成立白莲社，毁形断指，假神扇惑"被杀。永乐七年在湘潭，十六年在保定新成县，都曾爆发弥勒佛之乱。[②] 以后一直下来，白莲教、明教的教徒在不同时期，不同地点的传播以至起义，可以说是史不绝书。虽然都被优势的武力所平定了，也可以看出这时代，人民对政府的看法和愤怒的程度。[③]

二、农民被出卖了！

经过二十几年的实际教育，在流浪生活中，在军营里，在作战时，在后方，随处学习，随时训练自己，更事事听人劝告，征求专家的意见，朱元璋在近代史上，不但是一个伟大的军事统帅，也是一个成功的政治家。

---

① 《明成祖实录》卷九〇；沈德符：《野获编》卷三〇，《再僭龙凤年号》。

② 《明成祖实录》卷五六、九六、二〇〇。

③ 本节参看吴晗：《明教与大明帝国》。

他的政治才能，表现在他所奠定的帝国规模上。

在红军初起时，标榜复宋，韩林儿诈称是宋徽宗的子孙，暂时的固然可以发生政治的刺激作用，可是这时去宋朝灭亡已经九十年了，宋朝的遗民故老死亡已尽，九十年后的人民对历史上的皇帝，对一个被屈辱的家族，并不感觉到亲切、怀念、依恋。而且，韩家父子是著名的白莲教世家，突然变成赵家子孙，谁都知道是冒牌，真的都不见得有人理会，何况是假货？到朱元璋北伐时，严正的提出民族独立自主的新号召，汉人应该由汉人自己治理，应该用自己的方式生活，保存原有的文化系统，这一崭新的主张，博得全民族的热烈拥护，瓦解了元朝治下汉官、汉兵的敌对心理。在檄文中，更进一步提出，蒙古、色目人只要参加这文化系统，就一体保护，认为皇朝的子民。这一举措，不但减低了敌人的抵抗挣扎行为，并且，也吸引过来一部分敌人，化敌为友。到开国以后，这革命主张仍然被尊重为国策，对于参加华族文化集团的外族，毫不歧视。蒙古、色目的官吏和汉人同样登用，在朝廷有做到尚书侍郎大官的，地方作知府、知县，一样临民办事。[1] 在军队里更多，甚至在亲军中也有蒙古军队和军官。[2] 这些人都由政府编置勘合（合同文书），给赐姓名，和汉人一无分别。[3] 婚姻则制定法令，准许和汉人通婚，务要两相情愿，如汉人不愿，许其同类自相嫁娶。[4] 这样，蒙古、色目人陶育融冶，几代以后，都同化为中华民族的成员了。内中有十几家

---

[1] 《明太祖实录》卷一九九、卷二〇二；《明史》卷一三八《周祯传》，卷一四〇《道同传》。

[2] 《明太祖实录》卷七一、卷一九〇。

[3] 《明太祖实录》卷五〇；《明成祖实录》卷三三。

[4] 《明律》卷六，《户律》。

军人世家，替明朝立下不可磨灭的功绩。对于塞外的外族，则继承元朝的抚育政策，告诉他们新朝仍和前朝一样，尽保护提携的责任，各安生理，不要害怕。

相反的，却下诏书恢复人民的衣冠如唐朝的式样，蒙古人留下的习俗，辫发椎髻胡服——男袴褶窄袖及辫线腰褶，妇女衣窄袖短衣，下服裙裳——胡语、胡姓一切禁止。[1]蒙古俗丧葬作乐娱尸，礼仪官品坐位都以右手为尊贵，也逐一改正。[2]复汉官之威仪，参酌古代礼经和事实需要，规定了各阶层的生活、服用、房舍、舆从种种规范和标准，使人民有所遵守。

红军之起，最主要的目的是要实现经济的、政治的、民族的地位平等。在政治和民族方面说，大明帝国的建立已经完全达到目的，过去的被歧视情形，不再存在了。可是，在经济方面，虽然推翻了外族对汉族的剥削特权，但是，就中华民族本身而说，地主对农民的剥削特权，并没有因为政权的改变而有所改变。

元末的农民，大部分参加红军，破坏旧秩序，旧的统治机构。地主的利益恰好相反，他们要保全自己的生命财产，就不能不维持旧秩序，就不能不拥护旧政权。在战争爆发之后，地主们用全力来组织私军，称为民军或义军，建立堡砦，抵抗农民的袭击。这一集团的组成分子，包括现任和退休的官吏、乡绅、儒生和军人，总之，都是丰衣足食，面团团的地主阶层人物。这些人受过教育，有智识，有组织能力，在地方有号召的威望。虽然各地方的地主各自作战，没有统一的指挥和作战计划，战斗力量也有大小强弱之不同，却不可否认是一个比元朝军队更为壮大，更

---

[1]　《明太祖实录》卷三〇。

[2]　《明史·太祖本纪》。

为顽强的力量。他们决不能和红军妥协，也不和打家劫舍的草寇，割据一隅的群雄合作。可是，等到有一个新政权建立，而这一个新政权是有足够的力量，保护地主利益，维持地方秩序的时候，他们也就毫不犹豫，拥戴这一属于他们自己的新政权了。[①]同时，新朝廷的一批新兴贵族、官僚，也因劳绩获得大量土地，成为新的地主（洪武四年十月的公侯佃户统计，六国公二十八侯，凡佃户三万八千一百九十四户）。[②]新政府对这两种地主的利益，是不敢，也不能不特别尊重的。这样，农民的生活问题，农民的困苦，就被搁在一边，无人理睬了。

朱元璋和他的大部分臣僚都是农民出身的。过去都曾亲身受过地主的剥削和压迫，但在革命的过程中，本身的武装力量不够强大，眼看着小明王是被察罕帖木儿、李思齐和孛罗帖木儿两支地主军打垮了的，为了要成事业，不能不低头赔小心，争取地主们的人力财力的合作。又恨又怕，在朱元璋的心坎里，造成了微妙的矛盾的敌对的心理，产生了对旧地主的两面政策。正面是利用有学识、有社会声望的地主，任命为各级官吏和民间征收租粮的政府代理人，建立他的官僚机构。原来经过元末多年的内战，学校停顿，人才缺乏，将军们会打仗，可不会作办文墨的事务官。有些读书人，怕朱元璋的残暴、侮辱，百般逃避，抵死不肯作官，虽是立了"士人不为君用"就要杀头的条款，还是逼不出够用的人才。没奈何只好拣一批合用的地主，叫作税户人才，用作地方县令长、知州知府、布政使，以至朝廷的九卿。另外，以为地主熟悉地方情形，收粮和运粮都比地方官经手方便省事，而

<hr>

① 吴晗：《元帝国之崩溃与明之建国》五，载《清华学报》十一卷二期。

② 《明太祖实录》卷六八。

且，可以省去一层中饱。规定每一个收粮万石的地方，派纳粮最多的大地主四人作粮长，管理本区的租粮收运。这样，旧地主作官，作粮长，加上新贵族新官僚新地主，构成了新的统治集团。① 反面则用残酷的手段，消除不肯合作的旧地主，一种惯用的方法是强迫迁徙，使地主离开他的土地，集中到濠州、京师（南京）、山东、山西等处，釜底抽薪，根本削除了他们在地方的势力。其次是用苛刑诛灭，假借种种政治案件，株连牵及，一网打尽，灭门抄家，洪武朝的几桩大案如胡惟庸案、蓝玉案、空印案，屠杀了几万家，不用说了。甚至地方的一个皂隶的逃亡，就屠杀抄没了几百家，洪武十九年朱元璋公布这案子说："民之顽者，莫甚于溧阳、广德、建平、宜兴、安吉、长兴、归安、德清、崇德、蒋士鲁等三百七户。且如潘富系溧阳县皂隶，教唆官长贪赃枉法，自己挟势持权，科民荆杖。朕遣人按治，潘富在逃，自溧阳节次递送至崇德豪民赵真胜奴家。追者回奏，将豪民赵真胜奴并二百余家尽行抄没，持杖者尽皆诛戮。沿途节次递送者一百七十户，尽行枭令，抄没其家。"② 豪民尽皆诛戮，抄没的田产当然归官，再由皇帝赏赐给新贵族新官僚，用屠杀的手段加速度改变土地的持有人，据可信的史料，三十多年中，浙东、浙西的故家巨室几乎到了被肃清的地步。③

为了增加政府的收入，财力和人力的充分运用，朱元璋用二十年的功夫，大规模举行土地丈量和人口普查，六百年来若干朝代若干政治家所不能做到的事情，算是划时代地完成了。丈

---

① 吴晗：《明代之粮长及其他》，载《云南大学学报》第二期。

② 《大诰三编》，递送潘富第十八。

③ 吴晗：《明代之粮长及其他》。

量土地的目的，是因为过去六百年没有实地调查，土地簿籍和实际情形完全不符合，而且连不符合的簿籍大部分都已丧失，半数以上的土地不在簿籍上，逃避政府租税，半数的土地面积和负担轻重不一样，极不公平。地主的负担转嫁给贫农，土地越多的交租越少，土地越少的交租越多，由之，富的愈富，穷的更穷。经过实际丈量以后，使所有过去逃税的土地都登记完粮。全国土地，记载田亩面积方圆，编列字号，和田主姓名，制成文册，名为鱼鳞图册，政府据以定赋税标准。洪武二十六年（1393）全国水田总数八百五十万七千六百二十三顷①，夏秋二税收麦四百七十余万石，米二千四百七十余万石。和元代全国岁入粮数一千二百一十一万四千七百八石②比较，增加了一倍半。

人口普查的结果，编定了赋役黄册，把户口编成里甲，以一百一十户为一里，推丁粮多的地主十户作里长，余百户为十甲，每甲十户，设一甲首，每年以里长一人甲首一人，管一里一甲之事，先后次序还是根据丁粮多少，每甲轮值一年，十甲在十年内先后轮流为政府服义务劳役，一甲服役一年，有九年的休息。每隔十年，地方官以丁粮增减重新编定黄册，使之合于实际。洪武二十六年统计，全国有户一千六百五万二千六百八十，口六千五十四万五千八百一十二③，比之元朝极盛时期，世祖时代的户口，户一千一百六十三万三千二百八十一，口

---

① 《明史》，《食货志》一，《田制》。

② 《明史》，《食货志》二，《赋役》。《明太祖实录》卷二三〇作：粮储三千二百七十八万九千八百余石。《元史》卷九三，《食货志》，《税粮》。

③ 《明史》，《食货志》，《户口》。《明太祖实录》卷二一四洪武二十四年十二月，天下郡县更造赋役黄册成，计人户一千六十八万四千四百三十五，口五千六百七十七万四千五百六十一。

五千三百六十五万四千三百三十七①，户增加了三百四十万，口增加了七百万。

　　表面上派大批官吏，核实全国田土，定其赋税，详细记载原坂、坟衍、下隰、沃瘠、沙卤的区别，凡置卖田土，必须到官府登记税粮科则，免去贫民产去税存的弊端。十年一次的劳役，轮流休息，似乎是替一般穷人着想的。其实，穷人是得不到好处的，因为执行丈量的是地主，征收租粮的还是地主，里长甲首依然是地主，地主是决不会照顾小自耕农和佃农的利益的。其次，愈是大地主，愈有机会让子弟受到教育，通过科举成为官僚绅士，官僚绅士享有非法的逃避租税，合法的免役之权。前一例子，朱元璋说得很明白："民间洒派包荒诡寄移丘换段，这等俱是奸顽豪富之家，将次没福受用财富田产，以自己科差洒派细民。境内本无积年荒田，此等豪猾，买嘱贪官污吏，及造册书算人等，当科粮之际，作包荒名色，征纳小户。书算手受财，将田洒派，移丘换段，作诡寄名色，以此靠损小民。"②后一例子，洪武十年（1377）朱元璋告诉中书省官员："食禄之家，与庶民贵贱有等，趋事执役以奉上者，庶民之事也。若贤人君子，既贵其身，而复役其家，则君人野人无所分别，非劝士待贤之道。自今百司见任官员之家，有田土者，输租税外，悉免其徭役，著为令。"③不但见任官，乡绅也享受这特权，洪武十二年又著令："自今内外官致仕还乡者，复其家终身无所与。"④连在学的学

---

① 《元史》卷九三，《食货志》，《农桑》。

② 《大诰续诰》四五。

③ 《明太祖实录》卷一一一。

④ 《明太祖实录》卷一二六。

生，生员之家，除本身外，户内也优免二丁差役。① 这样，见任官、乡绅、生员都逃避租税，豁免差役，完粮当差的义务，便完全落在自耕农和贫农的身上了，他们不但出自己的一份，连官僚绅士地主的一份，也得一并承当下来。统治集团所享受的特权，造成了更激烈的加速度的兼并，土地愈集中，人民的负担愈重，生活愈困苦。这负担据朱元璋说是"分"，即应尽的义务，洪武十五年他叫户部出榜晓谕两浙江西之民说："为吾民者当知其分，田赋力役出以供上者，乃其分也。能安其分，则保父母妻子，家昌身裕，为忠孝仁义之民。"不然呢？"则不但国法不容，天道亦不容矣！"应该像"中原之民，惟知应役输税，无负官府"。只有如此，才能"上下相安，风俗淳美，共享太平之福！"②

里甲的组织，除了精密动员人力以外，最主要的任务还是布置全国性的特务网，严密监视并逮捕危害统治的人物。

朱元璋发展了古代的传、过所、公凭这一套制度，制定了路引（通行证或身份证）。法律规定："凡军民人等往来，但出百里即验文引。如无文引，必须擒拿送官，仍许诸人首告，得实者赏，纵容者同罪。天下要冲去处，设立巡检司，专一盘诘往来奸细及贩卖私盐犯人逃囚，无引面生可疑之人。"③ 处刑的办法："凡无文引私度关津者杖八十；若关不由门，津不由渡而越度者杖九十；若越度缘边关塞者，杖一百，徒三年；因而出外境者绞。"军民的分别："若军民出百里之外不给引者，军以逃军论，民以私度关津论。"④ 这制度把人民的行动范围，用无形的

---

① 张居正：《张太岳集》卷三九，《请申旧章饬学政以掘兴人才疏》。

② 《明太祖实录》卷五〇。

③ 《弘治大明会典》卷一一三。

④ 《明律》卷一五，《兵律》。

铜墙铁壁严密圈禁。路引是要向地方官请领的，请不到的，便被禁锢在生长的土地上，行动不能出百里之外。

要钳制监视全国人民，光靠巡检司是不够的，里甲于是被赋予了辅助巡检司的任务。朱元璋在洪武十九年手令"要人民互相知丁"，知丁是监视的意思："诰出，凡民邻里互相知丁，互知务业，俱在里甲，县府州务必周知，市村绝不许有逸夫。若或异四业而从释道者，户下除名。凡有夫丁，除公占外，余皆四业，必然有效。一，知丁之法，某民丁几，受农业者几，受士业者几，受工业者几，受商业者几。且欲士者志于士，进学之时，师友某代，习有所在，非社学则入县学，非县必州府之学，此其所以知士丁之所在。已成之士为未成士之师，邻里必知生徒之所在，庶几出入可验，无异为也。一，农业者不出一里之间，朝出暮入，作息之道互知焉。一，专工之业，远行则引明所在，用工州里，往必知方，巨细作为，邻里采知，巨者归迟，细者归疾，出入不难见也。一，商本有巨微，货有重轻，所趋远近水陆，明于引间，归期艰限其业，邻里务必周知，若或经年无信，二载不归，邻里当觉（报告）之询故。本户若或托商在外非为，邻里勿干。"逸夫指的是无业的危险分子，如不执行这命令："一里之间，百户之内，仍有逸夫，里甲坐视，邻里亲戚不拿，其逸夫或于公门中，或在市闾里，有犯非为，捕获到官，逸夫处死，里甲四邻化外之迁，的不虚示。"① 又说："此诰一出，自京为始，遍布天下，一切臣民，朝出暮入，务必从容验丁。市井人民，舍客之际，辨人生理，验人引目，生理是其本业，引目相符而无异，犹恐托业为名，暗有他为。虽然业与引合，又识重轻巨微贵贱，

---

① 《大诰续诰》，互知丁业第三。

倘有轻重不论，所赍微细，必假此而他故也，良民察焉。"① 异为，非为，他为，他故，都是法律术语，即不轨、不法的意思。前一手令是里甲邻里的连坐法，后一手令是旅馆检查规程，再三叮咛训示，把里甲和路引制度关联成为一体，不但圈禁人民在百里内，而且用法律、用手令，强迫每一个人都成为政府的代表，执行调查、监视、告密、访问、逮捕的使命。②

三、新官僚养成所

专制独裁的君主，用以维持和巩固皇权的两套法宝，一是军队，二是官僚机构，用武力镇压，用公文统治，皇权假如是车子，军队和官僚便是两个车轮，缺一不可。

朱元璋从亲兵爬到宋朝的丞相、国公，作吴王，一直作到皇帝，本来是靠武力起的家，有的是军队，再加上刘基的组织方案——军卫法，一个轮子有了（详后）。

另一个轮子可有点麻烦，从朝廷到地方，从部、院、省、寺、府、监到州、县，各级官僚要十几万人，白手成家的朱元璋，从哪儿去找这么些听话的忠心的能干的文人？

用元朝的旧官僚吧？经过二十年战争的淘汰，生存的为数已不甚多，会办事有才力的一批，早已来投效了。不肯来的，放下脸色一吓唬，说是："您不来，敢情在打别的主意？"③ 也不敢

---

① 《大诰续诰》，辨验丁引第四。

② 吴晗：《传·过所·路引的历史——历史上的国民身份证》，载 1948 年 1 月《中国建设》月刊五卷四期。

③ 《明史》卷二八五，《张以宁传》附《秦裕伯传》。

不来。剩下的不是贪官污吏，便已老朽昏庸，不是眷怀胜国的恩宠，北迁沙漠①，便是厌恶新朝的暴发户派头，恐惧新朝的屠杀侮辱，遁迹江湖，埋名市井。②尽管新朝用尽了心机，软说硬拉，要凑齐这个大班子，人数还差得太远。

第二想到的是元朝的吏，元朝是以吏治国的。从元世祖以后，甚至执政大臣也用吏来充当，造成风气。③朱元璋深知法令愈繁冗，条格愈详备，一般人不会办，甚至不能懂，吏就愈方便舞文弄弊，闹成吏治代替了官治，代替了君治，这是万万要不得的。④

第三只好起用没有作过官的读书人了。读书人当然想作官，可是也有顾忌，顾忌的是失身份："海岱初云扰，荆蛮遂土崩，王公甘久辱，奴仆尽同升。"⑤和奴仆同升也许还不太要紧，要紧的是这个政权还不太巩固，对内未统一，对外，北边蒙古还保有强大力量。顾忌的是这个政权是淮帮，大官位都给淮人占完了，"两河兵合尽红巾，岂有桃源可避秦？马上短衣多楚客，城中高髻半淮人"⑥。更顾忌的是恐怖的屠杀凌辱，作官一有差跌，不是枭示种诛，便是戴斩罪镣足办事，"以鞭笞捶楚为寻常之辱，以屯田工役为必获之罪"⑦。不是不得已，又谁敢作官？

第四是任用地主作官，称为荐举。有富户、耆民、孝弟力田、税户人才（纳粮最多的大地主）等名目。有一出来便作朝廷和

① 《明史》卷一二四，《扩廓帖木儿传》附《蔡子英传》；《明太祖实录》卷一一○。
② 《明史》卷二八五，《杨维桢传》、《丁鹤年传》。
③ 余阙：《青阳文集》卷四，《杨君显民涛集序》。
④ 《明太祖实录》卷二六、卷一二六。
⑤ 贝琼：《清江诗集》卷八，《述怀二十二韵寄钱思复》。
⑥ 贝琼：《清江诗集》卷五，《秋思》。
⑦ 《明史》卷一三九，《叶伯巨传》。

地方的大官的，最多的一次到过三千七百多人。[①]可是，还不够用，而且，这些地主官僚的作风，也不完全适合新朝统治的需要。

旧的人才不够用，只好想法培养新的了。朱元璋决心用自己的方法，新造一个轮子——国子监，来训练大量的新官僚。

国子监的教职员，从祭酒（校长）、司业、博士、助教、学正到监丞，都是朝廷命官，任免都出于吏部，国子监官到监是上任作官，学校是学校官的衙门。政治和教育一体，官僚和师儒一体。祭酒虽然是衙门首长，"严立规矩，表率属官"，但是，并无聘任教员之权，因为一切教职员都是部派的。监丞品位虽低，却参领监事，凡教官怠于师训，生员有戾规矩，课业不精，并从纠举。不但管学生规矩课业，还兼管教员教课成绩。办公处叫绳愆厅，特备有行扑红凳二条，拨有直厅皂隶二名，"扑作教刑"，刑具是竹篦，皂隶是行刑人，红凳是让学生伏着挨打的。照规定，监丞立集愆册一本，各堂生员敢有不遵学规，即便究治。初犯记录（记过），再犯决竹篦五下，三犯决竹篦十下，四犯发遣安置（开除，充军，罚充吏役）。监丞对学生，不但有处罚权，而且有执行刑讯之权，学校、法庭、刑场合而为一。当然，判决和执行都是片面的，学生绝对没有辩解申说和要求上诉的权利。[②]膳夫由朝廷拨死囚充役，如三遍不听使令，即处斩刑，学校又变作死囚的苦工场了。[③]

学校的教职员全是官，学生呢？来源有两类，一类是官生，

---

① 《明史》卷七一，《选举志》。

② 黄佐：《南雍志》卷九，《学规本末》。

③ 《南雍志》卷一〇，《谟训考》。

一类是民生。官生又分两等，一等是品官子弟，一等是外夷子弟（包括日本、琉球、暹罗和西南土司子弟）。官生是由皇帝指派分发的，民生是由各地地方官保送府、州、县学的生员。① 原来立学的目的，是为了训练官生如何去执行统治，名额是一百名，民生只占五十名。② 可是后来官生入学的日少，民生依法保送的日多，以洪武二十六年（1393）的在学人数为例，总数八千一百二十四名，里面官生只有四名，国子监已经失去原来的用意，成为广泛训练民生作官的机构了。

功课内容分《御制大诰》、《大明律令》、四书、五经、刘向《说苑》等书。③ 最重要的是《大诰》。《大诰》是朱元璋自己写的，有《续编》、《三编》、《大诰武臣》，一共四册。主要的内容是列举所杀官民罪状，使官民知所警戒，和教人民守本分，纳田租，出夫役，老老实实替朝廷当差的训话。洪武十九年以《大诰》颁赐监生，二十四年令"今后科举岁贡生员，俱以《大诰》出题试之"。礼部行文国子监正官，严督诸生熟读讲解，以资录用，有不遵者，以违制论。④ 违制是违抗圣旨的法律术语，这罪名是非同小可的。至于《大明律令》，因为学生的出路是作官，当然是必读书。四书、五经是儒家的经典，治国平天下的大道理都在里面，孔子的思想是没有问题的，尊王正名，君君臣臣父父子子这一大套，最合帝王的脾胃，所以朱元璋面谕国子博士："一以孔子所定经书诲诸生。"⑤ 可是，《孟子》就不同了，

---

① 《南雍志》卷一五。

② 《大明礼令》。

③ 《南雍志》卷一；《皇明太学志》卷七。

④ 《南雍志》卷一。

⑤ 《南雍志》卷一。

洪武三年，他开始读这本书，读到好些对君上不客气的地方，大发脾气，对人说："这老头要是活到今天，非严办不可！"下令国子监撤去孔庙中的孟子牌位，把孟子逐出孔庙。后来虽然迫于舆论，恢复孟子配享，对于这部书还是认为有反动毒素，得经过严密检查。洪武二十七年（1394）特别敕命组织一个《孟子》审查委员会，执行检删职务的，是当时的老儒刘三吾，把《尽心篇》的"民为贵，社稷次之，君为轻"，《梁惠王篇》"国人皆曰贤，国人皆曰可杀"一章，"时日曷丧，予及汝偕亡！"和《离娄篇》"桀纣之失天下也，失其民也。失其民者，失其心也"一章，《万章篇》"天与贤则与贤"一章，"天视自我民视，天听自我民听"，"君有大过则谏，反覆之而不听，则易位"，以及类似的"闻诛一夫纣矣，未闻弑君也。"君之视臣如草芥，则臣视君如寇仇"，一共八十五条，以为这些话，不合"名教"，太刺激了，全给删节掉了。只剩下一百七十几条，刻板颁行全国学校。这部经过凌迟碎割的书，叫做《孟子节文》。所删掉的一部分，"课士不以命题，科举不以取士"①。至于《说苑》，是因为"多载前言往行，善善恶恶，昭然于方册之间，深有劝戒"。是作为修身或公民课本被指定的。此外，也消极地指定一些不许诵读的书，例如"苏秦、张仪，由战国尚诈，故得行其术，宜戒勿读"②。由此可见学校功课的项目，内容的去取，必读书和禁读书，学校教官是无权说话的，一切都由皇帝御定。有时高兴，

---

① 《明史》卷一三九《钱唐传》，卷五四《礼志》四；李之藻：《类官礼乐疏》卷二；全祖望：《鲒埼亭集》卷三五，《辨钱尚书争孟子事》；北平图书馆藏洪武二十七年刊本《孟子节文》，刘三吾：《孟子节文题辞》，容肇祖：《明太祖的孟子节文》，载《读书与出版》二年四期。

② 《南雍志》卷一。

他还出题目"圣制策问"来考问学生呢！

学生日课，规定每日写字一幅，每三日背《大诰》一百字，本经一百字，四书一百字，每月作文六篇，违者都是痛决（打）。低年级生只通四书的，入正义、崇志、广业三堂，中等文理条畅的升入修道、诚心二堂，在学满七百天，经史兼通的入率性堂。率性堂生一年内考试满八分的与出身（作官）。[①]

监生的制服叫襕衫，也是御定的。膳食全公费，阖校会馔。有家眷的特许带家眷入学，每月支食粮六斗。监生和教员请假或回家，都要经皇帝特许。[②]

管制学校的监规，是钦定的，极为严厉。前后增订一共有五十六款，学生对课业有疑问，必需跪听，绝对禁止对人对事的批评，和团结组织，甚至班与班之间也禁止来往，以及不许议论饮食美恶，不许穿常人衣服。有事先于本堂教官处通知，毋得径行烦紊。凡遇出入，务要有出恭入敬牌，和无病称病，出外游荡，会食喧哗，点闸（名）不到，号房（宿舍）私借他人住坐，酣歌夜饮等等二十七款，下文都是违者痛决。最最严重的一款是"敢有毁辱师长，及主事告讦者，即系干名犯义，有伤风化，定将犯人杖一百，发云南地面充军"[③]。朱元璋寄托培养官僚的全部责任于国子监，这一条的法意就是授权监官，用刑法清除所有不服从和敢于抗议的监生。毁辱师长的含义是非常广泛的，无论是语言、文字、行动、思想上的不同意，以至批评，都可任意解释。至于生事告讦，更可随便应用，凡是不遵从监规的，不满意

---

① 《南雍志》卷九。

② 《南雍志》卷一。

③ 《南雍志》卷九，《学规本末》。

现状的，要求对教学及生活有所改进的，都可以援用这条款片面判决之，执行之。国子监第一任祭酒宋讷是这条监规的起草人，极意严酷，在他的任内，监生走投无路，经常有人被强制饿死，被迫缢死，祭酒连尸首也不肯放过，一定要当面验明，才许收殓。① 后来他的儿子宋复祖当司业，也学父亲的办法，"诫诸生守讷学规，违者罪至死"②。学录金文征反对宋讷的过分残暴，想法子救学生，向皇帝控诉说："祭酒办学太严，监生饿死了不少人。"朱元璋不理会，说是祭酒只管大纲，监生饿死，罪坐亲教之间，文征又设法和同乡吏部尚书余炜商量，由吏部出文书令宋讷以年老退休，这年宋讷七十五岁，照规定是该告老的，不料宋讷在辞别皇帝时，说出并非真心要辞官，朱元璋大怒，追问缘由，立刻把余炜、金文征和一些关联的教官都杀了，还把罪状榜示在监前，也写在《大诰》里头。这次反迫害的学潮，在一场屠杀后被压平。③

洪武二十七年第二次学潮又起，监生赵麟受不了虐待，出壁报提出抗议，照监规是杖一百充军，为了杀一儆百，朱元璋法外用刑，把赵麟杀了，并且在监前立一长竿，枭首示众（这在朱元璋的口语叫枭令，比处死重一等）。二十八年又颁行赵麟诽谤册和惊愚辅教二录于国子监，到三十年七月二十三日，又召集祭酒和本监教官监生一千八百二十六员名，在奉天门当面训话整顿学风，他说：

---

① 赵翼:《廿二史劄记》卷三一,《明史立传多存大体》条,引叶子奇:《草木子》。按通行本《草本子》无此条。

② 《明史》卷一三七,《宋讷传》。

③ 《南雝志》卷一、卷一〇;《明史·宋讷传》。

恁学生每听着：先前那宋讷做祭酒呵，学规好生严肃，秀才每循规蹈矩，都肯向学，所以教出来的个个中用，朝廷好生得人，后来他善终了，以礼送他回乡安葬，沿路上著有司官祭他。

近年著那老秀才每做祭酒呵，他每都怀着异心，不肯教诲，把宋讷的学规都改坏了，所以生徒全不务学，用著他呵，好生坏事。

如今著那年纪小的秀才官人每来署著学事，他定的学规，恁每当依着行。敢有抗拒不服，撒泼皮，违犯学规的，若祭酒来奏着恁呵，都不饶，全家发向武烟瘴地面去，或充军，或充吏，或做首领官。

今后学规严紧，若无籍之徒，敢有似前贴没头帖子诽谤师长的，许诸人出首，或绑缚将来，赏大银两个。若先前贴了票子，有知道的，或出首，或绑缚将来呵，也一般赏他大银两个。将那犯人凌迟了，枭令在监前，全家抄没，人口迁发烟瘴地面。钦此！①

和统制监生一样，国子监的教官也是在严刑重罚的约束之下的。以祭酒为例，三十多年来的历任祭酒，只有以残酷著名的宋讷是善终在任上，死后的恩礼也特别隆重，可以说是例外，其他的不是得罪放逐，便是被杀。②

痛决、充军、罚充吏役、枷镣终身、饿死、自缢死、枭首示众、凌迟，一大串刑罚名词，明初的国子监与其说是学校，不如更合式地说是监狱，是刑场。不止是学生，也包括教官在

---

① 《南雍志》卷一〇，《谨训考》。
② 《南雍志》卷一。

内，在受死亡所威胁的训练，造成绝对服从的、无思想的、奴性的官僚。

从洪武二年到三十一年这一时期监生任官的情形来看，第一，监生并没有一定的任官资序，最高的有作到地方大吏从二品的布政使，最低的作正九品的县主簿，以至无品级的教谕。第二，监生也没有固定的任官性质，朝廷的部院官、监察官，地方最高民政财政官、司法官，以至无所不管亲民的府、州、县官和学校官。监生万能，几乎无官不可作。第三，除作官以外，在学的监生，有奉命出使的，有奉命巡行列郡的，有稽核百司案牍的，有到地方督修水利的，有执行丈量、记录土地面积、定粮的任务的，有清查黄册的（每年一千二百人），有写本的，有在各衙门办事的，有在各衙门历事的（实习），几乎无事不能作。第四，三十年来监生的任官，以洪武二年和二十六年为最高（洪武二年擢监生为行省左右参政，各道按察司金事，及知府等官。二十六年以监生六十四人为行省布政、按察两使及参政、参议、副使、金事等官），十九年为最多（命祭酒司业择监生千余人送吏部，除授知州，知县等职）。"故其时布列中外者，太学生最盛。"[①] 大体说来，从十五年以后，监生的出路，已渐渐不如初年，从作官转到作事，朝廷利用大批监生作履亩定粮、督修水利、清查黄册等基层技术工作。至于为什么洪武二年和二十六年，大量利用监生作高官呢？理由是，第一，刚开国人才不够，如上文所说过的，没有别的人可用，只能以受过训练的监生出任高官。第二，洪武二十六年二月蓝玉被杀，牵连致死的文武官僚、地方大吏为数极多，许多衙门都缺正官，监生因之大走官

---

① 《南雍志》卷一；《明史》卷六九，《选举志》。

运。至于为什么洪武十九年监生任官的竟有千余人之多呢？那是因为上年闹郭桓贪污案，供词牵连到直省官吏，因而系死者有几万人，下级官吏缺得太多的缘故。至于为什么从洪武十五年以后，监生作官的出路一天不如一天呢？那是因为从十五年以后，会试定期举行，每三年一次，进士在发榜后即刻任官，要作官的都从进士科出身，甚至监生也多从进士科得官，官僚从科举制度里出来，国子监失去了培养官僚的独占地位。进士释褐授官，这些官原来都是监生的饭碗，进士日重，监生日轻，只好去作基层技术工作和到诸司去历事了。

地方的府州县学和国子监一样，生员都是供给廪膳（公费）的，从监生到生员都享有免役权，法律规定"免其家差徭二丁"。

洪武十二年颁发禁例十二条于全国学校，镌立卧碑，置于明伦堂之左，不遵者以违制论。禁例中最重要的是："生员家若非大事，毋轻至于公门。""生员父母欲行非为，则当再三恳告。"前一条不许生员交结地方官，后一条要使生员为皇家服务，替朝廷消弭"非为"。另一条"军民一切利病，并不许生员建言。果有一切军民利病之事，许当该有司，在野贤才，有志壮士，质朴农夫，商贾技艺，皆可言之，诸人毋得阻当，惟生员不许！"①重复地说"不许生员建言。"惟生员不许"，为什么单单剥夺了生员讨论政治的权利呢？因为他害怕群众，害怕组织，尤其害怕有群众基础有组织能力的知识分子，这个有号召力量的学生群，他是认清楚他们的力量的。

地方学校之外，洪武八年又诏地方立社学——乡村小学。

府州县学和社学都以《御制大诰》和律令作主要必修科。

---

① 《大明会典》卷七八，《学校》。

在官僚政治之下，地方学校只存形式，学生不在学，师儒不讲论。社学且成为官吏迫害剥削人民的手段，"有愿读书无钱者不许入学，有三丁四丁不愿读书者，受财卖放，纵其愚顽，不令读书。有父子二人，或农或商，本无读书之暇，却乃逼令入学。有钱者又纵之，无钱者虽不暇读书，又不肯放，将此凑生员之数，欺诳朝廷"[1]。朱元璋虽然要导民为善，却对官僚政治无办法，叹一口气，只好把社学停办，省得"逼坏良民不暇读书之家"[2]。

除国子监以外，政府官吏的来源是科举制度。国子监生可以不由科举，直接任官，而从科举出身的人则必须是学校的生员。府、州、县学的生员（俗称秀才）每三年在省城会考一次，称为乡试，及格的为举人。各布政司举人的名额是一定的，除直隶（今江苏安徽）百人最多，广东、广西二十五人最少，其他九布政司都是四十人。第二年全国举人会考于京师，称为会试，会试及格的再经一次复试，地点在殿廷，叫作廷试，亦称殿试。这复试是形式上的，主要意义是让皇帝自己来主持这论才大典，选拔之权，出于一人，及格的是天子门生，自然应该死心塌地替皇家服务，发榜分一二三甲（等），一甲只有三人，状元、榜眼、探花，赐进士及第。二甲若干人，赐进士出身。三甲若干人，赐同进士出身。状元、榜眼、探花的名号是御定的．民间又称乡试第一名为解元，会试第一名为会元，二三甲第一名为传胪。乡试由布政使司，会试由礼部主持。状元授翰林院修撰，榜眼、探花授编修，二三甲考选庶吉士的都为翰林官，其他或投给事、御史、

---

① 《御制大诰》，社学第四四。
② 本节参看吴晗：《明初的学校》，载1948年《清华学报》十四卷二期。

主事、中书、行人、评事太常国子博士，或授府推官、知州、知县等官。举人、贡生会试不及格，改入国子监，也可选作小京官，或作府佐和州县正官，以及学校教官。

科举各级考试，专用四书、五经来出题目，文体略仿宋经义，要用古人口气说话，只能根据几家指定的注疏发挥，绝对不许有自己的见解。体裁排偶，叫作八股，也称制义。这制度是朱元璋和刘基商量决定的。十五年以后，定制子午卯酉年乡试，辰戌丑未年会试，乡试在八月，会试在二月。每试分三场，初场四书义三道，经义四道。二场试论一道，判一道，诏诰表内科（选）一道。三场试经史时务策五道。①

学校和科举并行，学校是科举的阶梯，科举是学生的出路。学生通过科举便作官，不但忘了学校，也忘了书本，于是科举日重，学校日轻。学校和科举都是制造和选拔官僚的制度，所学习和考试的范围完全一样，都是四书、五经，不但远离现实，也绝不许接触到现实。诚如当时人宋濂所说："自贡举法行，学者知以摘经拟题为志，其所最切者惟四子一经之笺，是钻是窥，余则漫不加省。与之交谈，两目瞪然视，舌木强不能对。"②学校呢？"稍励廉隅者不愿入学，而学行章句有闻者，未必尽出于弟子员。"③到后来甚至弄到"生徒无复在学肄业，入其庭不见其人，如废寺然"④。科举人才不读书，不知时事，学校没有学生，加上残酷的统制管理，严格的检查防范，学校生员除了尊君和盲从古人之外，不许有新的思想、言论。于是整个学术文化

---

① 《明史》卷七〇，《选举志》。

② 宋濂：《銮坡集》卷七，《礼部侍郎曾公神道碑铭》。

③ 宋濂：《轴苑别集》卷一，《送翁好古教授广州序》。

④ 陆容：《菽园杂记》。

界、思想界、政治界，从童生到当国执政，都向往三王，服膺儒术，都以为"天王圣明，臣罪当诛"，挨了打是"恩谴"，被砍头是"赐死"，挨了骂不消说有资格才能挨得着，天下无不是的父母，更不会有不是的皇帝，君权由此巩固，朱家万世一系的统治也安如泰山了。

四、皇权的轮子——军队

皇权的一个轮子是军队。

朱元璋在攻克集庆以后，就厉行屯田政策，广积粮食，供给军需。他和刘基研究古代的兵制，征兵制的好处是全国皆兵，有事召集，事定归农，兵员素质好，来路清楚，政府在平时无养兵之费。坏处是兵员都出自农村，如有长期战争，便影响到农村的生产。而且兵源有限制，不适合于大规模的作战。募兵制呢？好处是应募的多为无业游民，当兵是职业，数量和服役的时间，都可以不受农业生产的限制。坏处是政府经常要维持大量数目的常备军，军费负担太重。而且募的兵来路不明，没有宗族乡党的挂累，容易逃亡，也容易叛变。理想的办法是折衷于两者之间，有两者的好处，而避免个别的坏处，主要的原则，是要使战斗力量和生产力量一致。

刘基创立的办法是卫所制度。[①]

卫所的兵源有四种，一种是从征，即起事时所统的部队，也就是郭子兴的基本队伍。一种是归附，包括削平群雄所得的部队

---

① 　《明史》卷一二八，《刘基传》。

和元朝的投降军。一种是谪发，指因犯罪被谪发充军的，也叫做恩军。一种叫垛集，即征兵，照人口比例，一家有五丁或三丁出一丁为军。前两种是定制时原有的武力，后两者则是补充的武力。这四种来源的军人都是世袭的，为了保障固定员额的维持，规定军人必须娶妻，世代继承下去，如无子孙继承，则由其原籍家属壮丁顶补，种族绵延的原则，被应用到武装部队里来，兵营成为武装的家庭群了。①

军有特殊的社会身份，单独有军籍。在明代户口中，军籍和民籍、匠籍平行，军籍属于都督府，民籍属于户部，匠籍属于工部。军不受普通行政官吏的管辖，在身份上，法律上和经济上的地位，都和民不同，军和民是截然地分开的。民户有一丁被垛为军，政府优免他原籍老家一丁差徭，作为优恤。军士到戍所时，由宗族替他治装。在卫的军士除本身为正军外，其子弟称为余丁或军余，将校的子弟则称为舍人。日常生活概由政府就屯粮支给，按月发米，称为月粮，马军月支米二石，步军总旗一石五斗，小旗一石二斗，步军一石（守城的照数支给，屯田的半支）。恩军家四口以上一石，三口以下六斗，无家口的四斗。衣服岁给冬衣棉布棉花夏衣夏布，在出征时则例给胖袄鞋裤。②

军队组织分作卫、所两级，大体上以五千六百人为卫，卫有指挥使。卫分五千户所，所一千一百二十人，有千户。千户所分十百户所，所百十二人，有百户。百户有总旗二，小旗十，总旗领小旗五，小旗领军十人。大小联比以成军。卫所的分布，根据地理险要，小据点设所，关联几个据点的设卫。集合一个军区的

---

① 《明史》卷九一，《兵志》。

② 吴晗：《明代的军兵》，载 1939 年《中国社会经济史集刊》五卷二期。

若干卫所，又设都指挥使司，作为军区的最高军事机构，长官是都指挥使。洪武二十五年（1392）全国共有十七个都指挥使司，内外卫三百二十九，守御千户所六十五，首都和地方的兵力分配如下：

在京武官	二七四七员
军　　士	二〇六二八〇人
马	四七五一匹
在外武官	一二七四二员
军　　士	九九二一五四人
马	四〇三二九匹[1]

这十七个都指挥使司又分别隶属于五军都督府。

军食出于屯田，大略是学汉朝赵充国的办法，在边塞开屯，一部分军士守御，一部分军士受田耕种。目的在省去运输费用，和充裕军食，减轻国库的负担，使战斗力和生产力一致。跟着内地卫所也先后开屯耕种，以每军受田五十亩作一分，官给耕牛、农具，开头几年是免纳田租的，到成为熟地后，每亩收税一斗，规定边地守军十分之三守城，七分屯种，内地是二分守城，八分屯种，希望能达到自足自给的地步。[2]

军队里也和官僚机构一样，清廉的武官是极少见的，军士经常被苛敛剥削，朱元璋曾经愤恨地指出：

那小军每一个月只关得一担儿仓米。若是丈夫每不在家里，他妇人家自去关呵，除了几升做脚钱，那害人的仓官

---

① 《明太祖实录》卷二二三。
② 宋讷：《西隐文稿》卷一〇，《守边策略》；《明史》卷七七，《食货志》。

又斛面上打减了几升。待到家里舭（音伐）过来呵，止有七八斗儿米，他全家儿大大小小要饭吃，要衣裳穿，他那里再得闲钱与人？①

正军本人的衣着虽由官家支给，家属的却得自己制备，一石米在人口多的家庭，连吃饭也还不够，如何还能孝敬上官，如何还能添制衣服？军士活不了，只好逃亡，只好兼营副业，做苦力、做买卖全来，军营就空了，军队的士气、战斗力也就差了。

除军屯外，还有商屯。边军粮食发生困难时，政府就用开中法来接济。开中法是把运输费用转嫁给商人，政府有粮食有盐，困难的是运输费用过大，商人有资本也有人力，却无法得到为政府所专利的盐，开中法让商人运一定数量的粮食到边境，拿到收据，就可以向政府领到等价的盐，自由贩卖，从而获取重利。商人会打算盘，索性雇人在边上开屯，就地缴粮，省去几倍的运费。② 在这一交换过程中，不但边防充实了，政府省运费，省事，商人也发了财，皆大欢喜。而且，边界荒地开垦了，不但增加了政府的财富，也造成了地方的繁荣。

军权分作两部分，统军权归五军都督府，军令权则属于兵部。武人带兵作战，文人发令决策。在平时卫所军各在屯地操练、屯田，战时动员令一下，各地卫军集合成军，临时指派都督府官充任将军总兵官，统带出征。战事结束，立刻复员，卫军务回原卫，将军交回将印，也回原任。将不专军，军无私将，上下阶级分明，纪律划一。唐宋以来的悍将跋扈、骄兵叛变的弊端，在这制度下是完全根绝了。

---

① 《大诰武臣》，科敛害军第九。
② 《明太祖实录》卷五三，卷五六；《明史》卷一五〇，《郁新传》。

朱元璋对军官军士是用十二分的注意来防闲的，除开在各个部队里派义子监军，派特务人员侦伺以外，洪武五年还特地降军律于各卫，禁止军官军人，不得于私下或明白接受公侯所与信宝，金银、段匹、衣服、粮米、钱物，及非出征时，不得于公侯之家门首侍立。其公侯非奉特旨，不得私自呼唤军人役使，违者公侯三犯准免死一次，军官军人三犯发海南充军。[①] 后来更进一步，名义上以公侯伯功臣有大功，赐卒一百十二人作卫队，设百户一人统率，颁有铁册，说明"俟其寿考，子孙得袭，则兵皆入卫"。称为奴军，亦称铁册军。事实上是防功臣有二心，特设铁册军来监视的。功臣行动，随时随地都有报告，证人是现成的，跟着是一连串的告密案和大规模的功臣屠杀。[②]

在作战时，虽然派有大将军指挥大军，指挥战争进行的还是朱元璋自己，用情报、用军事经验来决定前方的攻战，甚至指挥到极琐细的军务。即使最亲信的将领像徐达、李文忠，也是如此。例如吴元年（1367）四月十八日给徐达的手令，在处分军事正文之后，又说："我的见识只是如此，你每见得高处、强处、便当处，随着你每意见行着，休执着我的言语，恐怕见不到处，教你每难行事。"洪武三年四月："说与大将军知道……这是我家中坐着说的，未知军中便也不便，恁只拣军中便当处便行。"给李文忠的手令："说与保儿老儿：……我虽这般说，计量中不如在军中多知备细，随机应变的勾当。你也厮活落些儿也，那里直到我都料定！"大体上指导的原则是不能更动的，统师所有的只是极细微的修正权。

---

① 宋濂：《洪武圣政记》，肃军政第四。

② 沈德符：《野获编》卷一七，《铁册军》。

　　对待俘虏的方针是屠杀，如龙凤十一年十一月初五日的令旨："吴王亲笔，差内使朱明前往军中，说与大将军左相国徐达、副将军平章常遇春知会：十一月初四日捷音至京城，知军中获寇军及首目人等六万余众，然而俘获甚众，难为囚禁，今差人前去，教你每军中，将张（士诚）军精锐勇猛的留一二万，若系不堪任用之徒，就军中暗地去除了当，不必解来。但是大头目，一名名解来。"十二年三月且严厉责备徐达不多杀人："吴王令旨，说与总兵官徐达，攻破高邮之时，城中杀死小军数多，头目不曾杀一名。今军到淮安，若系便降，系是泗州头目青旛黄旗招诱之力，不是你的功劳。如是三月已里，淮安未下，你不杀人的缘故，自说将来！依奉施行者。"吴元年十月二十四日因为俘虏越狱逃跑，又下令军前："今后就近获到寇军及首目人等，不须解来，就于军中典刑。"洪武三年四月："说与大将军知道：止是就阵得的人，及阵败来降的王保保头目，都休留他一个，也杀了。止留小军儿，就将去打西蜀了后，就留些守西蜀便了。"则不但俘虏，连投降的头目也一概残杀了。

　　有一道令旨是关于整饬军纪的，说明了这一举措的军事理由。时间是龙凤十二年三月："（张军）男子之妻多在高邮被掳，总兵官为甚不肯给亲完聚发来？这个比杀人那个重？当城破之日，将头目军人一概杀了，倒无可论。掳了妻子，发将精汉来，我这里赔了衣粮，又费关防，养不住。杀了男儿，掳了妻小，敌人知道，岂不抗拒？星夜教冯副使（胜）去军前，但有指挥、千户、百户及总兵官的伴当，掳了妇女的，割将首级来。总兵官的罪过，回来时与他说话。依奉施行者。"[①]男子指的是张士诚的

---

① 王世贞：《弇山堂别集》卷八六，《诏令考》二。

部队，被掳是指的被朱元璋自己的部队所掳。把俘虏的妻女抢了，送俘虏来，养不住，白赔粮食，白费事看守。掳了妇女，杀了俘虏，敌人知道了，当然会顽强抵抗。为了这个道理，朱元璋只好派特使去整顿军风纪了。

五、皇权的轮子——新官僚机构

由于历史包袱的继承，皇权的逐步提高，隋唐以来的官僚机构，以巩固皇权为目的的三省制度——中书省出命令，门下省掌封驳，尚书省主施行——中书官和皇帝最亲近，接触机会最多，权也最重。宋代后期，门下省不能执行审核诏令的任务，尚书省官只能平决庶务，不能与闻国政，三省事实上只是一省当权。到元代索性取消门下省，把尚书省的官属六部也归并到中书，成为一省执政的局面。地方则分设行中书省，总揽军民大政。其下有路、府、州、县，管理军民。

三省制的形成有它的历史背景和原因，就这制度本身而论，把政权分作三份，一个专管决策，一个负责执行，而又另有一个纠核的机构，驳正违误，防止皇权的滥用和官僚的缺失，对巩固皇权，维持现状的意义上说，是很有用的。可是，在事实上，官僚政治本身破坏了瘫痪了这个官僚机构，皇权和相权的冲突，更有目的地摧毁了这个官僚机构。

官僚政治特征之一是作官不作事，重床叠屋，衙门愈多，事情愈办不好，拿薪水的官僚愈多，负责作事的人愈少。例如从唐以来，往往因事设官；尚书都省原有户部，专管户口财政，在国计困难时，政府要张罗财帛，供应军需，大张旗鼓，特设盐铁使、户部使、租庸使、国计使等官，由宰相或大臣兼任，意思是要提高搜刮的效率，可是这样一来，户部位低权轻，职守都为诸使所夺，便变成闲曹了。兵部专管军政，从五代设了枢密使以后，兵部又无事可做了。礼部专掌礼仪，宋代却又另有礼院。几套性质相同的衙门，新创的抢了旧衙门的职司，本衙门的官照例作和本衙门不相干的事，或者索性不作事。千头万绪，名实不符，十个官僚有九个不知道自己的职司。冗官日多，要官更多，行政效率也就日益低落。[①] 到元代又添上蒙古的部族政治机构，衙门越发多，越发庞大，混乱复杂，臃肿不灵，瘫痪的病象在在显露了。

而且就官僚的服务名义说，也有官、职、差遣之分，官是表明等级、分别薪俸的标识，职以待文学侍从之臣，只有差遣是"治内外之事"的。皇家的赏功酬庸，又有阶、勋。爵、食邑、功臣号等名目。以差遣而论，又有行、守、试、判、知、权知、权发遣的不同。其实除差遣以外，其他都是不大相干的。[②]

皇权和相权的矛盾，例如宋太宗讨厌中书的政权太重，分中书吏房置审官院，刑房置审刑院[③]，为了分权而添置衙门，其实是夺相权归之于皇帝。皇帝的诏令照规矩是必须经过中书门下，才算合法，所谓"不经凤阁鸾台，何名为敕？"[④] 用意是防止皇权的滥用，但是，这规矩只是官僚集团的规矩，官僚的任免生杀之权在皇帝，升沉荣辱甚至诛废的利害超过了制度的坚持，私人

---

① 《宋史》，《职官志》一。

② 司马光：《司马文正公传家集》卷二一，《乞分十二等以进退群臣上殿札子》；钱大昕：《潜研堂文集》卷三四，《答袁简斋书》。

③ 司马光：《涑水纪闻》卷三，李攸《宋朝事实》卷九；李焘：《续资治通鉴长编》，卷一二五。

④ 《旧唐书》卷八七，《刘祎之传》。

的利害超过了集团的利害，唐武后以来的墨敕斜封（手令），也就破坏了这个官僚制度，摧毁了相权，走上了独裁的道路。

朱元璋继承历代皇权走向独裁的趋势，对官僚机构大加改革，使之更得心应手，为皇家服务。

元代的行中书省是从中书省分出去的，职权太重，到后期鞭长莫及，几乎没有法子控制了。朱元璋要造成绝对的中央集权，洪武九年（1376）改行中书省为承宣布政使司，设左右布政使各一人，掌一区的政令。布政使是朝廷派驻地方的代表、使臣，禀承朝廷，宣扬政令。全国分浙江、江西、福建、北平、广西、四川、山东、广东、河南、陕西、湖广、山西十二布政使司，十五年增置云南布政使司。①布政使司的分区，大体上继承元朝的行省，市政使的职权却只掌民政、财政，和元朝行中书省的无所不统，轻重大不相同了。而且就地位论，行省是以都省的机构分设于地方，布政使则是朝廷派驻的使臣，前者是中央分权于地方，后者是地方集权于中央，意义也完全不同。此外，地方掌管司法行政的另有提刑按察使司，长官为按察使，主管一区刑名、按察之事。布、按二司和掌军政的都指挥使司合称三司，是朝廷派遣到地方的三个特派员衙门，民政、司法、军政三种治权分别独立，直接由朝廷指挥，为的是便于控制，便于统治。布政司之下，真正的地方政府分两级，第一级是府，长官为知府，有直隶州，即直隶于布政使司的州，长官是知州，第二级是县，长官是知县，有州，长官是知州，州县是直接临民的政治单位。②

---

① 明成祖永乐元年（1403）以北平布政司为北京，五年置交阯布政使司，十一年置贵州布政使司。宣德三年（1428）罢交阯布政使司，除两京外定为十三布政使司。

② 《明史·职官志》。

中央统治机构的改革，稍晚于地方。洪武十三年（1380）胡惟庸案发后[①] 废中书省，仿周官六卿之制，提高六部的地位；吏、户、礼、兵、刑、工，每部设尚书一人，侍郎（分左右）二人。吏部掌全国官吏选授、封勋、考课，甄别人才。户部掌户口、田赋，商税。礼部掌礼仪、祭祀、僧道、宴飨、教育及贡举（考试）和外交。兵部掌卫所官军选授、简练和军令。刑部掌刑名。工部掌工程造作（武器、货币等）、水利、交通。都直接对皇帝负责，奉行政令。

统军机关则改枢密院为大都督府，节制中外诸军。洪武十三年分大都督府为中、左、右、前、后五军都督府，每府以左右都督为长官，各领所属都司卫所，和兵部互相表里。都督府长官虽管军籍、军政，却不直接统带军队，在有战事时，才奉令出为将军总兵官，指挥作战。战争结束，便得交还将印，回原职办事。[②]

监察机关原来是御史台，洪武十五年改为都察院，长官是左右都御史，下有监察御史百十人，分掌十二道（按照市政使司政区分道）。职权是纠劾百司，辨明冤枉，凡大臣奸邪，小人构党作威福乱政，百官猥茸、贪污、舞弊，学术不正和变乱祖宗制度的，都可随时举发弹劾。这衙门的官被皇帝看作是耳目，替皇帝听，替皇帝看，有对皇权不利的随时报告。也被皇帝看作是鹰犬，替皇帝追踪，搏击一切不忠于皇帝的官民，是替皇帝监视官僚的衙门，是替皇帝检举反动思想、保持传统纲纪的衙门。监察御史在朝监视各个不同的官僚机构，派到地方的，有巡按、清军、提督学校、巡监、茶马、监军等职务，就

---

① 《明史·胡惟庸传》；吴晗：《胡惟庸党案考》，载《燕京学报》十五期。

② 宋濂：《洪武圣政记》，《肃军政》第四。

中巡按御史算是代皇帝巡狩，按临所部，大事奏裁，小事立断，是最威武的一个差使。

行政、军事、监察三种治权分别独立，由皇帝亲身总其成。官吏内外互用，其地位以品级规定，从九品到正一品，九品十八级，官和品一致，升迁调用都有一定的法度。百官分治，个别对皇帝负责。系统分明，职权清楚，法令详密，组织严紧。而在整套统治机构中，互相钳制，以监察官来监视一切臣僚，以特务组织来镇压威制一切官民，都督府管军不管民，六部管民不管军，大将在平时不指挥军队，动员复员之权属于兵部，供给粮秣的是户部，武器的是工部，决定战略的是皇帝。六部分别负责，决定政策的是皇帝。在过去，政事由三省分别处理，取决于皇帝，皇帝是帝国的首领。可是在这新统治机构下，六部府院直接隶属于皇帝，皇帝不但是帝国的首领，而且是这统治机构的负责人和执行人，历史上的君权和相权到此合一了，皇帝兼理宰相的职务，皇权由之达于极峰①。

历史的教训使朱元璋深切地明白宦官和外戚对于政治的祸害。他以为汉朝、唐朝的祸乱，都是宦官作的孽，这种人在宫廷里是少不了的，可是只能作奴隶使唤，洒扫奔走，人数不可过多，也不可用作耳目心腹，作耳目，耳目坏，作心腹，心腹病，对付的办法，要使之守法，守法自然不会作坏事，不要让他们有功劳，一有功劳就难于管束了。订下规矩，凡是内臣都不许读书识字，又铸铁牌立在宫门，上面刻着："内臣不得干预政事，犯者斩。"又规定内臣不许兼外朝的文武官衔，不许穿外朝官员的

---

① 参看《明史·职官志》。

服装，作内廷官不能过四品，每月领一石米，穿衣吃饭官家管。并且，外朝各衙门不许和内官监有公文往来。这几条规定针对着历史上所曾发生的弊端，使内侍名符其实地作宫廷的仆役。[①] 对外戚干政的对策，是不许后妃干政，洪武元年三月即命儒臣修《女诫》，纂集古代贤德妇女和后妃的故事，刊刻成书，来教育宫人，要她们学样。又立下规程，皇后只能管宫中嫔妇的事，宫门之外不得干预。宫人不许和外间通信，犯者处死，断绝外朝和内廷的来往以至通信，使之和政治隔离。外朝臣僚命妇按例于每月初一、十五朝见皇后，其他时间，没有特殊缘由，不许进宫。皇帝不接见外朝命妇，皇族婚姻选配良家子女，有私进女口的不许接受。元璋的母族和妻族都绝后，没有外家，后代帝王也都遵守祖训，后妃必选自民家。外戚只是高爵厚禄，作大地主，住大房子，绝对不许预闻政事。[②] 在洪武一朝三十多年中，内臣小心守法，宫廷和外朝隔绝，和前代相比，算是家法最严的了。

其次，元代以吏治国，法令极繁冗，档案堆成山。吏就从中舞弊，无法根究。而且，正因为公文条例过于琐细，不费一两年功夫，无从通晓，办公文、办公事成为专门技术，掌印正官弄不清楚，只好由吏作主张，结果治国治民的都是吏，不是官，小吏们唯利是图，毫不顾到全盘局面，政治（其实是吏治）自然愈闹愈坏。远在吴元年，朱元璋便已注意到法令和吏治的关系，指令台省官立法要简要严，选用深通法律的学者编定律令，经过缜密的商订，去烦减重，花了三十年功夫，更改删定了四五次，编成

---

① 宋濂：《洪武圣政记》；《明史》卷七四，《职官志》。

② 《明史》卷一〇八《外戚恩泽侯表序》，卷一一三《后妃列传序》，卷三〇〇《外戚传序》。

《大明律》，条例简于《唐律》，精神严于《宋律》，是中国法律史上极重要的一部法典。又为简化公文起见，于洪武十二年立案牍减烦式颁示各衙门，使公文明白好懂，文吏无法舞弊弄权。从此吏员在政治上被斥为杂流，不能作官。官和吏完全分开，官主行政，吏主事务，和元代的情形完全不同了。①

　　和吏文相同的是文章的格式。唐宋以来的政府文字，从上而下的制诰，从下达上的表奏，照习惯是骈骊四六文，尽管有多少人主张复古，提倡改革，所谓古文运动，在民间是成功了，政府却仍然用老套头，同一时代用的是两种文字，庙堂是骈偶文，民间是古文，朱元璋很不以为然，他以为古人作文章，讲道理，说世务，经典上的话，都明白好懂，像诸葛亮的《出师表》，又何尝雕琢，立意写文章？可是有感情，有血有肉，到如今读了还使人感动，怀想他的忠义。近来的文士，文字虽然艰深，用意却很浅近，即使写得和司马相如、杨雄一样好，别人不懂，又中什么用？以此他要秘书——翰林——作文字，只要说明白道理，讲得通世务就行，不许用浮辞藻饰。②到洪武六年，又下令禁止对偶四六文辞，选唐柳宗元《代柳公绰谢表》和韩愈《贺雨表》作为笺表法式，③这一改革不但使政府文字简单、明白，把庙堂和民间打通，现代人写现代文，就文学的影响说，也可以说很大，韩愈、柳宗元以后，他是提倡古文最有成绩的一个人。他自己所作的文章，写得不好，有时不通顺，倒容易懂。信札多用口语，比文章好得多，想来是受蒙古白话圣旨的影响，也许是没有念过

---

① 　《明太祖实录》卷二六，卷一二六；《明史》卷七，《选举志》。

② 　《明太祖实录》卷三九。

③ 　《明太祖实录》卷八五。

什么书，中旧式文体的毒比较轻的缘故吧？

唐、宋两代还有一样坏风气，朝廷任官令发表以后，被任用的官照例要辞官，上辞官表，一辞再辞甚至辞让到六七次，皇帝也照例拒绝，下诏敦劝，一劝再劝再六次七次劝，到这人上任上谢表才算罢休。辞的不是真辞，劝的也不是真劝，大家肚子里明白，是在玩文字的把戏，误时误事，白费纸墨。朱元璋认为这种做作太无聊，也把它废止了。

六、建都和国防

自称为淮右布衣，出身于平民而作皇帝的朱元璋，在拥兵扩土、称帝建国之后，最惹他操心的问题第一是怎样建立一个有力量的政治中心，即建都，建在何处？第二是用什么方法来维持皇家万世一系的独占统治？

远在初渡江克太平时（1355），陶安便建议先取金陵，据形势以临四方。[①] 冯国用劝定都金陵，以为根本。[②] 叶兑上书请定都金陵，然后拓地江广，进则越两淮以北征，退则画长江以自守。[③] 谋臣策士一致主张定都应天，经过长期的研究以后，龙凤十二年（元至正二十六年，1366）六月，扩大应天旧城，建筑新宫于钟山之南，到次年九月完工，这是吴王时代的都城。

洪武元年称帝，北伐南征，着着胜利，到洪武二十年辽东归附，全国统一。在这二十年中，个人的地位由王而帝，所统

---

① 《明史》卷一三六，《陶安传》。

② 《明史》卷一二九，《冯胜传》；孙承泽：《春明梦余录》卷一。

③ 《明史》卷一三五，《叶兑传》。

辖的疆域由东南一角落，扩大为大明帝国，局面大不相同。吴王时代的都城是否可以适应这扩大以后的局面便大成问题。而且，元帝虽然北走沙漠，仍然是蒙古大汗，保有强大的军力，时刻有南下恢复的企图。同时沿海倭寇的侵扰，也是国防上重大的问题。以此国都的重建和国防计划的确立，是当时朝野所最关心的两件大事。

基于自然环境的限制，从辽东到广东，沿海几千里海岸线的暴露，时时处处都有被倭寇侵掠的危险。东北和西北方面呢？长城以外便是蒙古人的势力，如不在险要处屯驻重兵，则铁骑奔驰，黄河以北便不可守。可是防边要用重兵，如把边境军权付托诸将，又怕尾大不掉；有造成藩镇跋扈的危机。如以重兵直隶中央，则国都必须扼驻国防前线，才能收统辖指挥的功效。东南是全国的经济中心，北方为了国防的安全，又必须成为全国的军事中心。国都如建设在东南，依附经济中心，则北边空虚，无法堵住蒙古人的南侵。如建立在北边，和军事中心合一，则粮食仍须靠东南供给，运输费用太大，极不经济。

帝国都城问题以外，还有帝国制度问题。是郡县制呢？还是封建制呢？就历史经验论，秦、汉、唐、宋之亡，没有强大的藩国支持藩卫，是衰亡原因之一。可是周代封建藩国，又闹得枝强干弱，威令不行。这两个制度的折衷办法是西汉初期的郡国制，一面立郡县，设官分治，集大权于朝廷，一面又置藩国，封建子弟，使为皇家捍御。把帝国建都和制度问题一起解决，设国都于东南财富之区，封子弟于北边国防据点，在经济上，在军事上，在皇家统治权的永久维持上，都圆满解决了。

明初定都应天的重要理由是经济的，第一因为江浙富庶，不但有长江三角洲的大谷仓，而且是丝织工业、盐业的中心，应天是这些物资的集散地，所谓"财赋出于东南，而金陵为其会"①。第二是吴王时代所奠定的宫阙，不愿轻易放弃，且如另建都城，则又得重加一番劳费。第三从龙将相都是江淮子弟，遭地南方人，不大愿意离开乡土。可是在照应北方军事的观点看，这个都城的地理地位是不大合适的。洪武元年取下汴梁后，朱元璋曾亲去视察，觉得虽然地位适中，可是无险可守，四面受敌，论形势还不如应天。②为了西北未定，要运饷和补充军力，不能不有一个军事上的补给基地，于是模仿古代两京之制，八月以应天为南京，开封（汴梁）为北京。次年八月陕西平定，北方全入版图，形势改变，帝都重建问题又再度提出。廷臣中有主张关中险固，金城天府之国。有人主张洛阳为全国中心，四方朝贡距离一样。也有提议开封是宋朝旧都，漕运方便。又有人指出北平（元大都）宫室完备，建都可省营造费用。七嘴八舌，引经据典。朱元璋批评这些建议都有片面的理由，只是都不适应现状。长安、洛阳、开封过去周、秦、汉、魏、唐、宋都曾建都，但就现状说，打了几十年仗，人民还未休息过来，如重新建都，供给力役都出于江南，未免过于和百姓下不去。即使是北平吧，旧宫室总得有更动，还是费事。还不如仍旧在南京，据形势之地，长江天堑，龙蟠虎踞，可以立国。次之，临濠（濠州）前长江后淮水，地势险要，运输方便，也是一个可以建都的地方。③就决定以临濠为中都，动工修造城池宫殿，从洪武二年九月起手，到八年四月，经刘基坚决反对，以为凤阳虽是帝乡，但就种种条

---

① 邱濬：《大学衍义补·都邑之建》。

② 刘辰：《国初事迹》。

③ 黄光昇：《昭代典则》。

件说，都不合适于建都，方才停工，放弃了建都的想头。[①]洪武十一年（1378）才改南京为京师，踌躇了十年的建都问题，到这时才决心正名定都。[②]

京师虽已奠定，但是为了防御蒙古，控制北边，朱元璋还是有迁都西北的雄心，选定的地点仍是长安和洛阳，洪武二十四年八月，特派皇太子巡视西北，比较两地的形势。太子回朝后，献陕西地图，提出意见。不料第二年四月太子薨逝，迁都大事只好暂时搁下。[③]

京师新宫原来是燕尾湖，填湖建宫，地势，南面高，北边低、就堪舆家的说法是不合建造法则的。皇太子死后，老皇帝很伤心，百无聊赖中把太子之死归咎于新宫的风水不好，这年年底他亲撰《祭光禄寺灶神文》说：

> 朕经营天下数十年，事事按古有绪。唯宫城前昂后洼，形势不称。本欲迁都，今朕年老，精力已倦。又天下新定，不欲劳民。且废兴有数，只得听天。惟愿鉴朕此心，福其子孙。[④]

六十五岁的白发衰翁，失去勇气，只好求上天保佑，从此不再谈迁都的话了。

分封诸王的制度，决定于洪武二年（1369）四月初编《皇明祖训》的时候，三年四月，封皇第二子到第十子为亲王。可是诸

---

① 《明史》卷一二八，《刘基传》；卷二，《太祖本纪》二。

② 《明史》，《地理志》一。

③ 《明史》卷一一五《兴宗孝廉皇帝传》，卷一四七《胡广传》；姜清：《姜氏秘史》卷一；郑晓：《今言》卷二七四。

④ 顾炎武：《天下郡国利病书》卷一三，《江南》一。

王的就藩，却在洪武十一年定鼎京师之后。① 从封王到就藩前后相隔九年，原因是诸子未成年，和都城未定，牵连到立国制度也不能决定。到京师奠定后，第二子秦王建国西安，三子晋王建国太原，十三年四子燕王建国北平，分王在沿长城的国防前线。十四年五子周王建国开封，六子楚王出藩武昌，十五年七子齐王建国青州，十八年潭王到长沙，鲁王在兖州，以后其他幼王逐一成年，先后就国，星罗棋布，分驻在全国各军略要地。

就军事形势而论，诸王国的建立分作第一线和第二线，或者说是前方和后方，第一线诸王的任务在防止蒙古入侵，都凭借天然险要，建立军事据点，有塞王之称。诸塞王沿长城线立国，又可分作外内二线，外线东渡榆关，跨辽东，南制朝鲜，北联开原（今辽宁开原），控扼东北诸夷，以广宁（今辽宁北镇）为中心建辽国，经渔阳（今河北蓟县）、卢龙（今河北卢龙），出喜峰口，切断蒙古南侵道路，以大宁（今热河平泉）为中心，包括今朝阳赤峰一带，建宁国。北平天险，是元朝故都，建燕国。出居庸，蔽雁门，以谷王驻宣府（察哈尔宣化），代王驻大同。逾河而西，北保宁夏，倚贺兰山，以庆王守宁夏。又西控河西走廊，扃嘉峪，护西域诸国，建肃国。从开原到瓜、沙，联成一气。内线是太原的晋国和西安的秦国。后方诸名城则开封有周王，武昌有楚王，青州有齐王，长沙有潭王，兖州有鲁王，成都有蜀王，荆州有湘王等国。②

诸王在其封地建立王府，设置官属，亲王的冕服车旗仅下皇帝一等，公侯大臣见王要俯首拜谒，不许钧礼。地位虽然极高极

---

① 《明史》卷二，《太祖本纪》。

② 何乔远：《名山藏》，《分藩记》一。

贵，却没有土地，更没有人民，不能干预民政，王府以外，便归朝廷所任命的各级官吏统治。每年有一万石的俸米和其他赏赐，唯一的特权是军权。每王府设亲王护卫指挥使司，有三护卫，护卫甲士少者三千人，多的到万九千人。[①] 塞王的兵力尤其雄厚，如宁王所部至有带甲八万，革车六千，所属朵颜三卫骑兵，都骁勇善战。[②] 秦、晋、燕三王的护卫特别经朝廷补充，兵力也最强。[③]《皇明祖训》规定："凡王国有守镇兵，有护卫兵。其守镇兵有常选指挥掌之，其护卫兵从王调遣。如本国是险要之地，遇有警急，其守镇兵、护卫兵并从王调遣"。而且守镇兵的调发，除御宝文书外，并须得王令旨方得发兵："凡朝廷调兵，须有御宝文书与王，并有御宝文书与守镇官。守镇官既得御宝文书，又得王令旨，方许发兵。无王令旨，不得发兵。"[④] 这规定使亲王成为地方守军的监视人，是皇帝在地方的军权代表，平时以护卫军监视地方守军，单独可以应变。战时指挥两军，军权付托给亲生儿子，可以放心高枕了。诸塞王每年秋天勒兵巡边，远到塞外，把蒙古部族赶得远远的，叫作肃清沙漠[⑤]，凡塞王都参预军务，内中晋、燕二王屡次受命将兵出塞，和筑城屯田，大将如宋国公冯胜，颍国公傅友德都受其节制，军中小事专决，大事才请示朝廷，军权独重，立功也最多。[⑥]

---

① 《明史》，《兵志》二，《卫所》，《诸王传序》。

② 《明史》，《宁王传》。

③ 《明史》，《太祖本纪》洪武十年。

④ 《兵卫章》。

⑤ 《明史》，《兵制》三，边防；祝允明：《九朝野记》卷一。

⑥ 《明史·晋恭王传》，《太祖本纪》三，二十六年三月："诏二王军务大者始以闻。"本节参看吴晗：明代靖难之役与国都北迁》，载 1935 年 10 月天津《益世报·史学》。

以亲王守边，专决军务，内地各大都会，也以皇子出镇，星罗棋布，尽屏藩皇室，翼卫朝廷的任务。国都虽然远在东南，也安如磐石，内安外攘，不会发生什么问题了。

七、大一统和分化政策

朱元璋以洪武元年称帝建立新皇朝，但是大一统事业的完成，却还须等待二十年。

元顺帝北走以后，元朝残留在内地的军力还有两大支，一支是云南的梁王，一支是东北的纳哈出，都用元朝年号，雄踞一方。云南和蒙古本部隔绝，势力孤单，朱元璋的注意力先集中在西南，从洪武四年（1371）消灭了割据四川的夏国以后，便着手经营，打算用和平的方式使云南自动归附，先后派遣使臣王祎、吴云去招降，都被梁王所杀。到洪武十四年决意用武力占领，派出傅友德、沐英、蓝玉三将军分两路进攻。

这时云南在政治上和地理上分作三个系统：第一是直属蒙古大汗，以昆明为中心的梁王。第二是在政治上隶属于蒙古政府，享有自治权利，以大理为中心的土酋段氏。以上所属的地域都被区分为路府州县。第三是在上述两系统下和南部（今思普一带）的非汉族诸部族，就是明代人叫作土司的地域。汉化程度以第一为最深，第二次之，第三最浅，或竟未汉化。现代贵州的西部，在元代属于云南行省，其东部则另设八番、顺元诸军民宣慰使司，管理彝族及苗族各土司。元至正二十四年（1364），朱元璋平定湖南、湖北，和湖南接界的贵州土人头目思南（今思南县）宣慰，和思州（今思县）宣抚先后降附。到平定夏国后，四川全境都入版图，和四川接境的贵州其他土司大起恐慌，贵州宣慰和普定府总管即于第二年自动归附。贵州的土司大部分都已归顺明朝，云南在东北两面便失去屏蔽了。

明兵从云南的东北两面进攻，一路由四川南下取乌撒（今云南镇雄、贵州威宁等地），这区域是四川、云南、贵州三省的接壤处，犬牙突出，在军事上可以和在昆明的梁王主力军呼应，并且是彝族的主要根据地。一路由湖南西取普定（今贵州安顺），进攻昆明。从明军动员那天算起，不过一百多天功夫，明东路军便已直抵昆明，梁王兵败自杀。明兵再回师和北路军会攻乌撒，把蒙古罕消灭了，附近东川（今云南会泽）、乌蒙（今云南昭通）、芒部（今云南镇雄）诸彝族完全降附，昆明附近诸路也都依次归顺。洪武十五年二月置贵州都指挥使司和云南都指挥使司，树立了军事统治的中心，闰二月又置云南布政使司，树立了政治中心。① 分别派官开筑道路，宽十丈，以六十里为一驿，把川、滇、黔三省的交通联系起来，建立军卫，"令那处蛮人供给军食"，控扼粮运。② 布置好了，再以大军向西攻下大理，经略西北和西南部诸地，招降麽些、彝掸、赞诸族，分兵戡定各土司。分云南为五十二府，五十四县。云南边外的缅国和八百媳妇（暹罗地）见况，派使臣内附，又置缅中、缅甸和老挝（今暹罗）八百诸宣慰司。为了云南太远，不放心，又特派义子西平侯沐英统兵镇守，沐家世代出人才，在云南三百年，竟和明朝的国运相始终。

---

① 《明史》卷一二四《把匝剌瓦尔密传》，卷一二九《傅友德传》，卷一二六《沐英传》，卷一三二《蓝玉传》

② 张紞：《云南机务钞黄》，洪武十五午闰二月二十五日敕。

　　纳哈出身是元朝世将，太平失守后被俘获，放遣北还，元亡后拥兵虎踞金山（在开原西北，辽河北岸），养精蓄锐，等候机会南下，和蒙古大汗的中路军、扩廓帖木儿的西路军，互相呼应，形成三路钳制明军的局面。在东北，除金山纳哈出军以外，辽阳、沈阳、开元一带都有蒙古军屯聚。洪武四年（1371）元辽阳守将刘益来降，建辽东指挥使司，接着又立辽东都指挥使司，总辖辽东军马，以次征服辽沈、开元等地。同时又从河北、陕西、山西各地出兵大举深入蒙古，击破扩廓的主力军（元顺帝已于前一年死去，子爱猷识里达腊继立，年号宣光，庙号昭宗）。并进攻应昌（今热河经棚县以西察哈尔北部之地），元主远遁漠北。到洪武八年扩廓死后，蒙古西路和中路的军队日渐衰困，不敢再深入到内地侵掠，朱元璋乘机经营甘肃、宁夏一带，招抚西部各羌族和回族部落，给以土司名义或王号，使其分化，个别内向，不能合力入寇，并利用诸部的军力，抵抗蒙军的入侵。在长城以北今内蒙地方则就各要害地方建立军事据点，逐步推进，用军力压迫蒙古人退到漠北，不使靠近边塞。西北问题完全解决了，再转回头来收拾东北。

　　洪武二十年冯胜、傅友德、蓝玉诸大将奉命北征纳哈出。大军山长城松亭关，筑大宁（今热河里城）、宽河（今热河宽河）、会州（今热河平泉）、富峪（今热河平泉之北）四城，储粮供应前方，留兵屯守，切断纳哈出和蒙古中路军的呼应，再东向以主力军由北面包围，纳哈出势穷力蹙，孤军无援，只好投降，辽东全部平定。[①] 于是立北平行都司于大宁，东和辽阳，西

---

　　① 钱谦益：《国初群雄事略》卷一一，《纳哈出》；《明史》卷一二九《冯胜传》，卷一二五《常遇春传》，卷一三二《蓝玉传》。

和大同应援，作为国防前线的三大要塞。又西面和开平卫（元上都，今察哈尔多伦县地）、兴和千户所（今察哈尔张北县地）、东胜城（今绥远托克托县及蒙古茂明安旗之地）诸据点，连成长城以外的第一道国防线，从辽河以西几千里的地方，设卫置所，建立了军事上的保卫长城的长城。[1] 两年后，蒙古大汗脱古思帖木儿被弑，部属分散，以后经过不断地政变、篡立、叛乱，实力逐渐衰弱，帝国北边的边防，也因之而获得几十年的安宁。

东北的蒙古军虽然降附，还有女真族的问题急待解决。女真这一部族原是金人的后裔，依地理分布，大别为建州、海西、野人三种。过去不时纠合向内地侵掠，夺取物资，边境军队防不胜防，非常头痛。朱元璋所采取的对策，军事上封韩王于开原，宁王于大宁，控扼辽河两头，封辽王于广宁（今辽宁北镇），作为阻止蒙古和女真内犯的重镇。政治上采分化政策，把辽河以东诸女真部族，个别用金帛招抚（收买），分立为若干羁縻式的卫所，使其个别的自成单位，给予各酋长以卫所军官职衔，并指定住处，许其禀承朝命世袭，各给玺书作为进贡和互市的凭证，满足他们物资交换的经济要求，破坏部族间的团结，无力单独进攻。[2] 到明成祖时代，越发积极推行这政策，大量的全面的收买，拓地到现在的黑龙江口，增置的卫所连旧设的共有一百八十四卫，立奴儿干都司以统之。[3]

辽东平定后，大一统的事业完全成功了。和前代一样，这大一统的帝国领有属国和许多藩国。从东面算起，洪武二十五年高

---

① 《明史》，《兵志》三，严从简：《殊域周咨录》卷一七，《鞑靼》；方孔炤：《全边略记》卷三，黄道周：《博物典汇》卷一九。

② 孟森：《明元清系通纪》，《清朝前纪》。

③ 内藤虎次郎：《明奴儿干永宁寺碑考》，载《北平图书馆馆刊》四卷六期。

丽发生政变，大将李成桂推翻亲元的王朝，自立为王，改国号为朝鲜，成为大明帝国的属国。藩国东南有琉球国，西南有安南、真腊、占城、暹罗和南洋群岛诸岛国。内地和边疆则有许多羁縻的部族和土司。

藩属和帝国的关系缔结，照历代传统办法，在帝国方面，派遣使臣宣告新朝建立，藩国必需缴还前朝颁赐的印绶册诰，解除旧的臣属关系。相对地重新颁赐新朝的印绶册诰，藩王受新朝册封，成为新朝的藩国。再逐年颁赐大统历，使之遵奉新朝的正朔，永作藩臣。旧藩国方面则必须遣使称臣入贡，新王即位，必须请求帝国承认册封。所享受的权利是通商和皇帝的优渥赏赐。和其他国家发生纠纷，或被攻击时，得请求帝国。在沿海特别开放三个通商口岸，主持通商和招待蕃舶使的衙门是市舶司，宁波市舶司指定为日本的通商口岸，泉州市舶司通琉球，广州市舶司通占城、暹罗南洋诸国。

朱元璋接受了元代用兵海外失败的经验，打定主意，不向海洋发展，他要子孙遵循大陆政策，特别在《皇明祖训》中郑重告诫说：

> 四方诸夷皆限山隔海，僻在一隅，得其地不足以供给，得其民不足以使令。若其不自揣量，来挠我边，则彼为不祥。彼既不为中国患，而我兴兵轻犯，亦不祥也。吾恐后世子孙倚中国富强，贪一时战功，无故兴兵，杀伤人命，切记不可。但胡戎与中国边境互相密迩，累世战争，必选将练兵，时谨备之。
>
> 今将不征诸国名列于后：
>
> 东北：朝鲜国

正东偏北：日本国（虽朝实诈，暗通奸臣胡惟庸谋为不
轨，故绝之）

正南偏东：大琉球国　小琉球国

西南：安南国　真腊国　暹罗国　占城国　苏门答剌国
西洋国　爪哇国　溢亨国　白花国　三弗齐国　渤泥国 [1]

中国是农业国，工商业不发达，不需要海外市场，版图广大，用
不着殖民地，人口众多，更不缺少劳动力，向海外诸国侵掠，
"得其地不足以供给，得其民不足以使令"。从经济的观点看，
是没有什么好处的。从利害的观点看，打仗要花一大笔钱，占领
又得费事，不幸打败仗越发划不来。还是和平相处，保境安民，
多一事不如少一事，这样一打算盘，主意就打定了。[2]

属国和藩国的不同处，在于属国和帝国的关系更密切，在许
多场合，属国的内政也经常被过问，经济上的连系也比较的强。

内地的土司也和藩属一样，要定期进贡，酋长继承要得帝
国许可。内政也可自主。所不同的是藩国使臣的接待衙门是礼
部主客司，册封承袭都用诏旨，部族土司领兵的直属兵部，土
府土县属吏部，体统不同。平时有纳税，开辟并保养驿路，战
时有调兵从征的义务。内部发生纠纷，或者反抗朝廷被平定后，
往往被收回治权，直属朝廷，即所谓"改土归流"。土司衙门
有宣慰司、宣抚司、招讨司、安抚司、长官司、土府、土县等
名目，长官都是世袭，有一定的辖地和土民，总称土司。土司
和朝廷的关系，在土司说，是借朝廷所给予的官位威权，来镇

---

[1]　《皇明祖训·箴戒章》。

[2]　参看吴晗：《十六世纪前之中国与南洋》，载1936年1月《清华学报》十一卷
一期。

慑部下百姓，肆意奴役搜括。在朝廷说，用空头的官爵，用有限的赏赐，牢笼有实力的酋长，使其倾心内向，维持地方安宁，可以说是互相为用的。

大概地说来，明代西南部各小民族的分布，在湖南、四川、贵州三省交界处是苗族活动的中心，向南发展到了贵州。广西则是瑶族（在东部）、壮族（在西部）的根据地。四川、云南、贵州三省交界处则是彝族的大本营，四川西部和云南西北部则有麼些族，云南南部有僰族，四川北部和青海、甘肃、宁夏有羌族。

在上述各区域中，除纯粹由土官治理的土司而外，还有一种参用流官的制度。流官即朝廷所任命的有一定任期、非世袭的地方官。大致是以土官为主，派遣流官为辅，事实上是执行监督的任务。和这情形相反，在设立流官的州县，境内也有不同部族的土司存在。以此，在同一布政使司治下，有流官的州县，有土官的土司，有土流合治的州县，也有土官的州县。即在同一流官治理的州县内，也有汉人和非汉人杂处的情形，民族问题复杂错综，最容易引起纷乱以至战争。汉人凭借高度的生产技术和政治的优越感，用武力，用其他方法占取土民的土地物资，土民有的被迫迁徙到山头，过极度艰苦的日子，有的被屠杀消灭，有的不甘心，组织起来以武力反抗，爆发地方性的甚至大规模的战争。朝廷的治边原则，在极边是放任的愚民政策，只要土司肯听话，便听任其作威作福，世世相承，不加干涉。在内地则取积极的同化政策，如派遣流官助理，开设道路驿站，选拔土司子弟到国子监读书，从而使其完粮纳税，应服军役，一步步加强统治，最后是改建为直接治理的州县，扩大皇朝的疆土。[1]

---

① 《明史·土司传》。

治理西北羌族的办法分两种：一种是用其酋长为卫所长官，世世承袭。一种因其土俗，建设寺院并赐番僧封号，利用宗教来统治边民。羌族的力量分化，兵力分散，西边的国防就可高枕无忧了。现在的西藏和西康当时叫作乌斯藏和朵甘，是喇嘛教的中心地区，僧侣兼管政事，明廷因仍元制，封其长老为国师法王，令其抚安番民，定期朝贡。又以番民肉食，对茶叶特别爱好，在边境建立茶课司，用茶叶和番民换马，入贡的赏赐也用茶和布匹代替。[①]西边诸族国的酋长僧侣贪图入贡和通商的利益，得保持世代袭官和受封的权利，都服服帖帖，不敢反抗，明朝三百年，西边比较平静，没有发生什么大的变乱，当然，也说不上开发，从任何方面来说，这一广大地区比之几百年前，没有任何进步或改变。

（原载《中国建设》第六卷第三、四期，1948 年 6 月）

---

① 《明史·西域传》。

明初统治阶级内部的斗争

朱元璋篡夺了元末农民战争的胜利果实作了皇帝，成为地主阶级政治利益的代表。他当然是尊重、维护地主阶级的利益的。但是，事情并不如他所想望的那样。大地主们也有两面性，一面同样尊重、维护他的统治，另一面，随着农业经济的恢复和发展，大地主们家里有人做官，倚仗政治力量，用隐瞒土地面积、荫庇漏籍人口等等手段来和皇家统治集团争夺土地和人力，直接影响到皇朝的财政、税收和人力使用。"国家存在的经济体现就是指税。"[①] "赋税是政府机器的经济基础。"[②] 由于触犯他的利益的大地主们的强占、舞弊，皇朝的经济基础发生问题了，地主阶级内部矛盾发展了，激化了，为了保障自己的经济基础，非对触犯他的利益的大地主加以狠狠的打击不可。

朱元璋从渡江以后，就采取了许多保护地主阶级利益的措施。例如龙凤四年（公元1358）取金华，便选用金华七县富民子弟充宿卫，名为御中军。[③] 这件事一方面表示对地主阶级的尊重和信任，另一面也是很重要的军事措施，因为把地主们的子弟

---

① 《马克思恩格斯全集》第四卷，《道德化的批评和批评化的道德》，342 页。
② 《马克思恩格斯文选》第二卷，《哥达纲领批判》，32 页。
③ 《明太祖实录》卷六。

征调为禁卫军人，随军作战，等于作质，就不必担心这些地区地主的军事反抗了。洪武十九年（公元1386）选取直隶应天诸府州县富民子弟赴京补吏，凡一千四百六十人[1]，也是同样作用。对地主本身，洪武三年作的调查，以田税多寡比较，浙西的大地主数量最多，以苏州一府为例，每年纳粮一百石以上到四百石的四百九十户；五百石到一千石的五十六户；一千石到二千石的六户；二千石到三千八百石的二户，共五百五十四户，每年纳粮十五万一百八十四石。[2]三十年又作了一次调查，除云南、两广、四川以外，浙江等九布政司，直隶应天十八府州，地主们田在七顷以上的共一万四千三百四十一户。编了花名册，把名册藏在内府印绶监，按名册以次召来，量才选用。[3]应该看到，田在七顷以上，在长江以南的确是大地主了，但在长江以北，就不一定是大地主，而是中小地主了。

地主对封建统治集团和农民来说，也是有两面性的。一面是他们拥护当前的统治，依靠皇朝的威力，保身立业。朱元璋说过：孟子曰：有恒产者有恒心。今郡县富民，多有素行端洁，通达时务者。叫户部保荐交租多的地主，任命为官员、粮长。[4]一面他又指出："富民多豪强，故元时此辈欺凌小民，武断乡曲，人受其害。"[5]以此，他对地主的政策也是两面性的，双管齐下。一是选用作官僚，加强自己的统治基础；一是把他们迁到京师，繁荣首都，同时也削弱了地主在各地方的力量。在科举法未定以

---

① 《明太祖实录》卷一百七十九。
② 《明太祖实录》卷四十九。
③ 《明太祖实录》卷二百五十二。
④ 谈迁：《国榷》卷六。
⑤ 《明太祖实录》卷四十九。

前，选用地主作官，叫作税户人才，有作知县、知州、知府的，有作布政使以至朝廷的九卿的。① 例如浙江乌程大族严震直就以税户人才一直做到工部尚书，后来浦江有名的郑义门的郑沂竟从老百姓任命为礼部尚书。② 又以地主为粮长。以为地方官都是外地人，不熟习本地情况，容易被黠胥宿豪蒙蔽，民受其害，不如用有声望的地主来征收地方赋税，负责运到京师，可以减少弊病。③ 洪武四年九月，命户部计算土田租税，以纳粮一万石为一区，选占有大量土地纳粮最多的地主为粮长，负责督收和运交税粮。④ 如浙江布政司有人口一百四十八万七千一百四十六户，每年纳粮九十三万三千二百六十八石，设粮长一百三十四人。⑤ 粮长下设知数（会计）一人，斗级（管斗斛秤量的）二十人，运粮夫千人。⑥ 并规定对粮长的优待办法，凡粮长犯杂犯、死罪和徒流刑的可以纳钞赎罪。⑦ 三十年又命天下郡县每区设正副粮长三名，编定次序，轮流应役，周而复始。⑧ 凡粮长按时运粮到京师的，元璋亲自召见，谈话合意的往往留下作官。⑨ 元璋把征粮和运粮的权力交给地主，以为这个办法是"以良民治良民，必无

---

① 吴宽：《匏翁家藏集》卷七十五，《施孝先墓表》。

② 吴宽：《匏翁家藏集》卷四十三《尚书严公流芳录序》；《明史》卷二百九十六，《郑濂传》。

③ 宋濂：《朝京稿》卷五，《上海夏君新圹铭》；《匏翁家藏集》卷五十二，《恭题粮长敕谕》。

④ 《明太祖实录》卷六十八。

⑤ 《明太祖实录》卷七十。

⑥ 《明太祖实录》卷八十五。

⑦ 《明太祖实录》卷一〇二。

⑧ 《明太祖实录》卷二百五十四。

⑨ 《明史》卷七十八，《食货志》二，《赋役》；《匏翁家藏集》卷四十三，《尚书严公流芳录序》。

侵渔之患"[1]；免地方官"科扰之弊，于民甚便"[2]。他把地主也当作良民了。但是事实恰好相反，不少地主在作了粮长以后，在原来对农民剥削的基础上，更加上了皇朝赋予的权力，如虎添翼，肆行额外剥削，农民的痛苦也就更深更重了。例如粮长邾阿乃起立名色，科扰民户，收舡水脚米、斛面米、装粮饭米、车脚钱、脱夫米、造册钱、粮局知房钱、看米样中米，等等，通共苛敛米三万二千石，钞一万一千一百贯。正米止该一万石，邾阿乃个人剥削部分竟达米二万二千石，钞一万一千一百贯。农民交纳不起，就强迫以房屋准折，揭屋瓦，变卖牲口，以及衣服、段匹、布帛、锅灶、水车、农具，等等。[3]又如嘉定县粮长金仲芳等三名，巧立名色征粮附加到十八种。[4]农民吃够了苦头，无处控诉。[5]朱元璋也发觉粮长之弊，用严刑制裁。尽管杀了不少人，粮长依然作恶，农民也依然被额外剥削，改不好，也改不了。[6]

除任用地主作官收粮以外，朱元璋还采用汉高祖徙天下豪富于关中的政策。洪武三年移江南民十四万户于凤阳（这时凤阳是中都），其中有不少是地主。洪武二十四年徙天下富户五千三百户于南京。[7]三十年又徙富民一万四千三百余户于南京，称为富户。元璋告诉工部官员说："从前汉高祖这样做，我很不以为然。现在想通了，京师是全国根本，事有当然，确实不得不这样做。"[8]

---

① 《明太祖实录》卷六十八。

② 《明太祖实录》卷一〇一。

③ 《大诰续诰》卷四十七。

④ 《大诰续诰》卷二十一。

⑤ 黄省曾：《吴风录》。

⑥ 宋濂：《朝京稿》卷五，《上海夏君新圹铭》。

⑦ 《明太祖实录》卷二百十。

⑧ 《明太祖实录》卷二百十；《明史》卷七十七，《食货志》一。

江南苏、松、杭、嘉、湖一带的地主被迫迁往凤阳，离开了原来的乡里田舍，还不许私自回去。这一措施对于当时东南地主阶级是绝大的打击。旧社会的地主阶级离开了原来占有的土地，也就丧失了社会地位和政治地位了。相对的，以朱元璋为首的新地主阶级却可以因此而加强对这一地区人民的控制了。这些家地主从此以后，虽然不敢公开回到原籍，却伪装成乞丐，以逃荒为名，成群结队，老幼男妇，散入江南诸州县乞食，到家扫墓探亲，第二年二三月间又回到凤阳。年代久了，也就成为习惯。五六百年来凤阳花鼓在东南一带是妇孺皆知的民间歌舞。歌词是：

> 家住庐州并凤阳，凤阳原是好地方，
> 自从出了朱皇帝，十年倒有九年荒。[①]

地主们对作官、作粮长当然很高兴，感激和支持这个维护本阶级利益的政权。但是，地主阶级贪婪的本性是永远也不能改变的，他们决不肯放弃任何一个可以增加占领土地和人力的机会，用尽一切手段逃避对皇朝应纳的赋税和徭役。例如两浙地主所使用的方法，把自己的田产诡寄（假写在）亲邻佃仆名下，叫作"铁脚寄诡"，普遍成为风气，乡里欺骗州县，州县欺骗府，奸弊百出，叫作"通天诡寄"。[②] 此外，还有洒派、抛荒、移丘换段等等手段。元璋在处罚了这些地主以后，气忿地指出：

> 民间洒派、抛荒、诡寄、移丘换段，这等都是奸顽豪富之家，将次没福受用财赋田产，以自己科差洒派细民；境内

---

① 赵翼：《陔余丛考》卷四十一，《凤阳丐者》。

② 《明太祖实录》卷一百八十。

本无积年荒田，此等豪猾买嘱贪官污吏及造册书算人等，其贪官污吏受豪猾土财，当科差之际，作包荒名色征纳小户，书算手受财，将田洒派，移丘换段，作诡寄名色，以此靠损小民。①

地主把自己的负担通过舞弊手段转嫁给"细民"、"小户"、"小民"，也就是贫苦农民，结果是富的更富，穷的更穷了。②地主阶级侵占了皇家统治集团应得的租税和人力，贫苦农民加重了负担。皇朝一方面田赋收入和徭役征发都减少了，一方面贫苦农民更加穷困饥饿，动摇和侵蚀了统治阶级的经济基础。阶级内部发生矛盾，斗争展开了，地主不再是良民，而是"奸顽豪富之家"，是"豪猾"了。

朱元璋斗争的对象是地主阶级中违法的大地主。办法有两条，一条是用严刑重法消灭"奸顽豪富之家"，一条是整理地籍和户口。

洪武时代大地主被消灭的情况，据明初人记载，如贝琼说：

三吴巨姓享农之利而不亲其劳，数年之中，既盈而覆，或死或徙，无一存者。③

方孝孺说：

时严通财党与（胡惟庸党案）之诛，犯者不问实不实，必死而覆其家……当是时，浙东、西巨室故家，多以罪倾其宗。④

---

① 《大诰续诰》第四十五，《靠损小民》。
② 《明太祖实录》卷一百八十。
③ 《贝清江集》卷十九，《横塘农诗序》。
④ 方学孺：《逊志斋集》卷二十二，《采芩子郑处士墓碣》。

吴宽说：

> 吴……皇明受命，致令一新，富民豪族，划削殆尽。①

长州情况：

> （城)东……遭世多故，邻之死徙者殆尽，荒落不可居。②
> 洪武之世，乡人多被谪徙，或死于刑，邻里殆空。③

有的大地主为了避祸，或则"晦匿自全"④，或则"悉散所积以免祸"⑤，或则"出居于外以避之"⑥，或则"攀附军籍以免死"⑦，但是这样的人只占少数。浙东西的"富民豪族，划削殆尽"。统治阶级内部的斗争是十分残酷的。

另一方面，经过元末二十年的战争。各地田地簿籍多数丧失，保存下来的一部分，也因为户口变换，土地转移，实际的情况和簿籍不相符合。大部分田地没有簿籍可查，大地主们便乘机隐匿田地，逃避皇朝赋役；有簿籍登载的田地，登记的面积和负担又轻重不一，极不公平合理。朱元璋抓住这中心问题，对大地主进行了长期的斗争。方法是普遍丈量田地和调查登记人口。

洪武元年正月派国子监生周铸等一百六十四人往浙西核量

---

① 《匏翁家藏集》卷五十八，《莫处士传》。
② 《匏翁家藏集》卷六十，《先考封儒林郎翰林院修撰府君墓志》。
③ 《匏翁家藏集》卷五十七，《先世事略》。
④ 《匏翁家藏集》卷五十七，《先世事略》。
⑤ 《匏翁家藏集》卷七十三，《怡隐处士墓表》。
⑥ 《匏翁家藏集》卷七十四，《山西提刑按察司副使致仕朱公墓表》。
⑦ 《匏翁家藏集》卷五十八，《莫处士传》。

田亩，定其赋税。① 五年六月派使臣到四川丈量田亩。② 十四年命全国郡县编赋役黄册。二十年命国子监生武淳等分行州县，编制鱼鳞图册。③ 前后一共用了二三十年时间。才办好这两件事。

丈量田地所用的方法，是派使臣到各州县，随其税粮多少，定为几区，每区设粮长，会集里甲耆民，量度每块田亩的方圆，作成简图，编次字号，登记田主姓名和田地丈尺四至，编类各图成册，以所绘的田亩形象像鱼鳞，名为鱼鳞图册。

人口普查的结果，编定了赋役黄册，把户口编成里甲，以一百一十户为一里，推丁粮多的地主十户作里长，余百户分为十甲。每甲十户，设一甲首。每年以里长一人，甲首一人，管一里一甲之事。先后次序根据丁粮多少，每甲轮值一年。十甲在十年之内轮流为皇朝服义务劳役，一甲服役一年，有九年的休息。在城市的里叫坊，近城的叫厢，农村的都叫作里。每里编为一册，里中有鳏寡孤独不能应役的，带管于一百一十户之外，名曰畸零。每隔十年，地方官以丁粮增减重新编定服役的次序，因为册面用黄纸，所以叫作黄册。

鱼鳞图册是确定地权(所有权)的根据,赋役黄册是征收赋役的根据。通过田地和户口的普查，制定了这两种簿籍，颁布了租税和徭役制度，不但大量的漏落的田地户口被登记固定了，皇朝从而增加了物力和人力，稳定和巩固了统治的经济基础，同时，也有力地打击了一部分大地主，从他们手中夺回对一部分田地和户口的控制，从而大大增强了皇家统治集团的地位和权力，更进

---

① 《明太祖实录》卷二十九。

② 《明太祖实录》卷一百七十四。

③ 《明太祖实录》卷百三十五、卷一百八十。

一步走向高度的集中、专制。洪武二十四年全国已垦田的数字为三百八十七万四千七百四十六顷，仅仅隔了两年，洪武二十六年的全国已垦田数字就激增为八百五十万七千六百二十三顷，增加了四百六十三万二千八百七十七顷。以增垦田地最多的一年，洪武七年增垦田地数目为九十二万一千一百二十四顷来比较，两年的时间增垦面积也不可能超过两百万顷，显然，这个激增的数字除了实际增垦的以外，必然是包括从大地主手中夺回的漏落的田地，是田地普查的积极成果。由于在斗争中取得这样巨大的胜利，朱元璋的政权比过去任何一个皇朝，都更加强大、集中、稳定、完备了。

对城乡人民，经过全国规模的田地丈量，定了租税，在册上详细记载田地的情况，原坂、平衍、下隰、沃瘠、沙卤的区别，并规定凡买置田地，必须到官府登记及过割税粮，免掉贫民产去税存的弊端，同时也保证了皇朝的财政收入。十年一次的劳役，使人民有轮流休息的机会。这些措施当然都是封建剥削，但比之统一以前的混乱情况，则确实减轻了一些人民的负担，鼓舞了农民的生产情绪，对于社会生产力的推进，是起了显著的作用的。

朱元璋虽然对一部分大地主进行了严重的斗争，对广大农民作了一些必要的让步，一部分大地主被消灭了，一部分大地主的力量被削弱了，农民生产的积极性增加了；但是，这个政权毕竟是地主阶级的政权，首先是为地主阶级的利益服务的，即使对农民采取了一些让步的措施，其目的也还是为了巩固和强化整个地主阶级的统治权。无论是查田定租，无论是编户定役，执行丈量的是地主，负责征收运粮米的还是地主，当里长甲首的依然是地主，质正里中是非、词讼，执行法官职权的"耆宿"也是地主，当然，在地方和朝廷作官的更非地主不可。从上而下的重重地主统治，地主首先要照顾的是自己家族和亲友的利益，是决不会关心小自耕农和佃农的死活的。由于凭借职权的方便，剥削、舞弊都可以通过皇朝的统治权来进行，披上合法的外衣，农民的痛苦就越发无可申诉了。而且，只要是地主阶级的子弟，就有机会、权利受到教育，通过税户人才、科举、学校等等途径，成为官僚、绅士。官僚、绅士是享有合法的免役权的。洪武十年朱元璋告诉中书省官员："食禄之家与庶民贵贱有等，趋事执役以奉上者，庶民之事也。若贤人君子，既贵其身，而复役其家，则君子野人无所分别，非劝士待贤之道。自今百司见任官员之家有田土者，输租税外，悉免其徭役，著为令。"官员是贵人，庶民是贱人，贵人是不应该和贱人一样服徭役的。十二年又下令："自今内外官致仕还乡者，复其家终身无所与。"[①] 则连乡绅也享有免役权了。在学的学生除本身免役外，户内还优免二丁差役。[②] 一般贫苦农民连饭也吃不饱，哪能上学？上学的学生绝大部分也还是地主子弟。这样，现任官、乡绅、学校生员都豁免差役，还有办法逃避租税，于是完粮当差的义务，便大部分落在自耕农和贫农身上了。自耕农、贫农不但要出自己的一份，官僚、绅士、生员、地主不交的一份，他们也得一并承担下来。因此，官僚、绅士、生员、地主越多的地方，农民的负担也就越重。

洪武一朝，长江以南农民起义的次数特别多，地区特别广；明朝二百几十年中，农民起义次数特别多，规模特别大，原因就在这里。

（原载《人民日报》，1964 年 4 月 29 日）

---

① 《明太祖实录》卷一百一十、卷一百二十六。

② 张居正：《太岳集》卷三十九，《请申旧章饬学政以振兴人才疏》。

恐怖政治

一、大屠杀

洪武廿八年（1395 年）正式颁布《皇明祖训》。这一年，朱元璋已是六十八岁的衰翁了。

在这一年之前，桀骜不驯的元功宿将杀光了，主意多端的文臣杀绝了，不顺眼的地主巨室杀得差不多了，连光会掉书袋子搬弄文字的文人也大杀特杀，杀得无人敢说话，无人敢出一口大气了。杀，杀，杀！杀了一辈子，两手都涂满了鲜血的白头刽子手，踌躇满志，以为从此可以高枕无忧，皇基永固，子子孙孙吃碗现成饭，不必再操心了。这年五月，特别下一道手令说："朕自起兵至今四十余年，亲理天下庶务，人情善恶真伪，无不涉历。其中奸顽刁诈之徒，情犯深重，灼然无疑者，特令法外加刑，意在使人知所警惧，不敢轻易犯法。然此特权时措置，顿挫奸顽，非守成之君所用长法。以后嗣君统理天下，止守律与《大诰》，并不许用黥、刺、劓、劓、阉、割之刑。臣下敢有奏用此刑者，文武群臣即时劾奏，处以重刑。"[①]

其实明初的酷刑，黥、刺、劓、劓、阉、割，还算是

---

① 《明太祖实录》卷二三九。

平常的，最惨的是凌迟。凡是凌迟处死的罪人，照例要杀三千三百五十七刀，每十刀一歇一吆喝，慢慢地折磨，硬要被杀的人受长时间的痛苦。[1] 其次有刷洗，把犯人光身子放在铁床上，浇开水，用铁刷刷去皮肉。有枭令，用铁钩钩住脊骨，横挂在竿上。有称竿，犯人缚在竿上。另一头挂石头对称。有抽肠，也是挂在竿上，用铁钩钩入谷门把肠子钩出。有剥皮，贪官污吏的皮放在衙门公座上，让新官看了发抖。此外，还有挑膝盖，锡蛇游种种名目。[2] 也有同一罪犯，加以墨面、文身、挑筋、去膝盖、剁指，并具五刑的。[3] 据说在上朝时，老皇帝的脾气好坏很容易看出来，要是这一天他的玉带高高地贴在胸前，大概脾气好，杀人不会多。要是揿玉带到肚皮底下，便是暴风雨来了，满朝的官员都吓得脸无人色，个个发抖，准有大批人应这劫数。[4] 这些朝官，照规矩每天得上朝，天不亮起身梳洗穿戴，在出门以前，和妻子诀别，吩咐后事，要是居然活着回家，便大小互相庆贺，算是又多活一天了。[5]

四十年中，据朱元璋自己的著作，《大诰》、《大诰续编》、《大诰三编》和《大诰武臣》的统计，所列凌迟、枭示、种诛有几千案，弃市（杀头）以下有一万多案。《三编》所定算是最宽容的了。"进士监生三百六十四人，愈见奸贪，终不从命，三犯四犯而至杀身者三人，三犯而诽谤杀身者又三人，姑容戴斩、

---

[1] 邓之诚：《骨董续记》卷二十，磔条，引《张文宁年谱》；计六奇：《明季北略》，记郑鄤事。

[2] 吕毖：《明朝小史》卷一，《国初重刑》。

[3] 《大诰》奸吏建言第卅三、刑余攒典盗粮第六九；《续诰》相验囚尸不实第四二；《三编》逃囚第十六。

[4] 徐祯卿：《翦胜野闻》。

[5] 赵翼：《廿二史劄记》卷三二，《明祖晚年去严刑》，引《草木子》。

绞、徙流罪在职者三十人，一犯戴死罪徒流罪办事者三百二十八人。"① 有御史戴死罪，戴着脚镣，坐堂审案的；有挨了八十棍回衙门作官的。其中最大的案件有胡惟庸案、蓝玉案、空印案和郭桓案，前两案株连被杀的四万人，后两案合计有七八万人。② 所杀的人，从开国元勋到列侯裨将、部院大臣、诸司官吏到州县胥役、进士监生、经生儒士、富人地主、僧道屠沽，以至亲侄儿、亲外甥，无人不杀，无人不可杀，一个个地杀，一家家地杀，有罪的杀，无罪的也杀，"大戮官民，不分臧否"③。早在洪武七年，便有人控诉，说是杀得太多了，"才能之士，数年来幸存者百无一二"④。到洪武九年，单是官吏犯笞以上罪，谪戍到凤阳屯田的便有一万多人。⑤ 十八年九月在给萧安石子孙符上也自己承认："朕自即位以来，法古命官，列布华夷，岂期擢用之时，并效忠贞，任用既久，俱系奸贪！朕乃明以宪章，而刑责有不可恕。以至内外官僚，守职维艰，善能终是者寡，身家诛戮者多。"⑥ 郭桓案发后，他又说："其贪婪之徒，闻桓之奸，如水之趋下，半年间弊若蜂起，杀身亡家者，人不计其数。出五刑以治之，挑筋、剁指、刖足、髡发、文身，罪之甚者欤？"⑦

政权的维持建立在流血屠杀、酷刑暴行的基础上，这个时

---

① 《明史》卷九四，《刑法志》；《大诰三编》，进士监生戴罪办事。

② 《明史》卷九四，《刑法志》。

③ 《明史》卷一三九《周敬心传》："洪武二十五年上疏极谏：洪武四年录天下官吏，十三年连坐胡党，十九年逮官吏积年为民害者，二十二年罪忘言者，大戮官民，不分臧否。"

④ 《明史》卷一三九，《茹太素传》。

⑤ 《明史》卷一三九，《韩宜可传》。

⑥ 《明朝小史》卷二。

⑦ 《大诰三编》，逃囚第十六。

代，这种政治，确确实实是名副其实的恐怖政治。

胡惟庸案发于洪武十三年，蓝玉案发于洪武二十六年，前后相隔十四年。主犯虽然是两个，其实是一个案子。

胡惟庸是初起兵占领和州时的帅府旧僚。和李善长同乡，又结了亲。因李善长的举荐，逐渐发达，洪武三年拜中书省参知政事，六年七月拜右丞相。

中书省综掌全国大政，丞相对一切庶务有专决的权力，统率百官，只对皇帝负责。这制度对一个平庸的、唯唯否否、阿附取容的"三旨相公"型的人物，或者对手是一个只顾嬉游逸乐、不理国事的皇帝，也许不会引起严重的冲突。或者一个性情谦和容忍，一个刚决果断，柔刚互济倒也不致坏事。但是胡惟庸干练有为，有魄力，有野心，在中书省年代久了，大权在手，威福随心，兼之十年宰相，门下故旧僚友也隐隐结成一个庞大的力量，这个力量是靠胡惟庸作核心的。拿惯了权的人，怎么也不肯放下。朱元璋呢，赤手空拳建立的基业，苦战了几十年，拼上命得到的大权，平白被人分去了一大半，真是倒持太阿，授人以柄，想想又怎么能甘心！困难的是皇帝和丞相的职权，从来不曾有过清楚的界限，理论上丞相是辅佐皇帝治理天下的，相权是皇权的代表，两者是二而一的，不应该有冲突。事实上假如一切庶政都由丞相处分，皇帝没事做，只能签字画可，高拱无为。反之，如皇帝躬亲庶务，大小事情一概过问，那么，这个宰相除了伴食画诺以外，又有什么可做？这两个人性格相同，都刚愎，都固执，都喜欢独裁，好揽权，谁都不肯相让。许多年的争执、摩擦，相权和皇权相对立，最后，冲突表面化了。朱元璋有军队，有特务，失败的当然是文官。在胡惟庸以前，第一任丞相李善长小心怕事，徐达经常统兵在外，和朱元璋的冲突还不太明显严重（刘基自己知道性子太刚，一定合作不了，坚决不干）。接着是汪广洋，碰上几次大钉子，末了还是赐死。中书官有权的如杨宪，也是被杀的。胡惟庸是任期最长，冲突最厉害的一个。被杀后，索性取消中书省，由皇帝兼行相权，皇权和相权合而为一。洪武二十八年手令："自古三公论道，六卿分职，自秦始置丞相，不旋踵而亡。汉唐宋因之，虽有贤相，然其间所用者多有小人，专权乱政。我朝罢相，设五府六部都察院通政司大理寺等衙门，分理天下庶务，彼此颉颃，不敢相压，事皆朝廷总之，所以稳当。以后嗣君并不许立丞相，臣下敢有奏请设立者，文武群臣即时劾奏，处以重刑。"[①] 这里所说的"事皆朝廷总之"的朝廷，指的便是他自己。胡惟庸被杀在政治制度史上的意义，是治权的变质，也就是从官僚和皇家共治的阶段，转变为官僚成奴才，皇帝独裁的阶段。

胡惟庸之死只是这件大屠杀案的一个引子，公布的罪状是擅权枉法。以后朱元璋要杀不顺眼的文武臣僚，便拿胡案作底子，随时加进新罪状，把它放大、发展。一放为私通日本，再放为私通蒙古。日本和蒙古，"南倭北虏"，是当时两大敌人，通敌当然是谋反。三放又发展为串通李善长谋逆，最后成为蓝玉谋逆案。罪状愈多，牵连的罪人也更多。由甲连到乙，乙攀到丙，转弯抹角像瓜蔓一样四处伸出去，一网打尽，名为株连。被杀的都以家族作单位，杀一人也就是杀一家。坐胡案死的著名人物有御史大夫陈宁，中丞涂节，太师韩国公李善长，延安侯唐胜宗，吉安侯陆仲亨，平凉侯费聚，南雄侯赵庸，荥阳侯郑遇春，宜春侯黄彬，河南侯陆聚，宜德侯金朝兴，靖宁侯叶升，申国公邓镇，

---

① 《明太祖实录》卷二三九。

济宁侯顾敬，临江侯陈镛，营阳侯杨通，淮安侯华中，高级军官毛骧、李伯昇、丁玉，和宋濂的孙子宋慎。宋濂也被牵连，贬死茂州。坐蓝党死的除大将凉国公蓝玉以外，有吏部尚书詹徽，侍郎傅友文，开国公常升，景川侯曹震，鹤庆侯张翼，舳舻侯朱寿，东莞伯何荣，普定侯陈桓，宣宁侯曹泰，会宁侯张温，怀远侯曹兴，西凉侯濮玙，东平侯韩勋，全宁侯孙恪，沈阳侯察罕，徽先伯桑敬和，都督黄辂、汤泉等。胡案有《昭示奸党录》，蓝案有《逆臣录》，把口供和判案详细记录公布，让全国人都知道这些"奸党"的"罪状"。[①] 被杀公侯中，东莞伯何荣是何真的儿子，何真死于洪武二十一年，被帐下旧校捏告生前党胡惟庸，勒索二千两银子，何家子弟到御前分析，朱元璋大怒说："我的法，这厮把作买卖！"把旧校绑来处死。到二十三年，何荣弟崇祖回广东时：

> 兄把袂连声：弟弟，今居官祸福顷刻，汝归难料再会日。到家达知伯叔兄弟，勿犯违法事，保护祖宗，是所愿望！

可是，逃过了胡党，还是逃不过蓝党。何家是岭南大族，何真在元明之际保障过一方秩序，威望极高，如何放得过？据何崇祖自述：

> 洪武二十六年，族诛凉国公蓝玉，扳指公侯文武家，名蓝党，无有分别。自京及天下，赤族不知几万户。长兄四兄宏维暨老幼咸丧。三月二十日夜鸡鸣时，家人彭康寿叩门，吾床中闻知祸事，出问故云："昨晚申时，内官数员带官军

---

① 参看钱谦益：《太祖实录辨证》；潘柽章：《国史考异》；吴晗：《胡惟庸党案考》，载《燕京学报》十五期。

到卫，城门皆闭。是晚有公差出城，私言今夜抄提员头山何族，因此奔回。"……军来甚众，吾忙呼妻封氏各自逃生。

崇祖一房从此山居岛宿，潜形匿迹，一直到三十一年新帝登极大赦，才敢回家安居。[①]

李善长死时已经七十七岁了。帅府元僚，开国首相，替主子办了三十九年事，儿子作驸马，本身封国公，富极贵极，到末了却落得全家诛戮。一年后，有人上疏喊冤说：

> 善长与陛下同心，出万死以取天下，勋臣第一，生封公，死封王，男尚公主，亲戚拜官，人臣之分极矣。借今欲自图不轨，尚未可知。而今谓其欲佐胡惟庸者，则大谬不然。人情爱其子，必甚于兄弟之子（善长弟存义子佑是胡惟庸的从女婿）；安享万全之富贵者，必不侥幸万一之富贵。善长与惟庸，犹子之亲耳，于陛下则亲子女也。使善长佐惟庸成，不过勋臣第一而已矣，太师国公封王而已矣，尚主纳妃而已矣，宁复有加于今日？且善长岂不知天下之不可幸取：当元之季，欲为此者何限，莫不身为齑粉，覆宗绝祀，能保首领者几何人哉！善长胡乃身见之，而以衰倦之年身蹈之也？凡为此者，必有深仇激变，大不得已。父子之间，或至相挟以求脱祸，今善长之子祺，备陛下骨肉亲，无纤芥嫌，何苦而忽为此？若谓天象告变，大臣当灾，杀之以应天象，则尤不可。臣恐天下闻之，谓功如善长且如此，四方因之解体也。今善长已死，言之无益，所愿陛下作戒将来耳。

---

① 何崇祖：《庐江郡何氏家记》（玄览堂丛书续集本）。

说得句句有理，字字是理，朱元璋无话可驳，也就算了。①

二案以外，开国功臣被杀的，还有谋杀小明王的凶手德庆侯廖永忠，洪武八年以僭用龙凤不法等事赐死；永嘉侯朱亮祖父子于十三年被鞭死，临川侯胡美于十七年犯禁伏诛，江夏侯周德兴于二十五年以帷薄不修，暧昧的罪状被杀；二十七年，杀定远侯王弼、永平侯谢成、颍国公傅友德；二十八年，杀宋国公冯胜。周德兴是朱元璋儿时放牛的伙伴，傅友德冯胜功最高，突然被杀，根本不说有什么罪过，正合着古人说的"飞鸟尽，良弓藏；狡兔死，走狗烹"的话。②

不但列将以次诛夷，甚至坚守南昌七十五日，力拒陈友谅，造成鄱阳湖大捷，奠定王业的功臣，义子亲侄朱文正也以"亲近儒生，胸怀怨望"被鞭死。③义子亲甥李文忠，十几岁便在军中，南征北伐，立下大功，也因为左右多儒生，礼贤下士，有政治野心被毒死。④刘基是幕府智囊，运谋决策，不止有定天下的大功，并且是奠定帝国规模时主要人物，因为主意多，看很准，看得远，被猜忌最深，洪武元年便被休致回家⑤，又怕隔得太远会出事，硬拉回南京，终于被毒死。⑥徐达为开国功臣第一，小心谨慎，也逃不过。洪武十八年病了，生背疽，据说这病最忌吃蒸鹅，病重时皇帝却特赐蒸鹅，没办法，流着眼泪当着使臣的面

---

① 《明史》卷一二七，《李善长传》。

② 王世贞：《史乘考误》；钱谦益：《太祖实录辨证》；潘柽章：《国史考异》。

③ 刘辰：《国初事迹》；孙宜：《洞庭集》，《大明初略》三；王世贞：《史乘考误》卷一。

④ 王世贞：《史乘考误》卷一；钱谦益：《太祖实录辨证》卷五；潘柽章：《国史考异》卷二。

⑤ 刘辰：《国初事迹》。

⑥ 《明史》卷三〇八《胡惟庸传》，卷一二八《刘基传》；刘璟：《遇恩录》。

吃，不多日就死了。① 这两个元勋的特别被注意，被防闲，满朝文武全知道，给事中陈汶辉曾经上疏公开指出："今勋旧耆德，咸思辞禄去位，如刘基徐达之见猜，李善长周德兴之被谤，视萧何韩信其危疑相去几何哉！"②

武臣之外，文官被杀的也着实不少。有记载可考的有宋思颜、夏煜、高见贤、凌说、孔克仁，这几人都是初起事时的幕府僚属。宋思颜在幕府里的地位仅次于李善长。夏煜是诗人，和高见贤、杨宪、凌说一伙，专替朱元璋"伺察搏击"，尽鹰犬的任务，告密栽赃，什么事全干，到末了也被人告密，先后送了命。③ 朝官中有礼部侍郎朱同、张衡，户部尚书赵勉，吏部尚书余熂，工部尚书薛祥、秦逵，刑部尚书李质、开济，户部尚书茹太素，春官王本，祭酒许存仁，左都御史杨靖，大理寺卿李仕鲁，少卿陈汶辉，御史王朴，纪善白信蹈等。④ 外官有苏州知府魏观，济宁知府方克勤，番禺知县道同，训导叶伯巨，晋王府左相陶凯等。⑤ 茹太素是个刚性人，爱说老实话，几次为了话不投机被廷杖，降官，甚至镣足治事。一天，在便殿赐宴，朱元璋赐诗说："金杯同汝饮，白刃不相饶。"太素磕了头，续韵吟道："丹诚图报国，不避圣心焦！"元璋听了倒也很感动。不多时还是被杀。李仕鲁是朱熹学派的学者，劝皇帝不要太尊崇和尚道

① 徐祯卿：《翦胜野闻》。

② 《明史》卷一三八，《李仕鲁传》附《陈汶辉传》。

③ 《明史》卷一三五，《宋思颜传》。

④ 《明史》卷一三六《朱升传》，卷一三七《刘三吾传》《宋讷传》《安然传》，卷一三八《陈修传》《周祯传》《杨靖传》《薛祥传》，卷一三九《茹太素传》《李仕鲁传》《周敬心传》。

⑤ 《明史》卷一四〇《魏观传》，卷二八一《方克勤传》，卷一四〇《道同传》，卷一三九《叶伯巨传》，卷一三六《陶凯传》。

士，想学韩文公辟佛，来发扬朱学。料想着朱熹和皇帝是本家，这着棋准下得不错，不料皇帝竟不买朱夫子的账，全不理会。仕鲁急了，闹起迂脾气，当面交还朝笏，要告休回家。元璋大怒，叫武士把他掼死在阶下。陶凯是御用文人，一时诏令封册歌颂碑志多出其手，作过礼部尚书，制定军礼和科举制度，只为了起一个别号叫"耐久道人"，犯了忌讳被杀。员外郎张来硕谏止取已许配的少女作宫人，说"于理未当，被碎肉而死。参议李饮冰被割乳而死。① 叶伯巨在洪武九年以星变上书，论用刑太苛说：

> 臣观历代开国之君，未有不以仁德结民心，以任刑失民心者，国祚长短，悉由于此……议者曰宋元中叶，专事姑息，赏罚无章，以致亡灭。主上痛惩其徵，故制不宥之刑，权神变之法，使人知惧而莫测其端也。臣又以为不然。开基之主，垂范百世，一动一静，必使子孙有所持守，况刑者国之司命，可不慎软！夫笞、杖、徒、流、死，今之五刑也。用此五刑，既无假贷，一出乎大公至正可也。而用刑之际，多裁自圣衷，遂使治狱之吏，务趋求意志，深刻者多功，平反者得罪，欲求治狱之平，岂易得哉！近者特旨杂犯死罪，免死充军，又删定旧律诸则，减宥有差矣。然未闻有戒敕治狱者，务从平恕之条，是以法司犹循故例，虽闻宽宥之名，未见宽宥之实。所谓实者，诚在主上，不在臣下也。故必有罪疑惟轻之意，而后好生之德洽于民心，此非可以浅浅期也。何以明其然也？古之为士者以登仕为荣，以罢职为辱，今之为士者以溷迹无闻为福，以受玷不录为幸，以屯田工役

---

① 刘辰：《国初事迹》。

为必获之罪，以鞭笞捶楚为寻常之辱。其始也，朝廷取天下之士，网罗揭撅，务无余逸，有司敦迫上道，如捕重囚。比到京师，而除官多以貌选，所学或非其所用，所用或非其所学。洎乎居官，一有差跌。苟免诛戮，则必在屯田工役之科，率是为常，不少顾惜。此岂陛下所乐为哉！诚欲人之惧而不敢犯也。窃见数年以来，诛杀亦可谓不少矣，而犯者相踵，良由激劝不明，善恶无别，议贤议能之法既废，人不自励而为善者怠也。有人于此，廉如夷齐，智如良平，少戾于法，上将录长弃短而用之乎？将舍其所长苛其所短而置之法乎？苟取其长而舍其短，则中庸之材争自奋于廉智；倘苟其短而弃其长，则为善之人皆曰某廉若是，某智若是，朝廷不少贷之，吾属何所容其身乎？致使朝不谋夕，弃其廉耻，或自掊克，以备屯田工役之资者，率皆是也。若是非用刑之烦者乎！汉尝徙大族于山陵矣，末闻实之以罪人也，今凤阳皇陵所在，龙兴之地，而率以罪人居之，怨嗟愁苦之声，充斥园邑，殆非所以恭承宗庙意也。

朱元璋看了气极，连声音都发抖了，连声说道这小子敢如此！快逮来！我要亲手射死他！隔了些日子，中书省官趁他高兴的时候，奏请把叶伯巨下刑部狱，不久死在狱中。[1]

照规定，每年各布政使司和府州县都得派上计吏到户部，核算钱粮军需等账目，数目琐碎畸零，必需府合省，省合部，一层层上去，一直到部里审核报销，才算手续完备。钱谷数字有分毫升合不符合，整个报销册便被驳回，得重新填造。布政使司离京

---

① 《明史》遂一三九，《叶伯巨传》。

师远的六七千里，近的也是三四千里，册子重造不打紧，要有衙门的印才算合法，为了盖这颗印，来回时间就得一年半载。为了免得部里挑剔，减除来回奔走的麻烦，上计吏照例都带有预先备好的空印文书，遇有部驳，随时填用。到洪武十五年，朱元璋忽然发觉这事，以为一定有弊病，大发雷霆，下令地方各衙门的长官主印者一律处死，佐贰官杖一百充军边地。其实上计吏所预备的空印文书是骑缝印，不能作为别用，也不一定用得着，全国各衙门都明白这道理，连户部官员也是照例默认的，算是一条不成文法律。可是案发后，朝廷上谁也不敢说明详情，有一个不怕死的老百姓，拼着命上书把这事解释明白，也不中用，还是把地方长吏一杀而空。当时最有名的好官济宁知府方克勤（建文朝大臣方孝孺的父亲）也死在这案内。上书人也被罚充军。①

郭桓是户部侍郎。洪武十八年，有人告发北平二司官吏和郭桓通同舞弊，从六部左右侍郎以下都处死刑，追赃七百万，供词牵连到各直省官吏，死的又是几万人。追赃又牵连到全国各地，中产之家差不多全被这案子搞得倾家荡产，财破人亡。这案子激动了整个社会，也大伤了中产阶级和中下级官僚的心，大家都指斥攻击告发此案的御史和审判官，议论沸腾，情势严重。朱元璋一看不对，赶紧下手诏条列郭桓等罪状，说是：

> 户部官郭桓等收受浙西秋粮，合上仓四百五十万石，其郭桓等止收六十万石上仓，钞八十万锭入库，以当时折算，可抵二百万石，余有一百九十万石未曾上仓。其桓等受要浙西等府钞五十万贯，致使府州县官黄文等通同刁顽人吏边源等作弊，各分入己。

---

① 《明史》卷九四《刑法志》，卷一三九《郑士利传》。

其应天等五府州县数十万没官田地，夏秋税粮，官吏张钦等通同作弊，并无一粒上仓，与同户部官郭桓等尽行分受。

其所盗仓粮，以军卫言之，三年所积卖空。前者榜上若欲尽写，恐民不信，但略写七百万耳。若将其余仓分并十二布政司通同盗卖见在仓粮，及接受浙西等府钞五十万张卖米一百九十万不上仓，通算诸色课程鱼盐等项，及通同承运库官范朝宗偷盗金银，广惠库官张裕妄支钞六百万张，除盗库见在金银宝钞不算外，其卖在仓税粮及未上仓该收税粮及鱼盐诸色等项，共折米算，所废者二千四百余万（石）精粮。

意思是追赃七百万还是圣恩宽容，认真算起来该有二千四百万，这几万人死得绝不委屈。话虽如此说，到底觉得有些不妥，只好借审刑官的头来平众怒，把原审官杀了一批，再三申说，求人民的谅解。[1] 一年后，他又特别指出："自开国以来，惟两浙江西两广福建所设有司官，未尝任满一人，往往未及终考，自不免于赃贪。"[2] 可见杀这些贪官污吏是不错的，是千该万该的。不过，倒过来说，杀了二十年的贪官污吏，而贪官污吏还是那么多，沿海比较富饶区域的地方官，二十年来甚至没有一个能够作满任期，都在中途犯了贪赃的罪，由此可见专制独裁的统治官僚政治和贪污根本分不开，单用严刑重罚、恐怖屠杀去根绝贪污，是不可能有什么效果的。

在鞭笞，苦工，剥皮，抽筋，以至抄家灭族的威胁空气中，

---

[1]　《明史》卷九四，《刑法志》；《大诰》二十三郭桓卖放浙西秋粮，四十九郭桓盗官粮。

[2]　《大诰续编》。

凡是作官的，不论大官小官，近臣远官，随时随地都会有不测之祸，人人在提心吊胆，战战兢兢过日子。这日子过得太紧张了，太可怕了，有的人实在受不了，只好辞官，回家当老百姓。不料又犯了皇帝的忌讳，说是不肯帮朝廷作事："奸贪无福小人，故行诽谤，皆说朝廷官难做。"① 大不敬，非杀不可。没有作过官的儒士，怕极了，躲在乡间不敢出来应考作官，他又下令地方官用种种方法逼他们出来，"有司敦迫上道，如捕重囚。"还立下一条法令，说是："率土之滨，莫非王臣，寰中士大夫不为君用，是自外其教者，诛其身而没其家，不为之过。"② 贵溪儒士夏伯启叔侄各寇去左手大指，立誓不作官，被拿赴京师面审，元璋气虎虎发问："昔世乱居何处？"回说："红寇乱时，避兵于福建江西两界间。"不料红寇这名词正刺着皇帝的痛处：

> 朕知伯启心怀怨怒，将以为朕取天下非其道也。特谓伯启曰：尔伯启言红寇乱时，意有他怨。今去指不为朕用，宜枭令籍没其家，以绝狂愚夫仿效之风。

特派法司押回原籍处决。③ 苏州人才姚润、王谟被征不肯作官，也都被处死，全家籍没。④

洪武朝朝臣幸免于屠杀的，只有几个例子：一个是大将信国公汤和，原是朱元璋同村子人，一块儿长大的看牛伙伴，比元璋大三岁。起兵以后，诸将地位和元璋不相上下的，都闹别扭，不听使唤，只有汤和规规矩矩，小心听话，服从命令。到晚年，徐

---

① 《大诰》，奸贪诽谤第六十四。
② 《大诰三编》，苏州人才第十三。
③ 《大诰三编》，秀才剁指第十；《明史》卷九四，《刑法志》。
④ 《大诰三编》，苏州人才第十三；《明史》卷九四，《刑法志》。

达、李文忠死已多年，汤和宿将功高，明白老伙伴脾气，对于诸大将兵权在握心里老大不愿意，苦的是嘴里说不出。他便首先告老交回兵权，元璋大喜，立刻派官给他在凤阳盖府第，赏赐稠渥，特别优厚，算是侥幸老死在床上。[①]一个是外戚郭德成，郭宁妃的哥哥。一天他陪朱元璋在后苑喝酒，醉了爬在地上去冠磕头谢恩，露出稀稀的几根头发，元璋笑着说："醉疯汉，头发秃到这样，可不是酒喝多了。"德成仰头说："这几根还嫌多呢，剃光了才痛快。"元璋不作声。德成酒醒，才知道闯了大祸，怕得要死，索性装疯，剃光了头，穿了和尚衣，成天念佛。元璋信以为真，告诉宁妃说："原以为你哥哥说笑话，如今真个如此，真是疯汉。"不再在意，党案起后，德成居然漏网。[②]一个是御史袁凯。有一次朱元璋要杀许多人，叫袁凯把案卷送给皇太子复讯。皇太子主张从宽。袁凯回报，元璋问："我要杀人，皇太子却要宽减，你看谁对？"袁凯不好说话，只好回答："陛下要杀是守法，东宫要赦免是慈心。'元璋大怒，以为袁凯两头讨好，脚踏两头船，老滑头，要不得。袁凯大惧，假装疯癫。元璋说疯子不怕痛，叫人拿木钻来刺他的皮肤，袁凯咬紧牙齿，忍住不喊痛。回家后，自己拿铁链锁住脖子，蓬头垢面，满口疯话，元璋还是不放心，派使者去召他作官，袁凯瞪眼对使者唱月儿高曲，爬在篱笆边吃狗屎，使者回报果然疯了，才不追究。这一次朱元璋却受了骗，原来袁凯预先叫人用炒面拌砂糖，捏成段段，散在篱笆下，爬着吃了，救了一条命，朱元璋哪里会知道？[③]

---

① 《明史》卷一二六，《汤和传》。

② 《明史》卷一三一，《郭兴传》。

③ 《明史》卷二八三，《袁凯传》；徐祯卿：《剪胜野闻》；陆深：《金台纪闻》。

　　吴人严德珉由御史升左佥都御史，因病辞官，犯了忌讳，被黥面充军南丹（今广西），遇赦放还，布衣徒步作老百姓，谁也不知道他曾作过官，到宣德时还很健朗。一天因事被御史所逮，跪在堂下，供说也曾在台勾当公事，颇晓三尺法度。御史问是何官，回说洪武中台长严德珉便是老夫。御史大惊谢罪，第二天去拜访，却早已挑着铺盖走了。有一个教授和他喝酒，见他脸上刺字，头戴破帽，问老人家犯什么罪过，德珉说了详情，并说先时国法极严，作官的多半保不住脑袋。说时还北面拱手，嘴里连说"圣恩！圣恩！"[1]

　　元璋有一天出去私访，到一破寺，里边没有一个人，墙上画一布袋和尚，有诗一首："大千世界浩茫茫，收拾都将一袋藏，毕竟有收还有放，放宽些子又何妨。"墨迹还新鲜，是刚画刚写的，赶紧使人去搜索，已经不见了。[2] 这故事不一定是真实的，不过，所代表的当时人的情绪却是真实的。

二、文字狱

　　虽然在《大明律》上并没有这一条，说是对皇帝的文字有许多禁忌，违犯了就得杀头，但是，在明初，百无是处的文人，却为了几个方块字，不知道被屠杀了多少人，被毁灭了多少家族。

　　所谓禁忌，含义是非常广泛的。例如朱元璋从小穷苦，当过和尚，和尚的特征是光头，没有头发，因之不但"光"、"秃"

---

[1]　《明史》卷一三八，《周祯传》。

[2]　徐祯卿：《翦胜野闻》。

这一类字犯忌讳，就连"僧"这个字也被讨厌，推而广之，连和僧字同音的"生"字也不喜欢。又如他早年是红军的小兵，红军在元朝政府，和地主官僚士大夫的口头上、文字上，是被叫作红贼红寇的，作过贼的最恨人提起贼字，不管说的是谁，总以为骂的是他，推而广之，连和贼字形相象的"则"字也看着心虚了。这一类低能的护短的禁忌心理，在平常人，最多是骂一场，打一架，可是皇帝就不同了，严重了，一张嘴，一个条子，就是砍头、抄家、灭族。法律，刑章，不过为对付老百姓用的，皇帝在法律之上，在法律之外，而且，还可以为自己的方便，临时添进一两款，弄得名正言顺；要不然，作皇帝的图的是什么来？

大明帝国的第一代皇帝，从小失学，虽然曾经在皇觉寺混了一些日子，从佛经里生吞活剥认了几个字，后来在行伍里和读书人搞在一起，死命记，刻苦学，到发迹了，索性请了许多文人学者来讲学，更明白往古还有许多大道理。可是，到底根基差，认字不太多，学问不到家，许多字认不真，加上心虚护短的自卑心理，凭着有百万大军的威风，滥用权力，就随随便便糊里糊涂杀了无数文人，造成明初的文字狱。

他的自卑心理，另一现象就是卖弄身份。论出身，既不是像周文王那样的王子王孙，也不是隋文帝那样世代将门；论祖先，既搬不出尧子舜孙那一套，也不会像唐朝拉李耳、宋朝造赵玄朗那玩意；父亲祖父是佃农，外祖是巫师，没什么值得夸耀的。为了怕人讪笑，索性强调自己是无根基的，没来头的，不是靠祖宗先人基业起家的。在口头上，在文字上，甚至在正式的诏书上，一张嘴，一动笔，总要插进"朕本淮右布衣"，或者"江左布衣"，以及"匹夫""起自田亩""出身寒微"一类的话；尤其是"布衣"这一名词，仔细研究他的诏书，差不多很难找出不提这两个字的。强烈的自卑感表现为自尊，自尊为同符汉高祖，原来历史上的汉高祖也和他一样，是个平民出身的大皇帝。不断地数说，成为卖弄，卖弄他赤手空拳，没一寸地打出来的天下。可是，尽管他左一个"布衣，右一个"布衣"，以至"寒微"之类，一套口头禅，像是说得很利落，却绝不许人家如此说，一说就以为是挖苦他的根基，又是一场血案。

其实，他又何尝不想攀一个显赫知名的人作祖宗，只是被人点破，不好意思而已。据说，当他和一批文臣商量修《玉牒》（家谱）的时候，原来打算拉宋朝的朱熹作祖先的。恰好一个徽州人姓朱作典史的来朝见，他打算拉本家，就问："你是朱文公的子孙吗？"这人不明底细，又怕撒谎会闯祸，只好回说不是。他一想，区区的典史尚且不肯冒认别人作祖宗，堂堂大皇帝又怎么可以？而且几代以前也从没有听说和徽州有过瓜葛，万一硬联上，自给人作子孙倒不打紧，被识破了落一个话柄，如何值得？只好打消了这念头，不作名儒的后代，却向他的同志汉高祖去看齐了。[1]

文字狱的经过如此：

地方三司官和知府知县、卫所官，逢年过节和皇帝生日以及皇家喜庆所上的表笺，照例委托学校教官代作。虽然都是陈词滥调刻板一套颂圣的话，朱元璋偏喜欢仔细阅读，挑出恭维话来娱悦自己。当然也知道这些话只是文字的堆砌，没有真感情，不过，总算综合了文字上的好字眼来歌颂，看了也不由得肌肉发松，轻飘飘有飞上云雾里的快感，紧绷绷的脸腮上有时候也不免浮出一丝丝的笑意来。不料看多了，便出问题：怎么全是说我好的？被屠宰的猪羊会对屠夫讨好感谢？推敲又推敲，总觉得有些

---

[1] 吕毖：《明朝小史》卷一。

字在纸上跳动，在说你这个暴君，这个屠户，穷和尚，小叫花，反贼，强盗，一些不愉快的往事在苦恼他的心灵。

他原来不是使小心眼的人，更不会挑剔文字。从渡江以后，很得到文人的帮忙。开国以后，朝仪制度，军卫、户籍、学校等等典章规程又多出于文人的计划，使他越发看重文人，以为治国非用文人不可。百战功高的勋臣们很感觉不平，以为我们流血百战，却让这些瘟书生来当权，多少次向皇帝诉说，都不理会。商量多时，生出主意，一天又向皇帝告状，元璋还是那一套老话，说是世乱用武，世治宜文，马上可以得天下，不能治天下，总之，治天下是非文人不可的。有人就说："不过文人也不能过于相信，太相信了会上当的。一般的文人好挖苦毁谤，拿话刺人，譬如张九四一辈子宠待儒生，好房子，大薪水，三日一小宴，五日一大宴，把文人捧上天，作了王爷后，要起一个官名，有人取为士诚。"元璋说："不错呵，这名字不错。"那人说："不然，上大当了。《孟子》上有'士，诚小人也。'把这句话连起来，割裂起来念，就读成'士诚，小人也。'骂他是小人，他哪里懂得，给人叫了半辈子小人，到死还不明白，真是可怜。"[1] 元璋听了这番话，正中痛处，从此加意读表笺，果然满纸都是和尚贼盗，句句都是对着他骂的，有的成语，转弯抹角揣摩了半天，也是损他的，一怒之下，叫把这些作文字的文人，一概拿来杀了。

文字狱的著名例子，如浙江府学教授林元亮替海门卫作谢增俸表，有"作则垂宪"一句话，北平府学训导赵伯宁为都司作贺万寿表，有"垂子孙而作则"一语，福州府学训导林伯璟为按察使撰贺冬表的"仪则天下，桂林府学训导蒋质为布政使按察使作

---

[1] 黄溥：《闲中今古录》。

正旦贺表的"建中作则"，澧州学正孟清为本府作贺冬表的"圣德作则"。他把所有的"则"都念成"贼"。当州府学训导蒋镇为本府作正旦贺表，有"睿性生知"，生字被读作"僧"。怀庆府学训导吕睿为本府作谢赐马表："遥瞻帝扉，帝扉"被读成"帝非"。祥符县学教谕贾翥为本县作正旦贺表的"取法象魏"，"取法"读作"去发"。亳州训导林云为本府作谢东宫赐宴笺"式君父以班爵禄"，"式君父"硬被念成"失君父"，说是咒诅。尉氏县教谕许元为本府作万寿贺表："体乾法坤，藻饰太平。"更严重了，"法坤"是"发髡"，"藻饰太平"是"早失太平"。德安府县训导吴宪为本府作贺立太孙表："永绍亿年，天下有道，望拜青门。""有道"变成"有盗"，"青门"当然是和尚庙了。都一概处死。甚至陈州学训导周冕为本州作贺万寿表的"寿域千秋"，念不出花样来的也是被杀。①

象山县教谕蒋景高以表笺误被逮赴京师斩于市。②杭州教授徐一夔贺表有"光天之下，天生圣人，为世作则。"元璋读了大怒说："'生'者僧也，骂我当过和尚。'光'是剃发，说我是秃子，'则'音近贼，骂我作过贼！"立刻逮来杀了。吓得礼部官魂不附体，求皇帝降一道表式，使臣民有所遵守。③洪武二十九年七月特派翰林院学士刘三吾、右春坊右赞善王俊华撰庆贺谢恩表笺成式，颁布天下诸司，以后凡遇庆贺谢恩，如式录进。④

文字狱从洪武十七年到二十九年（1384至1396年）前后经

---

① 赵翼：《廿二史劄记》卷三二，《明初文字之祸》，引《朝野异闻录》。

② 黄溥：《闲中今古录摘抄》。

③ 徐祯卿：《翦胜野闻》。

④ 此据《明太祖实录》卷二四六。赵翼《廿二史劄记》卷三二《明初文字之祸》条作"帝乃自为之，播天下"，是错的。

过十三年。^①唯一幸免的文人是翰林编修张某，此人在翰林院时说话太直，被贬作山西蒲州学正，照例作庆贺表，元璋特别记得这人名字，看表词里有"天下有道"、"万寿无疆"，发怒说："这老头还骂我是强盗"，差人逮来面讯，说是："把你送法司，更有何话可说？"张某说："只有一句话，说了再死也不迟。陛下不是说过表文不许杜撰，都要出自经典，要有根有据的话吗？'天下有道'是孔子的格言，'万寿无疆'是《诗经》里的成语，说臣诽谤，不过如此。"元璋无话可说，想了半天，才说："这老头还嘴强，放掉吧！"左右侍从私下谈论："几年来才见容了这一个人！"^②

有一个和尚叫来复，巴结皇帝，作一首谢恩诗，有"殊域"和"自惭无德颂陶唐"之句。元璋大生气，以为殊字分为歹朱，明明骂我，又说"无德颂陶唐"，是说我无德，虽欲以陶唐颂我而不能，又把这乱讨好的和尚斩首。^③

在戡乱建国声中，文人作反战诗也是犯罪的。佥事陈养浩有诗云："城南有嫠妇，夜夜哭征夫。"元璋恨他动摇士气，取到湖广，投在水里淹死。^④甚至作一首宫词，也会被借题处死。翰林编修高启作题宫女图诗，有云："小犬隔花空吠影，夜深宫禁有谁来？"元璋以为是讽刺他的，恨在心头。苏州知府魏观改修府治被杀，元璋知道上梁文又是高启写的，旧仇新罪都发，把高启腰斩。^⑤地方官报告就本身职务有所陈请，一字之嫌，也会送

---

① 黄溥：《闲中今古杂录》。
② 李贤：《古穰杂录》。
③ 赵翼：《廿二史劄记》卷三二，《明初文字之祸》。
④ 刘辰：《国初事迹》
⑤ 朱彝尊：《静志居诗话》；《明史》卷二八五，《高启传》

命，卢熊作兖州知州，具奏州印兖字误类衮字，请求改正，元璋极不高兴，说："秀才无理，便道我衮哩！"原来又把衮字缠作滚字了。不久，卢熊终于以党案被诛。[①]

从个人的避忌进一步便发展为广义的避忌了。洪武三年禁止小民取名用天、国、君、臣、圣、神、尧、舜、禹、汤、文、武、周、汉、晋、唐等字，洪武二十六年出榜禁止百姓取名太祖、圣孙、龙孙、黄孙、王孙，太叔、太兄、太弟、太师、太保、太傅、大夫、待诏、博士、太医、太监、大官、郎中字样，并禁止民间久已习惯的称呼，如医生只许称医士、医人、医者，不许称太医、大夫、郎中，梳头人只许称梳篦人或称整容，不许称待诏，官员之家火者，只许称阉者，不许称太监，违者都处重刑。[②]

不只是文字，甚至口语也有避忌。传说有一次他便装出外察访，有一老婆子和人谈话，提起上位（明初人对皇帝的私下称呼）时，左一个老头儿，右一个老头儿，当时不好发作，走到徐达家，绕着屋子踱来踱去，气得发抖，后来打定主意，传令五城兵马司带队到那老婆子住的地方，把那一带民家都给抄没了，回报时他还哑着嗓子说："张士诚占据东南，吴人到现在还叫他张王，我作了皇帝，这地方的老百姓居然叫我老头儿，真气死人，气死人！"[③]

其他文人被杀的如处州教授苏伯衡以表笺误论死；太常丞张羽曾代撰滁阳王庙碑，坐事投江死；河南左布政使徐贲下狱死；苏州经历孙蒉坐曾为蓝玉题画，泰安州知府王蒙坐尝谒胡

---

① 叶盛：《水东日记摘抄》卷二。

② 《明太祖实录》卷五二，顾起元：《客座赘语》卷十，《国初榜文》。

③ 徐祯卿：《剪胜野闻》。

惟庸，在胡家看画，王行坐曾作蓝玉家馆客，都以党案论死。苏伯衡和王行都连两个儿子同命，一家杀绝。郭奎曾参朱文正大都督府军事，文正被杀，奎也论死。王彝曾修《元史》，坐魏观案和高启同死。同修《元史》的山东副使张孟兼，博野知县傅恕，和福建佥事谢肃，都坐事死。何真幕府里的人物，岭南五先生之一的赵介，死在被逮途中。初定金华时，罗致幕中讲述经史的戴良，坚决不肯作官，得罪自杀。不死的，如曾修《元史》的张宣，谪徙濠梁；杨基被谪罚作苦工，一直到死；乌斯道谪役定远；唐肃谪佃濠梁；顾德辉父子在吴平后，并徙濠梁，都算是万分侥幸的了。①

明初的著名诗人吴中四杰：高启、杨基、张羽、徐贲，没有一个是善终的。

元璋晚年时，所最喜欢的青年才子解缙，奉命说老实话，上万言书说：

> 臣闻令教改则民疑，刑太繁则民玩。国初至今将二十载，无几时不变之法，无一日无过之人。尝闻陛下震怒，锄根剪蔓，诛其奸逆矣，未闻褒一大善，尝延于世，复及其乡，终始如一者也。陛下进人不择贤否，授职不量重轻。建不为君用之法，所谓取之尽锱铢，置朋奸倚法之条，所谓用之如泥沙。监生进士经明行修，而多屈于下僚，孝廉人材冥蹈瞀趋，而或布于朝省，椎埋嚚悍之夫，阘茸下愚之辈，朝捐刀镊，暮拥冠裳，左弃筐篚，右绾组符。是故贤者羞为之等列，庸人悉

---

① 《明史》，《文苑传》，《苏伯衡传》《高启传》《王冕传》附《郭奎传》《孙蕡传》、《王蒙传》《赵壎传》《陶宗仪传》附《顾德辉传》。赵翼：《廿二史劄记》卷三二，《明初文人多不仕》。

习其风流，以贪婪苟免为得计，以廉洁受刑为饰辞。出于吏部者无贤否之分，入于刑部者无枉直之判，天下皆谓陛下任喜怒为生杀，而不知皆臣下之乏忠良也。夫罪人不孥，罚弗及嗣，连坐起于秦法，孥戮本于伪书。今之为善者，妻子未必蒙荣，有过者里胥必陷其罪，况律以人伦为重，而有给配之条，听之于不义，则又何取夫节义哉？此风化之所由也。

所说全是事实。迫文人作官则取之尽锱铢，作了官再屠杀，简直像泥沙一样，毫不动心；稍不如意便下刑部，一进刑部是没有冤枉可诉的；而且，不但罚延及嗣，连儿子一起杀，甚至妻女也不免受辱，听凭官家给配。真是任喜怒为生杀，和"臣下乏忠良"何干？解缙这么说，只是行文技巧，不给上位太难堪而已。元璋读了，连说："才子！才子！"可见他自己也是心服的。[①]

网罗布置好了，包围圈逐渐缩小了，苍鹰在天上盘旋，猎犬在追逐，一片号角声，呐喊声，呼鹰唤狗声，已入网的文人一个个断脰破胸，呻吟在血泊中。在网外围外的在战栗，在恐惧，在逃避，在伪装。前朝老文学家杨铁崖（维桢）被征，婉辞谢绝，说快死的老太婆不能再嫁人了，赋《老客妇谣》明志，抵死不肯作官，被迫勉强到南京打一转，请求还山，宋濂赠诗说："不受君王五色诏，白衣宣至白衣还。"[②]胡翰、赵壎、陈基修《元史》成后，即刻回家。张昱被征，元璋看他老态龙钟，说是回家去吧，可以闲一闲了，因自号为可闲老人。王逢是张士诚的馆客，吴亡，隐居不起，洪武十五年被征，地方官押送上路，亏得

---

① 《明史》卷一四七，《解缙传》。
② 《明史》，《文苑传》，《杨维桢传》。

儿子作通事司令的,向皇帝磕头苦求,才放回去。高则诚(明)以老疾辞官,张宪隐姓埋名,寄食僧寺,丁鹤年学佛庐墓,都得逍遥网外,终其天年。[①] 开国谋臣秦从龙避乱镇江,元璋先嘱徐达访求,又特派朱文正、李文忠到门延聘,亲自到龙湾迎接,事无大小,都和他商量,称为先生而不名,有时用竹板写字问答,连左右侍从都不知道他们说的是什么;儒臣中礼貌优厚,没人能比得上。陈遇在幕中被比作伊吕诸葛,最为亲信,元璋作吴王,辞作供奉司丞,称帝后,三次辞翰林学士,又辞中书左丞,辞礼部侍郎兼弘文馆大学士,辞太常少卿,最后又辞作礼部尚书,元璋无法,要派他的儿子作官,还是不肯;他在左右劝少杀人,替得罪臣僚说好话,密谋秘计,外人无法与闻。他越是不肯作官,元璋对他越敬重,见面称先生或君子,宠礼在勋戚大臣之上。这两人都不作官,都为元璋所信任尊重,都能平安老死,和刘基样被猜毒死,宋濂那样暮年谪死,真是不可同日而语了。[②]

　　元璋渡江以前幕府里的主要人物,还有一人名田兴,金陵下后便隐遁江湖,元璋多方设法寻访,都不肯回来。洪武三年又派专使以手书敦劝说:

　　　　元璋见弃于兄长,不下十年,地角天涯,未知云游之处,何尝暂时忘也。近闻打虎留江北,为之喜不可抑。两次诏请,更不得以勉强相屈。文臣好弄笔墨,所拟词意,不能尽人心中所欲言。特自作书,略表一二,愿兄长听之:昔者龙凤之僭,兄长劝我自为计,又复辛苦跋涉,参谋行军。一

---

　　① 《明史》,《文苑传》,《胡翰传》《赵壎传》、赵扬谦传》附《张昱传》《戴良传》附《王逢传》《丁鹤年传》《陶宗仪传》附《高明传》。

　　② 陆深:《豫章漫钞》,《玉堂漫笔》,《明史》卷一三五,《陈遇传》。

旦金陵下，告遇春曰：大业已定，天下有主，从此浪迹江湖，安享太平之福，不复再来多事矣。我故以为戏言，不意真绝迹也。皇天厌乱，使我灭南盗，驱北贼，无才无德，岂敢妄自尊大，天下遽推戴之，陈友谅有知，徒为所笑耳。三年在此位，访求山林贤人，日不暇给。兄长移家南来，离京甚近，非但避我，且又拒我。昨由去使传信，令人闻之汗下。虽然，人之相知，莫如兄弟，我二人者不同父母，甚于手足，昔之忧患，与今之安乐，所处各当其事，而平生交谊，不为时势变也。世未有兄因弟贵，惟是闭门逾垣以为得计者也。皇帝自是皇帝，元璋自是元璋，元璋不过偶然作皇帝，并非作皇帝便改头换面，不是朱元璋也。本来我有兄长，并非作皇帝便视兄长如臣民也。愿念兄弟之情，莫问君臣之礼，至于明朝事业，兄长能助则助之，否则，听其自便。只叙兄弟之情，断不谈国家之事。美不美。江中水，清者自清，浊者自浊，再不过江，不是脚色。[1]

情辞恳切到家，还是不理。此人神龙见首不见尾，如实有其人，可说是第一流人物，也是最了解他小兄弟性格的一个人物。

三、特务网

专制独裁的政权，根本是反人民的，靠吮吸人民的血汗，奴役人民的劳力而存在。为了利益的独占和持续，甚至对他自

---

[1] 方觉慧：《明太祖革命武功记引》。

己的工具或者仆役——官僚和武将，也非加以监视和侦察不可。虽然在对人民的剥削掠夺这一共同基础上，皇权和士大夫军官是一致的，但是，官僚武将过分的膨胀，又必然会和皇权引起内部冲突。

皇帝站在金字塔的尖端，在尊严的神圣的宝座下面，是一座火山。有广大的愤怒的人民，有两头拿巧的官僚，有强悍跋扈的武将，在酝酿力量，在组织力量。

推翻元朝统治的不就是蚩蚩粥粥，老实得说不出话，扛竹竿锄头的农民？使张九四终于不能成事的，不就是那些专为自己打算，贪污舞弊的文士，和带歌儿舞女上阵的将军？历史上，曹操、司马懿、刘裕一个吃一个，篡位的是士大夫，帮凶的又何尝不是士大夫？至于赵匡胤陈桥兵变，黄袍加身，那更用不着说了。这位子谁不想坐？"彼可取而代之也！"谁不想作皇帝？

没有作皇帝之先，用阴谋，用武力，使尽一切可能的力量去破坏，从而取得政权。作了皇帝之后，用阴谋，用武力，使尽一切可能的力量来不许破坏，镇压异己，维持既得利益，一句话，绝对禁止别人企图作皇帝，或对他不忠。

要严密作到镇压"异图"、"不忠"，巩固已得地位，光是公开的军队和法庭，光是公布的律例和刑章是不够用的。可能军队里法庭里，就有对现状不满的分子，可能军队里法庭里，就有痛恨这种统治方式的人们。得有另外一套，得有一批经过挑选训练的特种侦探，得有经过严格组织的特种"机构"，和特种监狱，用秘密的方法，侦伺，搜查，逮捕，审讯，处刑。在军队里，学校里，政府衙门中，在民间集会场所，私人住宅，交通孔道，大街小巷，处处都有一些特殊人物在活动。执行这些任务的特种组织和人物，在汉有"诏狱"和"大谁何"，三国时有"校事"，唐有"丽竟门"和"不良人"，五代有"侍卫司狱"，宋有"诏狱"和"内军巡院"，明初有"俭校"和"锦衣卫"。

检校的职务是"专主察听在京大小衙门官吏不公不法，及风闻之事，无不奉闻"。最著名的头子之一叫高见贤，和佥事夏煜、杨宪、凌说，成天作告发人阴私的勾当，"伺察搏击"。兵马指挥丁光眼巡街生事，凡是没有路引的，都捉拿充军。元璋尝时说："有这几个人，譬如人家养了恶犬，则人怕。"[1]杨宪曾经以左右司郎中参赞浙江行省左丞李文忠军事，元璋嘱咐："李文忠是我外甥，年轻未历练，地方事由你作主张，如有差失，罪只归你。"后来杨宪就告讦李文忠用儒士屠性孙履、许元、王天锡、王祎干预公事，屠性孙履被诛，其余三人被罚发充书写；因之得宠，历升到中书左丞，元璋有意要他作宰相，杨宪就和凌说、高见贤、夏煜在元璋面前诉说李善长不是作宰相的材料。胡惟庸急了，告诉李善长："杨宪若作相，我们两淮人就不得作大官了。"杨宪使人劾奏右丞汪广洋流放海南，淮人也合力反攻杨宪："排陷大臣，放肆为奸。"到底淮帮力量大，杨宪以告讦发迹，也以被告讦诛死。[2] 高见贤建议："在京犯赃经断官吏，不无怨望，岂容辇毂之下住坐？该和在外犯赃官吏发去江北和州无为开垦荒田。"后来他自己也被杨宪举劾受赃，发和州种田，先前在江北种田的都指着骂："此路是你开，你也来了，真是报应！"不久被杀。夏煜、丁光眼也犯法，先后被杀。[3]

亲卫军官作检校的，有金吾后卫知事靳谦，元璋数说他的罪

---

[1] 刘辰：《国初事迹》；孙宜：《大明初略》四；《明史》卷一三五，《宋思颜传》。

[2] 刘辰：《国初事迹》；《明史》卷一二七，《汪广洋传》。

[3] 刘辰：《国初事迹》；孙宜：《大明初略》四。

状："朕以为必然至诚，托以心腹，虽有机密事务，亦曾使令究焉。"[①]有何必聚：龙凤五年派帐下卫士何必聚往探江西袁州守将欧平章动静，以断欧平章家门前二石狮尾为证，占袁州后，查看果然不错。[②]有小先锋张焕，远在初克婺州时，就作元璋的亲随伴当从行先锋，一晚，元璋出去私访，遇到巡军拦阻，喝问是谁，张焕说："是大夫"，巡军发气："我不知道大夫是什么人，但是犯夜的就逮捕住。"解说了半晌才弄清楚。乐人张良才说平话，擅自写省委教坊司招子，贴市门柱上，被人告发，元璋发怒说："贱人小辈，不宜宠用！"叫小先锋张焕捆住乐人，丢在水里。龙凤十二年以后，经常作特使到前方军中传达命令。[③]有毛骧和耿忠，毛骧是早期幕僚毛骐的儿子，以舍人作亲随，用作心腹亲信，和耿忠奉派到江浙等处访察官吏，民间疾苦。毛骧从管军千户积功作到都督佥事，掌锦衣卫事，典诏狱，被牵入胡惟庸党案伏诛，耿忠作到大同卫指挥，也以贪污案处死。[④]

除文官武将作检校以外，和尚也有被选拔作这门工作的。吴印、华克勤等人，都还俗作了大官，替皇帝作耳目，报告外间私人动止。大理寺卿李仕鲁上疏力争，以为"自古帝王以来，未闻缙绅锱流杂居同事而可以共济者也。今勋旧耆德，咸思辞禄去位，而锱流检夫乃益以谗间。"并具体指出刘基、徐达、李善长、周德兴的被猜疑被谗谤，都是这批出家检校造的孽。[⑤]

检校的足迹是无处不到的，元璋曾派人去察听将官家，有女

---

① 《大诰》，沉匿卷宗第六十。

② 钱谦益：《国初群雄事略》卷四，引俞本：《纪事录》。

③ 刘辰：《国初事迹》；孙宜：《大明初略》四；王世贞：《诏令考》二。

④ 刘辰：《国初事迹》；《明史》卷一三五，《郭景祥传》附《毛骐传》。

⑤ 《明史》卷一三九，《李仕鲁传》。

僧诱引华高、胡大海妻敬奉西僧，行金天教法，元璋大怒，把两家妇人连同和尚一起丢在水里。[1] 吴元年得到报告，要前方总兵官把"一个摩泥（摩尼教徒）取来"。洪武四年手令："如今北平都卫里及承宣布政司里快行，多是彼土人民为之。又北平城内有个黑和尚出入各官门下，时常与各官说些笑话，好生不防他。又一名和尚系是江西人，秀才出身，前元应举不中，就做了和尚，见在城中与各官说话。又火者一名姓崔，系总兵官庄人，本人随别下泼皮高丽黑哄陇问，又有隐下的高丽不知数。造文书到时，可将遣人都教来，及那北平、永平、密云、蓟州、遵化、真定等处乡市，旧有僧尼，尽数起来。都卫快行承宣布政司快行，尽数发来。一名太医江西人，前元提举，即自在各官处用事。又指挥孙苍处有两个回回，金有让孚家奴也教发来。"[2] 调查得十分清楚。傅友德出征赐宴，派叶国珍作陪，拨与朝妓十余人。正饮宴间，有内官觇视，说是国珍令妓妇脱去皂帽精子，穿华丽衣服混坐。元璋大怒，令壮士拘执叶国珍，与妓妇连锁于马坊，妓妇劓去鼻尖。国珍说："死则死，何得与贱人同锁？"元璋说："正为你不分贵贱，才这样对你。"鞭讫数十，发瓜州做坝夫。[3] 钱宰被征编《孟子节文》，罢朝吟诗："四鼓鼕鼕起着衣，午门朝见尚嫌迟，何时得遂田园乐？睡到人间饭熟时。"有人给打报告了，第二天元璋对他说："昨天作的好诗，不过我并没嫌呵，改作忧字如何？"钱宰吓得磕头谢罪。[4] 宋濂性格最为诚谨，有一天请客喝酒，也被皇帝注意了，使人侦视，第二天当面发问，昨

---

① 刘辰：《国初事迹》。

② 王世贞：《诏令考》二。

③ 刘辰，《国初事迹》。

④ 叶盛：《水东日记摘钞》二。

天喝酒了没有，请了哪些客，备了什么菜？宋濂老老实实回答，元璋才笑说："全对，没有骗我。"① 吴琳以吏部尚书告老回黄冈，元璋不放心，派人去察看，远远见一农人坐小机上，起来插秧，样子很端谨，使者前问："此地有吴尚书这人不？"农人叉手回答："琳便是。"使者复命，元璋很高兴。② 又如南京各部皂隶都戴漆巾，只有礼部例外，各衙门都有门额，只有兵部没有，据说这也是锦衣卫逻卒干的事。原来各衙门都有人在暗地里侦察，一天礼部皂隶睡午觉，被取去漆巾，兵部有一晚没人守夜，门额给人抬走了，发觉后不敢作声，也就作为典故了。③

朱元璋不但有一个特务网，派专人侦察一切场所，一切官民，他自己也是喜欢搞这一套的。例如罗复仁官止弘文馆学士，说一口江西话，质直朴素，元璋叫他作老实罗。一天，忽然动了念头，要调查老实罗是真老实还是假老实？出其不意一人跑到罗家，罗家在城外边一个小胡同里，破破烂烂，东倒西歪几间房子，老实罗正扒在梯子上粉刷墙壁，一见皇帝来，着了慌，赶紧叫他女人抱一个小杌子请皇帝坐下，元璋见他实在穷得可以，老大不过意，说："好秀才怎能住这样烂房子！"即刻赏城里一所大邸宅。④

检校是文官，元璋譬喻为恶狗。到洪武十五年还嫌恶狗不济事，另找一批虎狼来执行大规模的屠杀，把侦伺处刑之权交给武官，特设一个机构叫锦衣卫。

锦衣卫的前身是吴元年设立的拱卫司。洪武二年改亲军都尉

---

① 《明史》卷一二八，《宋濂传》。

② 《明史》卷一三八，《陈修传》附《吴琳传》。

③ 陆容：《菽园杂记》；祝允明：《野记》一。

④ 《明史》卷一三七，《罗复仁传》。

府，府统中左右前后五卫和仪鸾司，掌侍卫法驾卤簿；十五年改为锦衣卫。

锦衣卫有指挥使一人，三品。同知二人，从三品。佥事三人，四品。镇抚二人，五品。十四所千户十四人，五品；副千户从五品；百户六品。所统有将军力士校尉，掌直驾侍卫巡察缉捕。镇抚司分南北，北镇抚司专理诏狱。

直驾侍卫是锦衣卫形式上的职务，巡察缉捕才是工作的重心，对象是"不轨妖言"，不轨指政治上的反对者或党派，妖言指要求改革现状的宗教集团，如弥勒教、白莲教和明教等等。

朱元璋从红军出身，当年也喊过"弥勒降生"、"明王出世"的口号，他明白这些传说所发生的号召作用，也清楚聚众结社对现政权的威胁。他也在担心，这一批并肩百战、骁悍不驯的将军们，这一群出身豪室的文臣，有地方势力，有社会声望，主意多，要是自己一朝咽气，忠厚柔仁的皇太子怎么对付得了？到太子死后，太孙不但年轻，还比他父亲更不中用，成天和腐儒们读古书，讲三王的道理，断不是制驭枭雄的角色。他要替儿孙斩除荆棘，要保证自己死后安心，便有目的地大动杀手，犯法的杀，不犯法的也杀，无理的杀，有理的也杀。锦衣卫的建立，为的便于有计划地栽赃告密，有系统地诬告攀连，有目标地灵活运用，更方便地在法外用刑。各地犯重罪的都解到京师下北镇抚司狱，备有诸般刑具，罪状早已安排好，口供也已预备好，不容分析，不许申诉，犯人唯一的权利是受苦刑后画字招认。不管是谁，进了这头门，是不会有活着出来的奇迹的。

洪武二十年，他以为该杀的人已经杀得差不多了，下令焚毁锦衣卫刑具，把犯人移交刑部，表示要实行法治了。又把锦衣卫指挥使也杀了，卸脱了多年屠杀的责任。六年后，胡党蓝党都已杀完，松了一口气，又下令以后一切案件都由朝廷法司处理，内外刑狱公事不再经由锦衣卫。签发这道手令之后，摸摸花白胡子，以为天下从此太平，皇业永固了。[①]

和锦衣卫有密切关连的一件恶政是廷杖。锦衣卫学前朝的诏狱，廷杖则是学元朝的办法。

在元朝以前，君臣的距离还不太悬绝，三公坐而论道，和皇帝是师友。宋代虽然臣僚在殿廷无坐处，礼貌上到底还有几分客气。蒙古人可不同了，起自马上，生活在马上，政府臣僚也就是军中将校，一有过失，随时杖责，打完照旧办事，甚至中书大臣都有殿廷被杖的故事。朱元璋事事复古，要"复汉官之威仪"，只有打人，尤其是在殿廷杖责大臣这一桩，却不嫌弃是胡俗，习惯地继承下来。著名的例子，亲族被杖死的有朱文正，勋臣被鞭死的有永嘉侯朱亮祖父子，大臣被杖死的有工部尚书薛祥，部曹被廷杖的有茹太素。从此成为故事，士大夫不但可杀，而且可辱，君臣间的距离有如天上地下，"天皇圣明，臣罪当诛"，礼貌固然谈不到，连主奴间一点起码的恩惠，也被板子鞭子打得干干净净了。[②]

四、皇权的极峰

就整个历史的衍进说，皇帝的权力到朱元璋可以说是达到了极峰。

---

① 王世贞：《锦衣志》；《明史》卷八九《兵志》，卷九五《刑法志》。

② 《明史》，《刑法志》三。

　　研究皇权的极权化发展，应该从两方面来看，一是士大夫地位的下降，二是巩固皇权的诸多约束的被摧毁。至于人民，向来只有被统治、被剥削、被屠杀的义务，和治权是丝毫沾搭不上的。

　　在明以前，士大夫是和皇家共存共治的。

　　具体的先从君臣的礼貌来说吧。在宋以前有三公坐而论道的说法，贾谊和汉文帝谈话，不觉膝之前席，可见不但三公，连小官见皇帝都是坐着的。唐初的裴寂甚至和唐高祖共坐御榻，十八学士在唐太宗面前也都有坐处。到宋朝便不然了，从太祖以后，大臣上朝在皇帝面前无坐处，一坐群站，三公群卿立而奏事了。到明代，不但不许坐，站着都不行，得跪着说话了。从坐而站而跪，说明了三个时期的君臣之间的关系，也说明了士大夫地位的下降。

　　从形式再说到本质：

　　坐的时期的典型例子是魏晋六朝的门阀制子。

　　汉代的若干世家宦族，如关西杨氏、汝南袁氏之类，四世三公，有数不尽的庄园，算不清的奴仆，门生故吏遍天下，本身有雄厚的独立的经济、社会和政治力量。在黄巾动乱时代，地方豪族如孙策、马腾、许褚、张辽、曹操之类，为了保持土地和特殊权益，组织地主军保卫乡里，有部曲，有防区，造成军事力量。小军阀抗不住大股黄巾，投靠大军阀，大军阀又互相吞并，结果是三分天下，建立三个皇朝，原来两类家族——世族和豪族也都占据高位，变成公卿将帅，成为高级官僚了。这些家族原是共建皇业的股东，和皇家利害共同，休戚一致，在九品中正的选举制度下，"上品无寒门，下品无势族"，大官位全为这些家族分子所独占。东晋南渡，司马家和王谢等家到了建康，东吴旧族顾、陆、朱、张等家族虽然是本地高门，因为是亡国之余，就吃了亏，在政治地位上居第二等。这些高门，世执国政，王、谢子弟更平步以至公卿（北方的崔、卢、李、郑、王等家族也是一样）。到刘裕以田舍翁作皇帝，陈霸先更是寒人，在世族眼光里，皇家只是暴发户，无根基，没派头，朝代尽管改换，好官我自为之，士大夫集团有其传统的政治社会经济和文化地位，非皇权所能动摇，士大夫虽然在为皇权服务——因为皇帝有军队——目的在以皇权来发展并保障士大夫的已有权益。在这情况下，士大夫是和皇家共存，共享治权的。皇家的利益虽然大体上和士大夫一致，但是在许多场合，发生了尖锐的冲突，例如世族的荫蔽人口，霸占农田水利以至山林湖沼等等，经隋代两帝的有意识的打击摧毁，如取消九品中正制度，取消长官辟举僚属办法，并设立进士科，用公开的考试制度，用文字的优劣来代替血统门望高下，来选任官僚。但是，文字教育还是要钱买的，大家族有优越的经济地位、人事关系，因之，唐朝三百年间的宰相，还是被二十个左右家族所包办。

　　门阀制度下的士大大，有历史的传统，有庄园的经济基础，有包办选举的制度，甚至有依门第高下任官的成文法，有依族姓高下缔婚的风气，高门华阀由此种种便成为一个利害共同的集团，并且，公卿子弟熟习典章制度，治国（办例行公事）也非他们不可。在这诸多特殊情势之下，士大夫是和皇家共存的，只有双方合作才能两利。而且，皇帝人人可做，只要有强大的军力能夺取政权便行，士大夫却不然，寒人役门要成为士大夫，等于骆驼穿针孔，即使有皇帝手令强制，也还是办不到。何事非君？士大夫只要不损害他们的权益，可以侍候任何一姓的皇权。一个拥有大军的统帅，如得不到士大夫的支持，却绝对作不了皇帝。

考试制度代替了门阀制度，真正发挥作用是十世纪以后的事。

经过唐代前期则天大帝有意援用新人，任命进士作高官，打击世族。经过后期甘露之祸（大和九年，835年），白马之祸（天祐二年，905年）和藩镇的摧残，多数的著名家族被屠杀。经过长期的军阀混战，五代乱离，幸存的世族失去了庄园，流徙各地，到唐庄宗作皇帝，要选懂朝廷典故的世族子弟作宰相都很不容易了。宋太祖太宗只好扩大进士科名额（唐代每科平均不过三十人，宋代多至千人以至几千人），用进士来办事，名额宽，考取容易，平民出身的进士在数量上压倒了残存的世族，一发榜立即作官。进士出身的官僚绅士和皇家的关系，正如伙计和老板，是雇用的而不是合股的。老板要买卖作得好，得靠伙计忠心卖力气，宋朝家法优礼士大夫就是这个道理。用宋朝人的话说是共治，著名的例子是文彦博和宋神宗的对话：

文彦博：王安石胡乱主张，要改变法度。其实祖宗朝的法制就很好，不要胡改，以致失掉人心。

宋神宗：要改法制，对士大夫也许有些吃亏，可是，老百姓是喜欢的。

文彦博：这话不对，皇家是和士大夫治天下的，和老百姓何干？

宋神宗：就是士大夫也不全反对，也有人赞成改革的。

这是熙宁四年（1071年）三月间的事。

和前一时期不同的，前期的世族子弟有了庄园，才能中进士作官，再去扩大庄园。这时期呢？中进士作了官才能购置庄园，名臣范仲淹年轻时吃冷粥，过穷苦日子，到作了大官就置苏州义庄，派儿子讨租子，得几船粮食，便是好例子。前一时期的世族，庄园是中进士的本钱，后一时期的官僚，庄园是作官的利息，意义上不相同，政治地位自然也因之不同。

更应该注意的是印刷术发明了，得书比较容易，书籍的流通比较普遍。国立学校学生入学资格必须父祖曾作几品以上官的规定取消了，而且，还有许多私人创立的书院，知识和受教育的机会比较不为少数家族所囤积独占，平民参加考试的机会大大地增加了。读书成为作官的手段，"遗金满籯，不如教子一经。"念书，考进士，作官，发财："万般皆下品，惟有读书高。"为帝王作仆役服务："天子重英豪，文章教尔曹。"政府的提倡，社会的鼓励，作官作绅士得从科举出身，竭一生的聪明才智去适应科举，"天下英雄入我彀中"，皇权由之巩固。官爵恩泽，都是皇帝所赐，士大夫以忠顺服从[①]换取皇家的恩宠。皇家是士大夫的衣食饭碗，非用全力支持不可。士大夫是皇家的管家干事，俸禄优厚，有福同享。前期的共存之局到此就变成共治之局了。君臣间的距离恰像店东和伙计，主佣间的恩惠是密切照顾到的。

士大夫从共存到共治，由股东降作伙计，已经江河日下了。到明代，又猛然一跌，跌作卖身的奴隶，士大夫成为皇家的奴役了。

明初的士大夫，既不是像汉、魏世族那样有威势，又没有魏晋隋唐以来世族的庄园基础，中举作官得懂君主的窍，揣摩迎合，以君主的意志为意志，是非为是非，喜怒为喜怒，从办公事上分一点残羹冷炙，建立自己的基业。一有不是，便丧身破家，挨鞭子棍子是日常享受，充军作苦工是从宽发落，不但礼貌谈不

---

① 李焘：《续资治通鉴长编》卷二二一。

上，连生命都时刻在死亡的威胁中。偶尔也有被宠用的特务头子，虽然威风，可是在朱元璋的心目中，甚至口头上，只把这些人当恶狗，养着咬人。皇帝越威风，士大夫越下贱，反过来也可以说是士大夫越被制抑，皇帝就越尊贵，君臣的关系一变而为主奴。奴化教育所造成的新士大夫，体贴入微的逢迎阿谀，把皇权抬上了有史以来的极峰。[①]

巩固皇权的诸多约束的被摧毁，是皇权极权化的另一面。

隋唐以来的三省制度，中书省决策，门下省封驳，尚书省执行，把政权分作三部分。在形式上在理论上防止臣下擅权，分而治之，各机构互相钳制，同时也防止作皇帝的滥用权力，危害根本，是消极的巩固皇权的一种政治制度。实际执行政务的六部，在尚书都省之下，地位很低。凡百政务推行，名义上由政府首长负其责任，事情作错或作坏了，一起推到宰相身上，免官降黜甚至赐死。皇帝对国事不是直接领导，并且是不负法律责任的。例如有天灾人祸等重大事变，开明一点的皇帝最多也不过是素服减膳避殿，下诏求直言，或进一步自我检讨一下，下诏罪己，闹一通也就算了。因为皇帝不能作错事，要认错，要受罚，也只能对上天负责。三省制度的建立，正是为了使皇帝不负行政责任，用臣下作赎罪羔羊的办法。到元朝合三省作一省，洪武十三年杀胡惟庸以后，又废去中书省，提高六部的地位，使其直接向皇帝负责，根本取消了千多年来的相权。皇帝除了是国家元首之外，又是事实上的政府首长，直接领导并推进庶务，皇权和相权合一，加上军队的指挥权、立法权、司法权，和任意加税或减税权，以及超法律的任意处分权，人类所能运用所能想到的一切权力，都

---

① 吴晗：《论绅权》，载《时与文》三卷一期，1948 年 4 月。

集中在一人之手，不对任何个人或团体负责。这种局面可以说是前所未有的。

单独就门下省的封驳权而说，是约束皇权滥用的一种成文法制。其实，封驳权不限于门下省，中书省的中书舍人也有这个权。中书舍人掌起草诏令，中书省长官在得皇帝所同意的事项或命令以后，交词头（原则或具体措施）给中书舍人起草诏勅，舍人如不同意，可以缴还词头，拒绝起草。皇帝如坚持原来主意，也可以再度命令执行，但是舍人仍可以再次三次拒绝，除非职务被罢免，或是把这任务交给另外一个舍人。门下省有给事中专掌封驳，封是原封退回，驳是驳正诏敕的违失，凡制敕宣行，重大事件要复奏然后施行，小事签署颁下。有违碍的可以涂窜奏还，叫作涂归，又叫作批敕。这制度规定皇帝所颁诏令，得经过两次同意，第一次是起草的中书舍人，第二次是签名副署的给事中，最后才行下到尚书省施行，所谓"不经凤阁（中书）鸾台（门下），何谓为敕？"[1]如两省官都能尽职，便可以防止皇帝的过举以及政治上的失态行为，对于巩固皇权是有极大作用的。当然，历代帝王很多不遵守这约束，往往不经中书门下，以手令直接交尚书施行，这种情形，史书上叫作墨敕斜封，虽然被执行了，但在理论上是非法的。元朝废门下省，给事中并入中书省，到明初废中书省后，中书舍人成为抄录文件的书记，给事中无所隶属，兼领谏职，和稽察六部百司之事。两道约束被清除，皇帝的意志和命令就是法律，直接颁下，任何人都得遵守，不能批评，更不允许反对，造成了朕即国家的局面。皇权跳出官僚机构的牵制，超乎一切之上，这也是前所未有的。

---

[1] 《新唐书》卷一一七，《刘祎之传》。

其次，在明以前，守法在理论上是皇帝的美德，无论是成文法典或是习俗相沿的传统。为了维持一个集团的共同利益，以至皇家的优越地位，守法是作皇帝的最好最有利的统治方法。皇帝地位虽高，权力虽大，也不应以喜怒爱憎的个人感情来毁法、坏法，即使有特殊情形，也必须先经法的制裁，然后用皇帝的特赦权或特权来补救。著名的例子如汉文帝的幸臣邓通，在殿廷不守礼节，丞相申屠嘉大发脾气，说是朝廷礼节给破坏了，下朝回府，发檄传邓通审问，拒传就处死，邓通急了，向皇帝求赦，皇帝只好叫他去。到府后去冠光脚跪伏谢罪，丞相厉声说："小臣戏殿上，大不敬！"叫长史把他拖出去杀了，邓通在下面磕头讨饶，额角都碰出血来了，文帝才派特使向丞相说情，说这人是我的弄臣，请特别赦免。邓通回去见皇帝，哭着撒娇说丞相几乎杀了我，见不到面了。申屠嘉是列侯，是元老重臣，代表重臣集团执行法纪，重臣集团和皇家利害一致，汉文帝便不敢也不能不守这个法。[1] 又如宋太祖时有臣僚该升官，太祖向来讨厌这个人不批准，宰相赵普非照规矩办不可，太祖生气了，说："我偏不升他官，看怎么办？"赵普说："刑以惩恶，赏以酬功，是古今来的通道。而且刑赏是天下的刑赏，不是陛下的刑赏，怎么可以用个人的喜怒来破坏？"太祖气极，竟自走开，赵普一直跟到宫门口，不肯走，太祖拗不过道理，只好答应了。这例子说明赵普和宋太祖都能守法[2]，不过重要的是赵普不只是宰相，还是皇家旧人，他的利害也是和皇家一致的。到朱元璋便不理会这个传统了，朝廷里没有像汉初那样的元老重臣集团，有地位有力量可以

---

① 《汉书》卷四二，《申屠嘉传》。

② 《宋史》卷二五六，《赵普传》。

说话作事，也没有像宋初那样家庭旧人，有胆子有分量敢于说话作事。相反，他的利害是和朝廷的勋贵大臣对立的，成日成夜怕人对他不忠，不怀好意，一面制定法典，叫人民遵守，犯法的必死，他自己却法外用刑，在《大诰》里所处分的十种死罪和酷刑，都出于法典之外，而且全凭喜怒杀人，根本不依法律程序。在政治上的措施，擢用布衣儒士作尚书九卿以至方面大官，也是不依成法的。他的性格、权力，加上古所未有的地位，使得没有人敢拿法来约束，甚至劝告。自己决不守法，在法律之上，在法律之外，却强迫全国人守他的法，一点不许有差池，这正是暴君独夫民贼的典型人物。

他用残酷的恐怖的屠杀手段，推翻八百年来的传统政治制度，组织新的分部负责政府，自己综揽大权，造成专制的残暴的独裁政治。接连不断制造大狱，杀了十几万社会上层的领袖人物，利用检校和锦衣卫侦伺官民，应用里甲制度布成全国性的特务网，用廷杖挫损士大夫的气节，立"寰中士大夫不为君用"之法，强迫知识分子服役。在三十年为一世的长期统治下，开国功臣被杀光了，谋臣策士一个个被消除了，豪绅地主成群成批被淘汰掉了，全国上下各阶层的人吓得胆战心惊，诚惶诚恐，束手服从。他不但是国家的元首，也是政府的当局，也是国军的最高统帅，是最高的立法人和审判官，又是法律的破坏者，具有无限制的货币发行权和财政支配权。用学校和考试制度造成忠顺的干部，用里甲轮役的方法动员全部人力。他收复了沦陷于外族四百三十年的疆域，他建立了中华民族自主的大帝国，是大明帝国的主人，也是几十个属国和藩国的共主，他被后代人称为"民族英雄"，也是有史以来权力最大地位最高最专制最独裁最强暴最缺少人性的大皇帝。

对官僚地主士大夫，朱元璋用一副恶狠狠的面孔，青面獠牙，无人不怕。对平民百姓，有另外一副面孔，白胡子的老公公，满脸慈悲相，满口和气话，如果不看他的真面目，也许是人民多年来所梦想的有道明君呢！

经常挂在嘴上的话是："四民之中，农民最劳最苦。春天鸡一叫就起床，赶牛下田耕种，插下秧子，得除草，得施肥，大太阳里晒得汗直流，劳碌得不成人样。好容易巴到收割了，完租纳税之外，剩不了一丁点儿。万一碰上水旱虫蝗灾荒，全家着急，毫无办法。可是国家的赋税全是农民出的，当差作工也是农民的事，要使国家富强，必得农民安居乐业才办得到。"[①]这套话的主要意思，是要吃鸡蛋得喂饱鸡，要不然，也不能让鸡饿死。

使农民安居乐业的办法，不外乎上代人常做的，积极地为农民兴利，消极地为农民除害。

兴利的事业主要是增加生产。建国以后，下令凡民田五亩到十亩的栽桑麻木棉各半亩，十亩以上的加倍。到晚年又令户部劝谕民间，凡是有空地的都种植桑枣，由官家教授种植方法。加种棉花的免除租税。[②]棉花的种植从此普遍全国，过去平民常穿的麻衣，逐渐为棉布所替代，衣的问题算是解决了。其次是水利，鼓励人民一切对于水利的建议，特别吩咐工部官员，凡是陂塘湖堰可以蓄水防备水旱灾的，根据地势一一修治，并派遣国子生和人才到各地督修水利，统计开塘堰四万零九百八十七处。再就是劝导农民合作，用里甲作基础，户部劝谕，一里之内，有婚姻死

---

① 《明太祖实录》卷二二、卷二五〇。

② 《明史》卷七八《食货志》二，《赋役》，卷一三八《杨思义传》；谷应泰：《明史纪事本末》卷一四，《开国规模》。

丧，疾病患难，有钱的助钱，有力气的出力气。春耕秋收的时候，一家无力，百家帮忙。每乡里备有木铎，选出老人每月六次持铎游行宣讲。每里有一鼓，农桑时日，清早击鼓催人起床作工，有懒惰的由里老督责，里老不管事的处罚。[1]

除害指的是赈灾和肃清贪官污吏。

照规定，凡各地闹水旱灾歉收的，蠲免赋税。丰年无灾伤，也择地瘠民贫的地方特别优免。灾重的免交二税之外，还由官府贷米，或者是赈米施布给钞。各地设预备仓，由地方耆老经管，准备大批粮食救灾。灾场州县，如地方官不报告的，特许耆老申诉，处地方官以死刑。洪武二十六年又手令户部，地方官有权在饥荒年头，先发库存米粮赈济，事后呈报，立为永制。三十多年来，赏赐民间的布钞数百万，米百多万石，蠲免租税无数[2]。

凡地方官贪赃害民的，许人民到京师陈诉，《大诰》说：

> 今后所在布政司府州县，若有廉能官吏，切切为民造福者，所在人民必知其详。若被不才官吏同僚人等捏词排陷，一时不能明其公心，远在数千里，情不能上达，许本处城市乡村耆宿赴京面奏，以凭保全。自今以后，若欲尽除民间祸恶，无若乡里年高有德等，或百人，或五六十人，或三五百人，或千余人，岁终议赴京师面奏，本境为民患者几人，造民福者几人，朕必凭其奏，善者旌之，恶者移之，甚者罪之。呜呼！所在城市乡村耆民智人等皆依朕言，必举此行，即岁天下太平矣。民间若不亲发露其奸顽，明彰有德，朕一

---

① 《明太祖实录》卷三五五，《明史》，《太祖纪》洪武二八年；《明朝小史》卷一；《明史纪事本末》卷一四，《开国规模》。

② 《明史》卷七八，《食货志》二，《赋役》。

时难知，所以嘱民助我为此也。若城市乡村有等起灭词讼，把持官府，或拨置官吏害民者，若有此等，许四邻及阖郡人民指实赴京面奏，以凭祛除，以安吾民。[1]

甚至鼓励人民把贪污吏役和土豪绑赴京师：

> 今后布政司府州县在役之吏，在闲之吏，城市乡村老奸巨猾顽民，专一起灭词讼，教唆陷人，通同官吏，害及州里之间者，许城市乡村贤民方正豪杰之士，有能为民除患者，合议城市乡村，将老奸巨猾及在役之吏在闲之吏，绑缚赴京，罪除民患，以安良民，敢有邀截阻当者枭令。赴京之时，关津渡口毋得阻当。[2]

官吏贪赃到钞六十两以上的枭首示众，仍处以剥皮之刑。府州县衙门左首的土地庙，就是剥皮的刑场，也叫皮场庙。各衙门公座旁照例摆一张人皮，里面是稻草，叫作官的触目惊心，不敢作坏事。[3]地方官上任赏给路费，家属赐衣料。考绩以农桑和学校的成绩作标准。来朝时又特别告诫，说是"天下新定，百姓财力都困乏，像鸟儿刚学飞，和新栽的树木，拔不得毛，也动不得根"[4]。求他们暂时不要狠心剥削，危害皇家的安全。

话说得很多，手令面谕，告诫申斥，翻来覆去地要官吏替农民着想，替政府的租税和人力动员着想。成效如何呢？洪武九年叶伯巨上书说：

---

① 《大诰》，耆民奏有司善恶第四五。
② 《大诰》，乡民除患第四九。
③ 赵翼：《廿二史劄记》卷三三，《重惩贪吏条》，引叶子奇：《草木子》。
④ 《明史》卷二八一，《循吏传序》。

今之守令，以户口钱粮狱讼为急务，至于农桑学校，王政之本，乃视为虚文而置之，将何以教养斯民哉！

以农桑言之，方春，州县下一白帖，里甲回申文状而已，守令未尝亲视种艺次第，旱涝戒备之道也。

以学校言之，廪膳诸生，国家资之以取人才之地也。今四方师生缺员甚多，纵使具员，守令亦鲜有以礼让之实，作其成器者。

朝廷切切于社会，屡行取勘师生姓名，所习课业。乃今社镇城郭，或但置立门牌，远村僻处则又徒存其名，守令不过具文案备照刷而已。上官分部按临，亦但循习故常，依纸上照刷，未尝巡行点视也。

兴废之实，上下视为虚文，小民不知孝弟忠信为何物，而礼义廉耻扫地矣。

官僚政治的任何作为，都是纸面上的，文字上的，和实际情形全不符合。弄得"民俗浇漓，人不知惧，法出而奸生，令下而诈起。故或朝信而暮猜者有之，昨日所进，今日被戮者有之。乃至令下而寻改，既赦而复收，天下臣民，莫之适从！"①十二年后，解缙奉诏上万言书，也说：

臣观地有盛衰，物有盈虚，而商税之征，率皆定额，是使其或盈也奸黠得以侵欺，其歉也良善困于补纳。夏税一也，而茶椒有粮，果丝有税，既税于所产之地，又税于所过之津，何其夺民之利至于如此之密也？且多贫下之家，不免抛荒之咎。今日之土地无前日之生殖，而今日之征聚有前日

---

① 《明史》卷一三九，《叶伯巨传》。

之税粮。或卖产以供税，产去而税存；或赔办以当役，役重而民困。土田之高下不均，起科之轻重无别，膏腴而税反轻，瘠卤而税反重。①

也可见他的治绩只是纸面上的。苛捐杂敛，弄得贫民卖产赔纳；徭役繁重，弄得贫民困苦逃避。尽管杀的人多，处的刑重，贪污的空气还是照旧，用他自己的话来证明吧：

> 浙西所在有司，凡征收害民之奸，甚如虎狼。且如折收秋粮，府州县官发放，每米一石官折钞二贯，巧立名色，取要水脚钱一百文，车脚钱三百文，口食钱一百文。库子又要辨验钱一百文，蒲篓钱一百文，竹篓钱一百文，沿江神佛钱一百文。害民如此，罪可宥乎？②

急得跺脚，说："我欲除贪赃官吏，奈何朝杀而暮犯？今后犯赃的，不分轻重都杀了！"③结果还是"国初至今，将二十载，无几时不变之法，无一日无过之人"④。

陆容（成化时人）曾经用具体的事实，分析洪武朝官僚政治的效果说：

> 国初惩元之弊，用重典以新天下，故令行禁止，若风草然。然有面从于一时而心违于身后者数事：如洪武钱、大明宝钞、《大诰》、洪武韵是已。洪武钱民间全不行，予幼时尝见有之，今不复见一文，盖销毁为器矣。宝钞今虽官府行

---

① 《明史》卷一四七，《解缙传》。
② 《大诰》，折粮科敛第四一。
③ 刘辰：《国初事迹》。
④ 《明史》卷一四七，《解缙传》。

之，然一贯（一千文）仅鱼银三厘，钱二文，民间得之，置之无用。《大诰》惟法司拟罪云："有《大诰》减一等"云尔，民间实未之见，况复有讲读者乎？洪武韵分并唐韵，最近人情，然今惟奏本内依其笔画而已，至于作诗，无间朝野，仍用唐韵。①

（摘自《朱元璋传》，1948 年版）

① 《菽园杂记摘抄》卷五。

明代的锦衣卫和东西厂

一

在旧式的政体之下，皇帝只是代表他的家族以及外环的一特殊集团的利益，比较被统治的人民，他的地位，不但孤立，而且永远是在危险的边缘，尊严的神圣宝座之下，酝酿着待爆发的火山。为了家族的威权和利益的持续，他们不得不想尽镇压的法子，公开的律例，刑章，公开的军校和法庭不够用，也不便用，他们还需要造成恐怖空气的特种组织，特种监狱，和特种侦探，来监视每一个可疑的人，可疑的官吏，他们用秘密的方法侦伺，搜查，逮捕，审讯，处刑。在军队中，在学校中，在政府机关中，在民间，在茶楼酒馆，在集会场所，甚至在交通孔道，大街小巷，处处都有这类人在活动。执行这些任务的特种组织，历代都有。在汉有"诏狱"和"大谁何"，在唐有"丽景门"和"不良人"，在宋有"诏狱"和"内军巡院"，在明有锦衣卫和东西厂，在袁世凯时代则有"侦缉队"。

锦衣卫和东西厂明人合称为厂卫。从十四世纪后期一直到十七世纪中叶，这两机关始终存在（中间曾经几度短期的废止，但不久即复设）。锦衣卫是内廷的侦察机关，东厂则由宦官提督，最为皇帝所亲信，即锦衣卫也受其侦察。锦衣卫初设于明太祖时，是内廷亲军，皇帝的私人卫队，不隶都督府。其下有南北镇抚司，南镇抚司掌本卫刑名，北镇抚司专治诏狱，可以直接取诏行事，不必经过外廷法司的法律手续，甚至本卫长官亦不得干预。^① 锦衣卫的正式职务，据《明史·职官志》说是"掌侍卫缉捕刑狱之事，凡盗贼奸宄街涂沟洫，密缉而时省之"。经过嘉靖初年裁汰后，缩小职权，改为"专察不轨妖言人命强盗重事"^②。其实最主要的还是侦察"不轨妖言"，不轨指政治上的反动者或党派，妖言指宗教的集团如弥勒教、白莲教、明教等。明太祖出身于香军，深知"弥勒降生"和"明王出世"等宗教传说，对于渴望改善生活的一般农民，所发生的政治作用，是如何重大。他尤其了解聚众结社对现实政权有如何重大的意义和威胁，他从这两种活动中得到政权，也已为这政权立下基础，唯一使他焦急的问题是如何才能永远子子孙孙都能不费事地继承这政权。他所感觉到的严重危机有两方面，其一是并肩起事的诸将，个个都身经百战，枭悍难制。其二是出身豪室的文臣，他们有地方的历史势力，有政治的声望，又有计谋，不容易对付。这些人在他在位的时候，固然镇压得下，但也还惴惴不安。身后的继承人呢，太子忠厚柔仁，只能守成，不能应变。到太子死后，他已是望七高年，太孙不但幼稚，而且比他儿子更不中用，成天和一批腐儒接近，景慕三王，服膺儒术，更非制驭枭雄的脚色。他为着要使自己安心，要替他儿孙斩除荆棘，便不惜用一切可能的残酷手段，大兴胡蓝党案，屠杀功臣，又用整顿吏治，治乱国用重刑的口实，把中外官吏地主豪绅也着实淘汰了一下，锦衣卫的创立和授

---

① 王世贞：《锦衣志》。

② 《明史·刑法志》。

权，便是发挥这个作用。经过几次的大屠杀以后，臣民侧足而立，觉得自己的地位已经安定了。为了缓和太过紧张的空气，洪武二十年（公元1387）下令焚毁锦衣卫刑具，把锦衣卫所禁闭的囚徒都送刑部。再隔六年，胡党蓝党都已杀完，不再感觉到政治上的逼胁了，于是又解除锦衣卫的典诏狱权，诏内外狱毋得上锦衣卫，大小案件都由法司治理。天下从此算太平了。①

　　不到十年，帝位发生争执，靖难兵起，以庶子出藩北平的燕王入居大位，打了几年血仗，虽然到了南京，名义上算作了皇帝，可是地位仍不稳固。因为第一，建文帝有出亡的传说，宫内自焚的遗体中不能决定是否建文帝也在内，假如万一建文帝未死，很有起兵复国的可能。第二，他以庶子僭位，和他地位相同的十几个亲王看着眼红，保不住也重玩一次靖难的把戏。（这一点在他生前算是过虑，可是到孙子登位后，果然又闹了一次叔侄交兵。）第三，当时他的兵力所及的只是由北平到南京一条交通线，其他地方只是外表表示服从。第四，建文帝的臣下，在朝的如曹国公李景隆驸马都尉梅殷等，在地方的如盛庸平安何福等都曾和他敌对作战。其他地方官吏文武臣僚也都是建文旧人，不能立地全盘更动。这使他感觉有临深履薄的恐惧。在这样的情况之下，他用得着他父亲传下的衣钵，于是锦衣卫重复活动，一直到亡国，始终作皇帝的耳目，担任猎犬和屠夫的双重任务。

　　锦衣卫虽然亲近，到底是外官，也许会徇情面，仍是不能放心。明成祖初起时曾利用建文帝左右的宦官探消息，即位以后，以为这些内官忠心可靠，特设一个东厂，职务是"缉访谋逆妖言大逆等"，完全和锦衣卫相同。属官有贴刑，以锦衣卫千百户充

---

　　① 《明史·刑法志》。

任，所不同的是用内臣提督，通常都以司礼监秉笔太监第二人或第三人派充，关系和皇帝最密切，威权也最重。①以后虽有时废罢，名义也有时更换为西厂或外厂，或东西厂内外厂并设，或在东西厂之上加设内行厂，连东西厂也在伺察之下。但在实际上，厂的使命是没有什么变更的。

厂与卫成为皇帝私人的特种侦探机关，其系统是锦衣卫监察侦伺一切官民，东（西）厂侦察一切官民及锦衣卫，有时或加设一最高机构，侦探一切官民和厂卫，如刘瑾的内行厂和冯保的内厂，皇帝则直接监督一切侦缉机关。如此层层缉伺，层层作恶，人人自疑，人人自危，造成了政治恐怖。

二

厂卫同时也是最高法庭，有任意逮捕官吏平民，加以刑讯判罪和行刑的最高法律以外的权力。

卫的长官是指挥使，其下有官校，专司侦察，名为缇骑。嘉靖时陆炳官缇帅，所选用卫士缇骑皆都中大豪，善把持长短，多布耳目，所睚眦无不立碎。所召募畿辅秦晋鲁卫骈胁超乘迹射之士以千计。卫之人鲜衣怒马而仰度支者凡十五六万人。②四出迹访："凡缙绅之门，各有数人往来其间，而凡所缉访，止属风闻，多涉暧昧，虽有心口，无可辩白。各类计所获功次，以为升授。凭其可逞之势，而邀其必获之功，捕风捉影，每附会以

---

① 《明史》，《刑法志》《职官志》。

② 王世贞：《锦衣志》。

仇其奸，非法拷讯，时威逼以强其认。"[1]结果，一般仕宦阶级都吓得提心吊胆，"常晏起早阖，毋敢偶语，旗校过门，如被大盗"[2]。抓到了人时先找一个空庙祠宇榜掠了一顿，名为打桩，"有真盗幸免，故令多攀平民以足数者，有括家囊为盗贼，而通棍恶以证其事者，有潜种图书陷人于妖言之律者，有怀挟伪批坐人以假印之科者，有姓名仿佛而荼毒连累以死者。"访拿所及，则"家资一空，甚至并同室之有而席卷以去，轻则匿于档头火长校尉之手，重则官与瓜分"。被访拿的一入狱门，便无生理，"五毒备尝，肢体不全。其最酷者曰琵琶，每上百骨尽脱，汗下如水，死而复生，如是者二三次，荼酷之下，何狱不成"[3]。

其提人则止凭驾帖，弘治元年（公元1488）刑部尚书何乔新奏："旧制提人，所在官司必验精微批文，与符号相合，然后发遣。近者中外提人，只凭驾帖，既不用符，真伪莫辨，奸人矫命，何以拒之？"当时虽然明令恢复批文提人的制度，可是锦衣旗校却依旧只凭驾帖拘捕。[4]正德初周玺所说："迩者皇亲贵幸有所奏陈，陛下据其一面之词，即行差官赍驾帖拿人于数百里之外，惊骇黎庶之心，甚非新政美事。"[5]便是一个例子。

东厂的体制，在内廷衙门中最为隆重。凡内官奉差关防皆曰某处内官关防，惟东厂篆文为"钦差监督东厂官校办事太监关防"[6]。《明史》记"其隶役皆取给于卫，最轻巧儇佶者乃充

---

① 傅维麟：《明书》卷七十三。
② 《明史·刑法志》。
③ 《明书》卷七十三。
④ 《明史·刑法志》。
⑤ 《垂光集》一，《论治化疏》。
⑥ 刘若愚：《酌中志》十六。

之。役长曰档头，帽上锐，衣青素裤褶，系小绦，白皮靴，专主伺察。其下番子数人为干事，京师亡命诓财挟仇视干事者为窟穴，得一阴事，由之以密白于档头，档头视其事大小先予之金，事曰起数，金曰买起数。既得事，帅番子至所犯家，左右坐曰打桩，番子即突入执讯之无有左证符牒，贿如数径去，少不如意，榜治之名曰乾酢酒，亦曰搬罾儿，痛楚十倍官刑，且授意使牵有力者，有力者予多金即无事，或靳不予，予不足，立闻上，下镇抚司狱，立死矣。"对于行政官吏所在，也到处派人伺察："每月旦，厂役数百人掣签庭中，分瞰官府。"有听记坐记之别，"其视中府诸处会审大狱，北镇抚司拷讯重犯者曰听记，他官府及各城门缉访曰坐记"。所得秘密名为打事件，即时由东厂转呈皇帝，甚至深更半夜也可随时呈进，"以故事无大小，天子皆得闻之，家人米盐猥事，宫中或传为笑谑，上下惴惴，无不畏打事件者"[1]。

锦衣卫到底是比不上东厂亲近，报告要用奏疏，东厂则可以直达。以此，厂权就高于卫。

东厂的淫威，试举一例。当天启时，有四个平民半夜里偷偷在密室喝酒谈心。酒酣耳热，有一人大骂魏忠贤，余三人听了不敢出声。骂犹未了，便有番子突入，把四人都捉去，在魏忠贤面前把发话这人剥了皮，余三人赏一点钱放还，这三人吓得魂不附体，差一点变成疯子。

锦衣卫狱即世所称诏狱，由北镇抚司专领。北镇抚司本来是锦衣卫指挥使的属官，品秩极低，成化十四年（公元1478）增铸北司印信，一切刑狱不必关白本卫，连卫所行下的公事也可

_____

[1] 《明史·刑法志》。

直接上请皇帝裁决，卫指挥使不敢干预，因之权势日重。^①外廷的三法司（刑部，大理寺，都察院）不敢与抗。嘉靖二年（公元1523），刑科给事中刘济上言："国家置三法司以理刑狱，其后乃有锦衣卫镇抚司专理诏狱，缉访于罗织之门，锻炼于诏狱之手，裁决于内降之旨，而三法司几于虚设矣。"^②其用刑之惨酷，有非人类所能想象，沈德符记："凡厂卫所廉谋反杀逆及强盗等重辟，始下锦衣之镇抚司拷问，寻常止曰打着问，重者加好生二字，其最重大者则曰好生着实打着问，必用刑一套，凡十八种，无不试之。"^③用刑一套为全刑，曰械，曰镣，曰棍，曰桚，曰夹棍，五毒备具，呼号声沸然，血肉溃烂，宛转求死不得。^④诏狱"室卑入地，墙厚数仞，即隔壁号呼，悄不闻声，每市一物入内，必经数处检查，饮食之属十不能得一，又不得自举火，虽严寒不过唉冷炙披冷裯而已。家人辈不但不得随入，亦不许相面。惟于拷问之期，得遥于堂下相见"^⑤。天启五年（公元1625）遭党祸被害的顾大章所作《狱中杂记》里说："予入诏狱百日而奉旨暂发（刑）部者十日，有此十日之生，并前之百日皆生矣。何则，与家人相见，前之遥闻者皆亲证也。"拿诏狱和刑部狱相比，竟有天堂地狱之别。瞿式耜在他的《陈时政急著疏》中也说："往者魏崔之世，凡属凶网，即烦缇骑，一属缇骑，即下镇抚，魂飞汤火，惨毒难言，苟得一送法司，便不啻天堂之

---

① 《明史》卷九十五。
② 《明世宗实录》。
③ 《野获编》卷二十一。
④ 《明史·刑法志》。
⑤ 《野获编》。

乐矣。"①被提者一入抚狱，便无申诉余地，坐受榜掠。魏大中《自记年谱》：十三日入都羁锦衣卫东司房，二十八日许显纯崔应元奉旨严鞫，许既迎二魏（忠贤、广微）意，构汪文言招辞而急毙之以灭口。对簿时遂断断如两造之相质，一样敲一百，穿梭一夹，敲五十板子，打四十棍，惨酷备至，而抗辨之语悉阂不得宣。""六君子"被坐的罪名是受熊廷弼的贿赂，有的被刑自忖无生理，不得已承顺，希望能转刑部得生路，不料结果更坏，厂卫勒令追赃，"遂五日一比，惨毒更甚。比时累累跪阶前，诃诟百出，裸体辱之，弛扭则受样，弛样则受夹，弛样与夹则仍戴扭镣以受棍，创痛未复，不再宿复加榜掠。后讯时皆不能跪起桎梏梏，平卧堂下"②。终于由狱卒之手秘密处死，死者家人至不知其死法及死期，苇席裹尸出牢户，虫蛆腐体。六君子是杨涟、左光斗、顾大中、袁化中、周朝瑞、顾大章，都是当时的清流领袖，朝野表率，为魏忠贤臣所忌，天启五年（公元1625）相继死于诏狱。

除了在狱中的非刑以外，和厂卫互相表里的一件恶政是廷杖，锦衣卫始自明太祖，东厂为明成祖所创设，廷杖却是抄袭元朝的。

在元朝以前，君臣之间的距离还不十分悬绝，三公坐而论道，和皇帝是师友，宋朝虽然臣僚在殿廷无坐处，却也还礼貌大臣，绝不加以非礼的行为，"士可杀不可辱"这一传统的观念，上下都能体会。蒙古人可不同了，他们根本不了解士的地位，也不能用理论来装饰殿廷的庄严。他们起自马上，生活在马上，政

---

① 《瞿忠宣公集》卷一。
② 《明史纪事本末》卷七十一。

府中的臣僚也就是军队中的将校，一有过错，拉下来打一顿，打完照旧办事，不论是中央官，地方官，在平时，或是在战时，臣僚挨打是家常便饭，甚至中书省的长官，也有在殿廷被杖的记载。明太祖继元而起，虽然一力"复汉官之威仪"，摒弃胡俗胡化，对于杖责大臣这一故事，却习惯地继承下来，著名的例子，被杖死的如亲侄大都督朱文正，工部尚书薛祥，永嘉侯朱亮祖父子，部曹被廷杖的如主事茹太素。从此殿陛行杖，习为祖制，正德十四年（公元 1519）以南巡廷杖舒芬等百四十六人，死者十一人，嘉靖三年（公元 1523）以大礼之争廷杖丰熙等百三十四人，死者十六人。循至方面大臣多毙杖下，幸而不死，犯公过的仍须到官办事，犯私仇者再下诏狱处死。① 至于前期和后期廷杖之不同，是去衣和不去衣，沈德符说："成化以前诸臣被杖者皆带衣裹毡，不损肤膜，然犹内伤困卧，需数旬而后起，若去衣受笞，则始于逆瑾用事，名贤多死，今遂不改。"② 廷杖的情形，据艾穆所说，行刑的是锦衣官校，监刑的是司礼监："司礼大珰数十辈捧驾帖来，首喝曰带上犯人来，每一喝则千百人一大喊以应，声震甸服，初喝跪下，宣驾帖杖吾二人，着实打八十棍，五棍一换，总之八十棍换十六人。喝着实打，喝打阁上棍，次第凡四十六声，皆大喊应如前首喝时，喝阁上棍者阁棍在股上也。杖毕喝踩下去，校尉四人以布袱曳之而行。"③ 天启时万璟被杖死的情形，樊良材撰《万忠贞公传》说："初璟劾魏珰疏上，玲恚甚，矫旨廷杖一百。褫斥为民。彼一时也，缇骑甫出，群聚蜂

---

① 《明史·刑法志》。

② 《野获编》卷十八。

③ 《熙亭先生文集》四，《恩谴记》。

拥，绕舍骤禽，饱恣拳棒，摘发捉肘，拖沓摧残，曳至午门，已无完肤。迫行杖时逆裆领小竖数十辈奋袂而前，执金吾（锦衣卫指挥使）止之曰留人受杖，逆珰瞋目监视，倒杖张威，施辣手而甘心焉。杖已，血肉淋漓，奄奄待尽。"

廷杖之外，还有立枷，创自刘瑾，锦衣卫常用之："其重枷头号者至三百斤，为期至二月，已无一全。而最毒者为立枷，不旬日必绝。偶有稍延者，命放低三数寸，则顷刻殒矣。凡枷未满期而死，则守者掊土掩之，俟期满以请，始奏闻领埋，若值炎暑，则所存仅空骸耳，故谈者谓重于大辟云。"①

诏狱、廷杖、立枷之下，士大夫不但可杀，而且可辱，君臣间的距离愈来愈远，"天皇圣明，臣罪当诛"，打得快死而犹美名之曰恩谴，曰赐杖，礼貌固然谈不到，连主奴间的恩意也因之而荡然无存了。

三

厂卫之弊，是当时人抗议最集中的一个问题，但是毫无效果，并且愈演愈烈。著例如商辂《请革西厂疏》说："近日伺察太繁，法令太急，刑网太密，官校提拿职官，事皆出于风闻，暮夜搜检家财，初不见有驾帖，人心汹汹各怀疑畏。内外文武重臣，托之为股肱心膂者也，亦皆不安于位。有司庶府之官，资之以建立政事者也，举皆不安于职，商贾不安于市，行旅不安于

---

① 《野获编》卷十八。

涂，士卒不安于伍，黎民不安于业。"①在这情形下，任何人都有时时被捕的危险。反之，真是作恶多端的巨奸大憝，只要能得到宫廷的谅解，更可置身法外。《明史·刑法志》说："英宪以后，钦恤之意微，侦伺之风炽，巨恶大憝，案如山积，而旨从中下，纵不之问。或本无死理，而片纸付诏狱，为祸尤烈。"明代二祖设立厂卫之本意，原在侦察不轨，尤其是注意官吏的行动。隆庆中刑科给事中舒化上疏只凭表面事理立论，恰中君主所忌，他说："朝廷设立厂卫，所以捕盗防奸细，非以察百官也。驾驭百官乃天子之权，而奏劾诸司责在台谏，朝廷自有公论。今以暗访之权归诸厂卫，万一人非正直，事出冤诬，是非颠倒，殃及善良，陛下何由知之。且朝廷既凭厂卫，厂卫必委之番役，此辈贪残，何所不至！人心忧危，众目睚眦，非盛世所宜有也。"②至于苛扰平民，则更非宫廷所计及，杨涟劾魏忠贤二十四大罪疏中曾特别指出："东厂原以察奸细，备非常，非扰平民也。自忠贤受事，鸡犬不宁，而且直以快恩怨，行倾陷，片语违，则驾帖立下，造谋告密，日夜未已。"③甚至在魏忠贤失败以后，厂卫的权力仍不因之动摇，刘宗周上疏论其侵法司权限，讥为人主私刑，他说："我国家设立三法司以治庶狱，视前代为独详，盖曰刑部所不能决者，都察院得而决之，部院所不能平者，大理寺得而平之，其寓意至深远。开国之初，高皇帝不废重典以惩巨恶，于是有锦衣之狱。至东厂缉事，亦国初定都时偶一行之于大逆大奸，事出一时权宜，后日遂相沿而不复改，得与锦衣卫比周用事，致

---

① 《商文毅公集》卷一。
② 《春明梦余录》卷六十三。
③ 《杨忠烈公文集》二。

人主有私刑。自皇上御极以后，此曹犹肆罗织之威，日以风闻事件上尘睿览，辇毂之下，人人重足。"结果是："自厂卫司讥访而告奸之风炽，自诏狱及士绅而堂廉之等夷，自人人救过不给而欺罔之习转盛，自事事仰承独断而谄谀之风日长，自三尺法不伸于司寇而犯者日众。"[①]

厂卫威权日盛，使厂卫二字成为凶险恐怖的象征，破胆的霹雳，游民奸棍遂假为恐诈之工具，京师外郡并受荼毒，其祸较真厂卫更甚。崇祯四年（公元1631）给事中许国荣《论厂卫疏》历举例证说："如绸商刘文斗行货到京，奸棍赵瞎子等口称厂卫，捏指漏税，密擒于崇文门东小桥庙内，诈银二千余两。长子县教官推升县令，忽有数棍拥入其寓内，口称厂卫，指为营干得来，诈银五百两。山西解官买办黑铅照数交足，众棍窥有余剩在潞绸铺内，口称厂卫，指克官物，捉拿王铺等四家，各诈银千余两……蓟门孔道，假侦边庭，往来如织……至于散在各衙门者，藉口密探，故露踪迹，纪言纪事，笔底可操祸福，书吏畏其播弄风波，不得不酿金阴饵之，遂相沿为例而莫可问。"[②]崇祯十五年（公元1642）御史杨仁愿疏《论假番及东厂之害》说："臣待罪南城，所阅词讼多以假番故称冤，夫假称东厂，害犹如此，况其真乎？此由积重之势然也。所谓积重之势者，功令比较事件，番役每悬价以买事件，受买者至诱人为奸盗而卖之，番役不问其从来，诱者分利去矣。挟忿首告，诬以重法，挟者志无不逞矣。伏愿宽东厂事件而后东厂之比较可缓，东厂之比较缓而番役之买

① 《刘子全书》十六《痛陈时艰疏》，十七《敬循职掌疏》。。
② 《春明梦余录》卷六十三。

事件与卖事件者俱可息，积重之势庶可稍轻。"① 抗议者的理由纵然充分到极点，也不能消除统治者孤立自危的心理。《明史》说："然帝（思宗）倚厂卫益甚，至国亡乃已。"

民国二十三年十二月旧稿，三十三年五月
为纪念甲申三百周年重写于昆明

---

① 《明史》,《刑法志》三。

廷　杖

　　杖，这一字，拿清朝官吏惯说的话来翻译，是"打板子"。打老百姓的板子，自然不足为奇，可是打官吏就奇，打小官也罢了，可是打的是大官，是政府中要人就更奇。打的是大官，喝打的人，却是皇帝或太监，打的地方，就在殿廷，这就叫廷杖，廷杖这名词最流行的时期是明代，可是，创造制度的，却不是明太祖，蒙古人早已用这手段，对付他的文武大臣了。试引数例作证，《元史·桑哥传》：

> 至元二十四年十一月，桑哥言：臣前以诸道宣慰司及路府州县官吏，稽缓误事，奉旨遣人遍笞责之。

　　这一次打的是地方长官，虽然没有指明是哪一些地方的长官，可是从"诸"字看来，大概挨板子的一定不少。打了以后，并没罢官，大概是将息了几天，就起来办事。据同书《赵孟頫传》，也记有同样的事件：

> 至元二十四年诏遣尚书刘宣与孟頫，驰驿至江南，问行省丞相慢令之罪，凡左右司官及诸路官，则径笞之。孟頫受命而行，比还，不笞一人，丞相桑哥大以为谴。

　　这事和《桑哥传》所记时月相同，主使人也相同，可是罪案不同，也许不是同一件事。那么，从此看来，可见那时期的政府，是时常派使臣出去打地方官吏的板子的。最妙的是，赵孟頫派他去打人，他不肯打，后来却自己挨了一顿打，只因为迟到几分钟的关系，同传：

> 桑哥钟初鸣时即坐省中，六曹官后至者则笞之。孟頫（兵部郎中）偶后至，断事官遽引孟頫受笞。孟頫入诉都堂右丞叶李曰：古者刑不上大夫，所以养其廉耻，教之节义，且辱士大夫，是辱朝廷也。桑哥亟慰孟頫使出，自是所笞惟曹史以下。

可是比起周戫来，孟頫总算便宜，《陈天祥传》：

> 左司郎中周戫因议事微有可否，（卢）世荣诬以沮法，奏令杖一百，然后斩之。

后来越打越手滑，即使是最小的过失，也照例打一顿，《阎复传》记：

> 元贞三年疏言：古者刑不上大夫，今郡守以征租受杖，非所以厉廉隅。

《韩镛传》：

> 至正七年，有旨以织币脆薄，遣使笞行省臣及诸郡长吏，独镛无预。

史臣竟因韩镛侥幸免打，而特笔记这件事，可见官吏挨打，在当时真做到家常便饭的地步了。

上引一些例，打的不过都是小臣，打的地方，都不在殿廷内。

现在试引一件打的是宰相，又是在殿内打的史料，据《张珪传》：

> 廷祐二年，拜中书平章政事……失列门传皇太后旨，召珪切责，杖之。珪创甚，舆归京师，明日遂出国门。

这可以说是明代廷杖的师范。同样，外面的最高地方长官，也有挨打的，《史弼传》：

> 至元二十九年，拜荣禄大夫福建等处行中书省平章政事，往征爪哇……朝廷以其失亡多，杖七十，没家赀三之一。

以上所记的，都不过是挨打而已，末年，竟有故意打死人的惨剧，《成遵传》：

> 至正十九年，用事者承望风旨，诬遵与参政赵中、参议萧庸等六人皆受赃。遵等竟皆杖死。

据《铁失传》，蒙古人也同样地挨打：

> 至治二年十月，江南行台御史大夫脱脱以疾请于朝，未得旨辄去职。铁失奏罢之，杖六十七，谪居云南。

《杨朵儿只传》：

> 江东、西奉使斡来不称职，权臣匿其奸，冀不问。朵儿只劾而杖之，斡来愧死。

这倒是一个血性汉子，比汉人有气骨多了。

从此看来，廷杖并不是国粹，是蒙古人传下来的习惯，他们过去在蒙古是不是动不动就用板子打人，我不知道。可是，在中国，据上面所记的看来，确然是常常打无疑，明朝的皇帝们，绝不能引廷杖的威风为荣，因为打的是汉人，被打的也还是汉人。可是这两个朝代，也还有一个共通的可以自豪的一点，这一点，是凡被打的，都是知识分子，而且大部分是儒生。怪不得明太祖一做皇帝，就立下"寰中士夫不为君用"之条，儒生不肯做官的一律杀头，当时人之所以不肯做官，想也是怕挨板子的缘故。然而明代一代做官的，不论大小，至少有百分之九十，还是儒生，不知道是怕杀头的缘故，还是已经练好挨板子的本领缘故？

那么，从此看来，建州人入关以后，无论中外官吏，都一律对皇帝自称奴才的理由，是可以解释的了。这理由很简单的，是在清代不很听说有人挨板子。

从挨板子而到自称奴才，这是五百年来知识分子的生活缩影。明代的廷杖，早已脍炙人口，不赘。

二十四年除夕

（原载天津《益世报·史学》第二十四期，1936 年 3 月 27 日）

论皇权

谁在治天下

在论社会结构里所指的皇权，照我的理解应该是治权。历史上的治权不是由于人民的同意委托，而是由于凭借武力的攫权、独占。也许我所用的"历史"两个字有语病，率直一点说，应该修正为"今天以前"。我的意思是说，在今天以前，任何朝代任何形式的治权，都是片面形式的，绝对没有经过人民的任何形式的同意。

假如把治权的形式分期来说明，秦以前是贵族专政，秦以后是皇帝独裁，最近几十年是军阀独裁。"皇权"这一名词的应用，限于第二时期，时间的意义是从公元前221到公元1911，有2100多年的历史。

皇权是今天以前治权形式的一种，统治人民的时间最长，所加于人民的祸害最久，阻碍社会进展的影响最大，离今天最近，因之，在现实社会里，自觉的或不自觉的毒素中的也最深。例子多得很，袁世凯不是在临死以前，还要过八十三天的皇帝瘾吗？溥仪不是在逊位之后，还在宫中作他的皇帝，后来又跑到东北，在日本卵翼之下，建立伪满洲国，作了几年康德皇帝吗？不是一直到今天，乡下人还在盼望真命天子坐龙庭，少数的城里人也还在想步袁世凯的覆辙吗？

在封建的宗法制度下，无论是贵族专政，是皇帝独裁，是军阀独裁，都是以家族作单位来统治的，都是以血统的关系来决定继承的原则的。一家的家长（宗主）是统治权的代表人，这一家族的荣辱升沉，废兴成败，一切的命运决定于这一个代表人的成败。在隋代有一个笑话，说是某地的一个地主，想作皇帝，招兵买马，穿了龙袍，占了一两个城市，战败被俘，在临刑时，监斩官问他，你父亲呢？说太上皇蒙尘在外。兄弟呢？征东将军死于乱军之中，征西将军不知下落。他的老婆在旁骂："都是这张嘴，闹到如此下场！"他说："皇后，崩即崩耳，世上岂有万年天子？"说完伸脖子挨刀，倒也慷慨。这一个历史故事指出为了作几天、作一两个城市的皇帝，有人愿意付出一家子生命的代价。为了这一家子的皇权迷恋，又不知道有几百千家被毁灭、屠杀。

"成则为王，败则为寇。"流氓刘邦，强盗朱温，流氓兼强盗的朱元璋，作了皇帝，建立皇朝以后，史书上不都是太祖高皇帝吗？谥法不都是圣神文武钦明启运俊德成功，或者类此的极人类好德性的字眼吗？黄巢、李自成呢？失败了。是盗、是贼、是匪、是寇，尽管他们也作过皇帝。旧史家是势利的。不过也说明了一点，在旧史家的传统概念里，军事的成败决定皇权的兴废，这一点是无可置疑的。

皇帝执行片面的治权，他代表着家族的利益，但是，并不代表家族执行统治。换言之，这个治权，不但就被治者说是片面强制的，即就治者集团说，也是独占的、片面的。即使是皇后、皇太子、皇兄皇弟，甚至太上皇、太上皇后，就对皇帝的政治地位而论，都是臣民，对于如何统治是不许参加意见的；一句话，在家庭里，皇帝也是独裁者。正面的例子，如刘邦作了皇帝，他老太爷依然是平民，叨了人的教，让刘邦想起，才尊为太上皇，除了过舒服日子以外，什么事也管不着。反面的例子，石虎的几个儿子过问政事，一个个被石虎所杀。李唐创业是李世民的功劳，虽然捧他父亲李渊作了些年皇帝，末了还是来一手逼宫，杀兄屠弟，硬把老头子挤下宝座。又如武则天要作皇帝，杀儿子，杀本家，一点也不容情。宋朝的基业是赵匡胤打的，兄弟赵匡义也有功劳，赵匡胤作皇帝年代太久了，"烛影斧声"，赵匡义以弟继兄。后来赵匡胤的长子德昭，在北征后请皇帝行赏，也只是一个建议而已，匡义大怒说，等你作皇帝，爱怎么办就怎么办！一句话逼得德昭只好自杀。从这些例子，可以充分说明皇权的独占性和片面性。权力的占有欲超越了家庭的感情，造成了无量数骨肉相残的史例。

皇帝不和他的家人共治天下，那么，到底和谁共治呢？有一个著名的故事，可以答复这个问题，和皇帝治天下的是士大夫。故事的出处是宋李焘《续资治通鉴长编》卷二二一。

> 熙宁四年（公元 1071）三月戊子，上召二府对资政殿，文彦博言："祖宗法制具在，不须更张，以失人心。"上曰："更张法制，于士大夫诚多不悦，然于百姓何所不便。"彦博曰："为与士大夫治天下，非与百姓治天下也。"上曰："士大夫岂尽以更张为非，亦自有以为当更张者。"

这故事的有意义，在于第一，辩论的两方都同意，皇权的运用是与士大夫治天下，非与百姓治天下。第二，文彦博所说的失人心，宋神宗承认是于士大夫诚多不悦，人心指的是士大夫的心。第三，文彦博再逼紧了，宋神宗就说士大夫也有赞成新法的，不是全体反对。总之，尽管双方对于如何巩固皇权——即保守的继承传统制度或改革的采用新政策——的方案有所歧异，但是，对于皇权是与士大夫治天下，皇权所代表的是士大夫的利益，决非百姓的利益，这一基本的看法是完全一致的。

那么，为什么皇帝不与家人治天下，反而与无血统关系的外姓人士大夫治天下呢？理由是家人即使是父子兄弟夫妇，假如与皇帝治天下的话，会危害到皇权的独占性、片面性，"太阿倒持"是万万不可以的。其次，士大夫是帮闲的一群，是食客，他们的利害和皇权是一致的，生杀予夺之权在皇帝之手，作耳目，作鹰犬，六辔在握，驱使自如，士大夫愿为皇权所用，又为什么不用？而且，可以马上得天下，不能以马上治天下，马上政府是不存在的。治天下得用官僚，官僚非士大夫不可，这道理不是极为明白吗？

士大夫治天下也就是社会结构里的绅权，这问题留在论绅权时再说。

皇权有约束吗？

皇权有没有被约束呢？费孝通先生说有两道防线，一道是无为政治，使皇权有权而无能。一道是绅权的缓冲，在限制皇权，使民间的愿望，能自下上达的作用上，绅权有他的重要性。（这条防线不但不普遍，而且不常是有效的。）于此，我们来讨论费孝通先生所指的第一道防线。

假如费先生所指的无为政治的意义，即是上文所引的文彦博的话："祖宗法制具在，不须更张。"因承祖先的办法，不求有利，但求无弊，保守传统的政治原则，我是可以同意的。或者如另一例子，《汉书·曹参传》说他从盖公学黄老治术，相齐九年，大称贤相，萧何死，代为相国，一切事务，无所变更，都照萧何的老办法做，择郡国吏谨厚长者作丞相史，有人劝他作事，就请其喝酒，醉了完事。汉惠帝怪他不治事，他就问："你可比你父亲强？"说："差多了。""那么，我跟萧何呢？""也似乎不如。"曹参说："好了。既然他俩都比我俩强，他俩定的法度，你，垂拱而治，少管闲事；我，照老规矩做，不是很好吗？"这是无为政治典型的著例。这种思想，一直到 17 世纪前期，像刘宗周、黄道周一类的官僚学者，还时时以"法祖"这一名词，来劝主子恪遵祖制。假如无为政治的定义是法祖，我也可以同意的。

成问题的是无为政治并不是使皇帝有权而无能的防线。

相反，无为政治在官僚方面说，是官僚作官的护身符，不求有功，但求无过，好官我自为之，民生利弊与我何干，因循、敷衍、颟顸、不负责任等等官僚作风，都从这一思想出发。一句话，无为政治即保守政治，农村社会的保守性、惰性，反映到现实政治，加上美丽的外衣，就是无为政治了。（关于这一点，无为政治和农业的关系，我在另一文章农业与政治上谈到。）

在皇帝方面说，历史上的政治术语是法祖。法祖的史例很多，一类如宋代的不杀士大夫，据说宋太祖立下遗嘱"不杀士大夫"。从太祖以后，大臣废逐，最重的是过岭，即谪戍到岭南去，没有像汉朝那样朝冠朝衣赴市，说杀就杀，不是下狱，就是强迫自裁。甚至如明代的夏言正刑西市。为什么宋代特别优礼士大夫呢？因为宋代皇帝是"与士大夫治天下"的缘故。一种例如明代的东西厂和锦衣卫，两个恐怖的特务机构，卫是明太祖创设的，厂则从明成祖开头，这两个机构作的孽太多了，配说祸"国"殃民（这个"国"严格的译文是皇权），反对的人很多，当然以士大夫为主体，因为士大夫也和平民一样，在厂卫的淫威之下战栗恐惧。可是在祖制的大帽子下，这两个机构始终废除不掉。到明代中期，士大夫们不得已而求其次，用祖制来打祖制，说是祖制提人（逮捕）必须有驾帖或精微批文（逮捕状），如今厂卫任意捉人，闹得人人自危，要求恢复祖制，捉人得凭驾帖；这样，两个祖制打了架，士大夫们在逻辑上已经放弃原来的立场，默认特务可以逮捕官民，只不过要有逮捕状罢了。前一例因为与士大夫治天下，所以优礼士大夫，政治上失宠失势的不下狱，不杀头，只是放逐到气候风土特别坏的地方，让他死在那里（宋代大臣过岭生还的是例外），从而争取士大夫的支持。后一例子，时代不同了，士大夫不再是伙计，而是奴才，要骂就骂，要打就打，廷杖啦、站笼啦、抽筋剥皮，诸般酷刑，应有尽有，明杀暗杀，情况不同，一落特务之手，决无昭雪之望，祖制反而成为残杀士大夫的工具了。

从这类例子来看，无为政治——法祖并不是使皇权有权而无能的防线。

从另一方面看，祖先的办法，史例，有适合于提高或巩固皇权的，历代的皇帝往往以祖制的口实接受运用。反之，只要他愿意作什么，就不必管什么祖宗不祖宗了。例如要加收田赋，要打内战，要侵略边境弱小民族，要盖宫殿等等，一道诏书就行了。

好像明武宗要南巡，士大夫们说不行，祖宗没有到南边去玩过，不听，集体请愿，大哭大闹，明武宗发了火，叫都跪在宫外，再一顿板子，死的死，伤的伤，无为政治不灵了，年轻皇帝还是到南边去大玩了一趟。

那么，除祖宗以外，有没有其他的制度或办法来约束或防止皇权的滥用呢？我过去曾经指出，第一有敬天的观念，皇帝在理论上是天子，人世上没有比他再富于威权的人，他作的事不会错，能指出他错的只有比他更高的上帝。上帝怎么来约束他的儿子呢？用天变来警告，例如日食、山崩、海啸，以及风、水、火灾、疫疬之类都是。从《洪范》发展到诸史的五行志，从董仲舒的学说发展到刘向的灾异论，天人合一，天灾和人事相适应，士大夫们就利用这个来作政治失态的警告。但是，这着棋是不灵的，天变由你变之，坏事还是要做，历史上虽然有在天变时，作皇帝的有易服避殿素食放囚，以至求直言的诸多记载，也只是宗教和政治合一的仪式而已，对实际政治是不能发生改变的。

第二是议的制度，有人以为两汉以来，国有大事，由群臣集议，博士儒生都可发表和政府当局相反的意见，以至明代的九卿集议，清代的王大臣集议，是庶政公之舆论，是皇权的约束。其实，并不如此。第一，参加集议的都是官僚，都是士大夫。第二，官高的发言的力量愈大。第三，集议的正反结论，最后还是取决于皇帝个人。第四，议只是皇权逃避责任的一种制度，例如清代雍正帝要杀他的兄弟，怕人说闲话，提出罪状叫王大臣集议，目的达到了，杀兄弟的道德责任由王大臣集议而减轻。由此，与其说这制度是约束皇权的，毋宁说它是巩固皇权的工具。

此外，如隋唐以来的门下封驳制度、台谏制度，在官僚机构里，用官僚代表对皇帝诏令的同意副署，来完成防止皇权滥用的现象，一切皇帝的命令都必须经过中书起草，门下审核封驳，尚书施行的连锁行政制度，只存在于政治理论上，存在于个别事例上。所谓"不经凤阁鸾台，何谓为敕？"诏令不经过中书、门下的，不发生法律效力。可是，说这话的人，指斥这手令（墨敕斜封）政治的人，就被这个手令所杀死，不正是对这个制度的现实讽刺吗？又如谏官，职务是对人主谏诤过举，听不听是绝无保证的，传说中龙逢、比干谏而死，是不受谏的例，史书上的魏徵、包拯直言尽谏，英明的君主如唐太宗、宋仁宗明白谏官的用意是为他好，有受谏的美名，其实，不受谏的史例更多。谏诤的目的在于维护政权的持续，说是忠君爱主，其实也就是爱自己的官位财产，因为假如这个皇权垮了，他们这一集团的士大夫也必然同归于尽也。

从上文的说明，所得到的结论，皇权的防线是不存在的。虽然在理论上，在制度上，曾经有过一套以巩固皇权为目的的约束办法，但是，都没有绝对的约束力量。

假如从另一角度来看，上文所说的这一些，也许正是费孝通先生所说的绅权的缓冲。不同的是我所指的这一些并不代表民间的愿望，至多只能说是士大夫的愿望，其方向也不是由下而上的，而是皇权运用的一面。这些约束不但不普遍，而且是常常无效的。

（原载《观察》第 4 卷第 6 期，1948 年 4 月 3 日）

历史上的君权的限制

　　近四十年来，坊间流行的教科书和其他书籍，普遍的有一种误解，以为在民国成立以前，几千年来的政体全是君主专制的，甚至全是苛暴的，独裁的，黑暗的，这话显然有错误。在革命前后持这论调以攻击君主政体，固然是一个合宜的策略，但在现在，君主政体早已成为历史陈迹的现在，我们不应厚诬古人，应该平心静气地还原其本来的面目。

　　过去两千年的政体，以君主（皇帝）为领袖，用现代话说是君主政体，固然不错，说全是君主专制却不尽然。至少除开最后明清两代的六百年，以前的君主在常态上并不全是专制。苛暴的，独裁的，黑暗的时代，历史上虽不尽无，但都可说是变态的，非正常的现象。就政体来说，除开少数非常态的君主个人的行为，大体上说，一千四百年的君主政体，君权是有限制的，能受限制的君主被人民所爱戴。反之，他必然会被倾覆，破家亡国，人民也陪着遭殃。

　　就个人所了解的历史上的政体，至少有五点可以说明过去的君权的限制，第一是议的制度，第二是封驳制度，第三是守法的传统，第四是台谏制度，第五是敬天法祖的信仰。

　　国有大业，取决于群议，是几千年来一贯的制度。春秋时子产为郑国执政，办了好多事，老百姓不了解，大家在乡校里纷纷议论，有人劝子产毁乡校，子产说，不必，让他们在那里议论吧，他们的批评可以作我施政的参考。秦汉以来，议成为政府解决大事的主要方法，在国有大事的时候，君主并不先有成见，却把这事交给廷议，廷议的人员包括政府的高级当局如丞相御史大夫及公卿列侯二千石以至下级官如议郎博士以及贤良文学。谁都可以发表意见，这意见即使是恰好和政府当局相反，可以反复辩论不厌其详，即使所说的话是攻击政府当局。辩论终了时理由最充分的得了全体或大多数的赞成（甚至包括反对者），成为决议，政府照例采用作为施政的方针。例如汉武帝以来的监铁榷酤政策，政府当局如御史大夫桑弘羊及丞相等官都主张继续专卖，民间都纷纷反对，昭帝时令郡国举贤良文学之士，问以民所疾苦，教化之要。皆对曰，愿罢监铁榷酤均输官，无与天下争利。于是政府当局以桑弘羊为主和贤良文学互相诘难，词辩云涌，当局几为贤良文学所屈，于是诏罢郡国榷酤关内铁官。宣帝时桓宽推衍其议为《盐铁论》十六篇。又如汉元帝时珠崖郡数反，元帝和当局已议定，发大军征讨，待诏贾捐之上疏独以为当罢郡，不必发军。奏上后，帝以问丞相御史大夫，丞相以为当罢，御史大夫以为当击，帝卒用捐之议，罢珠崖郡。又如宋代每有大事，必令两制侍从诸臣集议，明代之内阁六部都察院通政司六科诸臣集议，清代之王大臣会议，虽然与议的人选和资格的限制，各朝不尽相同，但君主不以私见或成见独断国家大政，却是历朝一贯相承的。

封驳制度概括地说，可以分作两部分。汉武帝以前，丞相专决国事，权力极大，在丞相职权以内所应作的事，虽君主也不能任意干涉。武帝以后，丞相名存职废，光武帝委政尚书，政归台阁，魏以中书典机密，六朝则侍中掌禁令，逐渐衍变为隋唐的三省——中书、门下、尚书——制度，三省的职权是中书取旨，门下封驳，尚书施行，中书省有中书舍人掌起草命令，中书省在得到君主同意或命令，就让舍人起草，舍人在接到词头（命令大意）以后，认为不合法的便可以缴还词头，不给起草。在这局面下，君主就得改换主意。如坚持不改，也还可以第二次第三次发下，但舍人仍可第二次第三次退回，除非君主罢免他的职务，否则，还是拒绝起草。著例如宋仁宗时，富弼为中书舍人封还刘从愿妻封遂国夫人词头。门下省有给事中专掌封驳，凡百司奏钞，侍中审定，则先读而署之，以驳正违失，凡制敕宣行，大事覆奏而请施行，小事则署而颁之，其有不便者，涂窜而奏还，谓之涂归。著例是唐李藩迁给事中，制有不便，就制尾批却之，吏惊请联他纸，藩曰，联纸是牒，岂得云批敕耶。这制度规定君主所发命令，得经过两次审查，第一次是中书省专主起草的中书舍人，他认为不合的可以拒绝起草，舍人把命令草成后，必须经过门下省的审读，审读通过，由给事中签名副署，才行下到尚书省施行。如被封驳，则此事便当作为罢论。这是第二次也是最后一次的审查。如两省官都能称职，坚定地执行他们的职权，便可防止君主的过失和政治上的不合法行为。从唐到明这制度始终为政府及君主所尊重，在这个时期内君权不但有限制，而且其限制的形式，也似乎不能为现代法西斯国家所接受。

法有两种，一种是成文法，即历朝所制定的法典，一种是不成文法，即习惯法，普通政治上的相沿传统属之。两者都可以纲纪政事，维持国本，凡是贤明的君主必得遵守。不能以喜怒爱憎，个人的感情来破法坏法。即使有特殊情形，也必须先经法的制裁，然后利用君主的特赦权或特权来补救。著例如汉文帝的幸臣邓通，在帝旁有怠慢之礼，丞相申屠嘉因言朝廷之礼不可以不肃，罢朝坐府中檄召通到丞相府，不来且斩，通求救于帝，帝令诣嘉，免冠顿首徒跣谢，嘉谓小臣戏殿上，大不敬当斩，史今行斩之，通顿首首尽出血不解，文帝预料丞相已把他困辱够了，才遣使向丞相说情，说这是我的弄臣，请你特赦他，邓通回去见皇帝，哭着说丞相几杀臣。又如宋太祖时有群臣当迁官，太祖素恶其人不与，宰相赵普坚以为请，太祖怒曰，朕固不为迁官，卿若之何！普曰，刑以惩恶，赏以酬功，古今通道也，且刑赏天下之刑赏，非陛下之刑赏，岂得以喜怒专之。太祖怒甚起，普亦随之，太祖入宫，普立于宫门口，久久不去，太祖卒从之。又如明太祖时定制，凡私茶出境，与关隘不讥者并论死，驸马都尉欧阳伦以贩私茶依法赐死。（伦妻安庆公主为马皇后所生）。类此的传统的守法精神，因历代君主的个性和教养不同，或由于自觉，或由于被动，都认为守法是作君主的应有的德性，君主如不守法则政治即失常轨，臣下无所准绳，亡国之祸，跷足可待。

为了使君主不做错事，能够守法，历朝又有台谏制度。一是御史台，主要的职务是纠察官邪，肃正纲纪，但在有的时代，御史亦得言事。谏是谏官，有谏议大夫左右拾遗，补阙，及司谏正言等官，分属中书门下两省（元废门下，谏职并入中书，明废中书，以谏职归给事中兼领）。台谏以直陈主夫，尽言直谏为职业，批龙鳞，捋虎须，如沉默不言，便为失职，史记唐太宗爱子吴王恪好畋猎损居人田苗，侍御史柳范奏弹之，太宗因谓侍臣曰，权万纪事我儿，不能匡正，其罪合死。范进曰，房玄龄事陛下，犹不能谏正畋猎，岂可独坐万纪乎？又如魏徵事太宗，直言无所避。若谏取已受聘女，谏作层观望昭陵，谏怠于受谏，谏作飞仙宫，太宗无不曲意听从，肇成贞观之治。宋代言官气焰最盛，大至国家政事，小至君主私事无不过问。包拯论事仁宗前，说得高兴，唾沫四飞，仁宗回宫告诉妃嫔说，被包拯唾了一面。言官以进言纠箴为尽职，人君以受言改过为美德，这制度对于君主政体的贡献可说很大。

两汉以来，政治上又形成了敬天法祖的信条，敬天是适应自然界的规律，在天人合一的政治哲学观点上，敬天的所以育人治国。法祖是法祖宗成宪，大抵开国君主的施为，因时制宜，着重在安全秩序保持和平生活。后世君主，如不能有新的发展，便应该保守祖宗成业，不使失坠；这一信条，在积极方面说，固然是近千年来我民族颓弱落后的主因，但在消极方面说，过去的台谏官却利用以劝告非常态的君主，使其安分，使其不作意外的过举。因为在理论上君主是最高的主宰，只能抬出祖宗，抬出比人君更高的天来教训他，才能措议，说得动听。此类的例子不可胜举，例如某地闹水灾或旱灾，言官便说据五行水是什么，火是什么，其灾之所以成是因为女谒太盛，或土木太侈，或奸臣害政，君主应该积极采取相对的办法斥去女谒，罢营土木，驱诛奸臣，发赈救民。消极的应该避殿减膳停乐素服，下诏引咎求直言以应天变。好在大大小小的灾异，每年各地总有一些，言官总不愁无材料利用，来批评君主和政府，再不然便引用祖宗成宪或教训，某事非祖宗时所曾行，某事则曾行于祖宗时，要求君主之改正或奉行。君主的意志在这信条下，多多少少为天与祖宗所束缚，不敢作逆天或破坏祖宗成宪的事。两千年来只有一个王安石，他敢说"天变不足畏，祖宗不足法，人言不足恤"，除他以外，谁都不敢说这话。

就上文所说，国有大事，君主无适无莫，虚心取决于群议。其命令有中书舍人审核于前，有给事中封驳于后，如不经门下副署，便不能行下尚书省。其所施为必须合于法度，如有违失，又有台谏官以近臣之地位，从中救正，或谏止于事前，或追论于事后，人为之机构以外，又有敬天法祖之观念，天与祖宗同时为君权之约束器。在这样的君主政体下，说是专制固然不尽然，说是独裁，尤其不对，说是黑暗或苛暴，以政治史上偶然的畸形状态，加上于全部历史，尤其不应该。就个人所了解，六百年以前的君权是有限制的，至少在君主不肯受限制的时候，还有忠于这个君主的人敢提出指责，提出批评。近六百年来，时代愈进步，限制君权的办法逐渐被取消，驯至以桀纣之行，文以禹汤文武之言，诰训典谟，连篇累牍，"朕即国家"和西史暴君同符。历史的覆辙，是值得读史的人深切注意的。

（原载《历史的镜子》，生活书店，1946 年）

论所谓"中国式的代议制度"

　　最近，何永佶先生在《观察》四卷十一期上发表《论中国式的代议制度》一文，指出从隋代以来的考试制度，便是中国式的代议制度，考试制度除了考试官吏以外，还有更重要的作用，"殆即政治上的代议 Representation 作用"。因为科举出身的人，不一定做官，做地方的绅士领袖与代言人，地方的疾苦由绅士去见县知事，由县知事上达给"吏部大员"学台，再由学台上达给皇帝，这是民情上达的一条路。为什么绅士可以把民情上达给县知事呢？因为说不定县知事就是他的同年的缘故。

　　另一个作用是朝廷的臣子都是从科举出身的，皇帝有什么大事，即下"廷议"。朝廷马上变成一个议会，朝臣既然由科举制度来自各方，则各方的意见和愿望都可在这"中国式的议会"内得个发泄。

　　结论是这个制度"不但制出来行政的官吏，且选出来议政的官吏，不但选出行政院的人，且拣出立法院的人，其为一代议制度盖在此。"考试制度是一部不花公家多少钱而能多多少少达到代议目的之一部机器。

　　何先生说这制度不但是中国人不懂，连欧美人也不懂我们固有的法子。我有幸为中国人，不幸对何先生所所谈的问题也稍为懂一点，过去也曾有机会研究和讲授这个问题。可惜我的看法和何先生的看法完全不一样，我的结论是科举制度是封建专制独裁君主用以选拔官僚，奴役运用士大夫的一种制度，和代议制度，绝不相干。民情也绝不能经由何先生的方式上达给皇帝，各方的意见和愿望也绝不能在这"中国式的议会"内得个发泄。

为了避免引经据典式的考证，在这篇短文里也应用何先生的文体，只作概括式的叙述，以就教于何先生和读者。

五月十七日于清华园

一、"皇粮"并不"少"

历史上皇家政权的维持费用，最主要的是地租，一类是依据土地的面积交纳实物的，谷类布类丝织物类等等，是为实物地租；一类是依据人口的数量和服役年龄来征发劳力的，如服义务劳役和兵役，是为劳力地租。这两类负担主要出自农民身上，概括一点说，说全部是农民的负担也不为过。

以外是商税，一类无税之名而有税之实，如盐铁茶香料之类民生必用物资，往往由政府直接管制或经营，获有极大的利润，寓征税于"国"营。一类是对普通商品所课的通过税和营业税。这两类的皇家收入，也间接由农民负担。

再有的是数不尽的苛捐杂税，如有名的间架税、除陌税，以至嫁妆有税，过河有税，买鸡有税，甚至有一位军阀调了差，老百姓说一句私下话："如今拔去眼中钉了！"差没调成，这军阀一回来就征"拔钉税"。另一军阀情形差不多，当离任时，地方父老不敢说话，老年人摸摸胡子，会心微笑。不料这也得了罪，回任后征收"拈须钱"。

皇家征收的实物地租和劳力地租、商税以至无奇不有的苛税，何先生统名之为皇粮。就算是皇粮吧，据我看来，并不那么少，古代的老百姓也并不那么爽快，"给了就算！"有板子，有监狱在威胁着，他敢不给吗？

随便举例子吧，以实物地租而论，明太祖洪武二十四年（公元 1391）的岁入是：

官民田地	三百八十七万四千七百四十六顷七十三亩
米麦豆粟	三千二百二十七万八千九百八十三石
绸绢布	六十四万六千八百七十匹
丝绵水银诸物	三百六十六万五千三百九十斤
钞	四百〇五万二千七百六十四锭（锭五十贯）
白金	二万四千七百四十两
盐	一百十五万五千六百引

这一年的人口数字，计户一千六十八万四千四百三十五，口五千六百七十七万四千五百六十一。这数字要减去一部分卫所官军和家属约一千万人。余下的官户和儒户数量虽不大，负担能力却最大，这类人占有全国最多数最好的土地，可是享有免役免赋以至逃避交纳地租的特权，把负担分架在平民身上。有钱有力的人自成一帮，不交租，不服役，无钱无力的平民除了自己这一份担子以外，还得替地主乡绅们挑上另一份。假定依上面的数字作一估计，四千六百万人口除了半数女的，余下半数再除开老病和孩子，正在生产年龄的成年人不过只有总数四分之一，大约是一千二百万人，再假定这一千二百万人中官僚和贵族地主占千分之五，占有全国土地百分之七十，那么，余下的平民只占有全国

土地百分之三十，全部负担了上面的实物地租，而且，依据当时情形，还得加上官吏的勒索和运输费用，通常情形，至少是原额的一倍。照此估计，明初的人民负担，平均每一家长每年得出粮六石至十石，其他的负担还不在内，这数目恐怕并不那么少吧？而且，得注意，这还是明初全盛时代，最最正常的情形呢！

至于劳力地租，更是要人民的命，北宋时代的衙前，被征的一两年就非破产不可。人民要逃避这苦役，有父亲自缢让儿子活命的，有祖母改嫁让孙子得救的。明朝的里役也是一样，中农之家假如没有一个孩子进学，一轮到值年，不搞成讨饭的也保证破产。

假如这些人地下有知，我相信他们会说，假如有选举，从自己人中间拣出一些靠得住的人来决定政府从抽税得来的钱应该怎样用，用时应该怎样监督，用后应该怎样算账，他们一定赞成。假定这种选举背面没有枪杆，不是圈定，不是分配，不止死人，我想，今天活着的人也愿意，决不会嫌麻烦、费事。

那么，为什么古代的人民不说话，不抗议呢？一句话，不许说话，不许抗议。皇家养着几百万军队，就为的对付这些人，史例太多，不必说了。

二、既不"代"也不"议"

首先，要指出何先生引的明初对付学政的故事，所加的解释是和史实不符合的。这故事的经过情形如此："洪武三十年（公元1397）刘三吾、白信蹈等主考会试，榜发泰和宋琮第一，北士无预者。于是诸生言三吾等南人，私其乡。帝怒，命侍讲张信等复阅，不称旨。或言信等故以陋卷呈，三吾等实属之。帝益怒，信蹈等论死，三吾以老戍边，琮亦遣戍。帝亲赐策问，更擢六十一人，皆北士，时谓之南北榜，又曰春夏榜云。"①据《明史·选举志》："初制，礼闱取士，不分南北。自洪武丁丑，考官刘三吾、白信蹈所取宋琮等五十二人皆南士。三月廷试擢陈䢿为第一。帝怒所取之偏，命侍读张信等十二人复阅，䢿亦与焉。帝犹怒不已，悉诛信蹈及信、䢿等，戍三吾于边。亲阅试卷，取任伯安等六十一人。六月复廷试，以韩克忠为第一，皆北士也。然迄永乐间，未尝分地而取。"一直到洪熙元年，才规定会试名额的地方比例，南人取十分之六，北人取十分之四。宣德、正统间，分为南、北、中卷，南百分之五十五，北百分之三十五，中百分之十。照史实来说，何先生说这次考试结果，考上的江苏浙江人太多，远过于其所应得的定额，是不大对的。因为在洪熙元年（公元1425）以前，会试根本没有地方的定额。其次，这次考试所取全部是南人，南人的意义是广义的，刘三吾是湖南人，也是南人，这次考试并不是如何先生所说的"偏重江浙"。第三，何先生说："可是考试制度，不能偏重某省，偏重就要杀头的。"如《明史》所记洪武三十年的考试并不是偏重某省，白信蹈之所以杀头，也不是因为偏重某省的缘故。第四，洪熙以后，也只大概分出南北中三个区域的取士比例，并没有严格规定某省应取多少名额。

依我的了解，明太祖是南人，可是他作的不单是南人的皇帝。刘、白等主考根据考卷来定取录的标准，南人长于文墨，结果，一榜全是南人。在弥封誊录的制度下，考官是无法知道考取

① 《明史》卷一三七，《刘三吾传》。

人的籍贯的。榜发后北人全部落第，自然感觉"偏枯"，认为是有意排斥，闹起来了。明太祖站在纯政治的立场，把上次的考试作废，重新出题考试，不按成绩，全取北方人。他的目的"偏重"北方这一次，是用来收买北方的士大夫人心的，表示他大公无私，不分南北。至于杀考官和考生的头，倒不是因为"偏重"，而是因为"偏轻"，得罪了北方人的缘故。

至于何先生说考试制度是中国的"代议制度"这一点，据我看来，进士们做了官就心满意足了，既不"代"，也不"议"。万一有时候真要说话，也不过代表他自己和自己这一集团而已。廷议当然也有机会参加，不过在官僚制度下，官阶最高权力最大的人有最多的甚至是独占的发言权，中下级官去参加廷议，不过旁听而已，签名而已，别的一概谈不上。明清两代的官僚记录参加廷议情形的，从来也找不出一个例子，中下级官敢在这场合说话，更找不出有什么官曾在这场合中替老百姓说过一句话。（反之，在科举制度成立以前，官僚制度建立的初期，倒有小官僚侃侃发言，不一定迎合权要意旨的集议，例如盐铁议的儒生议郎，弃朱崖议的贾山。）

何先生只有一句话是对的，他说："最后的廷议本以皇帝为最后决定者，而在西洋的议会中则以议会的多数为最后决定者。"奇怪的是既然皇帝是最后决定者，那么，明明是独裁，又怎么会是议会政治？而且，西洋议会的议员是人民选出来的，至少，在形式上是如此。中国历史上参加廷议的官员，不管是两汉的丞相御史大夫议郎博士，抑或是宋代的侍从两制以上，明代的大小九卿，清代的王大臣部院官，总之都是官僚，人民从来没有选过他们，要他们代而议之，他们也从来没有说我是代表某区的人民说话的，不但没有说，连想也没有想到过。参加集议的官僚不但不是民选，不但不是官选党选，而且全是由皇帝任命的，指派的，不必经过任何人的同意。参加会议的官僚也不一定全是由科举出身的人，举例说，有由父祖的荫袭得官的，有的是亲王勋贵，和科举根本不相干。

其次，科举制度和廷议是两件事，没有必然的联系。事实上，如秦始皇之命儒生议皇帝名号，汉代之议盐铁，议弃朱崖，以至魏晋南北朝的廷臣集议，都在科举制度成立之前。一定把两件事强粘在一起，似乎也不符合史实。

我们最多只能说，科举制度制出行政的官吏，为皇权服务。但绝不能说"选出议政的官吏"。要说是选，我们得问是谁选的？至于立法，皇帝并非法学专家，除了手谕手令以外，要创制法律条文，当然得拣出一批立法的官吏。这拣字也可以用指派两字代替。官僚们既不代表人民，也不议民间疾苦（皇家的事情倒是议的。）代议制在哪里？

三、"上达"什么？

科举出身的人，不一定做官，是对的。问题是做不到官呢？还是不肯做官？

科举出身而做不到官的人，做地方的绅士，领袖与代言人。这话也是有语病的。绅士也包括现任官的父兄子弟和退休的官僚。至于代言人，问题是代谁发言。假如只是代表他自己，和地方的绅士、地主、他的门生故旧、他的同一利害的集团发言，维护皇权发言，这是正确的，合于事实的。假如说是代表那"村子的痛苦、愿望、意见、需要及其他"，这话就是有问题了。代表村子里的哪一些人呢？地主呢？还是贫农？因为村子本身不会说话，也不会有痛苦等等的。

"绅士的工作"，不知是些什么？至于绅士在农村的生活，用死的和活的史料，都可以证明，"并不简单"。他们的生活当然是"独立"的，不过，"独立"的基础是对村人乡人的剥削敲诈和勒索。"决狱"是武断乡曲，其实，岂止决狱而已，有的还杀人放火，有的还私立公堂、私设牢狱呢！至于公益，那更是一种私人收益的手段，吃地方饭吃慈善饭的绅士滔滔皆是，肯掏腰包或白尽义务的不能说绝对没有，恐怕也不很多吧？

绅和官是一体的，我已在《论绅权》和《再论绅权》两篇文章里谈得很多。既然是一体，绅士的痛苦、愿望、意见、需要及其他当然可以上达。

至于从县知事把绅士的意见上达给学台，这倒不一定如此。第一学台——提督学政官和地方的民政官根本是两个系统。第二学台也并非"吏部大员"。县官要上达"舆情"，不必经过学台，而学台也未必一定替县官作传达员。

诚然，学台是可以在陛见时面陈地方情形，或用书面作报告给皇帝的。因为学台是钦差，是使臣，在历史上凡是皇帝的使臣，如两汉的刺史，唐代的观察使，宋代的转运使和提点刑狱公事，明代的巡按御史巡抚等官，都有权把地方官吏贤否民生利病报告给皇帝。这些人都是高高在上，根本和人民脱离甚至对立，他们从不到民间去，所听到的是绅士的陈述，下级官僚的报告所谓"舆情"，也不过如此而已。使臣奏事是维持皇权的一种方法，和科举制度似乎不大有关系，和代议制度也似乎说不到一起。

最后，我要说明的，是这篇文字的目的，在说明"中国式的代议制度"根本不存在。"科举制度"诚然是"中国式"的，但是，决不是"代议制度"。连"中国式"的"廷议"也完全不是"代议制度"。选举固然不一定非花很多钱不可，而花了很多钱办的选举，到头还是"中国式"的，也和"代议制度"完全不相干。

（原载《观察》第 4 卷第 14 期，1948 年 5 月 29 日）

胡惟庸党案考

一、《明史》所记之胡惟庸

胡惟庸事件是明代初叶的一件大事,党狱株连前后十四年,一时功臣宿将诛夷殆尽,前后达四万余人。[1] 且因此和日本断绝国交关系,著之《祖训》。[2] 另一方面再三颁布《昭示奸党录》、《臣戒录》、《志戒录》、《大诰》、《世臣总录》诸书,谆谆告谕臣下,以胡惟庸为前鉴。[3] 到明成祖时代,还引这事件来诫谕臣下,勿私通外夷。[4] 明代诸著作家的每一部提及明初史迹的著述中,都有这事件的记载。清修明史且把胡氏列入奸臣传。[5] 在政治制度方面,且因此而永废丞相,分权于六部、五府、都察院、通政司、大理寺等衙门。[6] 在这事件的影响方面说,一时元功宿将皆尽,靖难师起,仅余耿炳文、吴祯等支撑御侮,建文因以逊国。[7] 综之,从各方面说,无论是属于政治的,外交的,军

---

① 《明史》卷九四,《刑法志》;卷一三二,《蓝玉传》。
② 《皇明祖训》首章;《明史》卷三一二,《日本传》。
③ 《皇明大政记》卷三。
④ 《明政统宗》卷七。
⑤ 《明史》卷三〇八。
⑥ 《皇明祖训》首章;《高皇帝实录》卷一二九。
⑦ 《弇州史料后集》卷六一。

事的，制度的，易代的，这事件之含有重大意义，其影响及于有明一代，则无可置疑。

《明史》记此事颠末云：

> 自杨宪诛，帝以惟庸为才，宠任之。惟庸亦自励，尝以曲谨当上意，宠遇日盛。独相数岁，生杀黜陟，或不奏径行。内外诸司上封事，必先取阅，害己者辄匿不以闻。四方躁进之徒及功臣武夫失职者争走其门，馈遗金帛名马玩好不可胜数。

> 大将军徐达深嫉其奸，从容言于帝。惟庸遂诱达阍者福寿以图达，为福寿所发。

> 御史中丞刘基亦尝言其短。久之，基病，上遣惟庸挟医视，遂以毒中之。基死，益无所忌。与太师李善长相结，以从女妻其从子佑。

> 学士吴伯宗劾惟庸既得危祸。自是势益炽。

> 其定远旧宅井中忽生石笋，出水数尺，谀者争引符瑞。又言其祖父三世冢上，皆夜有火光烛天。惟庸益喜自负，有异谋矣。

> 吉安侯陆仲亨自陕西归，擅乘传。帝怒责之曰："中原兵燹之余，民始复业，籍户买马，艰苦殊甚。使皆效尔所为，民虽尽鬻子女，不能给也。"责捕盗于代县。平凉侯费聚奉命抚苏州军民，日嗜酒色。帝怒，责往西北招降蒙古，无功。又切责之，二人大惧。惟庸阴以权利胁诱二人，二人素戆勇，见惟庸用事，密相往来。尝过惟庸家，酒饮酣，惟庸屏左右言："吾等所为多不法，一旦事觉，如何！"二人益惶惧，惟庸乃告以己意，令在外收集军马。

又尝与陈宁坐省中阅天下军马籍，令都督毛骧取卫士刘遇贤及亡命魏文进等为心膂，曰："吾有所用尔也。"

太仆寺丞李存义者善长之弟，惟庸婿李佑父也。惟庸令阴说善长，善长已老，不能强拒，初不许，已而依违其间。

惟庸益以为事可就，乃遣明州卫指挥林贤下海招倭与期会。又遣元故臣封绩①致书称臣于元嗣君，请兵为外应，事皆未发。

会惟庸子驰马于市，堕死车下，惟庸杀挽车者。帝怒，命偿其死。惟庸请以金帛给其家，不许。惟庸惧，乃与御史大夫陈宁、中丞涂节等谋起事，阴告四方及武臣从己者。十二年九月占城来贡，惟庸等不以闻，中官出见之，入奏。帝怒，切责省臣，惟庸及广洋顿首谢罪，而微委其咎于礼部，礼部又委之中书，帝益怒，尽囚诸臣，穷诘主者。未几赐广洋死。广洋妾陈氏从死，帝询之，乃入官陈知县女也。大怒曰："没官妇女只给功臣家，文臣何以得给？"乃敕法司取勘。于是惟庸及六部堂属咸当坐罪。

明年正月，涂节遂上变告惟庸，御史中丞商暠时谪为中书省吏，亦以惟庸阴事告。帝大怒，下廷臣更讯，词连宁、节。廷臣言节本预谋，见事不成，始上变告，不可不诛。乃诛惟庸、宁并及节。

惟庸既死，其反状犹未尽露，至十八年李存义为人首告，免死安置崇明。十九年十月林贤狱成，惟庸通倭事始著。

二十一年蓝玉征沙漠，获封绩，善长不以奏。至二十三年五月事发，捕绩下吏，讯得其状，逆谋大著。会善长家

---

① 《列卿记》卷一《胡惟庸传》引《实录》作封续，北平图书馆藏《实录》作封绩。

奴卢仲谦首善长与惟庸往来状，而陆仲亨家奴封帖木亦首仲亨及唐胜宗、费聚、赵雄（明按："雄"当作"庸，以赵庸封南雄侯致误，《李善长传》可证。）三侯与惟庸共谋不轨。帝发怒，肃清逆党，词所连及，坐诛者三万余人，乃为《昭示奸党录》布告天下，株连蔓引，迄数年未靖云。[①]

惟庸通倭事，《明史》云：

先是胡惟庸谋逆，欲借日本为助，乃厚结宁波卫指挥林贤，佯奏贤罪，谪居日本，令交通其君臣。寻奏复贤职，遣使召之。密致书其王，借兵助己。贤还，其王遣僧如瑶率兵卒四百余人，诈称入贡，且献巨烛，藏火药刀剑其中。既至，而惟庸已败，计不行。帝亦未知其狡谋也。越数年，其事始露，乃族贤，而怒日本特甚，决意绝之，专以防海为务。[②]

与李善长谋逆事，《明史》云：

京民坐罪应徙边者，善长数请免其私亲丁斌等，帝怒按斌，斌故给事惟庸家，因言存义等往时交通惟庸状。命逮存义父子鞫之，词连善长云："惟庸有反谋，使存义阴说善长，善长惊叱曰：'尔言何为者？审尔，九族皆灭！'又使善长故人杨文裕说之云：'事成当以淮西地封为王。'善长惊不许，然颇心动。惟庸乃自往说，善长犹不许。久之，惟庸复遣存义进说，善长叹曰：'吾老矣，吾死，汝等自为之。'"

或又告善长云将军蓝玉出塞至捕鱼儿海，获惟庸通沙

---

① 《明史》卷三〇八，《胡惟庸传》。
② 《明史》卷三二二《日本传》。

漠使者封绩,善长匿不以闻。于是御史交章劾善长。而善长
奴卢仲谦等亦告善长与惟庸通赂遗,交私语。狱具,谓善长
元勋国戚知逆谋不发举,狐疑观望,怀两端,大逆不道。会
有言星变,其占当移大臣,遂并其妻女弟侄家口七十余人诛
之。而吉安侯陆仲亨、延安侯唐胜宗、平凉侯费聚、南雄侯
赵庸、荥阳侯郑遇春、宜春侯黄彬、河南侯陆聚等皆同时坐
惟庸党死。而已故荥阳侯杨璟、济宁侯顾时等追坐者又若干
人。帝手诏条列其罪,傅著狱词,为《昭示奸党三录》布告
天下。[①]

谷应泰记胡惟庸被诛前又有云奇告变一事:

> 正月戊戌,惟庸因诡言第中井出醴泉,邀帝临幸,帝许
> 之。驾出西华门,内使云奇冲跸道勒马衔言状,气方勃,舌
> 駃不能达意,太祖怒其不敬,左右挝捶乱下,云奇右臂将
> 折,垂毙,犹指贼臣第弗为痛缩。上悟,乃登城望其第,藏
> 兵复壁间,刀槊林立。即发羽林掩捕考掠,具状磔于市。[②]

综结以上的记载,胡惟庸党案的构成及经过是:

(1)胡惟庸擅权罔上。

(2)谋刺徐达。

(3)毒死刘基。

(4)与李善长相结交通。

(5)定远宅井生石笋,祖墓夜有火光,因有异志。

(6)结陆仲亨、费聚为助。

---

① 《明史》卷一二七,《李善长传》。
② 《明史纪事本末》卷一三,胡蓝之狱。

（7）收纳亡命。

（8）令李存义、杨文裕说李善长谋逆。

（9）遣林贤下海招倭，倭使如瑶伪贡率兵为助。

（10）遣封绩称臣于元求援。

（11）惟庸杀挽车者，太祖责偿死。

（12）阻占城贡使，被罪。

（13）私给文官以入官妇女坐罪。

（14）涂节上变。商暠白其私事。

（15）请上幸第谋刺，为云奇所发。

（16）狱具伏诛。胡党之名起。

（17）林贤狱成。

（18）李善长被杀。

（19）对日绝交。

（20）胡党株蔓数万人，元功宿将几尽。

以下试参证中日记载，说明这一事件的真相和明代初叶中日间的国际关系。

二、云奇告变

胡惟庸党案的真相，到底如何，即明人亦未深知，这原因大概是由于胡党事起时，法令严峻，著述家多不敢记载此事。到了事过境迁以后，实在情形已被淹没，后来的史家只能专凭《实录》，所以大体均属相同。他事有不见于《实录》的，便只能闭户造车，因讹传讹，所以极多矛盾的同时记载。正因为这许多记载之暧昧矛盾，所以当时人便有怀疑它的。郑晓以为："国初李太师、胡丞相、蓝国公诸狱未可知。"①王世贞是明代的一个伟大精核的史学家，他的话应该可信了，他说：

> 胡惟庸谋逆，阴约日本国贡使以精兵装巨舶，约是日行弑，即大掠库藏，泛舟大海，事泄伏诛。上后却日本之贡以此。②

他的儿子王士骐却不惜反对他的话，对这事件深为致疑，他以为：

> 按是年（十三年）诛丞相胡惟庸，廷臣讯辞第云使林贤下海招倭军，约期来会而已。不至如野史所载，亦不见有绝倭之诏。本年日本两贡无表，又其将军奉丞相书辞意倨慢，故诏谕之。中云："前年浮辞生衅，今年人来匪诚"，不及通胡惟庸事，何耶？近年勘严世蕃亦云交通倭虏，潜谋叛逆，国史谓寻端杀之，非正法也。胡惟庸之通倭，恐亦类此。③

由此可见这事件的可信程度正如徐阶所授意的严世蕃狱词一样。按《明史》载世蕃狱具，徐阶以为彰主过，适所以活之，为手削其草。④略云：

> 曩年逆贼汪直勾倭内讧，罪在不宥。直徽州人，与罗龙文姻旧，遂送十万金世蕃所，拟为授官……龙文亦招聚王直通倭余党五百余人谋于世蕃。班头牛信亦自山海卫弃伍北走，拟诱致北虏，南北响应……⑤

---

① 《今言）卷一四四。
② 王世贞：《史乘考误》。
③ 《皇明驭倭录》卷一。
④ 《明史》卷三〇八，《严嵩传》。
⑤ 王世贞：《国朝丛记》，严世蕃供辞。

于是覆勘实以："交通倭虏，潜谋叛逆，其有显证"上，严家由是方倒。狱辞中通倭诱虏二事，恰好作胡惟庸事件的影子。

在以上所引的史料中，冲突性最显著的是《明史》所记涂节、商暠告变和《纪事本末》所记的云奇告变二事。因为假使前者是真，则惟庸已得罪被诛，无请临幸谋刺之可能。假使后者是真，则惟庸亦当日被诛，无待涂、商二人之告发。质言之，两件告发案必有一件是假，或者两件都假，断不能两件都真。现试略征群籍，先谈云奇事件。

谷应泰关于云奇的记载，确有所本。此事最先见于雷礼所引《国琛集》。[1] 记述与谷氏小有异同。其文云：

> 太监云奇南粤人。守西华门，迓胡惟庸第，刺知其逆谋。胡诳言所居井涌醴泉，请太祖往观，銮舆西出，云虑必与祸，急走冲跸，勒马衔言状。气方勃崒，舌骍不能达。太祖怒其犯跸，左右抶捶乱下，云垂毙，右臂将折，犹奋指贼臣第。太祖乃悟，登城眺顾，见其壮士披甲伏屏帷间数匝，亟返櫺殿，罪人就擒。召奇则息绝矣。太祖追悼奇，赐赠葬，令有司春秋祀之。墓在南京太平门外，钟山之西。

自后王世贞撰《胡惟庸传》即引此文，不过把"诳言所居井涌醴泉"改为："伪为第中甘露降。"[2] 把地下涌出来的换成天上掉下来的罢了。邓元锡索性把他列入《宦官传》，以为忠义之首，不过又将名字改成奇云奇。[3] 傅维麟本之亦为立专传[4]，仍

---

① 《国朝列卿纪》卷一，《胡惟庸传》附录。
② 《弇州别集》，《胡惟庸传》。
③ 邓元锡：《皇明书》卷一三，《宦官传》。
④ 傅维麟：《明书》卷一五七，《胡惟庸传》；卷一五八，《云奇传》。

复其名为云奇。其他明清诸著述家如陈建①、严从简②、邓球③、尹守衡④、彭孙贻⑤、谷应泰⑥，日人如饭田忠彦⑦等，均深信不疑，引为实录。

在上引的诸家记载中，有一个共通的可疑点。这疑点是云奇身为内使，所服务地点与胡惟庸第相近，他既知胡氏逆谋，为什么不先期告发，一定要到事迫眉睫，方才闯道报警呢？这问题彭孙贻氏把它弥缝解答了。他说：

> 时丞相胡惟庸谋大逆，居第距门甚迩。奇刺知其事，冀欲发未有路，适惟庸谩言所居井涌醴泉，邀上往赏，驾果当西出，奇虑必有祸，会走犯跸……

总算勉强可以遮过读者的究诘。但据以上诸书所记，惟庸请明太祖到他家里来看醴泉或甘露的日子是洪武十三年正月戊戌。据《明史》惟庸即以是日被诛⑧。这样当天请客，当天杀头，中间并未经过审讯下狱的阶段，在时间上是否发生问题呢？这问题夏燮曾引《三编质实》证明其不可能，他说：

> 考《实录》正月癸巳朔，甲午中丞涂节告胡惟庸谋反，戊戌赐惟庸等死。若然，则正月二日惟庸已被告发，不应戊

---

① 《皇明从信录》卷七。
② 《殊域周咨录》卷二。
③ 《皇明泳化类编》卷一二七，防细。
④ 《皇明史窃》，《宦官传》。
⑤ 《明史纪事本末补编》五，宦官贤奸。
⑥ 《明史纪事本末》卷一三。
⑦ 饭田忠彦：《野史》卷二八二，《外国传》一。
⑧ 《明史》，《太祖本纪》二。

戍尚有邀帝幸第之事。①

我们在时间上的比较，已知此事非真。如再从事实方面考核，南京城高数仞，胡惟庸第据文中"壮士匿屏帷（或厅事）间"决非无屋顶——露天可知（《有学集》一〇三引《明人纪载》说：南京城西华门内有大门北向，其高与诸宫殿等，后门麗栋具在，曰旧丞相府，即胡惟庸故第）。无论西华门离胡第怎样近（事实上愈近只能看屋脊），就譬如在景山山顶罢，故宫就在足下，除了黄澄澄的屋瓦以外，我们能看出宫殿内的任何事物出来吗？同理，胡第非露天，就使明太祖真有登过城这一回事，又何从知道胡第伏有甲兵，此甲兵且伏在厅事中，屏帷间！

据《国琛集》说胡惟庸第在西华门内——禁中。王世贞《旧丞相府志》颇疑其非是。考《昭示奸党第二录》载卢仲谦供，谓胡惟庸私第在细柳坊，按《洪武京城图志》：广艺街在上元县西，旧名细柳坊，一名武胜坊。又考《街市图》：广艺街在内桥之北，与旧内相近。则惟庸私第之不在禁中明甚。再按《实录》：丙午八月（1366）拓建康城；初旧内在建康旧城中，因元南台为宫，稍庳隘，上乃命刘基等卜地，定新宫于钟山阳。戊申正月（1368）自旧内迁新宫。由是知明太祖之迁居新宫在洪武元年，旧内固近惟庸第，新宫则在建康城北，云奇事件如在洪武十三年，则根本为不可能。

由以上的推断，云奇事件之无稽荒谬，已决然无可疑。不过这一传说又从何发生的呢？云奇与胡惟庸虽无关系，但这事件的本身是否有存在的可能性呢？这两疑问，何孟春氏的《云奇墓

---

① 《明通鉴》卷七，考异。

《碑》①将给我们以一个满意的解答。

> 南京太平门外钟山西有内官享堂一区，我太祖高皇帝所赐，今加赠司礼监太监云公奇葬地也。案旧碑公南粤人，洪武间内使，守西华门。时丞相谋逆者居第距门甚迩，公刺知其事，冀因隙以发。未几，彼逆臣言所居井涌醴泉……
>
> 公所遭谋逆者旧状以为胡蓝二党。夫胡惟庸之不轨在洪武十三年，蓝玉在二十六年，胡被诛后，诏不设丞相，至蓝十四年矣。春敢定以胡为是，以补旧碑之缺，备他日史官之考证。

可见胡惟庸谋逆的真相，明初人就不大清楚。旧碑阙以存疑，尚不失忠实态度。何孟春自作聪明，硬断定为胡惟庸，后此史官，虽以此事不见《实录》，亦援引碑文，定为信谳，自王世贞以下至彭孙贻、饭田忠彦等都笃信其事，因讹传讹，结果当然是到处碰壁，怎么也解释不出时间性与空间的不可能和事实上的矛盾了。钱谦益《明太祖实录辨证》三说："云奇之事，国史野史，一无可考。嘉靖中朝廷因中人之请而加赠 何孟春据中人之言而立碑。"所谓中人，潘柽章以为是高隆。他说：

> 云奇事起于中官高隆等，相传为蓝玉时事。而何孟春从而附会之，以为玉未尝为丞相，故又移之胡惟庸。凿空说鬼，有识者所不道。②

他疑心云奇事件是由邵荣三山门谋逆之事衍变来的。他说：

---

① 《国朝献征录》卷一一七，《何孟春赠司礼监太监云公奇墓碑铭》。
② 《国史考异》卷二之一一。

然考之史，惟平章邵荣尝伏兵三山门内欲为变，上从他道还，不得发。与墓碑所称相类。三山门在都城西南与旧内相近，上登城眺察，难悉睹也。岂云奇本守三山门，讹而为西华耶？或云奇以冲哗死，而宋国兴之告变踵至耶？事有无不可知，史之阙文，其为是欤？①

三、如瑶藏主之贡舶

《明史》所记之如瑶贡舶事，明清人记载极多。日人记载则多据中籍迻译，虽间有疑其支离者，亦仅及派使者之为征西或幕府，对于事实本身，则均一致承认。

关于胡惟庸通倭之明清人记述，其主要事实多根据《实录》及《大诰》，《明史》和《实录》更不过详略之异，大体一无出入。文中洋洋洒洒据口供叙述胡惟庸的罪状，于通倭投房事，仅有二句：

惟庸使指挥林贤下海招倭军，约期来会。又遣元臣封绩致书称臣于元，请兵为外应。②

惟庸诛后数日，在宣布罪状的演辞中，亦未提及通倭一字：

己亥，胡惟庸等既伏诛，上谕文武百官曰："……岂意奸臣窃国柄，枉法诬贤，操不轨之心，肆奸欺之蔽，嘉言结于众

---

① 《国史考异》卷二之一一。邵荣谋反事见《明史》卷一二五，《常遇春传》。
② 《明太祖高皇帝实录》卷一二九。

舌，朋比逞于群邪。蠹害政治，谋危社稷，譬堤防之将决，烈火之将然，有滔天燎原之势，赖神发其蠹，皆就殄灭……"①

于罢中书省诏中，亦只及其枉法挠政诸罪：

癸卯，罢中书省，诏曰："……丞相汪广洋、御史大夫陈宁昼夜淫昏，酣歌肆乐，各不率职，坐视废兴。以致胡惟庸私构群小，夤缘为奸，或枉法以贿罪，或挠政以诬贤，因是发露，人各伏诛……"②

即在十六年后，太祖和刘三吾的谈话中，胡惟庸的罪状，也不过只是擅作威福和僭侈：

二十八年十一月上谓翰林学士刘三吾等曰："奸臣胡惟庸等擅作威福，谋为不轨，僭用黄罗帐幔，饰以金龙凤纹。迩者逆贼蓝玉，越礼犯分，床帐护膝，皆饰金龙，又铸金爵为饮器，家奴至于数百，马坊廊房，悉用九五间数，僭乱如此，杀身亡家。"③

惟庸诛后七年，始于所颁《大诰》中提及林贤：

维十九年十二月望皇帝三诰于臣民曰："……帝若曰前明州卫指挥贤私通惟庸，劫倭舶，放居倭，惟庸私使男子旺借兵私归贤，贤将辅人乱，不宁于黔黎，诛及出幼子。"④

---

① 《明太祖高皇帝实录》卷一二九。
② 《明太祖高皇帝实录》卷一二九；《明太祖文集》卷二，《废丞相大夫罢中书诏》。
③ 《皇明大事记》卷九，高皇帝御制及纂辑诸书。
④ 《名山藏》，《刑法记》。

在洪武二十八年九月所颁《祖训》中①，方才正式列出惟庸通倭的记载，其文云：

> 四方诸夷皆限山隔海，僻在一隅，得其地不足以供给，得其民不足以使令，若其自不揣量，来挠我边，则彼为不祥。彼既不为中国患，而我兴兵轻犯，亦不祥也。吾恐后世子孙，倚中国富强，贪一时战功，无故兴兵，致伤人命，切记不可。但胡戎与西北边境，互相密迩，累世战争，必选将练兵，时谨备之。
>
> 今将不征诸夷国名列后：
>
> 东北：朝鲜国
>
> 正东偏北：日本国（虽朝实诈，暗通奸臣胡惟庸，谋为不轨，故绝之。）
>
> 正南偏东：大琉球国 小琉球国
>
> 西南：安南国 真蜡国 暹罗国 占城国 苏门答剌
>
> 西洋国 爪洼国 湓亨国 白花国 三弗齐国 浡泥国②

考《明史·胡惟庸传》谓："十九年十月林贤狱成，惟庸通倭事始著。"查《实录》十九年十月条不载此事。胡惟庸罪状中之通倭一事，据史言发觉在十九年，其唯一之根据为当时官书《大诰三编》。据此则十九年以前不当有绝倭之事，而事实上则却相反。《祖训》之成，据《大事记》所言第一次编成于洪武二年。③第二次在六年五月。④第三次在二十八年九月，重定名为

---

① 《皇明大事记》卷九。

② 《皇明祖训》首章，5页。

③ 《大事记》九，封建。

④ 《大事记》九，高皇帝御制及纂辑诸书。

《皇明祖训》，其目仍旧，而更其《箴戒》章为《祖训》首章。①
由是可知最后定本即仍洪武六年之旧，不过把原来《箴戒》章改
成首章而已。胡惟庸事败在洪武十三年正月，通倭事发在十九年
十月，不应先于洪武六年绝倭！细绎《祖训》文意，知其大旨不
过戒子孙勿务远略损国威，所列不征之国，亦以其阻绝海洋，不
易征服，于胡惟庸事，初无关涉。盖日本之被列为不征之国事在
洪武六年以前，在洪武十九年到二十八年这时期中方把胡惟庸事
加入，作为佐证。后来读史的人不留心，把不征之国和胡惟庸事
因《祖训》先后放在一起，就混为一事，并误为有因果关系。因
胡惟庸狱词和《大诰》所载，辗转附会，惟庸之通倭谋逆及明廷
因之与日绝交数事，遂成信谳了。

　　《国朝列卿记》所记全用《实录》原文，明代向例于《实
录》修成后即焚稿局史馆中，不为外人所见。所以后来人的记载
大部分可说都是根据《列卿记》这部书。

　　因为《皇明祖训》、《大诰》和《实录》中的记载，出于朝
廷。后来的史家便都一致相信，以为事实。自郑晓②、郎瑛③、章
潢④、邓元锡⑤、茅瑞征⑥、茅元仪⑦、陈仁锡⑧、张复⑨、叶向

---

①　《大事记》九，封建。

②　《吾学编》，《皇明四夷》上，《日本》。

③　《七修类稿》卷五，《日本》。

④　《图书编》卷五〇，《日本国》。

⑤　《皇明书》卷一六六，《日本传》。

⑥　《皇明象胥录》卷二，《日本》。

⑦　《武备志》卷二三〇，《日本考》。

⑧　《潜确类书》卷一三，《日本》。

⑨　焦竑：《皇明人物考》附录，张复：《南倭考》。

高①、方孔炤②、黄道周③及《制御四夷典故》④诸书，一致以为太祖朝之中日绝交，是因为如瑶贡舶事件；如《苍霞草》所记：

> 已复纳兵贡艘中助逆臣胡惟庸，惟庸败，事发，上乃著《祖训》示后世毋与倭通。

《吾学编》、《制御四夷典故》、《皇明世法录》、《图书编》诸书云：

> 十五年归廷用又来贡，于是有林贤之狱，曰故丞相胡惟庸私通日本，盖《祖训》所谓日本虽朝实诈，暗通奸臣胡惟庸，谋为不轨，故绝之也。是时惟庸死且三年矣。十七年如瑶又来贡，坐通惟庸，发云南守御。

渡边世祐《室町时代史》（页二三五）亦谓：

> 时明胡惟庸谋反，使宁波之指挥官请援于征西将军。征西府使僧如瑶率精兵四百余人伪入贡赴之。谋觉，胡惟庸伏诛，逮林贤狱起，我邦通谋事发觉，太祖大怒，尔后一时交通遂绝。

何乔远⑤、郑若曾⑥、严从简⑦诸人记林贤与如瑶之事迹较详尽，《名山藏·王享记》云：

---

① 《苍霞草》卷一九，《日本考》。
② 《全边略记》卷九，《海略》。
③ 《博物典汇》卷二〇，《日本》。
④ 《制御四夷典故》，《日本国考略》。
⑤ 《名山藏》，《王享记》一，《日本》。
⑥ 《筹海图篇》卷二。
⑦ 《殊域周咨录》卷二。

　　丞相胡惟庸得罪惧诛，谋诸倭不轨，奏调金吾卫指挥林贤备倭明州。阴遣宣使陈得中谕贤送日本使出境，则诬指为寇以为功。贤听惟庸计，事觉，惟庸佯奏贤失远人心，谪居之倭中。既惟庸请宥贤复职，上从之。惟庸以庐州人李旺充宣使召贤，且以密书奉日本王借精锐人为用，王许之。贤还，王遣僧如瑶等率精锐四百余人来，诈献巨烛，烛中藏火药兵器。比至惟庸已败，上犹未悉贤通惟庸状，发四百余人云南守御……十五年惟庸事觉，上追怒惟庸，诛贤磔之。于是名日本曰倭，下诏切责其君臣，暴其过恶天下，著《祖训》绝之。

所记恰与《大诰》合。《筹海图编》亦采此说，而误以胡惟庸为枢密使，为王士骐所讥。[1]且以为先于洪武十六年诏绝日本，二十年如瑶事发，时代与各书歧异。日人辻善之助据之以为怀良亲王已于前四年卒，足证使非征西所遣。[2]书中标明日使为归廷用，足补何氏之缺：

　　日本使归廷用入贡方物，厚赏回还，明州备倭指挥林贤在京随驾，时交通枢密使胡惟庸，潜遣宣使陈得中密与设谋，令将归廷用诬为倭寇，分用赏赐。中书省举奏其罪，流贤日本。洪武十六年诏绝日本之贡。贤流三年，逆臣胡惟庸暗遣人充宣使，私往日本取回，就借练精兵四百，与僧如瑶来献巨烛，中藏火药兵具，意在图乱，上大怒，磔贤于市，乃降诏责其君臣，绝其贡。

_____

① 《皇明驭倭录》卷一。
② 辻善之助：《海外交通史话》卷一五，303页。

《殊域周咨录》本之，而以为十三年发如瑶云南守御，林贤事发则在洪武二十年。日人饭田忠彦①、荻野由之②、辻善之助③、栗田元次及木宫泰彦④和德人希泊鲁秃(Sicboldt)⑤诸人所记大率根据以上所引。

李开先所记则与诸书微异，其所撰《宋素卿传》云⑥：

> 自洪武年间因胡惟庸通倭密谋进寿烛，内藏刀箭。将夷以铜甑蒸死，绝其进贡。

这是他把永乐三年十一月日本使者自治倭寇的记载⑦和如瑶贡舶事件混在一起误为一事的错误。

以上诸家所记都属于胡惟庸使林贤通倭，如瑶伪贡事件。王世贞一流的史家所记，则与此异：

> 日本来贡使，私见惟庸，乃为约其王，令舟载精兵千人，伪为贡者，及期会府中，力掩执上，度可取，取之；不可，则掠库物泛舸就日本有成约。⑧

以下便接着叙云奇事件，把这两件事发生连带关系。他在另一记载中又说：

---

① 《野史》卷二八二，《外国传》一；明上。

② 《日本史讲话》，563—565页。

③ 《海外交通史话》，303页。

④ 《综合日本史概说》三二，《足利时代之外国关系》；《中日交通史》下卷，第七章，《日本使之往来与胡惟庸事件》。

⑤ 《异国丛书》四，《日本交通贸易史》，263页。

⑥ 李中麓：《闲居集》，文九。

⑦ 《明史》卷三二二，《日本传》。

⑧ 王世贞：《弇州别集》，《胡惟庸传》。

十三年丞相胡惟庸谋叛，令（日使）伏精兵贡艘中，计以表裹挟上，即不遂，掠库物，乘风而遁。会事露悉诛。而发僧使于陕西四川各寺中，著训示后世，绝不与通。[1]

又把这事件和如瑶发生关系。陈仁锡[2]、朱国桢[3]诸人都相信这一说，引为定谳。稍后谷应泰、夏燮等，便兼采两家矛盾之说，并列诸事，作最完备之记录。[4]

读了以上诸家记述之后，最后我们试一持与当时的官书一核，看到底哪些史料是可靠的，哪一些是不可靠的，《大诰三编》说：

前明州卫指挥林贤出海防倭，接至日本使者归廷用入贡方物。其指挥林贤移文赴都府，都府转奏，朕命以礼送来至京。廷用王事既毕，朕厚赏令归，仍命指挥林贤送出东海，既归本国。不期指挥林贤当在京随驾之时，已与胡惟庸交通，结成党弊。及归廷用归，惟庸遗宣使陈得中密与设计，令林指挥将延用进贡舡只，假作倭寇舡只，失错打了，分用朝廷赏赐，却仍移文中书申禀。惟庸佯奏林指挥过，朕责指挥林贤就贬日本。居三年，惟庸暗差庐州人充中书宣使李旺者私往日本取回，就借日本国王兵，假作进贡来朝，意在作乱。其来者正使如瑶藏主左副使左门尉右副使右门尉，率精兵倭人带甲者四百余名——倭僧在外——比至，胡惟庸已被诛僇，其日本精兵，就发云南守御。洪武十九年朕将本人

---

① 　王世贞：《日本志》。

② 　《皇明世法录》卷八五，《韩国公传》。

③ 　《开国臣传》卷二，《韩国李公传》。

④ 　《明史纪事本末》卷三一，《胡蓝之狱》，《明通鉴》卷七。

命法司问出造反情由，族诛了当。呜呼人臣不忠者如此！ ①

又云：

> 其指挥林贤年将六旬，又将辅人为乱，致黔黎之不宁，伤生所在，岂不得罪于天人者乎！遂于十九年冬十月二十五日将贤于京师大中桥及男子出幼者皆诛之，妻妾婢之。②

我们且不推敲这事件的本身是否可靠，明太祖这样一个枭桀阴忮的人的话——一面之辞是否可信，光和其他的记载比较，至少以下几件事是明太祖或胡惟庸所未曾想及的。这几点是：

（一）诈献巨烛，烛中藏火药兵器的聪明主意。

（二）日本贡使私见惟庸，约贡千人相助绑票的事。

（三）时间的矛盾。

（四）归廷用十五年之再贡发觉事。

（五）奏调林贤备倭明州事。

（六）三年前惟庸初由右丞改左，正得宠眷而反惧诛事。

四、胡惟庸之罪状

洪武十三年正月胡惟庸被诛时的罪状是：

（一）毒死刘基。

（二）阻隔占城贡使。

（三）私给文臣以没官妇女。

---

① 潘柽章：《国史考异》卷二之一三，《大诰三编》，39页，指挥林贤胡党第九。

② 潘柽章：《国史考异》卷二之一三，《大诰三编》，39页，指挥林贤胡党第九。

（四）枉法挠政，朋比为奸。

刘基事据《明史》本传说：

> 基在京病时，惟庸以医来，饮其药，有物积腹中如拳石。其后中丞涂节首惟庸逆谋，并谓其毒基致死云。[①]

据《胡惟庸传》，则惟庸之毒基，实为太祖所遣：

> 御史中丞刘基亦尝言其短，久之，基疾，上遣惟庸挟医视，遂以毒中之。

据《行状》所述，基未死前且曾以被毒状告太祖，太祖不理：

> 洪武八年正月，胡丞相惟庸以医来视疾，饮其药二服，有物积腹中如拳石，遂白于上，上亦未之省也，自是疾遂笃。三月上以公久不出，遣使问之，知其不能起也，特御制文一通，遣使驰驿送公还乡，里居一月而薨。[②]

即由史臣纂修之《实录》，也说太祖明知刘基被毒事：

> 御史中丞涂节言前诚意伯刘基遇毒死，广洋宜知状。上问广洋，广洋对以无是事。上颇闻基方病时，丞相胡惟庸挟医往候，因饮以毒药。乃责广洋欺罔，不能效忠为国，坐视废兴……[③]

由上引诸记载，参以《明史·刘基传》所叙胡惟庸与基之宿怨，乘隙中伤，太祖对基怀疑事。可知胡惟庸之毒基，确受上

---

① 《明史》卷一二八，《刘基传》。
② 《皇明名臣琬琰录》卷七，黄纪委（伯生）：《诚意伯刘公行状》。
③ 《明太祖实录》卷一二八。

命，所以刘基中毒后，虽质言情状，亦置不理。并且派人看他会不会死，直到确知他必定要死，方派人送他回家。我们看汪广洋之死是为涂节告发。胡惟庸之被罪，也和刘基死事牵连，但在宣布胡氏罪状时，却始终没提起这事。由此可见"欲盖弥彰"，涂节之所以与胡惟庸骈戮东市，其故亦正在是。

关于阻隔占城贡使事，《明史》云：

> 洪武十二年占城贡使至都，中书不以时奏，帝切责丞相胡惟庸、汪广洋，二人遂获罪。[①]

《实录》载此事较详，其文云：

> 十二年九月戊午，占城国王阿答阿者遣其臣阳须文旦进表及象马方物，中书臣不以时奏。内臣因出外，见其使者以闻，上亟召见，叹曰："壅蔽之害，乃至此哉！"因敕责省臣曰："朕居中国，抚辑四夷，彼四夷外国有至诚来贡者，吾以礼待之。今占城来贡方物既至，尔宜以时告，礼进其使臣，顾乃泛然若罔闻知，为宰相辅天子出纳帝命，怀柔四夷者固当如是耶！"丞相胡惟庸、汪广洋等皆叩头谢罪。[②]

《明史》言，"帝怒，切责省臣，惟庸及广洋顿首谢罪，而微委其咎于礼部，礼部又委之中书，帝益怒，尽囚诸臣，穷诘主者。"《高皇帝文集》卷七载《向中书礼部慢占城入贡第二敕》云：

> 敕问中书礼部必欲罪有所证。古有犯法者犯者当之，此私罪也。今中书礼部皆理道出纳要所，九月二十五日有慢占

---

① 《明史》卷三二四，《占城传》。
② 《明太祖实录》卷一二六；《皇明大事记》卷一三四，《夷朝贡》。

> 城入贡事，向及省部，互相推调，朕不聪明，罪无归著，所
> 以囚省部，概穷缘由，若罪果有所证，则罪其罪者，仍前推
> 调，未得释免。

旨意极严重，接着就是涂节上变告反，由此可见惟庸已于十二年九月二十五日下狱，到十二月又发生汪广洋妾陈氏从死事，再下法司取勘，涂节窥见太祖有欲杀之意，逢迎上变，遂于次年正月被诛。

庚午诏书中所指的"枉法朋比"，《明史》所记无实事可征。李善长狱后数年方发觉，此时当不能预为周纳。惟吴伯宗事别见其本传云：

> 胡惟庸用事，欲人附己，伯宗不为屈。惟庸衔之，坐事
> 谪居凤阳，上书谕时政，因言惟庸专恣不法，不宜独任，久
> 之必为国患，辞甚剀切。帝得奏召还，赐衣钞。[1]

则伯宗自以坐事谪徙，亦未尝得"危祸"也。刘崧事见《高皇帝文集》七《召前按察副使刘崧职礼部侍敕》云：

> 奸臣弄法，肆志跳梁，拟卿违制之责。迩者权奸发露，
> 人各伏诛。卿来，朕命官礼部侍郎，故兹敕谕。

其朋比事，当时人的记载，《国初事迹》中，有这样一条：

> 杨宪为御史中丞。太祖尝曰："杨宪可居相位。"数言李
> 善长无大才。胡惟庸谓善长曰："杨宪为相，我等淮人不得
> 为大官矣。"宪因劾汪广洋不公不法，李善长奏排陷大臣，

---

[1] 《明史》卷一三七，《吴伯宗传》。

放肆为奸等事，太祖以极刑处之。①

刘辰曾佐太祖戎幕，所记当得之见闻，较可征信。且善长、惟庸均为淮人，惟庸之进用，又为善长所援引，为保全禄位树立党援计，其排斥非淮系人物，又为势之所必至。不过据这一条史料的引证，也仅能证明惟庸之树党而已。《高皇帝文集》卷十六《跋夏珪长江万里图》文中有指摘惟庸受赃语，不过尽他所能指摘的也还不过是一幅不甚著名的图。其文云：

> 洪武十三年春正月奸臣胡惟庸权奸发露，令法司捕左右小人询情究源，良久，人报左丞赃贪淫乱甚非寡欲。朕谓来者曰：果何为实，以验赃贪？对曰：前犯罪人某被迁，其左相犹取本人山水图一轴，名曰《夏珪长江万里图》。朕犹未信，遣人取以验，去不逾时而至，吁！微物尚然，受赃必矣。

促成惟庸谋反的动机，据《明史》说是：

> 会惟庸子乘马于市，堕死车下，惟庸杀挽车者，帝怒，命偿其死。惟庸请以金帛给其家，不许。惟庸惧，乃与御史大夫陈宁、中丞涂节等谋起事，阴告四方及武臣从己者。

此文全据《实录》，而略其下一段。今补列如下：

> 上日朝，觉惟庸等举措有异，怪之，涂节恐事觉，乃上变告。②

---

① 刘辰：《国初事迹》（《金华丛书》本）。
② 《明太祖实录》卷一二九。

据上文所申述，我们知道惟庸于十二年九月下狱取勘，《实录》所记太祖自己在朝堂上觉察惟庸举措，事实上为不可能。《宪章录》[①]、《皇明法传录》[②]诸书因其矛盾，舍去不录，《明史》因之。我们如再细心检讨一下，就可以知道不但《实录》之事后增饰和《明史》诸书之截短取长是靠不住，即其所记之惟庸子死事，也是同样的叫人不敢相信。如王世贞记惟庸狱起前之所谓促成谋反之动机云：

> 会其家人为奸利事，道关榜辱关吏，吏奏之，上怒，杀家人，切责，丞相谢不知乃已。

> 又以中书违慢，数诘问所由。惟庸惧，乃计曰："主上鱼肉勋旧臣，何有我耶！死等耳，宁先发，毋为人束，死寂寂。"[③]

同样地是在叙述同一事件，并且用同一笔法，但所叙的事却全不相符，一个说是惟庸子死，一个说是惟庸家人被诛。显见这两种不同的记载是出于两种不同的来源，由此又可知胡惟庸事件在明嘉靖以前是怎样一个纷乱矛盾的样子了。

《高皇帝文集》卷七有《谕丞相枉序斑敕》，所谓丞相当即指惟庸言，但细绎敕意，亦只是责其刑罚不中而已。敕云：

> 传曰：刑罚不中，则民无所措手足。今日序斑奏，昨晚一使自山西至，一使自太仓来省，引进将至与姓名，且曰郎

---

① 薛应旂：《宪章录》卷七。

② 陈建：《皇明法传录》卷七。

③ 《国朝献征录》卷一一。

中教只于此处候丞相提奏引见，已而终不见，郎中复唤，于是不敢引见，是有丞相怪责，不由分诉，刑及二十而肤开，甚枉之。因序班奏枉，试释之，若为上者教人正其事而后罪人不行，此果刑罚之中乎？

总之，在上文所引述的史料中，我们找不出有"谋反"和"通倭"、"通虏"的具体的记载。这正好像一个故事，时代越后，故事的轮廓便越扩大，内容也越充实。到了洪武二十三年后胡惟庸的谋反便成铁案，装点得有条有理了。钱谦益引《昭示奸党三录》说：

> 自洪武八年以后，惟庸与诸公侯约日为变，殆无虚月，或候上早朝，则惟庸入内，诸公侯各守四门，或候上临幸，则惟庸扈从，诸公侯分守信地，皆听候惟庸调遣，期约举事。其间或以车驾不出而罢，或以宿卫严密，不能举事而罢，皆惟庸密遣人麾散，约令再举，五年之中，期会无虑二百余。①

考《太祖本纪》胡惟庸以洪武六年七月壬子任右丞相，十年九月辛丑改左。② 其时惟庸正被恩眷，得太祖信任。《高皇帝文集》二载是时《命丞相大夫诏》："朕平天下之初，数更辅弼，盖识见浅薄，任非其人。前丞相汪广洋畏懦迂滑，其于申冤理枉，略不留意。以致公务失勤，乃黜为岭南广省参政，观其所施，察其自省。今中书久阙丞相，御史台亦阙大夫，揆古稽今，诚为旷典，特命左丞相胡惟庸为中书右丞相，中丞陈宁为右御史

---

① 《太祖实录辨证》卷三。
② 《明史》卷二，《太祖本纪》二。

大夫。且惟庸与宁自广洋去后，独署省台，协诚匡济，举直措枉，精勤不怠，故任以斯职。播告臣民。"云云。据《奸党录》所言，则不特《实录》所记惟庸诸谋叛动机为子虚，即明人诸家所言亦因此而失其立足点。因为假使惟庸已蓄意谋叛，其行动且早至被诛之五年前，且屡试屡败，则何以史文又曲为之隐？于《奸党三录》所云"五年之中期会为变无虑二百余次"一事至不著一字！何以《明史》及《弇州别集》诸书仅著其"以祥瑞自喜有异谋"、"令费聚陆仲亨收集军马"、"收集亡命"、"通倭欵房"、"被责谋起事"诸近疑似暧昧之刑法上所谓"意图"的记载，而反略其主要之已举未遂行为！

《实录》记李善长狱事，尤暧昧支离，使人一见即知其捏造。盖其所述谋反情事，皆援据当时狱辞，其不可信，又无待究诘。且即以所叙和《昭示奸党录》所条列善长诸招一校，亦有未核。①《实录》云：

> 太仆寺丞李存义者，善长之弟，惟庸之婿父也。以亲故往来惟庸家。惟庸令存义阴说善长同起，善长惊悸曰："尔言何为者！若尔，九族皆灭。"存义惧而去，往告惟庸，惟庸知善长素贪，可以利动。后十余日，又令存义以告善长，且言事若成，当以淮西地封公为王，善长虽有才能，然本文吏计深巧，佯惊不许，然心颇以为然，又见以淮西之地王己，终不失富贵，且欲居中观望，为子孙后计，乃叹息起曰："吾老矣，由尔等所为。"存义还告，惟庸喜，因过善长，善长延入，惟庸西面坐，善长东面坐，屏左右欵语良

---

① 《有学集》卷一〇四。

久,人不得闻,但遥见颔首而已。惟庸欣然就辞出,使指挥林贤下海招倭军约期来会,又遣元臣封绩致书称臣于元,请兵为外应。①

《明史》别据明人所记以为说善长以封王者为其故人杨文裕。②于其冤抑,特载解缙所代草之王国用奏疏剖解甚明。③钱谦益据当时招辞谓:

> 洪武十年九月惟庸以逆谋告李存义,使阴说善长,未得其要领。乃使其旧人杨文裕许以淮西地封王,是年十一月,惟庸亲往说善长,善长犹趑趄未许,即国史所记惟庸西面坐善长东面坐者是也。然此时善长未许,至十二年八月,存义再三往说,善长始有:我老了你每自做之语。④

在上载的两项文件的矛盾中,最显著的是时间问题。《实录》说惟庸几经游说善长,得其赞许后,方进行通倭欸房二事,《实录辨证》据当时口供考定为洪武十二年八月事。惟庸被诛在次年正月,离定谋只是五个月间的事。下狱在九月,离定谋更仅一月。据《明史·日本传》、《名山藏·王享记》、《筹海图编》诸记载,惟庸先遣林贤为明州卫指挥,再佯奏其罪谪日本,使交通其君臣,再请宥贤复职,以李旺召之,且以密书奉日本王借精锐人为用。然后有如瑶藏主之贡舶事件。林贤在日本的时间,《大诰三编》和《筹海图编》都说是三年。其回国在洪武十六年

---

① 《明太祖实录》卷一二九。

② 《明史》卷一二七,《李善长传》。

③ 《明史》卷一二七,《李善长传》。

④ 《太祖实录辨证》四。

后，这当然是不可靠。（郑若曾连胡惟庸卒年都弄不清楚，以为是洪武二十年间事）。不过无论如何，照那时代的航海情形，这一来一往总非一二月可办。据雷礼记如瑶第一次来华之时日为洪武十四年七月戊戌^①，正值惟庸败后一年，事颇巧合。不过我们所注意的是胡惟庸能否在死后再派人去召回林贤，在定谋和被诛的五个月中要容纳至少要三年以上的时间才办得到的事实是否可能？通倭事发的年月据《明史》说是在洪武十九年十月，但除当时的官书《大诰》外，我们翻遍《实录》也找不出有这项记载的存在。即在钱谦益所引胡党供辞中亦不及此事。同时在日本方面，除了引征中国的记载外，亦不著如瑶使节之任何事实。甚至在中日双方的若干记载中，有的连日本使者和派遣者的本身都有无数异说。这到底是什么缘故呢？很明显的，此种不被当事人所注意的时间问题，因为事实的本身，出于故意捏造或附会，事后编制，只图假题入罪，便不能顾及时间上的冲突。更因为所附会周纳的故事见于朝廷所颁发的《大诰》，大家不敢不相信，载诸记录，因讹传讹，遂成铁案了。

惟庸私通外夷的第二件事是通虏。《明史》说：

> 遣故元臣封绩致书称臣于元嗣君，请兵为外应……二十一年蓝玉征沙漠，获封绩，善长不以奏，至二十三年五月事发，捕绩下吏，讯得其状，逆谋大著。

《李善长传》亦言：

> 将军蓝玉出塞至捕鱼儿海，获惟庸通沙漠使者封绩，善长匿不以闻。

----

① 《皇明大政记》卷三。

嗣后王世贞[①]、朱国桢[②]诸人所记，均据之以封绩为元臣或元遗臣。这一些记载的根据都很有来历，《实录》记：

> 封绩河南人，故元臣来归，命之官，不受，遣还乡又不去，谪戍于边，故惟庸等遗书遣之。惟庸诛，绩惧不敢归，蓝玉于捕鱼儿海获绩，善长匿不以奏。

按《昭示奸党录》所载封绩供辞：

> 封绩招云："绩系常州府武进县人。幼系神童。大军破常州时被百户掳作小厮，拾柴使唤。及长，有千户见绩聪明，招为女婿。后与妻家不和，被告发迁往海南住。因见胡、陈擅权，实封言其非；为时中书省凡有实封到京，必先开视，其有言及己非者即匿不发，仍诬罪其人。胡丞相见绩所言有关于己，匿不以闻，诈传圣旨，提绩赴京，送刑部鞫问坐死。胡丞相著人问说，你今当死，若去北边走一遭，便饶了你。绩应允，胡丞相差宣使送往宁夏耿指挥（忠）、居指挥、于指挥（琥）、王指挥等处，耿指挥差千户张林、镇抚张虎、李用转送亦集乃地面，行至中途，遇达达人爱族保哥等就与马骑，引至火林，见唐兀不花丞相，唐兀不花令儿子庄家送至哈剌章蛮子处，将胡丞相消息备细说与：著发兵扰边，我奏了将京城军马发出去，我里面好做事。"

《国史考异》二引《庚午记书》亦云：

> 于琥（都督于）显男。先在宁夏任指挥时，听胡、陈分

---

① 《弇州别集》，《李善长传》。
② 《开国臣传》卷二，《韩国李公传》。

付，囚军封绩递送出京，往草地里通知消息。后大军克破胡营，获绩究问，二人反情，由是发觉。

与《实录》、《明史》、《弇州别集》、《开国臣传》及明代诸记载家如黄金[1]、陈仁锡[2]、何乔远、雷礼诸人所言无一相合。由是知不但封绩非元臣，非河南人，非胡惟庸亲信，且与李善长亦始终无涉。不但上述诸正史及野记无一可信，即上引之封绩供辞亦不必实有，因为明代兵制初不集中兵力于首都，而于沿边要隘及内部冲区设卫分镇，明初尤重视北边防务，以燕王棣守北边，隶以重兵，自后九边终明一代为防虏重镇。即有侵轶，初无用于京军之调动，假使真有封绩使元这一件事，胡惟庸自身任军国大政，反说出这样荒谬绝伦的话，理宁可通！

由上引证，可知所谓通倭通虏都是"莫须有"的事。上文曾说过：胡惟庸事件正像一个在传说中的故事，时间越后，故事的范围便越扩大。根据这个原则，我们试再检校一下胡惟庸私通外夷这一捏造的故事的范围的扩大。

在时代较前的记载中，胡惟庸私通外夷的范围，仅限明代一代所视为大患的"南倭北虏"。稍后便加上一个三佛齐，再后又加上一个卜宠吉儿，最后又加上一个高丽。

《太祖实录》洪武三十年中，载胡惟庸通三佛齐事：

> 三十年，礼部奏诸番国使臣客旅不通。上曰："……近者安南、占城……西洋、邦嗒剌等凡三十国，以胡惟庸谋乱，三佛齐乃生间谍，绐我使臣至彼。爪哇国王闻知其事，

---

[1] 黄金：《皇明开国功臣传》卷一，《李善长传》。
[2] 《皇明世法录》卷八五，《韩国公传》。

戒饬三佛齐，礼送还朝。是后使臣商旅阻绝，诸国王之意，遂尔不通……"

于是礼剖咨暹罗王曰："……我朝混一之初，海外诸番莫不来庭。岂意胡惟庸造逆，通三佛齐，乃生间谍，绐我信使，肆行巧诈……可转达爪哇，俾以大义告于三佛齐，三佛齐原系爪哇统属，其言彼必信，或能改过从善，则与诸国咸礼遇之如初，勿自疑也。"①

永乐五年诏敕陕西官吏，又有通卜宠吉儿事：

八月敕陕西行都司都司都指挥陈敬等及巡按监察御史，禁止外交。

上曰："臣无外交，古有明戒，太祖皇帝申明此禁，最为严切。如胡惟庸私往卜宠吉儿，通日本等处，祸及身家，天下后世，晓然知也……"②

高岱记太祖朝事，说胡惟庸和高丽也有关系：

十七年甲子三月上因高丽使来不遵臣礼，以贿结逆臣胡惟庸，事觉，遣其使还。以敕谕辽东守将唐胜宗、叶升，令绝高丽，勿通使命。③

这样，胡惟庸私通外夷，东通日本高丽，西通卜宠吉儿，南通三佛齐，北通沙漠，东西南北诸夷，无不与胡惟庸之叛逆，发生关系。

---

① 《明太祖实录》；《皇明大事记》卷一三；《皇明驭倭录》卷一。
② 涂山：《明政统宗》卷七。
③ 高岱：《鸿猷录》卷六。

五、明初之倭寇与中日交涉

如瑶贡舶事件，记载纷纭，多不可信。举其矛盾处之显著者如使节之派遣者或以为征夷将军源义满，或以为征西将军怀良亲王。明人如郑晓[①]、雷礼[②]、章潢[③]、何乔远[④]、李言恭[⑤]、陈仁锡[⑥]、王士骐[⑦]、邓元锡[⑧]、茅瑞征[⑨]、严从简[⑩]、方孔炤[⑪]诸人均以为助胡惟庸谋逆者为怀良亲王。茅元仪、叶向高诸人则以为派遣如瑶来华者为征夷将军。《日本考》云：

> 十三年再贡皆无表，以其征夷将军源义满所奉丞相书来，书倨甚，命锢其使。明年复贡，命礼臣为檄，数而却之。已复纳兵贡艘中助逆臣胡惟庸。惟庸败，事发，上乃著《祖训》示后世，毋与倭通。[⑫]

此以贡舶之来为在十四年后，时胡惟庸已死垂二年，叶向高所记全同。[⑬]日人松下见林采其说，谓：

---

① 《吾学编》，《大政记》一；《皇明四夷考》上，《日本》。

② 《皇明大政记》卷三。

③ 《图书编》卷五〇，《日本国考》。

④ 《名山藏》，《王享记》一，《日本》。

⑤ 《日本国考》卷二，《朝贡》。

⑥ 《皇明世法录》卷七五，《海防》，《日本》。

⑦ 《皇明驭倭录》卷一。

⑧ 《皇明书》卷一六六，《日本传》。

⑨ 《皇明象胥录》卷二，《日本》。

⑩ 《殊域周咨录）卷二。

⑪ 《全边略记》卷九，《海略》。

⑫ 《武备志》卷二三，《四夷》八。

⑬ 《苍霞草》卷一九，《日本考》。

明太祖答日本征夷大将军曰"前奉书我朝丞相"，丞相谓胡惟庸也。又《武备志》曰："征夷将军源义满所奉丞相书来，已复纳兵贡艘中助胡惟庸。"观此则义满助胡惟庸者也。[1]

荻野由之反之，肯定如瑶为怀良所遣。[2]希泊鲁秃则不特坚持怀良遣使之说，且著其遣使之年为元中元年（洪武十七年，1384）并云：

> 胡之谋图被发觉，诛三族，如玲（即如瑶，刊讹）不知入明，故被捕流云南，数年之后，被宥归国。[3]

小林博氏亦主是说，且记此阴谋之发觉时间为弘和二三年间（明洪武十五、六年，1382—1383）。[4]辻善之助则误据《筹海图编》所记，以贡舶为洪武二十年事，而断云：

> 时怀良亲王死已四年，良成亲王继任，无出兵海外之余裕，此事恐为边陲倭寇之首魁所为。[5]

他知道怀良的卒年，因以断定贡舶非其所遣，同时他却忘记了胡惟庸也已死了八年，这事如何能同胡惟庸发生连系！木宫泰彦亦主二十年之说，且以怀良之遣使事为必有。他说：

> 此所指日本国王系指怀良亲王，细读《明史》，自能了解。此事不见于日本国史，但弘和元年曾有为亲王使者抵明

---

① 《异称日本传》卷中八，46 页。

② 《日本史讲话》，563—565 页。

③ 《日本交通贸易史》，263 页（"异国丛书"本）。

④ 《详说日本历史》，285 页。

⑤ 《海外交通史话》，303 页。

之僧，由当时亲王对明之强硬态度，与弘安以来养成之冒险的风气推之，想必有此事也。①

所说纯据想象，虚构楼阁，不足置信。

在另一方面的各家记载纷歧，也不一而足，如如瑶贡舶所纳兵士或以为四百人（《名山藏》、《明史》诸书），或以为千人（《弇州别集》、《献征录》诸书），通倭之经过，或以为使林贤下海招约（《明史》），或以为适日本贡使来因与私约（《弇州别集》），林贤狱具或以为在洪武十九年十月（《明史》），或以为在洪武十五年（《皇明书》、《制御四夷典故》、《皇明世法录》），或以为在二十年（《殊域周咨录》），如瑶末次来华或以为在十七年（《皇明书》），或以为在十九年（《大政记》或以为在二十年（《筹海图编》）。如瑶末次来华之谪徙地方或以为发陕西（《明史纪事本末》），或以为发云南（《名山藏》、《殊域周咨录》），或以为发川陕（《日本国志》），如瑶所率精兵或以为尽被诛夷（《献征录》、《明史纪事本末》），或以为尽发云南守御（《皇明书》、《名山藏》）。种种歧异矛盾，指不胜屈。

如瑶贡舶事在《日本国史》既无足征，中籍所记又荒唐如此，由此可知这本是一件莫须有的事，如瑶即使真有其人，也不过只是一个通常的使僧，或商贩，和胡惟庸党案根本无关。

向来中日两方的记载都以为明初中日绝交的主要原因是如瑶贡舶事件。上文既已论及如瑶贡舶之莫须有，以下试略一述中日初期交涉之经过，以说明其绝交前后之情势，从反面证明在此情势中实无容纳如瑶贡舶事件之可能。

---

① 《日支交通史》下，《征夷府与明朝之交涉》。

明初中日两方之所以发生外交关系的原因，在中国方面是因为倭寇出没，请求制止，在日本方面则可说完全是基于经济的关系。

《明史》说：

> 明兴，高皇帝即位，方国珍、张士诚相继诛服，诸豪亡命往往纠岛人入寇山东滨海州县。[①]

日本在王朝之末，纪纲大乱，濑户内海，海贼横行，至镰仓时代不绝。南北争乱之顷，其势逾遑。伊豫之住人村上三郎左卫门义弘者统一近海海贼为之首长，义弘死后，北昌显家之子师清代为首长，率其党以掠夺为事。[②] 入寇者以萨摩、肥后、长门、三州之人居多，其次则大隅、筑前、筑后、博多、日向、摄摩、津州、纪伊、种岛，而丰前、丰后、和泉之人亦间有之，盖因商于萨摩而附行者，其来或因贡舶，或因商舶。[③] 随风所之，南至广东，北至辽阳，无不受其荼毒。[④] 由是海防成明代大政，设戍置寨，巡捕海倭，东南疲于奔命。[⑤]

明廷要解决倭患，只有三个办法：上策是用全国兵力，并吞日本以为藩属，倭患不扫自除。中策是以恩礼羁縻，示以小惠，许以互市，以其能约束国人为相对条件。下策是不征不纳，取闭关政策。努力防海，制止入犯。在这三个办法中，最难办到的是下策。因为中国海岸线延长二万里，倭寇可以随处侵入，中国却

---

① 《明史》卷三二二《日本传》，卷九一《兵志》；《闽书》卷一四六，《岛夷志》。
② 渡边世祐：《室町时代史》，234 页；《日本海上史论》，《日明交通与海贼》。
③ 《图书编》卷五〇，《日本国序》。
④ 李言恭：《日本考》。
⑤ 《明史》卷九一，《兵志》。

没有这财力和兵力来到处设防，即使可能，兵力太单了也不济事。上策也感觉困难，因为中国是一个大陆国，没有强大的海军，要征服这一倔强的岛国，简直办不到。并且基于过去隋、元二代的历史教训，也不敢轻易冒这大险。元吴莱曾作了一篇《论倭》的文章，反复地说明伐倭之无益和大海之阻隔，要征服它是不可能的事。他建议应当遣使往谕，以外交的手腕去解决倭寇问题。[①] 这篇文章影响到明代的对日政策，明太祖差不多全盘地接受了他对元朝的劝告和建议，毅然地抛弃上策，把日本列为十五不征之国之一，著在《祖训》。

但是，一个国家要能行使它的统治权，先决问题是这个国家的统一。不幸在这时期，日本国内却陷于南北分裂的对峙局面，政治上的代表人物，在北朝是征夷将军源义满，在南朝是征西将军怀良亲王，北朝虽愿和中国通商，解决它财政上的困难，南朝却以倭寇为利，且以政治地位的关系，也不肯让北朝和明有任何外交关系。以此，明廷虽经几度的努力，终归无效，结果仍不得不采取下策，行闭关自守之计。

第一次的倭寇交涉完全是恐吓性质，洪武二年三月明廷派吴用、颜宗鲁、杨载、吴文华使日，到征西府责以倭寇责任诏书云：

> ……间者山东来奏，倭兵数寇海边，生离人妻子，损害物命，故修书特报正统之事，兼谕越海之由。诏书到日，如臣奉表来庭，不臣则修兵自固，永安境土，以永天休。如必为寇盗，朕当命舟师扬帆诸岛，捕绝其徒，直抵其国缚其

---

① 《续文章正宗》卷五，吴莱：《论倭》。

王，岂不代天伐不仁者哉！惟王图之。[1]

怀良的答复是杀明使五人，拘留杨载、吴文华两人三个月方才放回。[2]

三年三月又作第二次交涉，以莱州府同知赵秩往谕，委婉劝导中含有恐吓的意味，诏书说：

> ……蠢尔倭夷，出没海滨为寇，已尝遣人往问，久而不答，朕疑王使之故扰我民，今中国奠安，猛将无用武之地，智士无所施其谋，二十年鏖战精锐，饱食终日，投食超距，方将整饬巨舟，致罪于尔邦，俄闻被寇者来归，始知前日之寇，非王之意，乃命有司暂停造舟之役。

> 呜呼！朕为中国主，此皆天造地设，华夷之分。朕若效前王恃甲兵之众，谋士之多，远涉江海，以祸远夷安靖之民，非上帝之所托，亦人事之不然。或乃外夷小邦故逆天道，不自安分，时来寇扰，此必神人共怒，天理难容，征讨之师，控弦以待；果能革心顺命，共保承平，不亦美乎！……[3]

一面又派前曾使日之杨载送还捕获之日本海贼僧侣十五人，想用示惠的手腕，使日本自动地禁捕倭寇。[4]这一次的交涉，总算博得相当的成功。洪武四年十月怀良遣其臣僧祖来进表笺，贡方物，并僧九人来朝。又送至明州、台州被掳男女七十余口。[5]

---

① 何乔远：《闽书》卷一四六，《岛夷志》；《皇明驭倭录》卷一。
② 《修史为征》卷一，《大明皇帝书》。
③ 《皇明驭倭录》卷一。
④ 《修史为征》卷一，《大明皇帝书》。
⑤ 《皇明驭倭录》卷一；《明史·日本传》。

日使祖来到南京后，明廷向之经过几度的咨询，才恍然知日本国内分裂情形，怀良并非日本国王，以前几次的交涉，不幸都找错了对手。①

明廷于是改变方针，想和北朝直接交涉。洪武五年五月特派僧仲猷祖阐、无逸克勤为使，以日僧椿庭海寿、权中巽为通事，使者一行八人，送祖来回国。②先是建德二年（洪武四年）肥后守菊池武光奉怀良亲王起兵谋复筑紫，与今川贞世（了俊）战于镇西，败绩，贞世寻为镇西探题，势力方盛。③怀良由博多移于肥后之菊池。④明使一登岸，新设的北朝守土官见其与祖来同来，以为是征夷府向中国乞师回来的使节，因加以拘辱。⑤不久即遣送至京，滞留二月，始就归途。⑥途经征西府，怀良愤其秘密入京，及颁示大统历有使奉正朔之意，复加拘辱。⑦七年五月始还南京。⑧

这一次对北朝交涉的结果，北朝因连年征战，帑藏奇绌，正盼能和中国通商，解决财政上的困难，所以明使一至京，便完全容纳禁倭之请，一面因征西府梗中日商道，派兵来攻。⑨一面派僧宣闻溪（揔州太守圆宣）净业喜春备方物来贡，又送还所掳中国及高句丽民百五十人。这是征夷府第一次遣明的使节，不幸因

---

① 瑞溪周凤：《善邻国宝记》上。

② 《皇明驭倭录》卷一；《明史·日本传》。

③ 《日本外史》卷七，足利氏上。

④ 《阿苏文书》。

⑤ 宋濂：《翰苑续集》卷七，《送无逸勤公出使还乡省亲序》。

⑥ 《花营三代记》。

⑦ 木宫泰彦：《日支交通史》，《征西府与明朝之交涉》；《明史·日本传》。

⑧ 《明史·日本传》。

⑨ 《日本外史》卷五，楠木氏附北昌氏。

无正式国书，征南之举又失败，道路不通，被明廷疑为商人假冒，以拒绝接待。①

同年大隅守护之岛津氏久和征西府之菊池武政都遣使来贡，冀图通商，明廷以其非代表国家，且不奉正朔，均却之。又以频入寇掠，命中书移牒责之。②

洪武八年七月征西府遣僧延用文圭（归廷用，圭廷用）奉表贡马及方物，表词倔强负固。③此时明廷对日方有进一步之了解，他们知道日本南朝在利用倭寇，万不肯加以禁止，自闭财源。北朝虽极盼通商，并愿禁倭，但为南朝所阻，无力制止，其他派使入贡者又全是不能代表政府的大名藩士和唯利是图的商人。外交解决的途径至此全穷，在事实上不能不放弃中策，予日本以经济上的封锁，一面严修海防为自卫之计了。

明廷虽已决计绝日，但在表面上仍和日本派来的正式使节虚与委蛇，希望能得外交上的转机。洪武十三四年间和征夷、征西两方打了几次笔墨官司。④征西府的挑战倔强态度，给明廷以极大的侮辱。明廷极力容忍。⑤以后通使较稀，但仍未完全断绝外交关系。西元1383年怀良亲王死，北朝势旺，忙于国内之统一运动，和明廷的关系因之暂时停止。

根据以上简约的叙述，可知明初即已列日本为十五不征之国之一，其地位和朝鲜、安南、爪哇、渤泥诸国同。明廷之所以决

---

① 《明史·日本传》；《大明会典》卷一〇五，主客清吏司。

② 《皇明驭倭录》卷一；《明史·日本传》。

③ 《皇明驭倭录》卷一。

④ 《明太祖实录》卷一三二，《明太祖文集》二，卷一六《设礼部问日本国王，日本将军》。

⑤ 《明史·日本传》。

意绝日的原因是倭寇频繁，日政府不能禁止，无再向请求或恫吓之必要。且绝日的动机肇于洪武八年，在三次交涉失败之后，在胡惟庸死前五年。胡氏死后中日亦未完全断绝国交，时有使节往来。洪武十九年后的中日关系疏淡，则以倭患较稀，日本国内政治势力发生变化之故。由此可知一切关于胡惟庸和明初中日国际关系之传说，均系向壁虚造，毫无根据。

六、胡惟庸党案之真相

据上文所论证，我们知道关于中日关系部分：

（一）明初明廷通好日本的真正原因，纯为请其禁戢倭寇。在日本方面，征西府借海贼寇掠所得支撑偏局，一面虚与明廷委蛇，借得赏赐贸易之大利，故态度倔强，有恃无恐。征夷府极盼能和明廷缔结正当的外交关系，盼能因而达通商的愿望，但因政局不统一，且阻于南朝之割据，没有禁倭的力量。兼之明廷数度来日的使节，都因不明国情而发生严重的误会。日本使节则因其非代表整个国家，不能禁倭，且有时无正式国书和商人冒名入贡因而入寇的睽隔，使明廷不敢接待。在明初十数年中虽努力交涉，用尽外交上恫吓讲理示惠的能事，但倭寇仍不因之少减，对方仍蛮不讲理，明廷不得已，改采下策，却仍藕断丝连，企图贯彻前策。

（二）明太祖列日本于十五不征之国，事在洪武六年以前，和如瑶贡舶及绝交事根本无关。

（三）如瑶贡舶事纯出捏造。即使有如瑶其人，亦与胡案无任何联属。

（四）林贤下海招倭事，据记载上之矛盾及时间上之不可能，亦可决为必无。虽证出官书，不足置信。

关于胡案部分：

（一）云奇事件出于中人附会，也许即由邵荣谋叛事转讹。

（二）刘基被毒，出于明太祖之阴谋。胡惟庸旧与刘基有恨，不自觉地被明太祖所利用，胡下狱后涂节窥见明太祖欲兴大狱之意旨因以此上告，商暠亦受朝廷指，发其阴事，胡案因起。同时涂节等因触明太祖私隐，亦被杀灭口。

（三）占城贡使事及汪广洋妾从死事都只是胡惟庸和廷臣连带下狱的偶然口实，不过借此使人知胡失宠，无形中示意言官使其攻击胡氏，因以罗织成狱的一个过程而已。

（四）李善长狱与封绩使元事根本无关系。《明史》诸书所记封绩事最荒谬不可信。李善长之被株连，其冤抑在当时解缙所代草之王国用疏辞辨之甚明。

胡惟庸的本身品格，据明人诸书所记是一个枭猾阴险、专权树党的人。以明太祖这样一个十足地自私惨刻的怪杰自然是不能相处在一起。一方面深虑身后子懦孙弱，生怕和他自己并肩起事的一般功臣宿将不受制驭，因示意廷臣，有主张地施行一系列的大屠杀，胡案先起，继以李案，晚年太子死复继以蓝案。胡惟庸的被诛，不过是这一大屠杀案的开端。

胡案的组织过程，根据当时的公私记载，很显然地摆露在我们的目前。在胡案初起时胡氏的罪状只是擅权植党，这条文拿来杀胡惟庸有余，要用以牵蔓诸勋臣宿将却未免小题大做。在事实上有替他制造罪状的必要。明代的大患是南倭北虏，人臣的大罪是结党谋叛，于是明太祖和他的秘书们便代替胡氏设想，巧为造作，弄一个不相干的从未到过北边的江苏人封绩，叫他供出胡惟庸通元的事迹，算作胡党造反的罪状。后来又觉得有破绽，便强替封绩改籍为河南人，改身份为元遗臣，又叫他攀出李善长，引起第二次屠杀。一面又随便拣一个党狱中人林贤，捏造出一串事迹，算他通倭。恰巧胡惟庸死后不久，日使或日商来华因无国书被明廷诘责，他们就把这两件事并为一事，装点成有因果关系，再加上洪武六年前所纂的《皇明祖训》中的文证，这反情便成铁案了。同时中日关系因倭寇问题恶化，明廷感于外交的失败，不得不采取下策，闭关自守，却又不愿自承失败，贻讥藩属，就大事宣传名正言顺地把绝倭的责任委在莫须有先生的如瑶头上。为取信于天下后世计，又把事特别写在《大诰》中叫全国人读，一面又在《祖训》首章加入小注，于是胡惟庸之通虏通倭，成为信谳，明廷也从此脱卸了外交失败的耻辱。

除上文所说的政治的国际的关系之外，胡案构交的因素，还有经济的阶级的关系在鼓动着。

明初连年用兵，承元疲敝之后，益以兵荒天灾，国库奇绌。一面又因天下未定，不能不继续用兵。明太祖及其部属大抵都出身卑贱，自来就不满于一般专事剋削的地主巨商，因此除不断用徙富民的政策以夺其田产以益军实外，又不断地寻出事来择肥而噬，屡兴大狱的目的只是措财筹款，最显著的如《明史·刑法志》所记郭桓事件：

> 郭桓吏部侍郎也。帝疑北平二司官吏李彧、赵全德等与桓为奸利，自六部左右侍郎下皆坐死。赃七百万，词连直省诸官吏，系死者数万人，覈赃所寄借遍天下，民中人之家大抵皆破。

只是一疑心，就筹出七百万的大款，这是一件最便当的生财大道。又如空印事件：

十五年空印事发。每岁布政司府州县吏诣户部覈钱粮军需诸事，以道远预持空印文书，遇部驳即改以为常。及是帝疑有奸，大怒，论诸长吏死，佐贰榜百戍边。

也只是一疑心，把天下的财政官长都杀了，杀头与籍没相连，这一疑心又自然地筹了一笔大款。胡案、蓝案的副目的也不外此，在这一串党狱中，把一切够得上籍没资格的一起给网进去，除了不顺眼的文官、桀骜的宿将以外，他所特别注意的是由大地主充当的粮长和大富豪充当的盐商，如《大诰三编》所举出的于友、李茂实、陆和仲和他书所记的浦江郑氏、苏州沈氏诸狱，均足以证明此狱的动机。

另一方的明太祖自身出身寒贱，寄迹缁流，且又赋性猜嫌，深恐遭知识分子所讥刺。在他初起事的时候，不能不装作礼贤下士的神气，借作号召，及至大事已定，便不惜吹毛求疵，屡兴文字之狱。又恐知识分子不为所用，特颁《大诰》，立寰中士夫不为君用之目。一面算是严刑示威，一面却也不无带着一些嫉视的阶级意识。《大诰》中所列文士得罪者不下千人。在胡蓝二狱中所杀的几万人中大部是属于知识分子，其中之著者如宋濂以一代帝师匡翊文运，仍不惜曲为归纳，以其孙慎与胡党有连为辞，流之致死。其他同时诸文士，凡和明太祖稍有瓜葛的也都不得善终，赵瓯北《廿二史劄记》曾替他算过一笔草账。另一方面却极力设学兴教，进用宋讷一流刻薄寡恩的教师，用廪禄刑责造就出一批听命唯谨的新知识分子出来，作皇帝个人的驯仆，来代替老一辈的士大夫。这是明太祖巩固君权的方法，也是这几次大狱的起因。

（原载《燕京学报》第十五期，1934年6月）

明初的学校

一

专制独裁的君主，用以维持和巩固统治权的法宝，是军队、法庭、监狱、特务和官僚机构，用武力镇压，用公文办事。

明太祖朱元璋原来是红军大帅郭子兴的亲兵，一步步升官，作到韩宋的丞相国公，龙凤十年（公元1364，元顺帝至正二十四年）作吴王，四年后爬上宝座作明朝的开国皇帝。本来是靠武力起的家，化家为国后，有的是队伍，红军嫡系的，敌军收买过来的，投降的杂牌军，官民犯罪充军的，不够，再按户口抽壮丁，总数约摸有两百万，编制作卫（师）所（团），分驻全国各地，执行武装弹压警戒的任务。

明太祖明白，武力可用以夺取政权，却不能用以治国，而且，军官大多数不识字，也办不了公文。即使有识字的，也不能作高级执政官，武人当政，历史上的例子说明不是好办法。结论是要治国必须建立一个得心应手，御用的官僚机构，而官僚必得用文人。于是，问题来了。从朝廷到地方，从省府部院寺监到州县，各级官僚得十几万人，白手成家的明太祖，从哪儿去找这么些忠心的而又能干的文人？

当然，第一个想到的是元朝的旧官僚。除了在长期战争中被消灭了的一部分以外，剩下的会办事有才力的一批，早已来投效了；不肯来的，用威吓手段，说是"智谋之士"，"坚守不起，恐有后悔"，也不敢不来。（《明史》卷二八五《张以宁传》附《秦裕伯传》）其余有的是贪官污吏，有的人老朽昏庸，有的人怀念元朝的恩宠，北逃沙漠（《明史》卷一二四《扩廓帖木儿传》附《蔡子英传》），有的人厌恶、恐惧新朝，遁迹江湖，埋名市井（同上书卷二八五《杨维桢传》、《丁鹤年传》）。尽管新朝用尽了心机，软话硬拉，要凑齐这个大班子，人数还差得太远。

第二想到的是元朝的吏。元朝是以吏治国的。从元世祖以后，甚至执政大臣也用吏来充当，造成风气，中原一带，稍稍识字能办公文的，投身台阁作吏，显亲扬名。南方的士人既不能从科举出身，又不甘心作吏，境况日渐没落，不免对北方的吏发生妒忌嫌恨的感情。（余阙《青阳文集》卷四《杨君显民诗集序》）明太祖是南方人，当然不免怀有南方人共同的看法。他又深知法令愈繁冗，条格愈详备，一般人不会办，甚至不能懂，吏就愈方便作弊，舞文弄法，闹成吏治代替了官治，代替了君治，这是对皇家统治有严重损害的。（《明太祖实录》卷二六，卷一二六）而且，办公文的诀窍，程序格式条例，成为专业，不是父子，就是师徒世传，结成行帮，自成团体。行帮是可怕的，把治权交给行帮，起腐蚀作用，更可怕。以此，吏不但不能用，而且得用种种方法来防范、压制。在明代，吏不许作官，国子监生有罪罚充吏役，便是这个道理。

第三只好任用没有作过官的读书人。读书人当然想作官，可是有的人也有顾忌，顾忌的是失身份："海岱初云扰，荆蛮遂土崩，王公甘久辱，奴仆尽同升。"（贝琼《清江诗集》卷八《述怀·二十二韵寄钱思复》）和奴仆同升也许还不太重要，重要的是这个政权还不太巩固，对内未统一，北边蒙古还保有强大力量。有的人顾忌的是这个政权是淮帮，大官位都给淮人占完了："两河兵合尽红巾，岂有桃源可避秦？马上短衣多楚客，城中高髻半淮人。"（同上卷五《秋思》）有的人顾忌的是作了官一有不是，有杀头的，有戴斩罪办事的，有镣足办事的，有罚做苦工的，有抄家的，甚至还有抽筋剥皮的刑罚。朝官上朝，战战兢兢，下朝回家，这天侥幸平安，便阖家欢祝。（详作者《朱元璋传》）作官固然可以发财，可是，要拼着命，甚至带上阖家阖族的命，有一些人是要多多考虑的。明太祖要读书人出来作官，还是有人借故逃避，没办法，甚至立下"寰中士夫不为君用"，不肯作官就要杀头的条文，也可以看出明初官僚人才的缺乏，和需要的迫切了。

第四是任用地主作官，称为荐举。有富户、耆民、孝弟力田、税户人才（纳粮最多的大地主）等名目。有一出来便作尚书府尹、副都御史、布政使、参政、参议等大官的，最多的一次到过三千七百多人。（《明史》卷七一《选举志三》）可是，还不够用，而且，这些地主官僚的作风也不完全适合新朝的要求。

旧的人才不够用，只好想法培养新的了。明太祖用自己的训练方法，造成大量的新官僚。这个官僚养成所叫作国子监。

《明史·选举志》说："学校有二，曰国学，曰府州县学。"

二

研究明代国子监的材料，除《明史·选举志》以外，关于南京国子监的，有黄佐的《南雍志》，北京国子监有《皇明太学志》。此外，《大明会典》卷七十八《学校门》也有简单的记载。

明初制度，参加科举的必须是学校的生员，学校生员作官则不一定经由科举。以此，学校是作官所必由的大路，政府和社会都极看重。可是，从明成祖以后，进士独占了作官的门路，监生出路日坏。从明景帝开生员纳粟纳马入监之例以后，国子监成为富豪子弟的京师旅邸，日渐废弛。从明武宗以后，非府州县学生也可以纳银入监，作个挂名学生，以依亲为名，根本不必入学，国子监到此完全失去初创的意义，只剩下一个招牌了。因之，研究明代学校和政治的关系，洪武一朝是最有代表性的时期。

国子监的前身是国子学。宋龙凤十一年（公元1365，元顺帝至正二十五年）以元故集庆路儒学改建。有博士、助教、学正、学录、典乐、典书、典膳等官。在建学的前一年，未有校址，先已任命了国子博士和国子助教，在内府大本堂教皇子和胄子（贵族大官子弟）。吴元年（公元1367）定国子学官制，祭酒正四品，司业正五品，博士正七品，典簿正八品，助教从八品，学正正九品，学录从九品，典膳省注。洪武四年（公元1371）中书省户部定文武官禄，祭酒二百七十石，司业一百八十石，博士八十石，典簿七十石，助教六十五石，学正六十石，学录五十石。十四年又更定官员品数，祭酒一人，从四品，司业二人，正六品，监丞二人，正八品，博士五人，助教十五人，典簿一人，俱从八品，学正十人，正九品，学录七人，典籍一人，俱从九品。掌馔二人，杂职。又改建国子学于鸡鸣山之南。十五年改国子学为国子监。二十四年，又改司业监丞各一人。（黄佐《南廱志》卷一《事纪》）从祭酒到掌馔都是朝廷命官，任免都出于吏部。

学校官在学的职务分工，据洪武十五年钦定的监规：祭酒是正官，衙门首长，专总理一应事务，要整饬威仪，严立规矩，表率属官，模范后进。属官赴堂禀议事务，质问经史，皆须拱立听受，不得即便坐列，正官亦不得要求虚誉，辄自起身，有紊礼制。祭酒和其他同僚，是长官和属僚的关系，就国子监说，是一监之长，勉强比附现代名词，相当于校长，但是，这个校长并无聘任教员之权，因为一切教员都是部派的。监丞品位虽低，却参领监事，凡教官怠于师训，生员有戾规矩，并课业不精，廪膳不洁，并从纠举。务要夙夜尽公，严行约束，毋得徇情，以致废弛。（同上书卷九《学规本末》）不但管学生规矩课业，还兼管教员教课成绩，办公处叫"绳愆厅"，器用除公案公椅以外，特备有行扑红凳二条，拨有直厅皂隶二名，"扑作教刑"。刑具是竹篦，皂隶是行刑人，红凳是让学生伏着挨打的。（同上书卷一六《器用》）照规定，监丞立集愆册一本，各堂生员敢有不遵学规，即便究治。初犯记录（记过），再犯决竹篦五下，三犯决竹篦十下，四犯发遣安置（开除、充军，罚充吏役）。（同上书卷九《学规本末》）监丞对学生，不但有处罚权，而且有执行刑罚之权，学校法庭刑场合而为一。当然，判决和执行都是片面的，学生绝对没有辩解申说和要求上诉的权利。这职位就管束学生而论，有点像现代的训导长。掌馔是管师生膳食的，膳夫由朝廷拨囚徒充役，洪武十五年六月敕谕监丞等："囚徒膳夫，俱系死囚，若不听使令，三更五点不起，有误生员饮食，一两遍不听，打五十竹篦，三遍不听处斩。做贼的割了脚筋，若监丞典簿掌馔管束不严，打一百圆棍，如不死，仍发云南。有通了学里学外人偷了学里诸物者处斩，家下人发云南，钦此。"（《南雍志》卷一〇《谟训考》）这种刑法是超出当时的《大明律》之外的。典簿职掌文案，凡一应学务，并支销钱粮，季报课业文册等项，皆须明白稽考。又管出纳，又管教务，类似现代学校里的总务长和教务长。典籍是图书馆长。

祭酒同时也是教员，和博士助教学正学录等官，职专教诲，务在严立课程，用心讲解，以臻成效。如或怠惰，不能自立，以致生员有戾规矩者，举觉到官，各有责罚。（同上书卷九《学规本末》）换言之，教员如不能使生员循规蹈矩，所遭遇到的不是解聘，而是更严重的刑事处分。

学校的教职员全是官。学生呢？来源有两类，一类是官生，一类是民生。官生又分两等，一等是品官子弟，一等是土司子弟和海外学生（留学生）。官生是由皇帝指派分发的，出自特恩，民生由各地地方官保送。（同上书卷一五）官生入学的目的，是为了"皇子将有天下国家之责，功臣子弟将有职任之寄。"皇子在内府大本堂，功臣子弟入国学。教之之道，以正心为本，学的是如何统治的"实学"，不必像文士那样记诵辞章。（同上书卷一《事纪》）洪武十六年文渊阁大学士宋讷任国子监祭酒，明太祖特派太师韩国公李善长谏、礼部尚书任昂和谏院、翰林院等官到监，举行特别考试，考定教官生员高下，分别班次。又以公侯子弟在学读书，怕不服教员训诲，特派重臣曹国公李文忠兼领国子监事，将军作校长，扑罚违教的官生，整顿学风。（《明史》卷六九《选举志》）官生中有云南、四川等处土官子弟，日本琉球暹罗诸国学生，琉球学生来的最多。就洪武一朝官民生比例，据《南雍志》卷一五《储养考》：

洪武四年　　　官民生二千七百二十八名

十五年　　　五百七十七名

十六年　　　七百六十六名

十七年　　　九百八十名

二十三年	九百六十九名	
二十四年	一千五百三十二名	官生四十五名 民生一千四百八十七名
二十五年	一千三百九名	官生十六名 民生一千二百九十三名
二十六年	八千一百二十四名	官生四名 民生八千一百二十名
二十七年	一千五百二十名	官生四名 民生一千五百一十六名
三十年	一千八百二十九名	官生三名 民生一千八百二十六名

国子学时代只有洪武四年的生员总数，据《大明礼令》："凡国学生员，一品到九品文武官子孙弟侄，年一十二岁以上者充补，以一百名为额。民间俊秀年一十五岁以上，能通《四书》大义，愿入国学者，中书省闻奏入学，以五十名为额。"（《皇明制书》）则在洪武四年以前，官生与民生的比例是二比一。官生是主体，民生不过陪衬而已。国子监时代，洪武十五年到二十三年，只举官民生总数，无法知道比例。从二十四年到三十年，有五个年度的在学人数记录，二十四年官生占总数三十四分之一，二十五年八十二分之一，二十六年二千零三十分之一，二十七年三百三十分之一，三十年六百十分之一。在这个记录中，值得指出的：第一，官生占监生总数比例极小；第二，官生就学比例逐年减少，从四十五名降为三名，第三，洪武二十六年监生员数突然激增，次年又突然减少；第四，官生中琉球生悦慈从洪武二十五年到三十年，留学至少有六年之久。[琉球生入南监，最后一次是嘉靖十七年，二十三年回去的（公元1538—1544）。《明史·选举志》作"成化正德时（公元1465—1521）琉球生

犹有至者",是错的。]

如上文所说,明太祖建立国子学的目的,是为了教育胄子(贵族官僚子弟),甚至在改组为国子监以后,还特派重臣勋戚李文忠兼领,管束官生。为什么从二十四年以后,官生数目反而年少一年,和民生的比例,从二比一到一比二千零三十,主体变为附庸,完全失去立学的用意呢?这道理说来也极为简单:公侯子弟成年的袭爵任官,不必入学,未成年的入学得经圣旨特派,纨绮少年,束发受经,不过虚应故事,爵位官职原来不靠书本词章。那么,除非皇帝特命,又何必入学。此其一。从洪武十三年胡惟庸党案发作后,功臣宿将,连年被杀,到洪武末年,除汤和、耿秉文、李景隆、徐辉祖几家以外,其余的差不多杀干净了。功臣本人被杀,子弟如何能入学?此其二。至于官僚子弟的入学令,限一百名的有效期限恐怕只是适用在洪武三年之前,以后实施极为严格,非奉特旨,不能入学,人数当然不可能太多。此其三。(《南雍志》卷一《事纪》,《明史·选举志》)而且,大官子弟自有荫官一途,用不着走国子监这条路,这样,国子监就自然而然衍变作专门训练民生作官的衙门了。

洪武二十六年监生人数突增的原因,是因为有新的政治任务,人手不够,特别扩大保送,说详下文。

三

民生的来源,分贡监、举监两类。国子监的学生通称监生。贡监出于岁贡,原来依据历史上的成规,地方官有贡"士"于朝廷的义务。洪武元年令民间俊秀能通文义者,充国子学生。二年立府州县学。四年正月，诏择府州县学生之俊秀通经者入国学，得二千七百二十八人。到十五年正月，礼部以州县所贡子弟，推选未至，奏令各按察司，于年二十以上，厚重端秀者，务拔其尤，岁贡一人入监，著为令。从这一命令，可以看出在此以前，保送监生是州县官的任务，此后则改归按察司选送。洪武四年以前，选士于民间，四年以后，选士于地方学校，州县学和国子监成为学制上的联系衔接衙门，民生在地方学校受初级训练，选拔到国子监受高级训练，国子监成为全国青年人才集中的场所。十六年又令礼部榜谕天下府州县学，自明年为始，岁贡生员各一人，正月至京师，从翰林院试经义、四书义各一道，判语一条，中式的（及格）入国子监，不中的原学教官罚停廪禄（扣薪水），生员罚为吏。则又把贡士之权改归地方学校教官，贡生在入监之前，得经翰林院主持的甄别试验。（《南雍志》卷一《事纪》；《明史·选举志》）

学生入监，主持选送的是府州县官、按察司官，本学教官。入学考试，主持考试的是翰林院官。入监后主持训育的是国子监官。受训完毕后，监生的出路，而且是惟一的出路，是替皇帝作官，"学而优则仕"。

贡监据洪武十五年十六年的法令，府州县学岁贡生员一人，是有一定名额的。这定额在洪武朝发生过两次例外，第一次在洪武二十五年四月，"初令天下府学岁贡二人，州学二岁贡三人，县学每岁贡一人入监，明年如常"。突然增加保送名额，照例岁贡生应于次年正月到京师，因为这法令，洪武二十六年的官民生总数就增加到八千一百二十四名。第二次在洪武三十年，这一年"本监以坐堂（在学）人少，诚恐诸司再取办事不敷，移文礼部，上令照二十五年例，于是入监遂众。"据上文记录，三十年度的官民生总数是一千八百二十九名，三十一年的名额，虽然没有记录，大概和二十六年度的相差不远。从后一例子的理由，可以明白这两次增加名额的原因，是因为朝廷诸司办事人员的迫切需要，说明了在学监生同时也是朝廷的办事人员。

举监是举人入监。洪武初年择年少举人入国子监读书。洪武十八年，又令会试下第举人送监卒业，是补习班或先修班的意思。

监生入学后，还得再经过一次编级考试，分堂（级）肄业。

国子监分六堂，六堂又分三等。初等生员通四书、未通经书的，入正义、崇志、广业三堂。修业期一年半以上。初等生修业期满，文理条畅的，升中等，入修道、诚心二堂，修业期一年半以上。中等生修业期满，经史兼通，文理都优的升高等，入率性堂。生员升入率性堂，依学规规定，根据勘合文簿（点名册）坐堂时日，满七百天才够资格。

司业二名，分为左右，各捉调三堂。博士五员，分五经，于彝伦堂西设座教训六堂，依本经考课（《南廱志》卷九《学规本末》）。

功课内容，分《御制大诰》《大明律令》《四书》《五经》、刘向《说苑》等书（后来又加上《御制为善阴骘》《孝顺事实》《五伦书》等书）。（《皇明太学志》卷七）最主要的是《大诰》。《大诰》是明太祖自己写的，有《续编》《三编》《大诰武臣》，一共四册，主要内容是列举他所杀的人的罪状，使人民知所警戒，和教人民守本分，纳田租，出夫役，替朝廷当差的训话。洪武十九年以《大诰》颁赐监生，二十四年三月，特命礼部官说："《大诰》颁行已久，今后科举岁贡人员，俱出题试之。"礼部行文国子监正官，严督诸生熟读讲解，以资录用，有不遵者，以违制论。（《南雍志》卷一《事纪》）违制是违抗圣旨的法律术语，这罪名是很大的。皇帝颁布的杀人罪状，列作学生的必修功课，而且，作为考试的科目，用法令强迫全国生员非熟读讲解不可，这道理是用不着什么解释的。其次，训练学生的目的是作官，《大明律令》必然是必读书。而且"载国家法制，参酌古今之宜，观之者亦可以远刑辟《四书》、《五经》是儒家的经典，洪武五年，明太祖面谕国子博士赵俶："尔等一以孔子所定经书诲诸生。"（同上书卷一《事纪》）孔子的思想是没有问题的，尊王正名，君君臣臣父父子子这一套，最合帝王的需要。可是，孟子就不同了，洪武三年，他开始读《孟子》，读到有几处对君上不客气的地方，大发脾气，对人说："这老头要是活到今天，非严办不可！"下令国子监撤去孔庙中孟子配享的神位，把孟子逐出孔庙。他认为这本书有反动的毒素，得经过严密的检查。洪武二十七年（公元1394）特别敕命组织一个"审查委员会"，执行检删任务的是当时的老儒刘三吾，把《尽心篇》的"民为贵，社稷次之，君为轻"；《梁惠王篇》"国人皆曰贤"，"国人皆曰可杀"一章；"时日曷丧，予及汝偕亡！"和《离娄篇》"桀纣之失天下也，失其民也，失其民者，失其心也"一章；《万章篇》"天与贤则与贤"一章；"天视自我民视，天听自我民听"；"君有大过则谏，反覆之而不听，则易位"；以及类似的"闻诛一夫纣矣，未闻弑君也"；"君之视臣如草芥，则臣视君如寇雠"：一共八十五条，以为这些话不合"名教"，全给删节掉了。只剩下一百七十几条，刻板颁行全国学校。这一部经过大手术切割的书，叫做《孟子节文》。所删掉的八十五条，"课士不以命题，科举不以取士"①。至于《说苑》，则因为"多载前言往行，善善恶恶，昭然于方册之间，深有劝戒"：是当作修身或公民课本被指定的。此外，也消极地禁止某些书不许诵读，如洪武六年面谕赵俶时所说："若苏秦、张仪，縣战国尚诈，故得行其术，宜戒勿读。"由此可见，学校功课的项目，内容的去取，必读书和禁读书，学校教官是无权说话的，一切都由皇帝御定。（《南雍志》卷一《事纪》）有时高兴，连考试的题目也出，例如圣制策问十六道，试举一例，敕问文学之士，整个题目如下：

> 吁，时士之志，奚不我知，其由我不德而致然耶？抑士晦志而有此耶？呜呼艰哉！君子得不易，我知，人惟彼苍之昭鉴，必或福志之将期，然迩来云才者群然而至，及其用也，才志异途，空矣哉！（同上书卷一〇《谟训考圣制策问》）

日常功课，监规规定：一是写字。每日写仿一幅，每幅十六行，行十六字，不拘家格，或羲、献、智、永，欧、虞、颜、柳，点画撇捺，必须端楷有体，合格书法，本日写完，就于本班先生处呈改，以圈改字少为最。逐月通考，违者痛决（打）。二是背书。三日一次背书，每次须读《大诰》一百字，本经一百字，《四书》一百字，即平均每日背一百字。不但熟记文词，务要通晓义理。若背诵讲解全不通者，痛决十下。三是作文。每月务要作课六道：本经义二道，四书义二道，诏诰章表策论判语

---

① 《明史》卷一三九《钱唐传》，卷五四《礼志四》，李之藻《领宫礼乐疏》卷二，全祖望《鲒埼亭集》卷三五辨钱尚书争孟子事，北平图书馆藏洪武二十七年刊本《孟子节文·刘三吾孟子节文题辞》："《孟子》一书，中间词气之间抑扬太过者八十五条。其余一百七十余条，悉颁之中外校官，俾读是书者知所本旨。自今八十五条之内，课士不以命题，科举不以取士，壹以圣贤中正之学为本。"

（公家文书）内科（选）二道。不许不及道数，仍要逐月作完送改，以凭类进。违者痛决。

升到率性堂的学生，采积分制。积分之法，孟月试本经义一道，仲月试论一道，诏诰章表内科一道，季月试经史策一道，判语二条。每试文理俱优与一分，理优文劣者半分，文理纰缪者无分。岁内积至八分者为及格，与出身（官职）。不及格仍坐堂肄业（留级）。试法一如科举之制，果有材学超越异常者，呈请皇帝特别加恩任官。（《南雍志》卷九《学规本末》）

四

国子监坐堂监生最多的时期，将近万人，校舍规模是相当宏大的，校址东至小教场，西至英灵坊，北至城坡土山，南至珍珠桥。左有龙舟山，右有鸡鸣山，北有玄武湖，南有珍珠河。"延袤十里，灯火相辉。"监内建筑，正堂一，支堂六，每堂一十五间，是师生讲习的地方。有馔堂二所，是会馔的地方。书楼十四间藏书。光哲堂十五间住琉球官生。号房（学生宿舍）约二千间。此外有射圃、仓库、酱醋房、水磨房、晒麦场、菜圃、养病房等建筑。规模最宏大的是供奉孔子和列代贤哲的文庙。（《南雍志》卷七、卷八《规制考》）

监生穿一定的服装，形式也是明太祖钦定的，用玉色绢布，宽袖皂缘，皂绦软巾，叫作襕衫。每年冬夏衣由朝廷颁赐。膳食公费，全校会馔。有家眷的特许带家眷入学，每月支食粮六斗。皇帝特赐，有时赐及学生的家长，例如洪武十二年赐诸生父母帛各四匹。或赐及妻子，如洪武二十七年，赐监生有家属的六百二十五人，每人钞五锭（这年官民生总数是一千五百二十人，有家眷的占百分之三十八）。三十年又赐监生夏布大小人五匹，家属每人二匹。（《南雍志》卷一《事纪》）

监生请假休学，只有在奔丧，完姻，父母年已七十必须侍养，或妻子死亡等情形下，才被准许。而且得由皇帝亲自准许。请假日期有严格规定，洪武十六年令监生入监三年，有父母者，照地远近，定限归省。其欲挈家成婚者亦如之，俱不许过限。父母丧照例丁忧。伯叔兄长丧而无子者，亦许立限奔丧。十八年令监生有父母年老无次丁者，许还原籍侍养，其妻死子幼者许送还乡，给与脚力，立限还监，违者罚之。二十二年，礼部奏准，监生毕姻般取，照省亲例入监三年者方许。三十年令监生省亲等事，量道路远近，定具在途往还日月：每日水路一百里，陆路六十里；直隶限四阅月，河南、山东、江西、浙江、湖广限六阅月，北平、两广、福建、山西、陕西限八阅月。其住家月日：省亲三阅月，毕姻两阅月，送幼子还乡一阅月，丁忧照官员例不计闰，俱二十七月。凡过限两月以上者，送问复监。同年有违限监生二百一十七人，祭酒比例拟奏，发充吏役。三十一年又有违限监生二百二十人，命吏部铨除远方典史以困役之。

不但监生请假休学，要得特许，连教员请假，也必得经过同样程序，如洪武十二年助教吴伯宗奏请省亲，明太祖特许给假四个月就是一个例子。

坐堂期间，管制极端严格，表面上历次增订的监规，总共五十六款，除关于教官部分以外，关于约束防闲监生的，如：

> 各堂生员，在学读书，务要明体适用，以须仕进。宜各
> 遵承师训，循规蹈矩，凡出入起居，升堂会馔，毋得有犯学

规。违者痛治。

> 各堂生员每日诵受书史，并须在师前立听讲解。其有疑
> 问，必须跪听，毋得傲慢，有乖礼法。

绝对禁止学生对人对事的批评，和团结组织，甚至班与班之
间也禁止来往：

> 今后诸生毋得到于别堂，往来相引，议论他人长短，因
> 而交结为非。违者从绳愆厅纠察，严加治罪。
>
> 有等无志之徒，往往不行求师问道，专务结党恃顽，故
> 言饮食污恶。切详此等之徒，果系何人之子？其所造饮食，
> 千百人所用皆善，独尔以为不善，果君子欤？小人欤？是后
> 必有此生事者，具实奏闻，令法司枷镣，禁锢终身，在学役
> 使，以供生徒。

生员往来议论，就难免对学校设施，对政治良窳有意见，有
结论，就难免不发生学潮，针对的办法是隔离和孤立。至于结
党，发生组织力量，就无法管束和训导了，非严办不可。在太祖
朝严刑重法，大量屠杀的恐怖空气中，监生不能也不敢提出原则
性的反抗，只好从生活不满的方面来发泄，因之，故言饮食污
恶，对饥饿的抗议就成为学潮的主题了。抗议饥饿的行动，如不
是集体提出，学规另有专条："生员毋得擅入厨房，议论饮食美
恶，及鞭挞膳夫。违者笞五十，发回原籍，亲身当差。"这和枷
镣禁锢终身役使的处分，轻重相去是极大的。此外禁例，如不许
穿常人衣服；有事先于本堂教官处禀之，毋得径行烦紊；凡遇出
入，务要有出恭入敬牌；以及无病称病，出外游荡，会食喧哗，
点问（名）不到，不许燕安怠惰，解衣脱巾，喧哗嬉笑。号房不

许私借他人住坐，不许作秽，不许酣歌夜饮等二十七条，下文都是"违者痛决！"最最严重的一款是：

> 在学生员，当以孝弟忠信礼义廉耻为本，必先隆师亲友，养成忠厚之心，以为他日之用。敢有毁辱师长及生事告讦者，即系干名犯义，有伤风化，定将犯人杖一百，发云南地面充军。（《南雍志》卷九《学规本末》）

明太祖寄托培养官僚的全部责任于国子监，这一条款就是授权国子监教官，用刑法清除所有不服从不听调度的反抗分子。毁辱师长的含义是非常广泛的，无论是语言、行动、思想、文字上的不同意，以至批评，都可任意解释。被周纳的犯人是不能也不许可有辩解的机会的。至于生事告讦，更可随便运用，凡是不遵从学规的，不满意现状的，要求对某方面教学或生活有所改进的，都可以用生事告讦的罪状片面判决之，执行之。国子监第一任祭酒宋讷是这条学规的制定人，明初人说他办学极意严酷，以求符合明太祖的政策。在他的任内，监生走投无路，经常有人被强制饿死，（这也是有学规的依据的，洪武十五年第二次增订学规：师生如有病患，不能行履者，许令膳夫供送。若无病不行随众会食者，不与当日饮食。）以至自缢死。他连死尸也不肯放过，一定要当面验明，才许棺殓。（赵翼《廿二史札记》卷三一《明史立传多存大体条》引叶子奇《草木子》，按坊本《草木子》无此条）后来他的儿子宋复祖继任司业，也学他父亲"诫诸生守讷学规，违者罪至死"（《明史》卷一三七《宋讷传》）。学录金文徵反对宋讷的过分残暴，想法子救学生，向明太祖提出控诉说："祭酒办学太严，监生饿死了不少人。"太祖不理会，说是祭酒只管大纲，监生饿死，罪坐亲教之师，和祭酒无干。文徵又设法和同乡吏部尚书余炓商量，由吏部出文书令宋讷以年老退休（洪武十八年宋讷七十五岁，已经过了法令规定该致仕的年龄了）。不料宋讷在辞别皇帝时，说出并非真心要辞官，太祖大怒，追问缘因，立刻把余炓、金文徵和学录田子真、何操、学正陈潜夫都杀了，还把罪状出榜在国子监前面，也写在大诰里头。这次反迫害的学潮，在一场屠杀后被压平，从此再也没有人敢替饿死缢死的学生说话了。（《南雍志》卷一《事纪》，卷一〇《谟训考》，《明史·宋讷传》）

洪武二十七年第二次学潮又起，监生赵麟受不了虐待，出壁报提出抗议，学校以为是犯了毁辱师长罪。照学规是杖一百充军。为了杀一儆百，明太祖法外用刑，把赵麟杀了，并且在国子监前立一长竿，枭首示众。（这在明太祖的口头语，叫枭令，比处死重一等。）二十八年又颁行《赵麟诽谤册》和《警愚辅教》二录于国子监。三十年七月二十三日，又召集祭酒司业和本监教官，监生一千八百二十六员名，在奉天门当面训话。训词说：

> 恁学生每听着：先前那宋讷做祭酒呵，学规好生严肃，秀才每循规蹈矩，都肯向学，所以教出来的个个中用，朝廷好生得人。后来他善终了，以礼送他回乡安葬，沿路上著有司官祭他。
>
> 近年著那老秀才每做祭酒呵，他每都怀著异心，不肯教诲，把宋讷的学规都改坏了，所以生徒全不务学，用著他呵，好生坏事。
>
> 如今著那年纪小的秀才官人每来署学事，他定的学规，恁每当依著行。敢有抗拒不服，撒泼皮，违犯学规的，若祭酒来奏著恁呵，都不饶：全家发向武烟瘴地面去，或充军，

或充吏，或做首领官。

今后学规严紧，若无籍之徒，敢有似前贴没头帖子，诽谤师长的，许诸人出首，或绑缚将来，赏大银两个。若先前贴了票子，有知道的，或出首，或绑缚将来呵，也一般赏他大银两个。将那犯人凌迟了，枭令在监前，全家抄没，人口迁发烟瘴地面。钦此！（《南雍志》卷一○《谟训考》）

这篇有名的训词，在中国教育史上是空前的。唯一可以比拟的，大概是北魏太平真君五年（公元444）禁止民间私立学校，违者"师身死，主人门诛"那道敕令吧。国子监前面的长竿，是专作枭令学生用的，一直到正德十四年（公元1519）明武宗南巡，这个顽皮年轻皇帝，学他祖宗的榜样，化装出来侦察，走过国子监前，看见这个怪竿子（那时代还没有挂旗子的礼俗），弄糊涂了，问明白说是挂学生子脑袋的。他说："学校岂是刑场！"而且，"哪个学生又敢犯我的法令！"才叫人撤去。这竿子一共竖了一百二十六年。（同上书卷四《事纪》）

其实，并不是明武宗比他的祖宗更仁慈，而是一百多年来，进士科已经完全代替了国子监的地位，作官的不再从国子监出来，国子监已是破落的冷而又穷的衙门，会馔因为经费不够停止了，连房子倒塌了，朝廷也不肯修理，靠募捐才能补葺一下。它已失去了明初官僚养成所的地位，当然，也用不着这根刺目的不相称的竿子了。

国子监既然是为皇家制造官僚的工厂，用严刑峻法来捏塑官僚，那末，皇家对这工厂的技师，自有其划一的雇用标准。和监规的尺度一样，明初的国子监教官，是被严刑约束着，连一丝一毫自由的气氛也不许可有的。例如第一任国子学博士和祭酒许存仁，在明太祖幕府十年，是从龙旧臣，洪武元年被劾逮死狱中。表面上的罪名是私用学宫什器，娶妾饰床以象牙，非师臣体，实际上是因为明太祖刚即位作皇帝，存仁便告辞回家，犯了忌讳。司业刘丞直劝他："主上方应天顺人，兴高采烈，你要回家，也该等待一会。"存仁没理会，果然因此致死。（《南雝志》卷一《事纪》，卷二一《刘丞直传》，《明史·宋讷传》，刘辰《国初事迹》）第二任祭酒梁贞也得罪放归田里。第三任魏观，后来在苏州知府任上被杀。第四任乐韶凤以不职病免。第五任李敬以罪免。第六任吴颙因为武官子弟怠学，宽纵不能制裁被斥免。国子监第一任祭酒是宋讷，屠杀生徒，最被恩礼，可是明太祖还不放心，经常派人伺察，有时还在暗中画他的相貌，一喜一怒，都有报告（《明史·宋讷传》）。第二任龚敩，得罪的罪状是有监生告假还家，没有报告皇帝，祭酒便准了假。明太祖大怒，以为"卖放"，"置于法"。第三任胡季安坐胡惟庸党案得罪。第四任杨淞，因为擅自分配学生宿舍，原来有廊房二十间，所住学生以罪被逐，留下空屋，明太祖令北城兵马司封钥，杨淞因为宿舍不够住，自作主张，准许学生住进去，结果是因此"掇祸"。（《南雝志》卷一《事纪》）最末一任张显宗就是奉天门训话里的年纪小的秀才官人，上任不久，明太祖便死了，算是侥幸没有意外。统计三十多年来的历任祭酒，只有以残酷著名的宋讷是善终在任上，死后的恩礼也特别隆重，可以说是例外，其他的不是得罪，便是被杀。

痛决，充军，罚充吏役，枷镣终身，饿死，自缢死，枭首示众，明初的国子监是学校，又是监狱，又是刑场。不止是学生，也包括教官在内，在受死刑所威胁的训练，造成绝对服从的、奴性的官僚。

五

明初的国子学、国子监，所负荷的制造和训练官僚的任务，据《南雝志》和《明史·选举志》所记：

> 洪武二年，择国子生试用之，巡行列郡，举其职者，竣事覆命，即擢行省左右参政，各道按察司佥事及知府等官。

> 五年四月，以国子生王铎摄监察御史，擢浙江布政司左参政。

> 六年九月，纂修日历，选善书者誊写，国子生陈益旸等与焉。令吏部选国子生之成材者，量材授主事、给事中、御史等官。

> 八年三月，命丞相往国子学，考校老成端正、学博经通者，分教天下，令郡县廪其生徒而立学焉。又命御史台精选以分教北方。于是选国子生林伯云等三百六十六人，给廪食赐衣服而遣之。六月以国子生李扩等为监察御史。

> 九年三月，以武英堂纪事国子生黄义为湖广行省参政，赵信为考功监丞。九月，遣国子生往陕西祭平凉卫指挥秦虎。国子生奉命出使自此始。寻命国子生分行列郡，集事之未完者，如古行人之职，皆量道路远近，赐钞为费而遣之。

> 十年正月，国子生试用于列郡者，皆授县丞主簿，人赐夏衣一袭，宝钞三十贯。命中书省臣，凡有亲在者，量程给假归省，然后之官。十月，召国子生分教郡县者还京师，令吏部擢用。

> 十二年，上以国子生多未仕者，谓中书省臣曰："朕甚欲尊显诸生，虑其未悉朕意。且诸生入学之日久矣，其令归省其

亲，赐其父母帛各四疋。有妻孥者携以来，月与粟钱，务得其欢心。"于是王文罔等一百三十四人皆告归，有司如诏赉之。

十四年八月，以国子生茹瑺为承敕郎。

十七年三月，令礼部颁行科举成式，凡三年大比，子午卯酉年乡试，辰戌丑未年会试，祭酒司业择国子生之性资敦厚，文行可称者应之。是年国子生升至率性堂者，入试文渊阁，擢杨文忠为首，除永福县丞。

十八年二月会试，此揭榜，国子生多在前列（会试黄子澄第一，殿试丁显、练子宁居首甲），上大喜。

十九年四月，吏部奏用监生十四人，皆为六品以下官。五月，上以天下郡县多吏弊民蠹，皆由杂流得为牧民官。乃命祭酒司业择监生千余人送吏部，除授知州知县等职。

二十年二月，鱼鳞图册成。先是上命户部核实天下土田，而苏松富民，畏避徭役，以田产诡寄亲邻佃仆，相习成风，奸弊百出。于是富者愈富，贫者愈贫。上闻之，遣国子生武淳等往，随税粮多寡，定为几区，每区设粮长四人，使集里甲耆民，躬履田亩以量度之。量其方圆，次其字号，悉书主名及尺丈四至，编类为册，绘状若鱼鳞然、故名。至是浙江、直隶、苏州等府县册成进呈，上喜，赐淳等钞锭有差。三月，监生古朴奏言，家贫愿仕，冀得禄以养母，上嘉之，除工部主事，迎养就京师。十二月，擢监生李庆署都察院右佥都御史。

二十一年三月，殿试，监生任亨泰廷对第一，召祭酒宋讷褒谕之。命撰进士题名记，立碑于监门。

二十二年二月，初令监生同御史王英、进士齐德照刷文卷。

二十四年三月，以监生许观会试殿试皆第一，召国子监官褒奖之。八月，初令监生往后湖清查黄册（全国户籍）。户部所贮天下黄册，俱送后湖收架，委监察御史二员、户科给事中一员、监生一千二百名，以旧册比对清查，如有户口田粮埋没差错等项，造册径奏。是年选监生有练达政体者，得方文等六百三十九人，命行御史事，稽核天下百司案牍。

二十五年七月，擢监生师逵、墨麟等为监察御史，夏原吉为户部主事。

二十六年十月，诏祭酒胡季安选监生年三十以上能文章者三百四十一人，命吏部除授教谕等官。以监生刘政、龙镡等六十四人为行省布政使、按察两使及参政参议副使、佥事等官。

二十七年八月，遣监生及人材分诣天下郡县，督吏民修治水利，给道里费而行。

二十九年四月，令吏部以次录用国子监生，毋使淹滞。六月初令监生年长者，分拨诸司，历练政事。凡历事监生，随本衙门司务，分勤谨平常才力不及奸顽等项引奏。勤谨者仍历事，阙官以次取用。平常再历，才力不及送监读书，奸顽充吏，（计南京五府六部等衙门历事监生二百十八名，户部等衙门写本监生二十八名，差拨内外衙门办事监生一百二十四名）称为拨历法。

三十年二月，擢监生卢祥为刑部郎中。

明代官制，都察院右佥都御史正四品，郎中正五品，主事正六品，监察御史正七品，给事中从七品。布政使从二品，参政从三品，参议从四品，按察使正三品，副使正四品，佥事正五品。

知府正四品，知州从五品，知县正七品，县丞正八品，主簿正九品。教谕无品级。从洪武二年到三十一年这一时期监生任官的情形来看，第一，监生并没有一定的任官资序，最高的可以作到地方大吏从二品的布政使，最低的作正九品的县主簿，以至无品级的教谕。第二，监生也没有固定的任官性质，部院官、监察官、地方最高民政财政官、司法官，以至无所不管的亲民的府州县官和学校官，监生几乎无官不可作。第三，除作官以外，在学的监生，有奉命出使的，有奉命巡行列郡的，有稽核百司案牍的，有到地方督修水利的，有执行丈量纪录土地面积定粮的任务的，有清查黄册的，有写本的，有在各衙门办事的，有在各衙门历事的。第四，三十年来监生的任官，以洪武二年和二十六年为最高，十九年为最多。"故其时布列中外者，太学生最盛。"（《明史》卷六九《选举志》）大体说来，从国子学改为国子监以后，监生的出路已渐渐不如初年，从作官转到做事，朝廷利用大批监生作履亩定粮、督修水利、清查黄册等基层技术工作。至于为什么洪武二年和二十六年大量任用监生作高官呢？理由是第一，刚开国人才不够，只能以国子生出任高官。第二，洪武二十六年二月蓝玉被杀，牵连致死的文武官僚、地方大吏为数极多，多少衙门都缺正官，监生因之大走官运。至于为什么洪武十九年监生任官的竟有千余人之多呢？那是因为上一年闹郭桓贪污案，供词牵连到直省官吏因而系死者有几万人，下级官吏缺得太多的缘故。至于为什么在洪武十五年以后，监生作官的出路一天不如一天呢？那是因为从十五年以后，会试定期举行，每三年一次，进士在发榜后即刻任官，要作官的都从进士科出身，甚至监生也从进士科得官，国子监已不再是唯一的官僚养成所了。进士释褐授给事御史主事中书行人评事太常国子博士和府推官知州知县等官

（《明史》卷七〇《选举志》），监生原来的出路为进士所夺，只好去做基层技术工作和到诸司去历事了。

六

明代地方学校的建立，始于洪武二年。明太祖以为元代学校之教，名存实亡，战争以来，人习于战斗，惟知干戈，莫识俎豆。他常说治国之要，教化为先，教化之道，学校为本。如今京师已有太学，而地方学校尚未兴办，面谕中书省臣令府州县都立学校，礼延师儒，教授生徒，讲论圣道。于是大设学校，府设教授，州设学正，县设教谕各一，训导府四州三县二，生员府学四十人，州三十人，县二十人。师生月廪米人六斗，地方官供给鱼肉。（《南雍志》卷一《事纪》，《明史》卷六九《选举志》）

入学生员享受免役特权，除本身外，还免其家差徭二丁（《大明会典》卷七八《学校》）。在学专治一经，以礼乐射御书数设科分教。

统治地方学校情形，完全和国子监一致。洪武十五年颁禁例十二条于全国学校，镌立卧碑，置于明伦堂之左，不遵者以违制论，禁例中最重要的有下列各条：

一，今后州县学生员，若有大事干于己家者，许父兄弟侄具状入官辩诉。若非大事，含情忍性，毋轻至于公门。

一，生员之家，父母贤智者少，愚痴者多，其父母欲行非为，则当再三恳告。

这两条，前一条不许生员交结地方官，后一条要使生员为皇家服务，在民间替朝廷清除"非为"。①另一条：

> 一，军民一切利病，并不许生员建言。果有一切军民利病之事，许当该有司、在野贤才、有志壮士、质朴农夫、商贾技艺皆可言之，诸人毋得阻当。惟生员不许！

军民一切利病即政治问题，地方官、在野人士，甚至农工商人都可提出建议，任何人都有权讨论政治，惟独不许学生说话。并且在同一条文内，重复地说"不许生员建言"，"惟生员不许"，声色俱厉，呼之欲出。明太祖为什么单单剥夺了生员讨论政治的权利呢？因为他害怕群众，害怕组织，尤其害怕有群众基础有组织能力的知识分子。他认清这个力量，会得危害他的统治，因之，非加以高压，严厉禁止，不许有声音不可。至于其他人士，个别的发言，个别的建议，没有群众作后盾，不发生力量，他不但不禁止，反而形式上加以奖励，学学古代帝王求言的办法，倒使他可以得到好名誉。

知识青年对于现实政治不能说话，不许有声音，明太祖的统治就巩固了。可是，他没有想到代替说话的是农民的竹竿和锄头，朱家的政权，到后来还是被竹竿和锄头所倾覆。

地方学校之外，洪武八年又诏地方立社学（乡村小学），延师儒以教民间子弟。

府州县学和社学都以《御制大诰》和《律令》作主要必修科。（《大明会典》卷七八《学校》）

在官僚政治之下，地方学校只存形式，学生不在学，师儒不

---

① "非为"是明太祖的口头和文字上常用术语，含有特别内容，和他常用的"异为"、"他为"同义。

讲论。社学且成为官吏迫害剥削人民的手段，明太祖曾大发脾气，申斥地方官吏说：

> 好事难成。且如社学之设，本以导民为善，乐天之乐。奈何府州县官不才酷吏，害民无厌。社学一设，官吏以为营生。有愿读书者无钱不许入学，有三丁四丁不愿读书者受财卖放，纵其愚顽，不令读书。有父子二人，或农或商，本无读书之暇，却乃逼令入学，有钱者又纵之。无钱者虽不暇读书，亦不肯放，将此凑生员之数，欺诳朝廷。

他怕"逼坏良民不暇读书之家"只好住罢（停办）社学，不再"导民为善"了。（《御制大诰·社学第四十四》）

从国子监到社学，必读的书，必考的书，是明太祖所亲自写定的《大诰》（从文理不通、思想昏乱、词语鄙陋、语气狂暴、态度蛮横几点看来，确非儒生所能代笔），想用以为治国平天下、统一思想的"圣经宝典"。他在书末指出：

> 朕出是诰，昭示祸福，一切官民诸色人等，户户有此一本，若犯笞杖徒流罪名，每减一等，无者每加一等。所在人民，熟观为戒。（《御制大诰·颁行大诰第七十四》）

又说：

> 朕出斯令，一曰大诰，一曰续编，斯上下之本，臣民之至宝，发布天下，务必户户有之。敢有不敬而不收者，非吾治化之民，迁居化外，永不令归，的的不虚示。（《大诰续编·颁行续诰第八十七》）

以帝王之威，用减刑用充军，利诱威胁，命令人民读他的

"至宝"，命令学生熟读讲解他的至宝，可惜，人民是不识"宝"的，利诱不理，威胁无用。成化时（公元1465至1487）陆容记《大诰》的下落说：

> 国初惩元之弊，用重典以新天下，故令行禁止，若风草然。然有面从于一时而心违于身后者，如《大诰》，惟法司拟罪云有《大诰》减一等云尔，民间实未之见，况复有讲读者乎！（《菽园杂记》卷五）

明太祖有方法统治学校，屠杀学生，可是，他没办法办社学，也没办法使人民读他的《大诰》。有生死人之权，有富贵贫贱人之权，而终于无人读他藏他的"至宝"，不要说读，人民甚至连看都没有看见，这大概是专制独裁者应有的共有的悲哀吧！

1948年2月3日于清华园

（原载《清华学报》十五卷一期）

明代的新仕宦阶级，社会的、政治的、文化的关系及其生活

一、新仕宦阶级的产生

14世纪勃发的民族革命，经过了二十年（1348—1368）的长期战争，方才告一结束。战争所波及的地带，北至和林，东至高丽，南至两广，西至陕甘，无一地不受蹂躏，战争的主角最初是被统治的南人、汉人向统治者蒙古人、色目人进攻，夺取当地的政权，形成群雄割据的局面。后来这些割据者的向外发展，引起各个利益的冲突，陷于混乱的互相残杀的吞并战中。同时对方的统治阶级也发生内部的政变——政权和军权的争夺！也同样地互相吞并，发生内战。这样，一方面是统治者和被统治者不断地在苦战，另一方面统治者因内部分化而发生内战，被统治者也因个别发展而互相吞并，结果，双方实力俱因外战、内战而减削，许多有地盘、有实力的领袖都自然地被淘汰，被吞并，形成一个混乱的、分裂的、多元的局面。最后统治者因内乱而失去抵抗的能力，被统治者的无数反抗集团则为一后起的有力的革命领袖所吞并，一蹴而将盘踞中国百余年的外族逐出塞外，建立了一个统一的、汉族自治的大明帝国。

这一次大混战的发动，动机是民众不堪外族的经济的、政

治的压迫而要求政权的让与。① 最后才一转而喊出民族革命的口号。② 在革命开始时，外表上蒙着极浓厚的宗教的迷信的罩袍，绝大多数的革命领袖和群众都是白莲教和弥勒教——明教的信徒，举行着种种仪式，宣传弥勒下世明王降生救民疾苦的口号③；接着又加上政治的宣传，势力最大最成功的一个宗教领袖韩林儿又假托是宋徽宗的子孙，把这次革命解释为宋的复国运动。一直到朱元璋出来，他自己本人及其军队虽然原来隶属于上述的系统，可是他一到了能独立行动的时候，他便决然地舍弃这双重的、矛盾的策略——肤浅的、欺骗的神话宣传，和已经失去时效的、冒牌的复宋掩护旗帜，更进一步，赤裸裸地提出这一次的革命的目标是民族的解放，汉族应由汉人治理的大宣言。这一鲜明的划时代的转变，更掀起了过去百多年被压迫、被剥削的民族仇恨，得到知识分子和一般民众的深切同情，地主们也因旧秩序的维持和利益的保全而加入合作，在各阶层支持之下，这一新兴势力在十年中便完成了他们的使命，把整个汉族从蒙古人铁蹄之下解放出来，民族革命成功了！

---

① 叶子奇：《草木子》卷三上《克谨篇》载韩林儿诏书斥元室罪状，有"贫极江南，富称塞北"语。

② 《明太祖实录》卷二六："至元二十七年十月丙寅，檄谕齐、鲁、河、洛、燕、蓟、秦、晋之人以北伐之意曰：自古帝王临御天下，中国居内以制夷狄，夷狄居外以奉中国，未闻以夷狄居中国治天下者也……当此之时，天运循环，中原气盛，亿兆之中，当降生圣人，驱逐胡虏，恢复中华，立纲陈纪，救济斯民……方今河、洛、关、陕虽有数雄，忘中国祖宗之姓，反就胡虏禽兽之名，以为美称，假元号以济私，恃有众以要君，阻兵据陕，互相吞噬，反为生民之巨害，皆非华夏之主也……予恭天承命，罔敢自安，方欲遣兵北逐胡虏，拯生民于涂炭，复汉官之威仪……归我者永安于中华，背我者自窜于塞外。盖我中国之民，天必命中国之人以安之，夷狄何得而治哉！"

③ 参见吴晗：《明教与大明帝国》，载《清华学报》三十周年纪念号。

可是从另一方面看，二十年混战的结果虽然完成了民族革命的伟业，而在实质上，分析战争双方所含的因子，官吏、地主、商人完全拥护旧势力，和蒙古皇室及贵族站在同一战线。在对面，革命的无数领袖——方国珍和张士诚是贩私盐的；陈友定是农人，尚且是佃农；韩林儿的祖父被罪迁谪，本人是牧羊人；郭子兴是相命人的儿子；陈友谅为渔家子；徐寿辉是贩布的；明玉珍家世代务农；朱元璋是游方的穷和尚——及其群众却完全是另一阶级，贫农、佃户、流民组成了以推翻统治者为共同目标的革命势力。阶级意识的潜伏性划分了双方的群众，农民和地主冲突的尖锐化发动了这一次战争。统治者是代表地主利益的，革命集团所代表的却是农民的利益，所以在表面上尽管是揭出政治的、民族的解放口号，而在实质上，却完全是农民和地主的斗争。可是到后期民族意识的强烈自觉，使革命集团的口号从经济的、政治的被压迫，转而偏重于民族地位的歧视方面去，因之，民族革命虽然完全成功，这一群领导者却已为胜利之杯所炫惑，忘记了当初起事时的动机和目标，外族的压迫虽已解除，同族同种间的畸形的经济社会组织，却并未因之而有所改变。并且，这一群成功的领袖，都因他们的劳绩从下层爬到最上层，从平民变成新贵族，从农民变成大地主，代替他们所打倒的外族贵族地主的地位。同时，因参加维持旧秩序而加入朱元璋集团的旧地主，也因劳绩而成为新朝的中层基础，出任新政府和农民的中间人——如粮长、里长、甲长，或直接参加政府，他们的大量土地和社会地位，都因之而为法律所默认。再加上新朝由科举出身的新官僚地主，和正在科举阶段中的举、贡、生员，皇家子弟和皇帝外亲及宫廷阉竖，这一新地主集团成为新帝国的新重心，新基础，我们名之曰新仕宦阶级。以暴易暴，农民所受的剥削，日积月累，愈来愈重，新统治者的榨取技术，经过长期的训练，却愈来愈高明。在这新的对立之下，造成了明代无数次的农民叛乱，最后最大规模的一次竟颠覆了这帝国。

由经济的、政治的革命转变为民族革命，虽然在当时是革命成功的主要手段——保护旧地主的利益和容纳旧官僚，可是同时也正因为这转变，忽略了革命之所以发生的背景，和最初所指出的社会病态，不能对最切要的土地问题加以彻底的、合理的解决，这是一个最辉煌的成功，同时也是一个最严重的失败。①

以下分两部分叙述，第一是新仕宦阶级，第二是农民②。

新仕宦阶级部分所研究的对象是这一阶级的社会地位所造成的政治病态，寄生于农民阶层的情形，他们的生活，这一阶级所产生的文化——文学、戏剧、小说、音乐、金石学、建筑学……和社会风气。

这一论文只是概括的、普泛的说明，至于属于这一阶级的思想家如薛瑄、王阳明、刘宗周、黄道周等人，文学家如宋濂、归有光诸人，所谓独立特行之士，不为这一阶级的风气所同流合化者，不包括在本文的说明之内。

二、法律所规定的特权阶级

明代士庶两阶级的分别，从《大明律·名例》里关于文武官犯私罪一条最可以看出。这条例规定："文武官职，举人，监

---

① 参见吴晗：《元帝国之崩溃与明之建国》，载《清华学报》，第11卷第2期。
② 参见吴晗：《明代之农民》。

生，生员，冠带官，义官，知印，承差，阴阳生，医生，但有职役者，犯赃犯奸，并一应行止有亏，俱发为民。"发为民的意思就是褫夺仕宦阶级的特权。

仕宦阶级最重要的特权是免役。士人一入学校，除本身外，并免户内二丁差役。[①] 温宝忠的《士民说》里有这样的话："民间二十亩土产，不得一襕袍，则里役立碎。"[②] 意思是说小农家如没有人进学校，没有一个青衿作护符，则其家业立为徭役所毁碎。关于见任官的免役，明太祖曾特降诏令说：

> 食禄之家，与庶民贵贱有等。趋事执役以奉上者，庶民之事。若贤人君子，既贵其身而复役其家，则君子野人无所分别，非劝士待贤之道。自今百司见任官员之家有田土者，输租税外，悉免其徭役。著为令。[③]

明代里役之制，以十家为甲，百家为里，每年按甲轮值为官府服役。里长、甲长在原则上以殷户（地主）充当。里役最为庶民所苦，独仕宦阶级可置身事外。明末刘宗周曾疏言其不平，他说：

> 臣生之初，见现年里役，亦止费二三十金，积至五六十金，今遂有赢至百金者。至一承南粮解户，则计亩约费三五两不等而家尽破矣。独宦户偃然处十甲之外，不值现年。[④]

---

① 张居正《张太岳文集》卷三九《请申旧章饬学政以振兴人才疏》："生员之家，依洪武年间例，除本身外，户内优免二丁差役。"

② 《温宝忠遗稿》卷五。

③ 《明太祖实录》卷一一一，洪武十年二月丁卯。

④ 《刘子文编》卷五，《责成巡方职掌疏》。

致仕宦家居——乡绅，除免役外，其尊严亦有法令的保障。这法令颁布于洪武十二年（1379年）八月辛巳：

> 上谕中书省臣曰：凡士非建功名之为难，而保全始终为难。自今内外官致仕还乡者，复其家终身无所与。其居乡里，惟于宗族叙尊卑如家人礼，若筵宴则设别席，不许坐于无官者之下。如与同致仕者会则序爵，爵同序齿。其与异姓无官者相见，不必答礼。庶民则以官礼谒见，敢有凌侮者论如律。著为令。[1]

甚至有由所在县官送门皂、吏书、承应，体貌一如在官时。[2] 其所享受之特权并可庇及宗族[3]。

蓄奴也是次要的特权，反之庶民如存养奴婢，便须受法律制裁。[4]

至一般进士、举、贡、生员，在法律上亦著有优待之条文，死罪至三宥，《明太祖实录》记：

> 洪武二十年三月丙辰，常州府宜兴县丞张福生犯法当死，特宥之。先是，上以进士、国子生皆朝廷培养人材，初入仕有即丽于法者，虽欲改过不可得，遂命凡所犯难死罪，三宥之。福生以国子生故得宥。[5]

---

① 《明太祖实录》，卷一二六。

② 徐学谟《世庙识余录》卷二〇："淮安之俗，显宦居乡，县送门皂、吏书、承应，比于亲临上司。往翰林学士蔡昂守制在籍时可验也。"

③ 《明太祖实录》卷一三一："洪武十三年五月庚子，吏部郎中刘平仲叔父有罪，当杖为军，上以平仲仕于朝，特免之。"

④ 《明律》卷四《户律》："庶民之家，存养奴婢者，杖一百，即放从良。"

⑤ 《明太祖实录》卷一八一。

太祖以后，这一条法令虽然无形取消，但生员如犯刑章，地方官在行文学校褫革其衣衿以前，仍不得加以刑责。如所犯非重罪，也只行文学校当局，薄责了事。其家道寒苦、无力完粮者，并由地方官奏销豁免，因之不但本人免役免赋，甚至包揽隐庇，成为利源。顾公燮记：

> 明季廪生官给每岁膏火银一百二十两……贫生无力完粮，奏销豁免。诸生中不安分者，每月朔望赴县恳准词十张，名曰乞恩。又揽富户钱粮立于自名下隐吞。故生员有"坐一百走三百"之语。①

这一阶级的居室间数、建筑方式、衣服材料颜色、舆马仪从、相见礼貌，一切都按地位高下，由政府分别予以规定，不许紊越。②为保障阶级的尊严，并着令不许和非类为婚，违者置法，例如明初李宜之案：

> 洪武十七年二月甲申，降江西布政使李宜之为广西思恩县主簿。时宜之在任，以小隶为婿。事闻，故降用之。③

三、进入仕宦阶级的梯子——科举和学校

明太祖既统一了全国，用残杀的恐怖手段，用新的行政机构来集中政权，增高皇帝的威严。洪武十三年（1380年）以后，

---

① 《消夏闲记摘抄》卷中。
② 参见《明史》礼志与服志。
③ 《明太祖实录》卷一五九。

他个人综揽国家庶务，朝廷大臣都成了备位的闲员。历史上记着他在八天内所处理批阅的诸司奏札 1660 件，计 3391 事。[1] 平均每天有 200 多件，400 多事，真可算是"衡石量书"，"传餐而食"，和秦始皇、隋文帝鼎足而三了。他拼着命干，不肯放松一点，专凭残杀来救济个人精力所不及。[2] 但隔了一两代，娇生惯养的年轻皇帝受不了这苦工，政权便慢慢转移到皇帝的私人秘书——阁臣——手上，英宗以后，诸帝多冲年即位，政权又慢慢地从外廷秘书的阁臣，转移到内廷秘书的司礼监手上。阁臣和司礼监——外廷和内廷的政权互为消长，也间或有同流合污的时候，皇帝只是一个傀儡。皇族除了拿禄米，多养孩子，在封地渔虐平民，肆作威福以外，绝对不能做一点事。中央的政权被宦官，地方的政权被仕宦阶级所把持。他们和他们的宗族戚党同时是大地主，也是大商人，因此这一阶级所代表的也只是这两种人的利益。

　　皇族指皇家子弟，数量很多，从明太祖起繁衍到明末，这一家系有十几万人。外戚包括帝婿，所谓驸马和皇族的女婿；最主要的是后妃的家族。这两类人都因血统的结合而取得地位和特

---

　　① 参见《明太祖实录》卷一六五。

　　② 参见吴晗《胡惟庸党案考》，载《燕京学报》第十五期。《明史》卷一三九《茹太素传》："洪武八年坐累降刑部主事，陈时务累万言。中言才能之士，数年来幸存者百无一二，今所任率迁儒俗吏。"《叶伯巨传》："古之为仕者以登仕为荣，以罢职为辱，今之为仕者以溷职无闻为福，以受玷不录为幸，以屯田工役为必获之罪，以鞭笞棰楚为寻常之辱。其始也朝廷取天下之士，网罗捃摭，务无余逸，有司敦迫上道，如捕重囚，比到京师而除官，多以貌选，所学或非其所用，所用或非其所学。洎乎居官，一有差跌，苟免诛戮，则必去屯田工役之科，率是为常，不少顾惜。窃见数年以来，诛戮亦可谓不少矣，而犯者相踵。"卷一四七《解缙传》："上封事曰……国初至今，将二十载，几无时不变之法，无一日无过之人。"

权，在政治上不起作用。宦官的产生最简便，经过生理上的改变便可取得资格，在政治上取得大权唯一途径为博得皇帝欢心，方法不外乎"便嬖柔佞，妾妇之道"。这三类人都纯粹是社会的寄生虫。皇族在明代前期不许参加考试，也不许在政府服务，到末年才开放这两条禁例。外戚和宦官则以其特殊地位，其子弟、宗族、亲戚、门客往往因之而获得科名和官职，间接地产生新官僚地主，影响政治的清明。

至于庶民进入仕宦阶级的主要途径，主要的两条大路，一是科举，二是学校。参加科举和进学校的敲门砖只有一块——八股文。明制参加科举的必须是州府县学的生员和国子监的监生，学校成为科举制度的附庸。因此这两条路其实是一条路。

科举制度分三段，生员考试（入学考试）初由地方官吏主持，后特设提督学政官以领之。士子未入学者通谓之童生，入学者谓之诸生（有廪膳生、增广生、附学生之别）。三年大比，以诸生试之直省曰乡试，中试者为举人。次年以举人试之京师曰会试，中试者再经皇帝亲自考试曰殿试。殿试发榜分三甲，一甲只三人，曰状元、榜眼、探花，赐进士及第；二甲若干人，赐进士出身；三甲若干人，赐同进士出身。状元授翰林院修撰，榜眼、探花授翰林院编修，二、三甲考选庶吉士者皆为翰林官。其他或授给事、御史、主事、中书、行人、评事、太常、国子博士，或授府推官、知州、知县等官。举人、贡生不及第入国子监而选者，或授小京职及州县正官，或州县学教授。明制入内阁办事者必为翰林，而入翰林者又必为进士。宣德（1426—1435）以前政府用人尚参用他途（如税户人才、吏员、征辟等），以后则专用科举。科举和铨选合二为一，一旦及第，便登仕途，由此全国读书人都以科举为唯一出路，科举之外无出路，科举之外无人才，王鏊曾畅论这一制度的弊端：

> 古者用人，其途非一，耕钓渔盐版筑饭牛皆起为辅弼，而刍牧贾竖，奴仆降虏，亦皆得为世用。我太祖、太宗之世，亦时时意外用人，若郁新、严震直之流，皆以人才至尚书。取之非一途，故才之大小，纷纷皆得效用于时。降及后世，一唯科目是尚。夫科目诚可尚也，岂科目之外，更无一人乎？有人焉不独不为人知，即举世知之而不见用，非不欲用，不敢用也。一或用焉，则群起而咻诸，亦且自退缩，前后相戒，谨守资格……是故下多遗贤，朝多旷事，仕法之过，端至是哉！①

举全国聪明才智之士的精力集中于科举，科举名额有规定，考试规定便日趋严酷，搜检防闲，如对盗贼，祈寒盛暑，苦不可言。艾南英曾描写明代科举的苦况说：

> 试之日，衙鼓三号，虽冰霜冻结，诸生露立门外。督学衣袿坐堂上，灯烛辉煌，围炉轻暖自如。诸生解衣露足，左手执笔砚，右手执布袜，听郡县有司唱名，以次立甬道，至督学前。每诸生一名，搜检军二名，上穷发际，下至膝踵，裸腹赤踝，为漏数箭而后毕，虽壮者无不齿震冻慄，腰以下大都寒沍僵裂，不知为体肤所在。遇天暑酷烈，督学轻绮荫凉，饮茗挥箑自如。诸生什佰为群，拥立尘垩中，法既不敢挥扇，又衣大布厚衣，比至就席，数百人夹坐，蒸薰腥杂，汗流夹背，勺浆不入口，虽有供茶吏，然率不敢饮，饮必朱钤其牍，疑以为弊，文虽工，降一等，盖受困于寒暑者如此。

---

① 《王文恪公文集》卷二三，《容庵葛君家传》。

既试，东西立瞭望军四名，诸生无敢仰视四顾，丽立伸欠、倚语侧席者，则又朱钤其牍，以越规论，文虽工，降一等，用是腰脊拘困，虽溲溺不得自由，盖所以絷其手足便利者又如此。所置坐席取给工吏，吏大半侵渔所费，仓卒取办临时，规制狭迫，不能舒左右肱，又薄脆疏缝，据坐稍重，即恐拆仆。而同号诸生尝十余人，率十余坐，以竹联之。手足稍动，则诸坐皆动，竟日无宁时，字为跛踦。[1]

中叶以后，士风日替，怀挟抢替，成为习惯。徐学谟说：

会闱自庚戌（嘉靖二十九年，1550年）后，举子多怀挟博进取，有掇大魁者，始犹讳之。至丙辰（嘉靖三十五年，1556年）以来，则明言而公行之矣。此仕进之一大蠹也。[2]

奔竞嘱托，毫无忌惮。陈洪绪记：

近时奔竞最甚，无如铨选、考试两端。督学试士，已不免竿牍纷沓。若郡邑之试，请嘱公然，更不复略为讳，至有形之章奏，令童子纳金饷，无使缙绅专利者。[3]

到末年则士子多以关节得第，商人、地主的子弟以金钱换科名。

科场之事，明季即有以关节进者。每科五六月间，分房就聘之期，则先为道地，或伏谒，或为之行金购于诸上台，使得棘闱之聘，后分房验取如握券而得也。每榜发不下数十人。[4]

---

[1] 《天傭子文集》卷二。

[2] 《世庙识余录》卷二〇。

[3] 《寒夜录》上。

[4] 《研堂见闻杂记》。

在这制度之下所造成的新官僚，以利进自然以利终，读书受苦是为得科名，辛苦得科名是为发财做官，做官的目的是发财，由读书到发财成为一连串的人生哲学。黄省曾曾说当时的士人以士为贾：

> 吴人好游托权要之家……家无担石者入仕二三年即成巨富。由是莫不以士为贾，而求入学庠者，肯捐百金图之，以大利在后也。①

谢肇淛更指出这制度和吏治的关系，和社会风气的关系，和家庭教育的关系：

> 今之人教子读书，不过取科第耳，其于立身行己不问也。故子弟往往有登膴仕而贪虐恣睢者。彼其心以为幼之受苦，政为今日耳。志得意满，不快其欲不止也。②

刘宗周所论士习之坏影响于政治及社会，尤为明切。他说：

> 自科举之学兴而士习日坏，明经取金紫，读易规利禄，自古而然矣。父兄之教，子弟之学，非是不出焉。士童而习之，几与性成，未能操觚，先熟钻刺，一入学校，闯行公庭。等而上之，势分虽殊，行径一辙，以嘱托为通津，以官府为奴隶，伤风败俗，寡廉鲜耻，即乡里且为厉焉，何论出门而往，尚望其居官尽节，临难忘身，一效之君父乎？此盖已非一朝一夕之故矣。③

---

① 《吴风录》。
② 《五杂俎》卷一三。
③ 《刘子文编》卷八，《与张太符太守》。

由此可知这个时代的吏治贪污，寡廉鲜耻，是有其历史的背景的。进学校得科名的唯一手段是作制义——八股文，此外的学问都非必要，不妨束之高阁。因此在这制度下所造成的学风是空疏浅薄，除八股外，于历史、政治、经济各方面一无所知，哲学、科学更是莫名其妙，这弊病明初学者宋濂即曾痛快地指出，他说：

> 治古之时，非惟道德纯一而政教修明，至于文学之彦，亦精瞻弘博，足以为经济之用。盖自童草之始，十四经之文，画以岁月，期于默记，又推之于迁、固、范晔之书，岂直览之，其默记亦如经，基本既出，而后偏观历代之史，察其得失，稽其异同，会其纲纪，知识益且至矣，而又参于秦汉以来之子书，古今謜定之集录，探幽索微，使无遁情。于是道德性命之奥，以至天文、地理、礼乐、兵刑、封建、郊祀、职官、选举、学校、财用、贡赋、户口、征役之属，无所不诣其极。或庙堂之上有所建议，必旁引曲证以白其疑，不翅指诸掌之易也。自贡举法行，学者知以摘经拟题为志，其所最切者，惟四子一经之笺，是钻是窥，余则漫不加省，与之交谈，两目瞪然视，舌木强不能对。呜呼！一物不知，儒者之耻，孰谓如是之学，其能有以济世哉！[1]

中叶时唐顺之也说：

> 经义策试之陋，稍有志者莫不深病之矣……至于以举业为教，则稍有志者亦知深病其陋矣。[2]

---

[1] 《銮坡集》卷七，《礼部侍郎曾公神道碑铭》。
[2] 《荆川文集》卷四，《答俞训导书》。

谢肇淛亦大加攻击：

> 我国家始以制义为不刊之典，士童而习之，白而纷如。文字之变，日异月更，不可穷诘，即登上第取华朊者，其间醇疵相半，瑕瑜不掩，十年之外，便成刍狗，不足以训今，不可以传后，不足以裨身心，不足以经世务，不知国家何故以是为进贤之具也。[①]

末年周顺昌至坦白自悔不多读书，为一不识时务进士：

> 漫以书生当局，其筹边治河大政无论，问以簿书钱谷之数天下几何，茫然不能对。始知书不可不多读。平日止为八股徒，做一不识时务进士，良可叹也。[②]

清吴翌凤记一明巨公故事，虽未免刻薄，却是史实：

> 故明一巨公致政家居，偶过友人书塾，询其子弟所读何书，曰《史记》。问何人所作，曰司马迁。又问渠是何科进士，曰汉太史令，非进士也。巨公取其书略观之，即掩卷曰亦不见得。[③]

在这制度下的这个时代，学术思想的贫乏，是必然的，也是应该原谅的，因为他们根本不许有思想。[④]政治家、财政家的寥寥可数，也是有其社会背景的，有其特别的原因的，因为那个时代根本没有培养这类人才的专门教育。学校原来是育人才之所，

---

① 《五杂俎》卷一五，《事部》。
② 《烬余集·与朱德升孝廉书》。
③ 《灯窗丛录》卷四。
④ 参见吴晗：《元帝国之崩溃与明之建国》。

明制乡里有社学，府州县有府学、州学、县学，卫所有卫学，南北两京则有国子监。《明史》说：

> 盖无地而不设之学，无人而不纳之教，庠声序音，重规叠矩，无间于下邑荒徼，山陬海涯，此明代学校之盛，唐宋以来所不及也。①

表面看上似乎真是极一代之盛，"唐宋以来所不及"。然而事实上恰好相反，我们先看社学的情形，明太祖曾严斥官吏以社学扰民：

> 社学一设，官吏以为营生，有愿读书者，无钱不许入学。有三丁四丁不愿读书者，受财卖放，纵其愚顽，不令读书。有父子二人，或农，或商，本无读书之暇，却乃逼令入学。有钱者又纵之，无钱者虽不暇读书亦不肯放，将此凑生员之数，欺诳朝廷。②

此后便无声无息，名实都亡了。至于府州县学，以明制诸生入仕必由科举，学校失去独立培养人才的地位，在开国后即已不为社会所重视，宋濂曾说：

> 近代以来，急于簿书期会，而视教民为悠缓，司学计者以岁月序迁，豪右海商，行贿觅荐，往往来倚讲席，虽有一二君子获厕其中，孤薰而群莸，一鼓吻，一投足，辄与之

---

① 《明史·选举志》。

② 《大诰》第四四。《明太祖实录》卷一五七："洪武十六年十月癸巳，诏郡县复设社学。先是命天下有司设社学以教民间子弟，而有司以是扰民，遂命停罢。至是复诏民间自立社学，延师儒以教子弟，有司不得干预。"《续诰》吉州科敛第五七："吉州知州游尚志指以生员为由，逼令为生员者二百余户，勾至受赃放回。"

柚凿。唯彼饮食是务，号称子游氏之贱儒者，日月与居，是故稍励廉隅者不愿入学，而学行彰彰有闻者，未必尽出于弟子员。[①]

中叶以后，则学校竟如废寺，无复生徒肄业。陆容记：

> 作兴学校，本是善政，但今之所谓作兴，不过报选生员，起造屋宇之类而已。此皆末务，非知要者……况今学舍屡修，而生徒无复在学肄业，入其庭不见其人，如废寺然，深可叹息。[②]

两京国子监也日渐废弛，学生品质不齐，人才日下，郭明龙任国子监祭酒，《条陈雍政疏》说：

> 臣初试士，举人仅五七人，其文理优长，考在前列者书选贡耳。向非选贡一途，大学几无文字矣。臣窃叹天下府州县学之士，尽皆属文，而太学之士，乃半居写仿。又府州县学之士，不无以文理被黜而来，与夫商贾之挟重糈者，游士之猎原藏者，皆得入焉。是古之太学，诸侯进其选士最优最上者贡之天子；而今之太学，郡邑以其被访被黜、无文无行者纳之辟雍，良可叹也。

郭去，刘幼安代之，朱国桢为司业。刘每叹曰："成甚国学，朝廷设此骗局骗人几两银子，我为长，兄为副，亦可羞也。"[③]这是明代的国立中央大学校长告诉他的教务长的老实话。

---

① 《翰苑别集》卷一，《送翁好古教授广州序》。
② 《菽园杂记》卷一三。
③ 朱国桢：《涌幢小品》卷一一。

在这一套的教育组织下，自然谈不到培养人才。而且，国子监从景泰元年（1450年）开纳粟之例以后，豪绅、地主、商人的子弟都可因纳粟纳马而入监，称为例监。[①] 末年地方学也因军费的需要逼切，可以用钱买取，有辽生、饷生、赞生种种名目，包汝楫记：

> 自军饷烦兴，开辽生之例，每名输银百两有奇，给授衣巾，愿考试者学臣一体黜陟，不与考者青衿终身，尚有限制也。楚中协济黔饷，别有饷生之例，每名仅二十两，亦滥极矣。武陵、桃、沅间又有所谓赞生，纳银五六两，县给札付，专司行香拜贺赞礼，服色与诸生同，混见道府州邑，称谓、起居一如诸生礼节，昂步街市，人不敢呵，此亦学官一疵也。[②]

因之，一般商人和地主的子弟，虽目不识丁，亦相率掉臂而入学校，避赋役，列缙绅，俨然是社会上的上层人物了。

反之，家徒四壁的寒士只要一入学校，取得学校的制服——青衿以后，其地位便已超出庶民，作威乡里。等到一中了举，情形更是喧赫，通谱的、招婿的、投拜门生的、送钱的都争先恐后地来包围了。顾公燮记明人中举情形：

> 明季缙绅，威权赫奕。凡中式者，报录人多持短棍，从门打入，厅堂窗户尽毁，谓之改换门庭，工匠随行，立即修整，永为主顾。有通谱者、招婿者、投拜门生者，乘其急需，不惜千金之赠，以为长城焉……出则乘大轿，扇

---

① 参见《明史》卷六九，《选举志》。

② 《南中纪闻》。

盖引导于前。生员则门斗张油伞前导。婚丧之家，绅衿不与齐民同坐，另构一堂名曰大宾堂，盖徒知尚爵而不知尚德尚齿矣。[①]

清人吴敬梓所作《儒林外史》，穷秀才范进中举一段绝妙文字，正是顾公燮所记这情形的绝妙注脚。

而且，不但社会地位改变了，连经济地位也改变了。一中了举，中了进士，或做了官以后，一般困于徭役的小自耕农，自然会把田土投靠在一批新贵的门下，避免对国家的负担，因此，这一批新仕宦阶级，同时也就是大地主。反之，大商人、大地主的子弟可以拿金钱换取科第，甚至官位，以此，这两种剥削者同时也成为新仕宦阶级。新仕宦阶级有地位，有大量的土地和金钱，剩余的财货的投资目标是兼并土地和经营商业，因此，他们同时又是大商人。官僚、地主、商人三位一体的仕宦阶级，是有明一代政治的、社会的、经济的、文化的重心，也是大明帝国政权所寄托的基础。

四、贪污的吏治

明代仕宦阶级的一生，可以从陶奭龄的《五计说》看出。他把这一阶级人的一生分作五个阶段。"十岁为儿童，依依父母，嬉嬉饱暖，无虑无营，忘得忘失，其名曰仙计。二十以还，坚强自用，舞蹈欲前，视青紫如拾芥，骛声名若逐膻，其名曰贾计。三十至四十，利欲熏心，趋避著念，官欲高，门欲大，子孙欲

---

① 《消夏闲记摘抄》上。

多，奴婢欲众，其名曰丐计。五十之年，嗜好渐减，经变已多，仆起于斗争之场，享寒于险巇之境，得意尚有强阳，失意逐成枯木，其名曰囚计。过此以往，聪明既衰，齿发非故，子弟为卿，方有后子，期颐未艾，愿为婴儿，其名曰尸计。大约世人一生尽此五计，非学道人鲜自脱者。"[1]再从社会关系来看，这一阶级人入仕的时期是见任官吏，退休的时期和入仕以前是乡绅（明代或称乡官，或称绅衿，绅指退休官，衿指生员——民间称秀才——和举人）。做官时期和外地的庶民发生关系，作乡绅时期则和本地的庶民发生关系。总之，无论他们是在官或居乡，一般的庶民都在他们的脚下生活着。

我曾习惯地把明代分作两个段落，分水岭是嘉靖朝（1522—1566）。谈到明代的吏治时也不能例外。最好的说明是《明史·循吏传序》：

> 明太祖……下逮宣仁，抚循休息，民人安乐，吏治澄清者百余年。英武之际，内外多故，而民心无土崩瓦解之虞者，亦由吏鲜贪残，故祸乱易弭也。嘉隆以后，资格既重……庙堂考课，一切以虚文从事，不复加意循良之选，吏治既已日偷，民生由之益蹙。

嘉靖、隆庆以前，据赵翼的研究，"崇尚循良，小廉大法，几有两汉之遗风"[2]。明人陈邦彦所论更为具体扼要，他说：

> 嘉隆以前，士大夫敦尚名节。游宦来归，客或询其囊橐，必唾斥之。今天下自大吏至于百僚，商较有无，公然

---

[1] 陶奭龄：《小柴桑喃喃录》卷上。
[2] 《廿二史劄记》卷三三，《明初吏治》。

形之齿颊。受铨天曹，得膴地则更相庆，得瘠地则更相吊。
宦成之日，或垂囊而返，则群相姗笑，以为无能。上当齿
学之初，问以读书何为，皆以为博科第，肥妻子而已……
一行作吏，所以受知于上者非贿赂不为功，而相与文之以
美名曰礼。①

其实这只是一种比较的说法。嘉隆以前，吏治澄清；嘉隆以
后，吏治贪污，固是事实。但在实际上，我们也可说，嘉隆以
前吏治亦贪污，不过不如以后之甚；嘉隆后亦有循良，但不如
前此之多。我们试看洪武时代的勾捕逃军案，兵部侍郎王志受
赃二十二万②；盗粮案，户部侍郎郭桓侵没至千万，诸司官吏系
狱至数万人③。成祖朝纪纲之贪作恶④，方宾之贪赃⑤。宣宗朝
刘观之黩货⑥。英宗朝王振之贿赂辏集⑦，逯果、门达之勒贿乱
政⑧。宪宗朝汪直、尚铭、梁芳⑨，武宗朝刘瑾、朱彬、焦芳、
韩福、张彩之权震天下，公然纳贿⑩。几乎没有一个时代是不闹
得乌烟瘴气的，和嘉靖以来的严嵩、魏忠贤两个时代比较，只有
程度上的差异而已。假如真有划然不同之点，那我们可学陈邦彦
的说法：嘉隆以前，社会尚指斥贪污为不道德；嘉隆以后，则社

① 《陈岩野先生集》卷一，《中兴政要书·励俗篇第四·奖廉让》。
② 参见《大诰》第四三。
③ 参见《大诰》第二三、四九。
④ 参见《明史》卷三〇七，《纪纲传》。
⑤ 参见《明史》卷一五一，《刘观传》。
⑥ 参见《明史》卷一五一，《刘观传》。
⑦ 参见《明史》卷三〇四。
⑧ 参见《明史》卷三〇七。
⑨ 参见《明史》卷三〇四。
⑩ 参见《明史》卷三〇四、三〇六、三〇七。

会且指斥不贪污为无能。这一社会风气的变化，是值得今日的士大夫思之重思之的。

这一种社会风气的造成，我在上文曾指出由于那时代人的人生哲学，从读书到发财成一自然的体系。此外还有两种社会环境，第一是寒士登第举债，第二是明代官俸之薄。

寒士得科名的一天，同时也是开始负债的一天，吴应箕说：

> 士始一褭人子耳。一列贤书，即有报赏宴饮之费，衣服舆马之需，于是不得不假贷戚友，干谒有司，假贷则期报以异日，谒见则先丧其在我。黠者因之而交通之径熟，圆巧之习成。拙者债日益重，气日益卑，盖未仕而所根柢于仕者已如此矣。及登甲榜，费且数倍，债亦如之。彼仕者即无言营立家私，但以前此之属债给于民，能堪之乎？[①]

甚至一入仕途，债家即随之赴任，京债之累，使官更不至贪污不可。陶奭龄尝慨乎言之：

> 今寒士一旦登第，诸凡舆马仆从饮食衣服之类，即欲与膏粱华腴之家争为盛丽，秋毫皆出债家。谒选之后，债家即随之而至，非盗窃帑藏，朘削闾阎，何以偿之？[②]

反之，官吏而不贪污，不法外弄钱，那就非狼狈万状不可。周顺昌在做官后被债主所逼，向他的亲戚诉苦说：

> 读来札知诸亲友之索债者，填门盈户，甚至有怒面相訾者……做秀才时艰苦备历，反能以馆谷怡二人，当大事……

---

① 《楼山堂集》卷七，《拟进策》。
② 陶奭龄：《小柴桑喃喃录》卷上。

> 今以滥叨之故，做一不干净人，五年宦游，不能还诸债主，官之累人也多矣。①

加之，农业社会是以家族为本体的，一人出仕，不但父母、妻妾、子女靠他养活，提高了生活的水准，甚至母族、妻族、媳族、婿族、乡里、年谊都要一窝蜂钻来，打抽丰，求关节，真所谓"鸡犬同升"，教这人如何能不贪污？

次之，假如明代官俸如唐宋之优赡，那还可对付。可是，恰巧相反，明代官俸之薄，可说是历史上所仅见的。宣宗时名臣杨士奇记：

> 宣德四年（1429年），吏有遭笞者，捃都御史顾佐之过，谓受皂隶赂放归。上密以示杨士奇，士奇曰所诉之事，诚有非诬，盖今朝臣月俸止给米一石，薪炭驺咸资于皂，不得不遣半归，使备所用。皂亦皆乐得归耕，实官皂两便。②

郑晓记宣德时一朝官惨剧云：

> 正统元年（1436年）副都御史吴讷言：洪武年间京官俸全支，后因营造减省，遂为例。近小官多不能赡。如广西道御史刘准，由进士授官，月支俸米一石五斗，不能养其母妻子女，贷同道御史王裕等、刑部主事廖谟等俸米三十余石，去年病死，竟负无还。乞下建议增俸。③

正统时曹泰指出官吏之贪，由于俸薄，奏请增俸，事竟不行：

---

① 《烬余集》卷二，《与吴公如书二》。
② 《三朝圣通录》；《明史·顾佐传》。
③ 《今言》卷八五。

正统六年（1441 年）二月戊辰，巡按山西监察御史曹泰奏：今在内诸司文臣，去家远仕，妻子随行，然禄厚者月给米不过三石，禄薄者一石二石而已，其所折钞，急不得济，九载之间，仰事俯畜之费具，道路往来之费，亲故问遗之需，满罢闲居之用，其禄不赡，则不免移其所守，此所以陷于罪者多也。乞敕廷臣会议，量为增益，俾足养廉，其仍贪污冒法者置之重典，则贪风息矣。上命行在户部详议以闻，尚书刘中敷等言官员俸禄已有定制，难以增益。从之。①

俸给之薄，由于折色，以米折钞，以布折米，王琼记：

国初定制，百官俸给，皆支本色米，如知县月支米七石，岁支米八十四石，足勾养廉用度。后改四品以上，三分本色，七分折色。五品以下，四分本色，六分折色。后又改在外官月支本色米二石，其余俱支折色。其折色以钞为则，每米一石，折钞十五贯或二十贯，每布一匹折米二十石。京官折俸四五年不得一支，外官通不得支。此贪婪之难禁也。②

折色相当于现在米贴之改发代金。不发米而发同等价值的钞，在原则上并不吃亏，可是第一月薪打折扣，只发原数的三十五分之一，第二钞值贬价。由于这样的左折右折，折得当时官吏无以为生，试举一实例，据《明史·李贤传》，当时指挥使月俸三十五石者，实支仅一石，米一石折钞十贯，钞一贯值钱二文至三文，由是知指挥使一月所得不过铜钱二三十文。推而上之，正一品月俸八十七石，照比例折成实支，又折起钞再算钱，也不过

---

① 《明英宗实录》卷七六。
② 《双溪杂记》。

月得七八十文；推而下之，正七品（知县）月俸七石，左折右折，可怜只能拿到二三文铜钱了。其后又改定官俸折银例，虽然官吏的收入在比例上增加了一点，可是如专靠正俸生活，也还是非饿死不可。在这情形之下，中外官仰无以事父母，俯无以畜妻子，更谈不到还官债，赡亲族，何况上司要贿赂，皇帝要进献，层层剥削，除了剥削民众，贪污以外，更有什么办法！要做好官，那便非像潘蕃那样，做了若干年的方面大臣，罢官后连住宅也没有，寄住人家终老，[①] 海瑞剔历内外，死后全家产只有一两银子，连买棺木也不够。[②] 这些自然是违反这社会风气的可忽略的例外，大多数官吏很容易有办法，找出一条生财大道。

明代前期的吏治，从英宗任用王振到武宗任用刘瑾，这阶段的污浊情形是尽人皆知的。太祖、太宗二朝严刑重法，宣宗、孝宗二朝政局清明。现在试以这几朝作例，分酷虐和苛敛两方面说明。

太祖朝以酷虐知名的大臣有陈烙铁，《明史》说他：

> 洪武三年（1370 年），宁知苏州，征赋苛急，尝烧铁烙人肌肤，史民苦之，号为陈烙铁。[③]

太宗朝则有残杀农民的丁珏：

> 丁珏，山阳人。永乐四年（1406 年）里社赛神，诬以聚众谋不轨，坐死者数十人。[④]

① 参见《明史》卷一八六，《潘蕃传》。
② 参见《明史》卷二二六，《海瑞传》。
③ 《明史》卷三〇八，《陈宁传》。
④ 《明史》卷三〇八，《陈瑛传》。

至于苛敛民财，以做官为发财的捷径的，则更难仆数。其著者如太祖朝之郭桓案，《大诰》曾再三宣布其罪状：

> 户部官郭桓等收受浙西秋粮合上仓四百五十万石，其郭桓等止收六十万石上仓，钞八十万锭入库，以当时折算，可抵二百万石余，有一百九十万石未曾上仓。其桓等受要浙西等府钞五十万贯，致使府州县官黄文等通同刁顽人吏边源等作弊，各分入已。①

又说：

> 其所盗仓粮以军卫言之，三年所积卖空，前者榜上若欲尽写，恐民不信，但略写七百万耳。若将其余仓分，并十二布政司通同盗卖见在仓粮，及接受浙西等府钞五十万张，卖米一百九十万石不上仓，通算诸色课程鱼盐等项，及通同承运库官范朝宗盗卖金银，广惠库官张惠妄支钞六百万张。除盗库见在宝钞金银不算外，其卖在仓税粮反米上仓，该收税粮及鱼盐等项诸色课程共折米算，所废者二千四百余万精粮。②

浙西有司苛敛案：

> 浙西所在有司，凡征收害民之奸，甚如虎狼。且如折收秋粮，府州县官发放，母米一石官折钞二贯，巧立名色，取要水脚钱一百文，车脚钱三百文，口食钱一百文。库子又要辨验钱一百文，蒲篓钱一百文，竹篓钱一百文，沿江神佛钱一百文，害民如此，罪可宥乎？③

---

① 《大诰》第六三。
② 《大诰》第四九。
③ 《大诰》第四一。

宣宗时政府曾宣布地方官吏科敛无度之情形云：

> 宣德三年（1428 年）三月壬辰，敕谕北京行部曰：比者所司每缘公务，急于科差，贫富困于买办，丁中之民服役连年，公家所用，十不二三，民间耗费，常十数倍。加以郡邑官鲜得人，吏肆为奸，征收不时，科敛无度，假公营私，弊不胜纪，以致吾民衣食不足，转徙逃亡，凡百应输，年年通欠，国家仓庾，月计不足。①

英宗时夏时上言地方官吏贪酷之弊：

> 正统三年（1438 年）江西按察佥事夏时言：切惟今之守令，冒牧民之美名，乏循良之善政，往往贪泉一酌而邪念顿兴，非深文以逞，即钩距之求，或假公营私，或诛求百计，经年置人于肝狱，滥刑恒及于无辜，甚至不任法律而颠倒是非，高下其手者有之，刻薄相尚而避己小嫌，入人大辟者有之，不贪则酷，不怠则奸，或通吏胥以贾祸，或纵主案以肥家，殃民蠹政，莫敢谁何，遂使枉者含冤于囹圄，徒愤于桎梏，其伤和气，乖国宪，莫此为甚。②

七年以后，王振擅权用事，"畏祸者争附振免死，贿赂臻集，籍其家得金银六十余库，玉盘百，珊瑚高六七尺者二十余株，他珍玩无算"③。孝宗时太监李广惧罪自杀，"帝疑广有异书，使使即其家索之，得赂籍以进，多文武大臣名，馈黄白米各千百石。帝惊曰：广食几何？乃受米如许！左右曰，隐语耳，黄者金，白

① 《明宣宗实录》卷三九。
② 《明英宗实录》卷四〇。
③ 《明史》卷三〇四，《王振传》。

者银也"①。武宗信任刘瑾，上下交征，竟成贿赂世界，"瑾故急贿，凡入觐出使官，皆有原献。给事中周钥勘事归，以无金自杀。令天下巡抚入京受敕输瑾赂，延绥巡抚刘宇不至，逮下狱；宣府巡抚陆完后至，几得罪，既赂乃令试职视事。边将失律，赂入即不问，有反升擢者"②。综上所记，可知地方官横征暴敛，以所得之一部分作家业，一部分献给上官。地方长官又以所得分赂京中权贵和太监，京中权贵再以所得分赂太监。从太监、阁臣到地方州县官成一连串的贿赂系统。

前期吏治贪污，政府尚执法以绳，社会舆论亦往往加以指责。后期则以贪污为正常之现象。内外上下，贿赂公行，驯至民不聊生，盗贼四起，万历初年高拱指出这一现象，实由于有司之贪残。他说：

> 一地方之所以多贼者，实逼起于有司之贪残，而养成于有司之蒙蔽，及其势成，计无所出，乃为招抚之说，以苟且于目前。于是我以抚款彼，而彼亦以抚款我，东且抚而西且杀人，非有抚之实也，而徒以冠裳金币羊酒宴犒，设金鼓以宠之与之，有司将领固有称贼酋为翁，相对宴饮欢笑为宾主，而又投之以侍教生帖者。百姓之苦如彼，而贼之荣利乃如此，不亦为贼劝乎？奈何民之不为贼也！③

细析此种现象，第一由于乡绅和官吏的狼狈为奸，魏大中说：

---

① 《明史》卷三〇四，《李广传》。
② 《明史》卷三〇四，《刘瑾传》。
③ 《绥广纪事·答两广殷总督》。

百姓穷苦，皆由外吏贪残。其所以敢于贪残而无忌者，縣谄笑居间，求田间舍之乡绅为之延誉，拟赎庆生；贺节投欢之有司道与之作缘，少望风解绶之巡按，多计日待迁之巡抚，而辇毂赂遗，往来如织，入计之年，尤厚以声酬实，其应如响。故民苦贪残者，官称卓异，不但幸免计黜，寻且选科选道，或为吏部司官。风尚日非，仕路秽浊，贪官污吏，布满郡邑，百姓求一日之苟活不可得，而天下幸其久安长治，万无是理。①

第二由于署印官之趁火打劫，赵南星说：

今佐领官所在贪肆害民，正官有缺，必会署事，入门即征租税以图加收，日夜敲朴，急于星火，俗言署印如打劫，非虚语也。②

而总以催科之火耗、词讼之赎锾为应得之私款，公然入己，毫无避忌。方孩未《整饬吏治疏》说：

百姓何以日穷，亦曰天下贪吏多，而惩贪之法太疏耳。一邑设佐贰二三员，各有职掌，司捕者以捕为外府，收粮者以粮为外府，清军者以军为外府，其刑驱势逼，虽绿林之豪，何以加焉？稍上而长吏，则有科罚，有羡余，曰吾以备朝京之需，吾以备考满之用，上言之而不讳，下闻之而不惊，虽能自洗刷者固多，而拘于常例者不尽无也。又上之而为郡守方面，岁时则有献，生辰则有贺，不谋而集，相摩而来，寻常

---

① 《藏密斋集》卷四，《肃计典以励官常疏》。
② 《赵忠毅公文集》卷一四。

之套数，不足以献芹，方外之奇珍，始足以下点，虽能自洗刷者固多，而拘于常例者不尽无也，萧然而来，捆载而去。夫此捆载者，非其携之于家，雨之于天，又非输于神，运于鬼，总皆为百姓之脂膏，又穷百姓卖儿卖女而得之耳。如是安得不日剥日削，以至于尽也。而铨司之考成，止于罢职，抚按之弹劾，极于为民，夫携有余之金钱，高田广宅，歌儿舞女，肥肉美酒，彼亦何所不愉快而需此匏瓜之进贤乎？①

赵南皇《朝觐合行事宜疏》也说：

今士人一为有司，往往不期月而致富，问其所以，率由条鞭法行，钱粮经有司之手，重收而取羡余，加派在其中矣。而数年来又以军兴加派，则加重收而取羡余，是加派无已矣。有司之贪如此，民安得不为盗，小盗起而大盗随之，皆有司为之竿也。②

所谓羡余即是火耗，顾亭林说得最为明白：

火耗之所由起，其起于征银之代乎？……夫耗之所生，以一州县之赋繁矣，户户而收之，铢铢而纳之；不可以琐细而上诸司府，是不得不资于火，有火则必有耗，所谓耗者特百之一二而已。有贱丈夫……藉火耗之名，为巧取之术，盖不知起于何年，此法相传，官重一官，代增一代，以至于今，于是官取其赢十二三，而民以十三输国之十。里胥之辈又取其赢十一二，而民以十五输国之十。其取利则薄于两而

---

① 《方孩未集》卷一。
② 《赵忠毅公文集》卷一四。

厚于铢，凡征收之数两者，必其地多而豪有力，可以持吾之短长者也；铢者必其穷下之户也，虽多取之不敢言也。于是两之加焉十二三，而铢之加焉十五六矣，薄于正赋而厚于杂赋，正赋耳目之所先也，杂赋其所后也，于是正赋之加焉十二三，而杂赋之加焉或至于十七八矣。解之藩司，谓之羡余，贡诸节使，谓之常例，责之以不得不为，护之以不可破，而民之困未有甚于此时矣。[1]

驯至以火耗赎锾为国有之常例，于常例外更辟财源，国家颁一令，地方兴一事，都成官吏之利薮，刘宗周《敬条职掌疏》：

今日吏治之污，如催科而火耗，词讼而赎锾，已视为常例未厌也。及至朝廷颁一令，则一令即为渔猎之媒。地方有一事，则一事即为科敛之籍，官取其一，吏取其九，一者尝见持而九者遂不敢问，民费其十，上供其一，十者方取赢，而一者愈苦不足。以是百姓视上官如仇雠，一旦有事，可献城则献城，可从贼则甘心从贼，计不反顾也……一令耳，上官之诛求，自府而道而司而抚而按而过客而乡绅，而在京之权要，递而进焉，肆应不给。而至于营升谢荐之巡方御史尤甚。即其间岂无矫矫自好者，而相沿之例，有司已捆载而往遗其家，巡方不及问也。如是者一番差遣，一番敲吸，欲求民生之不穷且盗以死可得乎？[2]

地方守令更动一次，民间即被剥削数百万；巡方御史出巡一次，地方又被剥削数百万：

---

① 《亭林文集》卷一，《钱粮论下》。
② 《刘子文编》卷四。

崇祯三年（1630年）梁廷栋言：一岁阴为加派者不知其数。如朝觐考满行取推升，少则费五六千金，合海内计之，国家选一番守令，加派数百万。巡抚查盘访缉馈遗谢荐，多者至二三万金，合天下计之，选一番巡方，天下加派百余万。[1]

内外官的贿赂技术，也随吏治风气而进步，前期的黄米、白米，到后期末年易以雅称为书帕，馈遗金珠时必以书为副。刘宗周《敬循职掌条例列风纪之要以佐圣治疏》说：

往者京师士大夫与外官交际，自臣通籍时有科三道四之说，识者已为之哕呕。其后稍稍滥觞……禁愈严而犯者愈众，情愈巧。臣受事冬官时，见内外官相见以贽，辄袖手授受，不令班皂见窥，至列柬投递，必托小书名色曰十册二十册以示讳……久之白镪易以黄金，致长安金价日高，如是者习以成风，恬不为耻。[2]

徐树丕亦记：

往时书帕惟重两衙门，然至三四十金至矣。外舅官詹姚公（希孟）为翰林时，少者仅三四金，余所亲见，此不过往来交际之常，亦何足禁。今上严旨屡申，而白者易以黄矣，犹嫌其重，更易以圆白而光明者。近年来每于相见揖时，口叙寒暄，两手授受，世风日偷，如江河之下，不可止矣。[3]

---

① 《明史》卷二五七，《梁廷栋传》。
② 《刘子文编》卷四。
③ 《识小录》卷四。

清人蒋超伯指出由于这一种风气,使一般地方官喜欢滥刻文集,以为应酬之用,鲁鱼亥豕,不可卒读,他说:

> 明世苞苴盛行,但其馈遗必以书为副,尤以新刊之本为贵,一时剞劂纷如,鲁鱼罔校,如陈埴《木锺集》弘治中温州知府郑淮重刊,都穆《南濠诗话》乃和州知州黄桓所刻,其序云捐俸绣梓,用广厥传。似此不一而足。[①]

这种风气沿袭到清朝,有名的理学家仪封张伯行在每一任上,科敛民财,专刻前代理学书,却又偷工减料,只刻原书的一部分,或腰斩,或凌迟,而总颜曰《正谊堂丛书》,即是一个好例。

中央各机关中以户部掌国家出纳,吏部掌官吏铨选,故弊亦最重。试各举一例说明,李清记:

> 上虞赵钺老部胥,奸蠹也。因与部诸新胥瓜分不平,愤激上密疏尽发积弊:一,辽盐原议引价四万余两解部充饷,而米不纳宁远,银亦不交户部,二十余年诳纳可百万金。一,新增附纲二十九万引,多无归着,及天津派买米豆并运追此挂欠米折船价水脚各项,尽属侵渔,每年数十万。一,长芦及淮北盐价逋负甚多,必责按年征解。朋扣马干为各镇道将侵分,岁数十余万。一,各处屯牧加增钱粮,并不察催,皆被侵隐。一,召买弊大,宣镇每年十二万尤为奸蠹,即他处可省亦数十万。一,各州县摊派里甲储备米豆,不可胜计,亦宜察核。[②]

---

① 《南滳楛语》。
② 《三垣笔记》附下。

这是明北都倾覆前一年的事。竭全国的民脂民膏，不用之军，不用之国，却一部分徒饱贪官污吏的私囊，这是最可痛心的记载。关于吏部的，赵南星《陈铨曹积弊疏》：

> 天下之行私最便而得利最厚者，莫过于吏部。今之士人以官爵为性命，以钻刺为风俗，以贿赂为交际，以嘱托为当然，以循情为盛德，以请教为谦厚。闻有司管选者，每遇朝退，则三五成群，如墙而遮留之，讲升，讲调，讲地方，讲起用。既唯唔矣，则又有遮留者，恒至噆干舌敝而后脱。一至署中，则以私书至，其三五联名者谓之公书，填户盈几，应接不暇，面皮世界，书帕长安。[①]

驯至科场亦讲关节，勾结试官，出卖题目。[②]辅臣——内阁大学士是行政中枢最高人物，也多由贿赂太监入阁，黄尊素说：

> 大拜之事，相传必用间金数万，有类富人为注。馆中诸公明对人名，某某俱有以数万获之。沈吴兴（淮）入相，诱洞庭翁姓者五万金，以总戎许之。其余废弁弃官以千金进者不可胜计。即他相号称贤者往往为之。[③]

其他著例如高拱之复相，由于邵芳行贿大珰。[④]周延儒之复相，由于吴昌时之交关近侍。[⑤]富人地主废弁弃官大家凑钱投资使某一人入阁执政，事成后以中外要官为酬佣分红之报偿，再从

---

① 《赵忠毅公文集》卷三。
② 参见《研堂见闻杂记》。
③ 《说略》。
④ 参见于慎行：《谷山笔麈》卷二。
⑤ 参见《明史》卷三〇八，《周延儒传》。

所任官上科敛搜括，收回资本和利息，这是明代的吏治，也是明代所以亡国之主因！

五、乡绅——举、贡、生员和乡官

见任官作恶于外，乡绅——乡官和绅衿——则作恶于乡里。赵翼曾说：

> 前明一代风气，不特地方有司私派横征，民不堪命。而缙绅居乡者亦多倚势恃强，视细民为鱼肉，上下相护，民无所控诉也。①

在农业社会的家族集团之下，乡绅的身份不但是荫及子孙，并且荣及祖考，一人及第，举族登天。其所以敢于作恶，第一因为他们是统治阶级的中坚分子，有法律上的特殊而且多方面的保障。第二因为乡官多半是显宦，他的政治地位必然高于地方守令，举、贡、生员则为将来之显宦，地方官也不敢或不愿得罪。谢肇淛论吏治与巨室说：

> 今之仕者，宁得罪于朝廷，无得罪于官长；宁得罪于小民，无得罪于巨室。得罪朝廷者，竟冒批鳞之名；得罪于小民者，可施弥缝之术。惟官长、巨室，朝忤旨而夕报罢矣。欲吏治之善，安可得哉！②

---

① 《廿二史劄记》卷三四，《明乡官虐民之害》
② 《五杂俎》卷一三，《事部》。

赵南星也说：

> 夫吏于士者，不过守令。而乡官之中多大于守令者，是
> 以乡官往往凌虐平民，肆行吞噬，有司稍稍禁戢，则明辱暗
> 害，无所不至。[①]

第三明人重年谊和乡谊，科举的同榜构成师生和同年的政治
关系，同一乡里则又构成同乡关系。这两种关系在政治上的表
现，是党争；在地方的反映，是利用在朝的座主、同年、同乡来
控制地方守令，使其顾惜前途，不敢加以钤制。尤其是父兄或子
弟在朝的乡绅，更是势焰熏赫，奴使守令，成为地方政府的太上
政权。

乡绅作恶于乡里，方面很多。第一是包揽词讼，嘱托官府。
举例说：

> 永乐二十年（1422 年）八月壬寅，皇太子谓吏部、刑
> 部、都察院臣曰：比年各处闲吏群聚于乡，或起灭词讼，扰
> 揽官府，虐害平民，为患不少。[②]

陶奭龄记：

> 今寒士登第……谒选之官……及其罢官归休，则恣横
> 于乡党，居间请托，估计占夺，无所不至，安得国有廉吏，
> 乡有端人？[③]

---

① 《赵忠毅公文集》卷一三。
② 《明成祖实录》卷二五〇。
③ 《小柴桑喃喃录》卷上。

刘宗周《责成巡方职掌疏》说：

> 江南冠盖辐辏之地，无一事无绅衿孝廉把持，无一时无绅衿孝廉嘱托，有司惟力是视，有钱者生。且亦有衅起琐亵，而两造动至费不资以乞居间之牍，至辗转更番求胜，皆不破家不已。甚至或径行贿于问官，或假抽丰于乡客，动盈千百，日新月盛。[①]

顾公燮记明季缙绅云：

> 明季搢绅……尤重师生年谊，平昔稍有睚眦，即嘱抚按访挐。甚至门下之人，遇有司对簿将刑，豪奴上禀主人呼唤，立即扶出，有司无可如何。其他细事，虽理曲者亦可以一帖弭之。[②]

甚至以理学自命，正襟危坐者，也要干涉官府，艾南英《复陈怡云公祖书》：

> 敝乡理学之盛，无过吉安。嘉隆以前，大概质行质言，以身践之。近岁自爱者多，而亦不无仰愧前哲者，田土之讼，子女之争，告讦把持之风，日有见闻，不肖视其人皆正襟危坐以持论相高者也。[③]

第二是隐庇徭役，靠损小民。顾亭林说：

> 天下之病民者有三：曰乡官，曰生员，曰吏胥，是三者

---

① 《刘子文编》卷五。
② 《消夏闲记摘抄》卷上。
③ 《天傭子文集》卷六。

法皆得以复其户而无杂泛之差，于是杂泛之差乃尽归于小民。今之大县至有生员千人以上者，比比也。且如一县之地有十万顷，而生员之地五万，则民以五万而当十万之差矣。一县之地有十万顷，而生员之地九万，则民以一万而当十万之差矣。民地愈少，则诡寄愈多；诡寄愈多，则民地愈少，而生员愈重。富者行关节以求为生员，而贫者相率而逃且死。故生员之于其邑人，无丝毫之益，而有丘山之累。然而一切考试科举之费，犹皆派取于民，故病民之尤者生员也。①

钱谦益《谭公墓志铭》：

吴中士大夫……田连阡陌，受请寄，避繇役，贻累闾里。②

至于一般地主，子弟太不成才，无法进学校，则以金钱营充中外各机关吏役。英宗正统七年（1442年）应天府尹李敏奏：

本府上元、江宁二县富实丁多之家，往往营充钦天监、太医院阴阳、医生，各公主府坟户，太常、光禄二寺厨役及女户者。一户多至一二十丁，俱避差役，负累小民。③

或窜名府县为隶卒：

奸民避役者，率役司府为隶卒，主者纳其赂而庇之。多者百余人，少者亦七八十人。④

---

① 《亭林文集》卷一，《生员论中》。
② 《初学集》卷五三。
③ 《明英宗实录》卷八九。
④ 何乔新：《何文肃公文集》卷二九，《太子太保朱公（英）神道碑》。

第三是豪夺田宅，有同白著，试以英宗朝事为例：

> 正统元年（1436年）十月戊寅，命监察御史李彝、于奎往南京，赐之敕曰：比者南京有等权豪之人，不畏公法，侵凌军民，强夺田亩，占据市肆，隐匿军囚，种田看庄小人依附为非，良善被其扰害。①

> 彝等廉得中官外戚所占田地六万二千三百五十亩。房屋一千二百二十八间。②

景泰二年（1451年）户部所议宽恤条例中说：

> 顺天、河间等府县地土，多被官豪蒙眬奏讨，及私自占据，或为草场，或立庄所，动计数十百顷，间接小民纳粮地亩，多被占夺，岁赔粮草。③

成化十年（1474年）蒋琬上言：

> 大同、宣府诸塞腴田无虑数十万，悉为豪右所占。畿内八府良田半属势要家，佃民失业。④

弘治（1488—1505）时外戚王源占夺民产至二千二百余顷：

> 外戚源赐田初止二十七顷，乃令其家奴别立四至，占夺民产至二千二百余顷。及贫民赴告，御史刘乔徇情曲奏，致源无忌惮，家奴益横。⑤

---

① 《明英宗实录》卷二三。
② 《明英宗实录》卷二九。
③ 《明英宗实录》卷二〇一。
④ 《明史》卷一五五，《蒋贵传》。
⑤ 《明史》卷三〇〇，《王镇传》。

世宗时夏言《奉敕勘报皇庄及功臣国戚田土疏》说：

> 近年以来，皇亲侯伯凭借宠昵，奏讨无厌，而朝廷眷顾优隆，赐予无节，其所赐地土多是受人投献，将民间产业夺而有之。如庆阳伯受奸民王政等投献，奏讨庆都、清苑、清河三县地五千四百余顷。如长宁伯受奸民魏忠等投献，奏讨景州东光等县地一千九百余顷。如指挥佥事沈傅、吴让受奸民马仲名等投献，奏讨沧州静海县地六千五百余顷。以致被害之民，构讼经年，流离失所，甚伤国体，大失人心。①

景恭王于嘉靖四十年（1561年）之国，多请庄田，其他土田湖波侵入者数万顷。②潞王在京邸时王店王庄遍畿内，居藩田多至四万顷。③福王之国时，诏赐庄田四万顷，中州膄土不足，取山东、湖广田益之，尺寸皆夺之民间，伴读、承奉诸官假履亩为名，乘传出入，河南北齐楚间所至骚动。④假如照人口和土地的比率，平均每一小农耕种十亩的话，那明末一个亲王就国，以法令所占夺的田土，够四十万个小农家的生活，再以每家平均五口计算，一亲王夺田四万顷，就有二百万农民饿死。

第四是擅役乡民，广兴造作。例如武宗朝之焦芳：

> 芳居第宏丽，役作劳数郡。⑤

松江之钱尚书：

---

① 《桂洲文集》卷一三。
② 参见《明史》卷一二〇，《景王传》。
③ 参见《明史》卷一二〇，《潞王传》。
④ 参见《明史》卷一二〇，《福王传》。
⑤ 《明史》卷三〇〇，《焦芳传》。

松江钱尚书治第，多役乡人，砖甓亦取给于役者。有老佣后至，钱责之，对曰：某担自黄瀚坟，路远故迟耳。钱益怒，答曰：黄家坟亦吾所筑，其坟亦取自旧冢，勿怪也。[1]

世宗朝之严世蕃：

世蕃得罪后，与罗龙文日诽谤时政，其治第役众四千。[2]

第五是营放收息，重利盘剥。方孝孺记：

洪武初，宁海及邻县饥，里中富人以麦贷贫乏者，每斗责谷二斗三升，乘时取倍获之息。[3]

成祖朝宗室有以取息虐民遭戒敕者：

永乐十年（1412年）敕靖江之辅国将军赞亿曰：监察御史言尔交通卫卒，以钱货民，多取利息，至系人妻孥，逼胁鬻居以偿所负，国家旧制四品以上官不得与民争利，汝宗室之亲，乃恣肆如此乎？[4]

宣宗朝政府且指出高利贷为贫民流移之一因：

宣德五年（1430年）九月戊申，上谕掌行在户部事兵部尚书张本曰：闻各处细民，多因有司失于抚字，及富豪之家施贷取息过虐，以致贫窘，流移外境。[5]

① 文林：《琅玡漫抄》。
② 《明史》卷三〇八，《严嵩传》。
③ 《逊志斋集》卷二一，《童贤母传》。
④ 《明成祖实录》卷一二五。
⑤ 《明宣宗实录》卷七〇。

英宗朝至重申权豪势要违例收息之禁：

> 正统五年（1440年）四月乙未，严违例收息之禁。先是驸马都尉石璟家奴诉领璟银钞借与卫军，取索不还，乞为追理。上命行在户部检例言，洪武旧制，凡公侯内外文武四品以上官不得放债。永乐中亦尝禁约。今璟家奴放债而欲官追，于法有违。上命行在都察院执问惩治，仍揭榜申明旧制，严加禁约，有权豪势要仍前故违，及有司听嘱同害百姓者俱罪不宥。①

但此禁例，亦显然只是具文，观下引一事可知：

> （外戚）孙忠家奴贷子钱于滨州民，规利数倍。有司望风奉行。民不堪诉诣朝，言官交章劾之，命执家奴戍边，忠不问。②

至各地方则更豪无忌惮，以为兼并蚕食之手段：

> 正统十三年（1448年）六月甲申，浙江按察使轩輗言：各处豪民私债，倍取利息，至有奴其男女，占其田产者，官府莫敢指斥，小民无由控诉。③

小民无力偿纳，往往破产，吴宽记：

> 民岁漕粟输纳多不足，豪家利以金贷，比比破产。④

---

① 《明英宗实录》卷六六。
② 《明史》卷三〇〇，《孙忠传》。
③ 《明英宗实录》卷一六七。
④ 《匏翁家藏集》卷七〇，《隆池阡表》。

或则以田产典质，无力取赎，产去而税存：

> 正统元年六月戊戌，湖广辰州府沅陵县奏：民多因赔纳
> 税粮，充军为事贫乏，将本户田产，典借富人钱帛，岁久不
> 能赎，产去税存，衣食艰难。[①]

或则以房屋抵押，无力取赎，即被没收：

> 正统六年五月甲寅，直隶淮安府知府杨理言：本府贫民
> 以供给繁重，将屋宅典与富民，期三年赎以原本，过期即立
> 契永卖。以是贫民往往趁食在外，莫能招抚。[②]

或借则以银，而偿则以米，取数倍之息。顾炎武记：

> 日见凤翔之民，举债于权要，每银一两，偿米四石，此
> 尚能支持岁月乎？[③]

政府虽明知有这种兼并情形，也只能通令私债须等丰收时偿
还，期前不得追索。可是结果这一仕宦阶级就因此索性不肯借
贷，农民在春耕时，修理农具，准备种子，收购肥料，在在需
钱，平时则或有疾病死亡，苛税力役，都非钱不办，一遇天灾兵
祸，更是一筹莫展，政府不能救济，乡绅地主又拒绝借贷，贫农
更是走投无路。政府只好又自动把这法案取消，让地主得有法律
上允许的自由兼并的机会：

> 景泰二年（1451 年）八月癸巳，刑部员外郎陈金言：

---

① 《明英宗实录》卷一八。
② 《明英宗实录》卷七九。
③ 《亭林文集》卷三，《病起与蓟门当事书》。

军民私债，例不得追索，俟丰稔归其本息。以此贫民有急，偏叩富户，不能救济。宜听其理取。从之。①

第六是擅抽私税，扰苦商民。宣德八年（1433 年）顺天府尹李庸言：

> 比奉命修筑桥道，而豪势之家，占据要路，私搭小桥，邀取行人，榷取其利，请行禁革。上曰：豪强擅利至此，将何所不为？命行在都察院揭榜禁约，不悛者具以名闻。②

英宗时驸马都尉焦敬至私科商税，为有司举发，奉特旨赦罪：

> 正统元年（1436 年）十二月甲申，驸马都尉焦敬令其司副李昶于文明门外五里建广鲸店，集市井无赖，假牙行名，诈税商贩者钱，积数十千。又于武清县马驹桥遮截磁器鱼枣数车，留店不遣。又令阎首马进于张家湾溧阳闸河诸通商贩处诈收米八九十石，钞以千计。事觉下刑部，昶等俱引伏。尚书魏源上其罪，请执敬治之。上曰：姑赦敬、昶等，征其赃，人杖八十释之。③

宪宗时著令严治，入律正条：

> 成化十五年（1479 年）七月二十二日节该，钦奉宪宗皇帝圣旨，管庄佃仆人等占守水陆关隘，抽分揸取财物，挟

---

① 《明英宗实录》卷二〇七。
② 《明宣宗实录》卷一〇七。
③ 《明英宗实录》卷二五。

制把持害人的，都发边卫永远充军。钦此！ [1]

但到世宗时，犯者仍不过输赎：

> 嘉靖二十年（1541 年）言官劾勋爵权豪家置店房，科
> 私税。惠安侯张镧亦预，输赎还爵。[2]

第七是经营商业，和民争利，如行商中盐，例如成祖朝之
蔡福：

> 永乐八年（1410 年）十月乙未，行在都察院左副都御
> 史李庆言：公侯都督往往令家人子弟行商中盐，凌铄运司及
> 各场官吏，倍数多支。朝廷申明旧制，四品以上官员之家，
> 不许与民争利。已令罢支，今都督蔡福等妄行奏请，既付于
> 法，其公侯有犯者，亦宜鞫治。上曰：姑勿治。令户部榜谕
> 禁止。[3]

宪宗朝之赵阳：

> 成化十七年（1481 年）中官赵阳等乞两淮盐十万引，
> 帝已许之。户部左侍郎潘荣等言，近禁势家中盐，诏旨甫
> 颁，而阳等辄违犯，宜正其罪。帝为切责阳等。[4]

这一阶级以其雄厚之财力，政治之背景，独占市场，操纵物
价，小商人因之失业破产，弊不可言，英宗时曾敕户部指出这一
弊端：

---

① 《明律条例·名例》。
② 《明史》卷三〇〇，《张麒传》。
③ 《明成祖实录》卷一〇九；《明史》卷一五〇，《李庆传》。
④ 《明史》卷一五七，《潘荣传》。

正统九年（1444年）四月壬辰，敕户部曰：朝廷令人易纳马草，开中盐场，本期资国便民。比间各场纳草之人，多系官豪势要及该管内外官，贪图重利，令子侄家人伴当，假托军民，出名承纳。各处所中盐粮亦系官豪势要之家占中居多，往往挟势将杂糙米上仓，该管官司畏避权势，辄与收受，以致给军，多不堪用。及至支盐，又嘱管盐官挨越关支，倍取利息，致无势客商，守支年久不能得者有之。丧资失业，嗟怨莫伸，其弊何可胜言！①

如开行列肆，例如世宗朝之郭勋：

翊国公郭勋被劾下狱，有司勘勋京师店舍多至千余区。②

周能父子：

周瑛嗣封庆云伯，封殖过于父。嘉靖中于河西务设肆邀商贷，虐市民，亏国课……周寿尝奉使道吕梁洪，多挟商艘，主事谢敬不可。寿与关，且劾之，敬坐落戠。③

楚中宗室之开紬帛店：

楚宗错处市廛者甚多，经纪贸易与市民无异。通衢诸紬帛店俱系宗室。间有三吴人携负至彼开铺者，亦必借王府名色。④

---

① 《明英宗实录》卷一一五。
② 《明史》卷一三〇，《郭英传》。
③ 《明史》卷三〇〇，《周能传》。
④ 包汝楫：《南中纪闻》。

吴中士大夫之急于货殖，黄省曾记：

> 自刘氏、毛氏创起利端，为鼓铸囤房，王氏债典，而大
> 村名镇必张开百货之肆，以榷管其利，而村镇之负担者俱
> 困，由是累金百万。至今吴中搢绅仕夫，多以货殖为急，若
> 京师官店六郭开行债典兴贩盐酤，其术倍克于齐民。①

至福建则以地势濒海，豪绅巨室多投资于海外贸易，在禁海
时期，称为通蕃。何乔新《福建按察司副使辛公（访）墓表》：

> （访）奉敕巡视海道。濒海大姓私造海舰，岁出诸番市
> 易，因相剽杀。公捕其党渠，没入其舰，事连达官，穷治甚
> 急。其家讼于御史，诬公激变良民。或劝公少缓其狱，公奋
> 曰：吾宁报法而死，不思卖法而生也。于是奸民屏息，海道
> 肃清。②

蔡清《椒丘先生（何乔新）传》记福清薛氏：

> 福清薛氏以所居濒海，岁出诸蕃互市，事觉，遂聚众欲
> 为乱。先生掩其不备，尽获其渠，海道以宁。③

海上风涛险恶，一有亏折，便掳掠行旅，成为海盗，张
燮说：

> 闽在宋元俱设市舶司，国初因之，后竟废。成弘之际
> （1465—1505），豪门巨室，间有乘巨舰贸易海外者，奸人

---

① 《吴风录》。
② 《何文肃公文集》卷三一。
③ 《何文肃公文集》外集。

阴开其利窦，而官人不得显收其利权，初亦渐享赢，后乃勾引为乱，至嘉靖而弊极矣。[①]

甚或加入倭寇，为之向导，为虎作伥。由此当时的仕宦阶级以利害不同分裂为两派相对立，在内地兼并农民寄生于土地的主张禁海，片帆不许出港，绝通蕃即所以绝倭寇。在沿海经营海外贸易寄生于海洋的，就主张开放海禁，重设市舶司，以为海通后贸易发达，人民生计优裕，海盗自然绝迹。这两派的争论甚至影响国策和政局，嘉靖时朱纨的自杀就是一个著例：

朱纨长洲人……嘉靖二十六年（1547年）七月倭寇起，改提督浙闽海防军务巡抚浙江。初明祖定制，片板不许入海。承平久，奸人阑出入勾倭人及佛郎机（葡萄牙）诸国入互市。闽人李光头、歙人许栋据宁波之双屿，司其质契。势家护持之，漳、泉为多，或与通婚姻。假济渡为名，造双桅大船，运载违禁物，将吏不敢诘也。或负其直，栋等即诱之攻剽，负直者胁将吏捕逐之，泄师期令去，期他日偿，他日至，负如初，倭大怨恨，益与栋等合……纨巡海道……谓不革渡船，则海道不可清；不严保甲，则海防不可复。上疏具列其状，于是革渡船，严保甲，搜捕奸民。闽人资衣食于海，骤失重利，虽士大夫家亦不便也，欲沮坏之……势家既失利，则宣言被禽者皆良民，非贼党，用摇惑人心……纨执法既坚，势家皆惧……纨且曰：去外国盗易，去中国盗难；去中国濒海之盗犹易，去中国衣冠之盗尤难。闽浙人益恨之……吏部用御史闽人周亮及给事中叶镗言，奏改纨巡

---

① 《东西洋考》卷七，《饷税考》。

视以杀其权……中朝士大夫先入浙闽人言，亦有不悦纨者矣……纨语复侵诸势家。御史陈九德遂劾纨擅杀，落纨职，命兵科都给事中杜汝祯按问。纨闻之，慷慨流涕曰：吾贫且病，又负气不任对簿，纵天子不欲死我，闽浙人必杀我，吾死，自决之，不须人也。制圹志作绝命词，仰药死……未几海寇大作，毒东南者十余年。[1]

这是一次大陆和海洋的斗争，也是农业和商业的斗争，朱纨代表内地的农业地主的利益，周亮、叶镗、陈九德等闽浙人则代表沿海的新商业资本家的利益。我国祖先从西北向东南发展，到十四五世纪已发展到尽头，尤其是闽浙人多地狭，向南发展到海洋本是一个自然的趋势，明初的禁海令是反时代潮流的。朱纨的死，正说明是这反时代潮流的必然的牺牲。也说明这时代的新商业资本家在政治上和社会上的力量。

第八是抑买货物，占夺水利，例如明初之番禺土豪：

番禺土豪数十人，遇闾里珍货，辄抑价买之，稍不如意，即诬以钞法，人莫敢谁何。[2]

明末之温体仁：

御史毛九华劾体仁居家时，以抑买商人物，为商人所诉，赂崔呈秀以免。[3]

弋阳官陂之碓磨：

---

① 《明史》卷二〇五，《朱纨传》。
② 《明太祖实录》卷一三三；《明史·道同传》。
③ 《明史》卷三〇八，《温体仁传》。

正统八年十二月戊戌，吏部听选官胡秉贤言：臣原籍
江西弋阳县，有官陂二所，民田三万余亩，借其灌溉。近
年被沿陂豪强之人，私创碓磨，走泄水利，稍有旱暵，民
皆失望。[1]

西湖菱芡之利：

杭州西湖傍近，编竹节水，可专菱芡之利，而惟时有势
力者可得之。故杭人有俗谣云：十里湖光十里笆，编笆都是
富豪家，待他十载功名尽，只见湖光不见笆！[2]

**顺德之占沙抢割，陈邦彦《中兴政要书·保民篇》第三《禁
侵渔》：**

臣乡田多近海，或数十年辄有浮生。势豪之家，以承饷
为名，而影占他人已成之税田，认为己物，业户畏之而不敢
争，官司闻之而不能直，此所谓占沙也。及至秋稼将登，豪
家召募打手，驾使大船，列刃张旗，以争新占之业。其后转
相摹仿，虽夙昔无因者，亦皆席卷而有之，耕者之少不敌抢
者之多，或杀越折伤而不能问，此所谓抢割也。斯二者小民
积怨深怒，皆归怒于乡绅……去冬寇犯彬、桂，民言至有愿
寇之来与乡绅俱毙者。[3]

"时日曷丧，予与汝偕亡。"这两句话正可做明代农民对乡
绅的怨恨的注脚。

---

① 《明英宗实录》卷一一一。

② 叶盛：《水东日记》卷一四。

③ 《岩野先生集》卷一。

第九是淫虐杀人，无恶不作。例如杨稷：

> 杨士奇子稷居乡，尝横暴杀人，言官交劾。朝廷不加法，以其章示士奇。又有人发稷横虐数十事，乃下之理。①

梁次摅：

> 梁储子次摅为锦衣百户。居家与富民杨端争民田，端杀田主，次摅遂灭端家二百余人。武宗以储故，仅发边卫立功。②

这两个都是阁臣的儿子，在家当乡绅，前一个到杨士奇死后才正法，后一个则仅发边卫充军了事。又如衍圣公案：

> 成化丙戌（1466年）三月癸卯，衍圣公孔弘绪坐奸乐妇四十余人，杀无辜四人，法当斩，以宣圣故，削爵为民，以弟洪泰代官。③

同一年的张真人案：

> 四月戊午，正一嗣教大真人张元吉坐僭用器物，擅易制书，强夺子女，先后杀平人四十余人，至有一家三人者。法当凌迟处死，下狱禁锢。寻杖一百戍铁岭，而子亥庆得袭。元吉竟以母老放归。④

这一对又因为是孔子和张道陵的子孙，是几千年来的老牌乡

---

① 《明史》卷一四八，《杨士奇传》。
② 《明史》卷一九〇，《梁储传》。
③ 王世贞：《弇山堂别集》卷一八。
④ 王世贞：《弇山堂别集》卷一八。

绅，虽然是穷凶极恶的杀人犯，也竟可以逍遥法外，并且其地位还许其子弟承袭！又如程峒至公开和地方士民相杀，彭孙贻记：

> 永平荐绅程峒蓄苍头健儿数百，为害里党。士民揭竿与角，相杀亡算。[1]

甚至以理学自命的正人君子，也私法杀人：

> 罗伦里居，立乡约以整顿风俗，其法甚严，莫敢不遵，独有强梁二人不服，且屡违教令，乃命其徒共执投水中。[2]

此外如王应熊任首辅，其弟王应熙在乡作恶的罪状至四百八十余条，赃一百七十余万。[3]温体仁、唐世济的族人，甚至作盗，为盗奥主。[4]汤一泰倚从子汤宾尹之势，强夺已字之女，逼之至死。[5]文学家茅坤的家人也倚仗主势，横行乡里。[6]陈于泰、陈于鼎的兄弟在乡作恶，致引起民变。[7]

国法不论是非，但论社会阶级，议亲则裙带，议贵则家族，有钱有势有地位的都可无所不为，无恶不作，农民无所控诉，只好造反：

> 白莲贼徐鸿儒薄胜县，民什九从乱。知县姬文允徒步叫号，驱吏卒登陴不满三百，望贼辄走，存者才数十。问何故

---

① 《茗齐杂记》。
② 沈德符：《野获编补遗》卷二。
③ 参见《明史》卷二五三，《王应熊传》。
④ 参见《明史》卷二五七，《冯元飚传》。
⑤ 参见《明史》卷三〇三，《徐贞女传》。
⑥ 参见《明史》卷二八七，《茅坤传》。
⑦ 参见《明史》卷二四五，《蒋英传》。

从贼，曰：祸由董二。董二者，故延绥巡抚董国光子也，居乡贪暴，民不聊生，故从贼。[①]

替乡绅作恶的爪牙是豪奴悍仆。奴仆的来源，一是价买，例如杨继盛遗嘱所说：

曲钺他若守分，到日后与他地二十亩，村宅一小所。若是生事，心里想回去，你就令你两个丈人商议告着他……原是四两银子买的他，放债一年，银一两得利六钱，按著年问他要，不可饶他，恐怕小厮们照样行，你就难管。[②]

一是投靠，如顾公燮所记：

明季搢绅，豪奴悍仆，倚势横行，里党不能安居，而市井小民，计惟投身门下，得与此辈水乳交融，且可凭为城狐社鼠，由是一乡一邑之地，挂名僮仆者十有二三。[③]

尤其是一般小农，稍有田产，仅可生活，经不起苛税和里役的剥削，唯一的办法是投靠乡绅之门为奴，借以逃避对国家的负担。徐阶是嘉靖朝的名相，家人多至数千，大半都是由投靠而来。于慎行说：

华亭家人多至数千，有一籍记之，半系假借。海（瑞）至相君第，请其籍削之，仅留数百以供役使，相君无以难也。[④]

---

① 《明史》卷二九〇，《姬文允传》。
② 《杨忠愍公集》卷三，《遗嘱》。
③ 《消夏闲记摘抄》卷上。
④ 《谷山笔麈》卷五。

二者都立有身契，世世子孙不能改，奴倚主以避税避役，横行作恶；主则利用奴作爪牙，作敲诈的工具，如明后期娄东情形：

> 娄风俗极重主仆，男子入富家为奴，即立身契，终身不敢雁行立。有役呼之，不敢失尺寸，而子孙累世不得脱籍，间有富厚者以多金之，即名赎而终不得与等肩，此制驭人奴之律令也。然其人任事，得因缘上下，累累起家为富翁，最下者亦足免饥寒，更借托声势，外人不得轻相呵，即有犯者，主人必极力卫捍，此其食主恩之大略也。①

如黄尊素所记宛刘氏事：

> 宛有刘氏者登戊戌第，其先世济恶。父以一日杀太平夫妇三人系狱，子登第得脱。刘自戊午自上江道罢秩，即蓄仆从数百人，养陆博酒徒数十辈，田宅之美者，子女之少者皆钩致之，以罄其所有，或把其阴事，或因其怨家，名谓投献。以是膏腴厌丰国中，民间百舍中产无不失业。诉于道府，置不为理。②

和平民不同的是不许读书应试和通婚。谢肇淛说：

> 长乐（奴庶）之禁甚厉。为人奴者，子孙不许读书应试，违者必群击之。及之新安，见其俗不禁出仕而禁婚姻。③

---

① 《研堂见闻杂记》。
② 《说略》。
③ 《五杂俎》卷一四，《事部》。

主奴的关系纯由金钱造成，用法律保障。一到社会局面改变的时候，秩序扰乱，法律无灵。17世纪中叶，遂发生普遍的奴变。①

六、生活与文化

这时代这一阶级的生活，除了极少数的例外，可以用"骄奢淫逸"四字书之。风行草偃，以这阶级作重心的社会，也整个地被濡染在风气中。由这种生活和风气所产生的文化，当然也是多余的，消费的，颓废的。

骄奢淫逸的生活，在明代前期即已有人具体地指出，以当时的首都京师——北京作代表，一事佛，二营丧，三服食，四倡优，五赌博：

> 正统十三年（1448年）八月己卯，巡按直隶监察御史陈鉴言：今风俗浇浮，京师为甚。冠襁窃发，畿甸为多。此愚者以为迂缓不急之务，而知者所深虑也。臣推其故有五：其一军民之家，事佛过盛，供养布施，倾赀不吝。其二营办丧事，率至破家，唯夸观视之美，实非送死之益。其三服食靡丽，侈用伤财。其四倡优为蠹，淫败无极。其五赌博破产，十凡八九。凡此数者，前此未尝不禁，但禁之不严，齐之无礼，日滋月炽，害治非细。请下有司申明国初条例，参以前代礼制，务使其简而易知，畏而不犯，则盗贼可以消

---

① 另详吴晗：《明季奴变考》。

弭，而风俗可以还淳。礼部尚书胡滢等以为所言者已尝屡有禁令，无庸别作施行。事遂止。①

五十年后，周玺上疏说出当时奢侈的生活：

> 中外臣僚士庶之家，靡丽侈华，彼此相尚，而借贷费用，习以为常。居室则一概雕画，首饰则滥用金宝，倡优下贱以绫缎为袴，市井光棍以锦绣缘袜，工匠厮役之人任意制造，殊不畏惮。虽朝廷禁止之诏屡下，而奢靡僭用之习自如。②

又过五十年，嘉靖时（1522—1566）钱薇则以为弘治间（1488—1505）侈在勋戚，正德间（1506—1521）奢乃在士大夫。他说：

> 党蓝田昔游京师，在弘治间，士大夫彬彬以礼自饬，诸勋戚乃有侈而泰者。正德时奢乃在士大夫，石齐阁老与宁、堂辈序约兄弟，每饮，赏庖役白金多或至二百，噫！宴劳之滥，自此始矣。③

到世宗朝严氏父子当国，穷奢极欲的风气，遂达顶点。例如严家子孙的生活：

> 严嵩孙严绍庚、严鹄等尝对人言，一年尽费二万金，尚苦多藏无可用处。于是竞相穷奢极欲。④

---

① 《明英宗实录》卷一六九。
② 《垂光集》卷一，《论治化疏》。
③ 《承启堂稿》卷二六，《故锦衣党蓝田墓志铭》。
④ 田艺蘅：《留青日札》。

严嵩门下邹懋卿的生活：

> 恃严嵩之势，总理两浙、两淮、长芦、河东盐政。性奢
> 侈，至以文锦被厕，白金饰溺器。其按部尝与妻偕行，制五
> 彩舆，令十二女子异之，道路倾骇。[①]

朱国桢把这时代和永乐时代比较说：

> 永乐时阁臣子弟至附舟潜行，盖国初规制如此。即大臣
> 不敢过分，何况子弟？余入京见阁臣子弟驾驿舟极宏丽，气
> 势烜赫，所司趋奉不暇，乡里亲戚皆缘为市。其风大约起于
> 严氏父子，后遂不能禁，且尤而效之也。[②]

万历初年名相张居正奉旨归葬时，沿途地方官挖空心思
趋奉：

> 一真定守钱普创为坐舆，前舆后室，旁有两庑，各立一
> 童子供使令，凡用异夫三十二人。所过牙盘上食味逾百品，
> 犹以为无下箸处。[③]

闹阔的风气，也影响到民间婚姻，索重聘，陪厚嫁，有类唐
代的卖婚。徐渭记浙东情形：

> 吾乡（山阴）近世嫁娶之俗浸薄，嫁女者以富厚相高。
> 归之日，担负舟载，络绎于水陆之涂，绣袱冒箱筒如鳞，往
> 往倾竭其家。而有女者益自矜高，闭门拱手以要重聘。取一

---

① 《明史》卷三〇八，《严嵩传》。
② 《涌幢小品》卷九。
③ 《明史》卷二一三，《张居正传》。

第若被一命，有女虽在襁褓，则受富家子聘，多至五七百金，中家半之，下此者人轻之，谈多不及也，相率以为常。①

崇祯十二年（1639年）杨嗣昌上疏说：

> 海内士大夫自神皇末年相习奢侈，凡宫室车马衣服器用之属，无不崇饰华丽，迈越等伦。即或清高自命，宦囊无多，亦称贷母钱，缔构园亭卉木，耽娱山水诗文，以是优游卒岁为快。其亲串朋好，偶逢吉庆生辰，相率敛钱，造杯制帐，更迭酬赠，以为固然。臣等身在流俗之中，沿染至今，皆不能免。②

堵允锡上疏斥奢淫之习说：

> 冠裳之辈，怡堂成习，厝火忘危。膏粱文绣厌于口体，宫室妻妾昏于志虑，一篑之费数金，一日之供中产，声伎优乐，日缘而盛。夫搢绅者士民之表，表之不戒，尤以成风。于是有纨绮子弟，益侈豪华之志，以先其父兄。温饱少年，亦竞习裘马之容，以破其家业，挟弹垆头，呼卢伎室，意气已骄，心神俱溃，贤者丧志，不肖倾身，此士人之蠹也。于是又有游手之辈，习谐媚以蛊良家子，市井之徒，恣凶谲以行无赖事，白日思群，昏夜伏莽，不耕不获，生涯问诸傥来，非士非商，身业寄于亡命，狐面狼心，冶服盗质，此庶人之蠹也。如是而风俗不致颓坏，士民不致饥寒，盗贼不致风起者，未之有也。③

---

① 《徐文长文集》卷二〇，《赠妇翁潘公序》。
② 《杨文弱集》卷三三，《访据疏》。
③ 《堵文忠公集》卷二〇，《救时二十议疏》。

大声疾呼，无人理睬，流贼起而明遂亡。

从上文所引的从正统到崇祯的史料看，可见这是一个时代的风气，也是造成这时代的这一阶级的风气。

这一阶级的生活趣味，全部建筑在金钱上。一生的前半期耗费在科举上，等到登科入仕以后，八股文固束之高阁，即切身的现实的如何做事，如何从政，国家的、民族的、社会的问题都一概不管。却用全副精神来讲求物质的享受，一般地说，都饱食终日，无所用心，只刻意谋生活的舒适，纳姬妾，营居室，筑园亭，侈饮食，备仆役，再进而召伎女，养优伶，事博弈。雅致一点或附庸风雅的更提倡玩古董，讲版刻，组文会，究音律。这一阶级人的生活风趣影响是文学、美术、建筑学、金石学、戏曲、版本学……使之具有特殊的时代的面目。

八股家幸而遭遇机缘，得了科名时，第一步是先起一个别号，如什么斋什么甫庵之类，以便于官场和同一阶级人的称呼。顾起元引王丹丘说，以为此风自嘉靖以后始盛。他说：

> 正德中士大夫有号者十有四五，虽有号，然多呼字。嘉靖年来，束发时即有号，末年奴仆舆隶俳优无不有之。①

第二步是娶一个姨太太，沈德符说：

> 搢绅羁宦都下，及士子卒业辟雍，久客无聊，多买本京妇女，以伴寂寥。②

王崇简也说：

---

① 《客座赘语》卷五，《建业风俗记》。
② 《万历野获编》。

> 明末习尚，士人登第后，多易号娶妾。故京师谚云：改
> 个号，娶个小。①

第三步是建筑适合身份的居室，做大官的邸舍之多，往往骇
人听闻。例如严嵩得罪籍没时的家产清单，光是第宅房屋一项，
在江西原籍共有六千七百零四间，在北京的共一千七百余间。②
陆炳用事时，营别宅至十余所。③郑芝龙在唐王偏安一隅的小朝
廷下，秉政数月，增置仓庄至五百余所。④顾起元说：

> 正德以前，房屋矮小，厅堂多在后面。或有好事者，
> 画以罗本，皆朴素浑坚不淫。嘉靖末年，士大夫家不必言。
> 至于百姓有三间客斤费千金者，金碧辉煌，高耸过倍，往
> 往重檐兽脊如官衙然。园囿僭拟公侯。下至勾栏之中，亦
> 多画屋矣。⑤

仕宦阶级经构园亭风气之盛，大概也是嘉靖以后的事。陶奭
龄说：

> 少时越中绝无园亭，近亦多有。然其间亦有人已之辨菜
> 径棘篱，林木蓊蕤，内有清池数亩，修竹数千，洞房素闼，
> 具体而微，北牖延风，南荣宾日，身可休老，子孙可诵读，
> 亲朋过从，亦可觞咏，为己者也。岩夫雕阑绮榭，杰观危
> 楼，修廊引带其间，花径汇缘而入，标奇踞胜，带霓饮云，

---

① 王崇简：《冬夜笺记》。
② 参见田艺蘅：《留青日札》。
③ 参见《明史》卷三〇七，《陆炳传》。
④ 参见林时对：《荷锸丛谈》卷四。
⑤ 《客座赘语》卷五，《建业风俗记》。

使夫望之者欲就，就之者欲迷，主人有应接之烦，无燕处之适，此为人者也。①

奭龄是万历时人。可见在嘉隆以前，即素称繁庶的越中，仕宦阶级尚未有经营园亭的风气。园亭的缔构，除自己出资建置外，大抵多出于门生故吏的报效，顾公燮说：

前明搢绅虽素负清名者，其华屋园亭，佳城南亩，无不揽名胜，连阡陌。推原其故，皆系门生故吏代为经营，非尽出己资也。②

王世贞记南京名园，王公贵戚有太傅园，西园，魏公南园、西园，锦衣东园，万竹园，西园，徐锦衣家园，金盘李园，徐九宅园，莫愁湖园，同春园，凤台园，武定侯园；士人则有市隐园，武氏园，正贡士杞园，遹园，逸园，尔祝园，吴孝廉园，何参知露园，卜太学味斋园，许典客长卿园，李象先茂才园，许长卿新园，无射园，汤太守熙台园，陆文学园，方太学园，张保御园，李民小园，武文学园，太复新园，华林园等园。③娄东（太仓）一邑有田氏园，安氏园，王锡爵园，杨氏日涉园，吴氏园，季氏园，尝氏杜家桥园，王世贞弇州园，王士骐约园，琅玡离薋园，王敬美澹园等数十园。④北京则有米仲诏湛园，勺园，漫园，宣家园，清华园等名园。⑤全国名都大邑，都竞相建筑，园

---

① 《小柴桑喃喃录》卷下。
② 《消夏闲记摘抄》卷上。
③ 参见《弇州山人四部稿·游金陵诸园记》。
④ 参见《弇州山人四部稿·娄东园亭志》。
⑤ 参见《燕都游览志》。

亭建筑学由之盛极一代，西洋教士东来后，将东方建筑意境带回欧洲，大大地影响了十七八世纪时代的欧洲园亭建筑。园中多凿水叠假山，郎瑛记：

> 近日富贵家之叠假山，是山之成也，自不能如真山之有生气，春夏且多蛇虺，而月夜不可乐也。[①]

张南垣至以叠石成名，为当时人造风景、园亭艺术专家，黄宗羲说：

> 三吴大家名园皆出其手。其后东至于越，北至于燕，召之者无虚日。[②]

对于饮食衣服，尤刻意求精，互相侈尚。正德时大臣宴会，赏赉庖役动至数百金。万历时张居正牙盘上食味逾百品，犹以为无下箸处。陶奭龄说：

> 近来人食酒席，专事华侈，非数日治具，水陆毕集，不敢轻易速客。汤饵者籢，源源而来，非惟口不给尝，兼亦目不周视，一筵之费，少亦数金。[③]

"一筵之费数金，一日之供中产。"平居则"耽耽逐逐，日为以腹谋"。张岱自述：

> 越中清馋，无过余者。喜啖方物。北京则苹婆果，黄鼠，马牙松。山东则羊肚菜，秋白梨，文官果，甜子。福建

---

① 《七修类稿》卷二。
② 《撰杖集·张南垣传》。
③ 《小柴桑喃喃录》卷上。

则福橘，福橘饼，牛皮糖，红腐乳。江西则青根，丰城脯。山西则天花菜。苏州则带骨鲍螺，山查丁，山查糕，松子糖，白圆，橄榄脯。嘉兴则马交鱼脯，陶庄黄雀。南京则套樱桃，桃门枣，地栗团，窝笋团，山查糖。杭州则西瓜，鸡豆子，花下藕，韭芽，元笋，塘栖蜜橘。萧山则杨梅，莼菜，鸠鸟，青鲫，方柿。诸暨则香狸，樱桃，虎栗。嵊则蕨粉，细榧，龙游糖。临海则枕头瓜。台州则瓦楞蚶，江瑶柱。浦江则火肉。东阳则南枣。山阴则破塘笋，谢橘，独山菱，河蟹，三江屯蛏，白蛤，江鱼，鲥鱼，里河鰦。远则岁致之，近则月致之，日致之。[①]

"家常宴会，但留心烹饪。庖厨之精，遂甲江左。"[②] 争奇斗巧，普通的作法不足以标新立异，于是别出蹊径，惨杀物命：

> 京师…宰杀牲畜，多以惨酷取味，鹅鸭之属，皆以铁笼罩之，炙之以火，饮以椒浆，毛尽脱落，未死而肉已熟矣。驴羊之类，皆活割取其肉，有肉尽而未死者，冤楚之状，令人不忍见闻……巨珰富戚，转相效尤，血海肉林，恬不为意。[③]

在这风气之下，专讲饮食烹调的食谱茶谱酒谱便成为这阶级的流行著作，饮食口腹之学也成为专门之学了。

同样衣服也由布而绸绢，由浅色而淡红。隆万时范濂说：

---

① 《陶庵梦忆》卷四，《方物》。
② 《陶庵梦忆》卷八，《张东谷好酒》。
③ 《五杂俎》。

布袍乃儒家常服，迩年鄙为寒酸，贫者必用紬绢色衣，谓之薄华丽，而恶少且从典肆中觅旧殷旧服，翻改新起，与豪华公子列坐，亦一奇也。春元必穿大红履，儒童年少者必穿浅红道袍，上海生员冬必服绒道袍，暑必用鬃巾绿伞，虽贫如思丹，亦不能免。稍富则绒衣巾盖益加盛矣。[1]

巾帽则变易更多，花样翻新，不可究诘。范濂又记：

余始为诸生时，见朋辈戴桥梁绒线巾，春元戴金线巾，搢绅戴忠靖巾。自后以为烦，俗易高士巾、素方巾，复变为唐巾、晋巾、汉巾、褊巾，丙午（1546年）以来，皆用不唐不晋之巾，两边玉屏花一对。而少年貌美者加犀玉奇簪贯发。综巾始于丁卯（1567年）以后，其制渐高，今又渐易。盈纱巾为松江上产，志所载者，今又有马尾罗巾、高淳罗巾，而马尾罗者与综巾似已乱真矣。童生用方包巾，自陈继儒出，用两飘带束顶，边亦去之，用吴门直罗头法，而狷儿更觉雅俏。瓦楞综帽在嘉靖初年唯生员始带，至二十年外则富民用之，然亦仅见一二，价甚腾贵。皆尚罗帽、纻丝帽。故人称丝罗必曰帽缎……万历以来，不论贫富皆用综，价亦甚贱，有四五钱七八钱者，又有朗素密结等名。[2]

此外又有玉壶巾、明道巾、折角巾、东坡巾、阳明巾等名色。[3] 妇女服饰，正德时多用璎珞：

---

① 《云间据目抄》。

② 《云间据自抄》

③ 参见余永麟：《北窗琐语》

正德元年（1506 年）妇女多用珠结盖头，谓之璎珞。①

嘉靖以后则愈趋繁杂，范濂说：

妇人头髻在隆庆初年，皆尚圆褊，顶用宝花，谓之挑心，两边用捧鬓，后用满冠倒插，两耳用宝嵌大环，年少者用头箍，缀以圆花方块。身穿裙袄，袄用大袖圆领，裙有销金拖。自后翻出挑尖顶髻，鹅胆心髻，渐见长圆，并去前饰，皆尚雅装，梳头如男人直罗，不用分发鬓髻，髻皆后垂，又名堕马髻，旁插金玉梅花一二对，前用金铰丝灯笼簪，两边用西番莲稍簪插两三对，发眼中用犀玉大簪横贯一二枝，后用点翠卷荷一朵，旁加翠花一朵大如手掌，装缀明珠数颗，谓之鬓边，花插两鬓边，又谓之飘枝花。耳用珠嵌金玉丁香。衣用三领窄袖，长三尺余，如男人穿褶，仅露裙二三寸。梅条裙拖，膝裤拖初尚刻丝，又尚本色，尚画，尚插绣，尚堆纱，近又尚大红绿绣，如藕莲裙之类，而披风便服并其梅条去之矣。②

髻则愈后愈高，董含说：

余为诸生时，见妇人梳髻高三寸许，号为新样。年来渐高至六七寸，蓬松光润，谓之壮丹头，皆用假发衬垫，其垂至不可举首。又仕官家或辫发螺髻珠宝错落，乌靴秃秃，貂皮抹额，闺阁风流，不堪过目，而彼自以为逢时之制也。③

---

① 《明史稿·五行志一·服妖》
② 《云间据目抄》。
③ 《三冈识略》。

生活上的穷奢极欲，再进一步便是狎妓。唐宋以来的官妓，到明初仍沿其制，刘玉记：

> （南京）江东门外，洪武间建轻烟、淡粉、梅妍、翠柳四楼，令官妓居之，以接四方贵客大贾，及士大夫休沐时往游焉。后士大夫多耽酒悦色废事，渐加制限。[①]

胡纳亦记：

> 台、温二郡，经方氏籍据之后，全乖人道。其地多倡家，中朝使者以事至，多挟倡饮，有司疲于供应。熊君鼎为浙金事，下永嘉令籍倡家数千，悉械送之京。[②]

至宣德三年（1428 年）左都御史刘观挟妓宴饮被斥，《明史》记：

> 时未有官妓之禁，宣德初臣僚宴乐，以奢相尚，歌妓满前。观私纳贿赂，诸御史亦贪纵无忌。[③]

次年复有萧翔等挟妓废事案：

> 七月丙寅，给事中贾谅、张居杰劾奏行在户部郎中萧翔等不理职务，日惟挟妓酣饮恣乐。命悉下之狱。上谓尚书夏原吉等曰：饮酒人之常情，朕未尝禁。但君子当以廉耻相尚，倡优贱人，岂宜袞狎。近颇闻此风盛行，如刘观辈尤甚，每趁人邀请，辄以妓自随，此辈仿效，若流而不返，岂

---

① 《己疟编》。

② 《见闻录》。

③ 《明史》卷一〇五，《刘观传》。

不大坏礼俗。大臣者小臣之表也，卿当以朕此言偏谕之。[1]

一月后政府遂申令禁约，现任官不许狎妓：

> 八月丙申，上谕行在礼部尚书胡濙曰：祖宗时文武官之家，不得挟妓饮宴。近闻大小官私家饮酒，辄命妓歌唱，沈酣终日，怠废政事，甚者留宿，败坏礼俗。尔礼部揭榜禁约，再犯者必罚之。[2]

替代官妓的是变形男娼的小唱，沈德符说：

> 京师自宣德顾佐疏后，严禁官妓，搢绅无以为娱，于是小唱盛行，至今日几如西晋太康矣。[3]

史玄记：

> 唐宋有官妓侑觞，本朝惟许歌童答应，名为小唱。而京师又有小唱不唱曲之谚。每一行酒止传唱上盏及诸菜，小唱伎俩尽此焉。小唱在莲子衚衕，门与倡无异。其姝好者或乃过于倡，有耽之者往往与托合欢之梦矣。[4]

但非现任官吏即不受此禁例之束缚，勾栏盛况并不因之减色。驯至士人以老称妓，茅元仪曾愤慨地说：

> 近来士人称妓每曰老，如老一老二之类。老者吾辈所尊，而尤物所忌，似不近人情。[5]

---

① 《明宣宗实录》卷五六。
② 《明宣宗实录》卷五七。
③ 《万历野获编》卷二四。
④ 《旧京遗事》。
⑤ 《暇老斋杂记》卷四。

17世纪初年，轻薄文人至以科举名次来标榜妓女，称为花榜，冰华梅史《燕都妓品序》：

> 燕赵佳人，颜美如玉，盖自古艳之。矧帝都建鼎，于今为盛。而南人风致，又复袭染薰陶，其艳宜惊天下无疑。万历丁酉庚子间（1596—1606）。其妖冶已极。

有状元、榜眼、探花之目。同时曹大章有《秦淮士女表》，萍乡花史有《广陵士女殿最表》。①可见这风气之普遍。余怀记南京教坊之盛，甚至说：

> 南曲衣裳妆束，四方取以为式。②

崇祯中四方兵起，南京未遭兵燹，这一阶级在国亡家破的前夕，依然征歌召妓：

> 宗室王孙，翩翩裘马，以及乌衣子弟，湖海宾游，靡不挟弹吹箫，经过赵李。每开筵宴，则传呼乐籍，罗绮芬芳，行酒纠觞，留髡送客，酒阑棋罢，堕珥遗簪，真欲界之仙都，升平之乐国也。③

明代后期的色情小说，最著者如《金瓶梅》，就是代表这时代的作品。清初孔尚任的《桃花扇》所描写的秦淮河教坊盛况，也是这时代的写实之作。

和妓女、小唱并行——或者可以说部分由妓女、小唱改业的有女戏和男戏。女戏之盛行亦为隆万以后之事，徐树丕说：

---

① 参见《图书集成·艺术典》卷八二○。
② 《板桥杂记》。
③ 《板桥杂记》。

十余年苏城女戏盛行，必有乡绅为之主，盖以倡兼优，而搢绅为之主。充类言之，不知当名以何等，不肖者习而不察，滔滔者皆是也。①

以排演女戏著称的艺术家有朱云崃，以音乐著，张岱说他：

朱云崃教女戏，非教戏也，先教琴，先教琵琶，先教提琴弦子箫管鼓吹歌舞，借戏为之，其实不专为戏也。郭汾阳、杨越公、王司徒女乐，当日未必有此。②

刘晖吉以布景著：

若刘晖吉奇情幻想，欲补梨园从来之缺陷，如唐明皇游月宫，叶法善作法，场上一时黑魅地暗，手起剑落，霹雳一声，黑幔忽收，露出一月，其圆如规，四下以羊角染五色云气，中坐常仪，桂树吴刚，白兔捣药。轻纱缦之内，燃寒月明数株，光焰青黎，色如初曙，撒布成梁，遂蹑月窟，境界神奇，忘其为戏也。③

朱楚生则以科白著：

朱楚生，女戏耳，调腔戏耳，其科白之妙，有本腔不能得十分之一者。盖四明姚益城先生精音律，与焦生辈讲究关节，妙入情理，如《江天暮雪》、《霄光剑》、《画中人》等戏，虽昆山老教师，细细摹拟，断不能加其毫末也。④

---

① 《识小录》卷上。
② 《陶庵梦忆》卷二。
③ 《陶庵梦忆》卷四。
④ 《陶庵梦忆》卷四。

至男戏则可分为三种，第一种是职业伶人，第二种是业余消遣，第三种是贵家戏社。职业伶人游行城乡，搭草台，临时演唱，民间重迷信，酬神赛会，必招戏班演戏，是近代最重要的民间娱乐，汤来贺《梨园说》：

> 自元人王实甫、关汉卿作俑为《西厢》，其字句音节足以动人，而后世淫词纷然继作。然闻万历中，家庭之中，犹相戒演此，恶其导淫也，且以为鄙陋而羞见之也。近日若《红梅》、《桃花》、《玉簪》、《绿袍》等记，不啻百种。括其大意，则皆一女游园，一生窥而悦之，遂约为夫妇，其后及第而归，即成好合，皆徒撰诡名，绝无古事可考，且意俱相同，毫无可喜，徒创此以导邪。近来各乡从前质朴者，因演戏而习冶容矣。闻某村演戏，席罢之后，妇女逐优人而去矣；又见有嗜戏之家，处子怀孕，淫乱非常矣……然乡村信神，咸矫诬其说，谓不以戏为祷，则居民难免疾病，商贾必值风涛，是以莫能禁之。①

故事的公式化，游园、定情、及第、好合四个段落，以及第为必然的中心，正是反映这个时代和这个时代人的趣味。浙江绍兴一城就聚有这类伶人至数千人之多，刘宗周《与张太符太守书》：

> 梨园之为天下病，不能更仆数，虽三尺童子知之，而于吾越为独甚。斗大一城，屯拥数千人，夜聚晓散，日耗千金，养奸诲盗，且挟宦家之势以陵齐民，官司不敢问。②

---

① 《图书集成·艺术典》卷八一七。
② 《刘子文编》卷八。

伶人服饰至有值千金以上者。[①] 甚至在崇祯十四年（1641年）吴中奇荒之后，仍大规模演戏，徐树丕说：

> 辛巳奇荒之后……而优人鲜衣美食，横行里中，人家做戏一本，费至十余金，而诸优犹恨恨嫌少。甚至有乘马者，乘舆者，在戏房索人参汤者，种种恶状。然必有乡绅主之，人家惴惴奉之，得一日无事，便为厚幸矣。[②]

业余消遣的，东南到处多有，浙江各地称为戏文子弟，陆容说：

> 嘉兴之海盐，绍兴之余姚，宁波之慈溪，台之黄岩，温州之永嘉，皆有习为倡优者，名曰戏文子弟，虽良家子不耻为之。其扮演传奇，无一事无妇人，无一事不哭，令人闻之，易生悽惨，此盖南宋亡国之音也。其膺为妇人者名妆旦，柔声缓步，作夹拜态，往往逼真。[③]

江西则有永丰腔，唐顺之说：

> 永丰又素善为优，间里浸淫传习，谓永丰腔。使民淫于欲而匮于财。[④]

贵家戏社则由巨家家优排演，供私人欣赏，角色俱经精选，陈懋仁说：

---

① 参见黄宗羲：《南雷集·子刘子行状》。
② 《识小录》。
③ 《菽园杂记》。
④ 《荆川文集》卷一〇，《唐郎中嘿庵墓志铭》。

> 优伶媚趣者，不吝高价，豪奢家攘而有之，蝉鬓传粉，
> 日以为常。①

明末最著者为山阴张家和桐城阮家。山阴张家从万历时理学名臣张元忭起到张岱三世都以声伎著名，张岱自述：

> 我家声伎，前世无之。自大父于万历年间，与范长白、
> 邹愚公、黄贞父、包涵所诸先生讲此道，遂破天荒为之。有
> 可餐班……次则武陵班……再次则梯仙班……再次则吴郡
> 班……再次则苏小小班……再次则平苑茂子班。主人解事
> 日精一日，而俣僮技艺，亦愈出愈奇。②

张岱自己也工于妙解音律，工于填词度曲。③溪僮到其家，至谓之"过剑门"。曲中经其一顾，声价十倍。④阮大铖则是明末最负盛名的戏曲作家，他的家伎的表演，名震一时，张岱说：

> 阮圆海家优美讲关目，讲情理，讲筋节，与他班孟浪不
> 同。然其所打院本又皆主人自制，笔笔勾勒，苦心画出，与
> 他班卤莽者又不同。故所搬演本本出色，脚脚出色，出出出
> 色，句句出色，字字出色。⑤

这一般乡绅不但谱制剧曲，蓄优自娱，并能自己度曲，厌倒伶工。沈德符记：

---

① 《泉南杂志》。
② 《陶庵梦忆》卷四，《张氏声伎》。
③ 参见《陶庵梦忆》卷七，《冰山记》。
④ 参见《陶庵梦忆》卷七，《过剑门》。
⑤ 《陶庵梦忆》卷八，《阮圆海戏》。

> 近年士大夫享太平之乐，以其聪明，寄之剩技。吴中搢绅，留意音律，如太仓张工部新、吴江沈吏部璟、无锡吴进士澄时俱工度曲，每广座命伎，即老优名倡俱遑遽失措，真不减江东公瑾。①

我们假如把明代的剧作家的身份做一统计，将发现大部分是属于本文所说的这一阶级，主要的如朱权、丘濬、王世贞、汪道昆、梁辰鱼、汤显祖、陆采、张凤翼、梅鼎祚、屠隆、李玉、阮大铖……除开第一个是亲王外，其他的全是进士，官阶从内阁大学士到县令。假如再和元曲的作家相比，则将发现元曲的作者大多数是平民和吏胥，而明代传奇的作者则大半是文人达官。这一对比的事实，从平民的艺术转变为贵族的艺术（文辞之细腻佳丽，故事题材之从日常生活转变为科名团圆），也正是这整个时代的趋势的说明。

仕宦阶级的另一种娱乐是赌博。缙绅士大夫至以赌博为风流，随便举几个例子，如祝允明：

> 长洲祝允明好酒色方博。

皇甫冲：

> 长洲皇甫冲博综群籍，通挟丸击球音乐博弈之戏，吴中轻侠少年咸推服之。

何士璧：

> 福清何士璧跅弛放迹，使酒纵博。

---

① 《万历野获编》卷二四。

韩上桂：

> 万历间，韩上桂为诗多倚待急就，方与人纵谈大噱，呼号饮博，探题立就，斐然可观。[①]

最通行的赌博有两种，一种是马吊，始行于天启中，顾亭林说：

> 万历之末，太平无事，士大夫无所用心，间有相从赌博者。至天启中始行马吊之戏。而今之朝士若江南、山东几于无人不为此。有如韦昭论所云：穷日尽明，继以脂烛，人事旷而不修，宾旅阙而不接。[②]

其发展自南而北，申涵光说：

> 赌真市井事，而士大夫往往好之。至近日马吊牌，始于南中，渐延都下，穷日累夜，纷然若狂。问之，皆云极有趣。吾第见废时失事，劳精耗财，每一场毕，冒冒然目昏体惫，不知其趣安在也？[③]

另一种是叶子戏，源于小说《水浒传》，以政府所出缉捕水浒群盗赏格数目及所指名之人图形博胜负，名为斗叶子，成化英宗时即已盛行于东南，陆容记：

> 斗叶子戏，吾昆城上至士夫，下至童竖皆能之。予游昆庠八年，独不解此，人以拙嗤之。近得阅其形制，一钱至九

---

① 钱谦益：《列朝诗集·小传》。
② 《日知录》。
③ 《荆园小语》。

钱各一叶，一百至九百各一叶。自万贯以上皆图人形，万万贯呼保义宋江，千万贯行者武松，百万贯阮小五，九十万贯活阎罗阮小七，八十万贯混江龙李进，七十万贯病尉迟孙立，六十万贯铁鞭呼延绰，五十万贯花和尚鲁智深，四十万贯赛关索王雄，三十万贯青面兽杨志，二十万贯一丈青张横，九万贯插翅虎雷横，八万贯急先锋索超，六万贯混江龙李海，五万贯黑旋风李逵，四万贯小旋风柴进，三万贯大刀关胜，二万贯小李广花荣，一万贯浪子燕青，或谓赌博以胜人为强，故叶子所斗皆才力绝伦之人。非也。盖宋江等皆大盗，详见《宣和遗事》及《癸辛杂识》。作此者盖以赌博为群盗劫夺之行，故以此警世。而人为利所迷，不自悟耳。记此庶吾后之人，知所以自重云。①

到万历末年，成为民间最流行的赌博，进士甚至有"以不工赌博为耻"的情形。内容又小变，有"闯"，有"献，有"大顺"三牌，吴伟业说：

> 万历末年，民间好叶子戏，图赵宋时山东群盗姓名于牌而斗之，至崇祯时大盛。有曰闯，有曰献，有曰大顺。初不知所自起，后皆验。②

举国上下，都淫于赌博，结果是如沈德符所说：

> 今天下赌博盛行。其始失货财，甚则鬻田宅，又甚则为穿窬，浸成大夥劫贼。盖因本朝法轻，愚民易犯。③

---

① 《菽园杂记》。
② 《绥寇纪略》卷一二。
③ 《万历野获编补遗》卷三。

崇祯流寇四起，都自立名号，赌惯了叶子戏的就以叶子戏上最脍炙人口的绰号自名，闯、大顺之外，如闯塌天、立地王、一堵墙、曹操、老回回之类，大体上都是从叶子戏上的绰号演变而来的。

除狎妓、捧戏子、赌博这一类事以外，自命风流或附庸风雅的，则进而搜集古董书画，沾沾自喜，号为收藏家。明代前期称这一类人为"爱清"。陆容说：

> 京师人家能蓄书画及诸玩器盆景花木之类，辄谓之爱清。盖其治此，大率欲招致朝绅之好事者往来，壮观门户。甚至投人所好，而浸润以行其私，溺于所好者不悟也。[1]

嘉靖以后，此风大盛，巧取豪夺，无所不至。沈德符说：

> 嘉靖末年，海内宴安。士大夫富厚者，以治园亭教歌舞之隙，间及古玩。如吴中吴义恪之孙，溧阳史尚宝之子，皆世藏珍秘，不假外索。延陵则稽太史应科，云间则朱太史大韶，携李项太学，锡山安太学、叶户部辈不吝重赀收购，名播江南。南都则姚太史汝循、胡太史汝嘉亦称好事。若辇下则此风稍逊，惟分宜相国父子（严嵩、世蕃），朱成公兄弟（希孝、希忠），并以将相当途，富贵盈溢，旁及雅道，于是严以势劫，朱以货取，所蓄几及天府。张江陵（居正）当国亦有此嗜。董其昌最后起名亦最重，人以法眼归之。[2]

严家籍没后，抄没清单中有石刻法帖三百五十八册轴，古

---

① 《菽园杂记》。
② 《万历野获编》卷二六。

今名画刻丝纳纱纸金绣子卷册共三千二百零一轴。[①]这些书画的内容和源流都具见于文嘉的《钤山堂书画记》。[②] 内中有宋张择端《清明上河图》一画，据李东阳的《怀麓堂集》、王世贞《弇州山人四部续稿》、四艺蘅《留青日札》和《钤山堂书画记》、钱谦益《初学集》等书的记载，此图的主人有宜兴徐氏（溥）、西涯李氏（东阳）、陈湖陆氏、昆山顾氏（懋宏）、袁州严氏（嵩）、内府、嘉禾谭梁生等主人。徐、李、严三家都是宰辅，陆、顾则为世族。[③] 由此可见这时代这风气之盛！可是从学术的立场看，这时代人对于古物的态度只是一种玩意、珍宝，收藏的风气虽盛，研究的成绩像两宋的《集古录》《金石录》《钟鼎彝器款识》《东观余论》《隶释》，讲形制，讲花纹，究文字，正史实的著作，却一部也没有。金石学、考古学的成为专学，直需等到下一个对明学反动的清代，在学术史上虚过三百年，真是值得今人惋惜的一件事。勉强地说，这时代人对金石学的贡献，是搜集和保存古物，供给下一代人研究的基础。

另外一种兴趣是刻书，由于上文所说"书帕"的需要，外任或出使官进京时的人情或贿赂都以新刻书为贵，于是各地竞相刻书，各官竞相刻书，刻前人著作，刻经史，刻本朝人著作，刻自己著作，刻丛书，刻类书。书籍的数量的陡增和普遍，可说是这时代对于近代文化的一大贡献。我们试读明初宋濂的《送东阳马生序》，可知元末明初这一段时期书籍是如何缺乏，如何难得。这种情形直到正德末年还是无大进步，顾亭林说：

---

① 参见田艺蘅：《留青日札》。

② 参见《胜朝遗事》本。

③ 参见吴晗：《〈金瓶梅〉的著作时代及其社会背景》，载《文学季刊》，1934年创刊号。

其时天下惟王府官司及建宁书坊乃有刻板，其流布于人间者，不过"四书""五经"、《通鉴》《性理》诸书，他书即有刻者，亦非好古之家不蓄。①

到正德以后，随吏治风气之日坏而刻书日益增多，刻工印刷日益坏，所刻书日益滥，内容芜陋，灾梨祸枣，嘉靖时唐顺之至大声疾呼抨击此等陋习，他指出当代文集之多而滥说：

> 仆居闲偶想起宇宙间有一二事，人人见惯，而绝是可笑者。其屠沽细人有一碗饭吃，其死后则必有一篇墓志。其达官贵人与中科第人稍有名目在世间者，其死后则必有一部诗文刻集。如生而饮食，死而棺椁之不可缺者，皆不久泯灭。然其往者减矣，而在者尚满屋也。若皆存世间，即使以大地为架子，亦安顿不下矣。此等文字，倘家藏人畜者，尽举祖龙手段作用一番，则南山竹木煤炭当尽减价矣。可笑可笑！

他又说：

> 居常以刻文字为无廉耻之一节，若使吾身后有闲人作此业障，则非吾敢知。至于自家子弟，则须有遗嘱说破此意，不欲其作此业障也。②

又说：

> 今世所谓文集者，遍满世间，不为少矣。其实一字无用。彼其初作者，莫不妄意于不朽之图，而适足以自彰其

---

① 《亭林文集》卷二，《抄书自序》。
② 《荆川文集》卷五，《答王遵岩书》。

陋，以取诮于观者，亦可谓木灾而已。[①]

可惜他身后仍然有闲人替他刻文集，刻杂著，做此业障！其实不但是文集之多而滥而已，丛书、类书也一样。刻书到无新书可刻，而又非新书不够炫耀，不够送"礼"时，只好偷工减料，杂抄、类书应市。或者取巧，窃取已刻丛书，截足去腕，改头换面，伪造作者和书名，作为一新丛书出面。欺世盗名，贻误学者，明代后期刻书之草率，和类书、丛书之饾饤瓜剖，恶劣万状，原因就在于此。

再就现存的明人文集而论明代的文学，明初的一些文人，如宋濂所说到底还是曾经钻研经史，博读子集，学有根底的。自科举兴而开始有不读书的风气，士子除"四书"以外，不读他书。到中期王世贞、李攀龙反抗这潮流，提倡复古，不读唐以后书，唐以前的书，《史》、《汉》、诸子还是非读不可的。到后期三袁（宗道、宏道、中道）、钟惺、谭元春力反王李之说，遍主唐宋，文坛上有公安体、竟陵体之目，却索性唐以前也不读，唐以后亦不读，空疏之上加上浅薄，矫揉造作，模仿晋人语调，造一二隽语，今人名之为小品文。其弊正如禅宗不立文字，白痴村夫只要会一两句口头禅，会喝会打，便可自命禅学，机锋。这是八股制度所产生的机锋文学，也是亡国文学。

由于乡里的、同年的、同门的观念，在政治上也因之而分党立派，乡谊重而国事轻，年谊重而是非乱。谈迁说：

> 万历末朝士分党，竞立门户。有东林之党，无锡顾宪
> 成、高攀龙，金坛于玉立等废居讲学，立东林书院，而常、

---

① 《荆川文集》卷五，《典卜无锡书》。

镇人附之。有昆山之党，则顾天埈及湘潭李胜芳，苏人附之。有四明之党，则沈一贯，浙人附之。有宣城之党，则汤宾尹，而宁国、太平人附之。有江右之党，则邹元标。有关中之党，则冯从吾，各同省人附之。冯尝督学山西，则山、陕合。冯、邹又讲学相善，又江右、山、陕合也。闽、楚、粤、蜀远不具论。庚戌大计，江右淮抚李三才庇东林而诸党左矣。时攻东林俱见罪，四明至楚粤无一人台省者。天启初东林独盛，起邹元标，而江右亦东林也。江夏熊廷弼原江右籍，楚东林也，福清叶白高、归德侯执躬秉政，天下咸奔走焉，仕途捷径，非东林不灵，波及诸生，如复社、几社不一而足，家驰人骛，恐汉末标榜不是过也。①

大致地说，可以分为东林和非东林两派：

万历三十八年……先是南北言官群击李三才、王元翰，连及里居顾宪成，谓之东林党。而祭酒汤宾尹、谕德顾天埈各收召朋徒，干预时政，谓之宣党、昆党，以宾尹宣城人，天埈昆山人也。御史徐兆魁、乔应甲、刘国缙、郑继芳、刘光复、房壮丽，给事中王织徽、朱一桂、姚宗文、徐绍吉、周永春辈则力挑东林，与宾尹、天埈声势相倚，大臣多畏避之。②

非东林系统复杂，即东林亦以地分左右：

东林中又各以地分左右，魏大中尝驳苏松巡抚王象恒

---

① 《枣林杂俎·逸典》。
② 《明史》卷二二四，《孙丕扬传》。

恤典，山东人居言路者咸怒。及驳浙江巡抚刘一焜，江西人
亦大怒。①

东林党人多名儒学者，以讲学相高，其意见往往可左右政
治。非东林则多不为物论所予，为东林所攻击，窜而附于内廷的
阉宦，由此又成为外廷的清流和内廷的阉人争夺政权的局面。两
方互相排挤攻击，争门户，争封疆，争"三案"，争京察，不胜
则纠纷错杂，不可究诘，这一派上台，那一派下野，此伏彼起，
只图顾全乡谊年谊，置国家利害于不顾。这一阶级是这帝国政权
的基础，基础崩溃，所建设的政权自然也就瓦解了。

年轻一点的举、贡、生员，贵家公子，受了上一代分党立派
的刺激，则组织文社，自相标榜，以为名高。顾公燮说：

> 文社始于天启甲子（1624年）张天如等之应社……推
大讫于四海。于是有广应社、复社。云间有几社，浙江有闻
社，江北有南社，江西有则社。又有历亭席社，昆阳云簪
社。而吴门别有羽朋社，武林有读书社。山左有大社。金会
于吴，统于复社。②

其学风好糅杂庄老，混合儒释，顾亭林说：

> 当万历之末，士子好新说，以庄老百家之言，窜入经
义，甚者合佛老与儒为一，自谓千载绝学。③

空谈性命，不切实际。有讲求经世实用之学者则共目为迂，

---

① 《明史》卷二四四，《魏大中传》。
② 《消夏闲记摘抄》卷下。
③ 《亭林文集》卷五，《富平李君墓志铭》。

为疏，为腐，陶奭龄说：

> 士大夫膏肓之病，只是一俗。世有稍自脱者，即共命之
> 为迂为疏为俗。于是一入仕途，即相师相仿，以求入于俗而
> 后已。如相率而饮狂泉，亦可悲矣。①

以抨击剿袭为能事，一书新出，即有一书讥评之，诗文则仿
效时贤，亦步亦趋，了无生气。②黄宗羲讥为学骂，他说：

> 昔之学者学道也，今之学者学骂也。矜气节者则骂为
> 标榜，志经世家则骂为功利，读书作文者则骂为玩物丧志，
> 留心政事者则骂为俗吏，接庸僧数辈则骂考亭为不足学矣，
> 读艾千子定待之尾则骂象山、阳明为禅学矣，濂溪之主静则
> 曰盘桓于腔子中者也，洛下之持敬则曰是有方所之学也。逊
> 志骂其学误主，东林骂其党亡国，相讼不决，以后息者为胜。③

这上下两代人有四字宝诀，在登政府时应用，曰调停，曰作
用，于慎行说：

> 近世士大夫有四字宝诀，自谓救时良方，不知乃其膏肓
> 之疾也。进退人才用调停二字，区画政机用作用二字。此非
> 圣贤之教也。夫贤则进，否则舍，何假调停？政可则行，不
> 可则止，何烦作用？君子以调停为名，而小人之朋比者托
> 焉；君子以作用为方，而小人之弥缝者借焉，四字不除，太
> 平不可兴也。④

----

① 《小柴桑喃喃录》卷下。
② 参见《南漍楉语》。
③ 《南雷文案》卷一○，《七怪》。
④ 《谷山笔麈》卷一六。

甚至以留心国事为多言多事：

> 编修倪元璐屡疏争时事。同乡前辈来宗道谓曰：渠何事多言！吾词林故事，惟香茗耳。时谓宗道清客宰相云。[1]

又有三法，谢肇淛说：

> 今之仕者，为郡县则假条议以济其贪，任京职则假建言以文其短，居里闲则假道学以行其私。举世之无学术事功，三者坏之也。[2]

我们可以学他的话说：明代之无学术事功，是由于这个特殊的社会重心，这个特殊的新仕宦阶级所构成的社会风气和制度。由于这种风气和制度所造成的人生哲学是读书取科第，做官要贪污，居乡为土豪。学术不能疗贫，事功不能致富，则此时代之无学术事功，正是此时代之本色。何怪之有！

1943 年 1 月 10 日于昆明瑞云巷三号

---

① 林时对：《荷锸丛谈》卷二。

② 《五杂俎》卷一五。

论绅权

"绅权固当务之急矣！

前几天，读到胡绳先生的《梁启超及其保皇党思想》(《读书与出版》第三卷第三期)。他指出梁启超是主张"兴绅权"的人，以兴绅权为兴民权的前提：

> 受"甲午之战"失败的刺激，又受"维新运动"宣传的影响，湖南省出现了一批新的绅士，他们企图以一省为单位实行一些新政，达到省自治的目的，以便在全国危亡时，一省还可自保。这样的想法在当时各省的绅士门阀中都有，不过在湖南，因地方长官同情卵翼这些想法，所以特别发达。梁启超入湘后，除办时务学堂外，又和当地绅士合组南学会。康有为这时仍全神贯注于向皇帝上书，而梁启超则展开了在湖南绅士中的工作。他甚至鼓吹"民权"，但他说的却是："欲兴民权，宜先兴绅权；欲兴绅权，宜以学会为之起点。"又说："绅权固当务之急矣，然他日办一切事舍官莫属也。即今日欲开民智，开绅智，欲假手于官力者尚不知凡几也。"(《上陈宝箴书》)——由此可见，他的想法是在官僚的支持下建立地方绅士的权力，这就是他的"民权"思想。

这一段话不但清理出五十年前梁启超的绅权论，也指出五十年前一般绅士对救亡维新的看法。其要在"欲兴民权，宜先兴绅权（开绅智）；欲兴绅权，宜以学会为之起点"。结论是学会为兴民权之起点的起点，而办这些事，欲假手于官力者不知凡几也。

梁启超先生本人是当时的绅士，他看绅权和民权是两件事，绅权和官权则是一件事，无论就历史的或现实的意义说，都是正确的。

五十年前的保皇党，五十年后的自由主义者，何其相似到这步田地？历史是不会重演的，绅权也无从兴起，即使有更多的"援"，更多的"货"，也还是不相干！

"为与士大夫治天下"

官僚、士大夫、绅士，是异名同体的政治动物，士大夫是综合名词，包括官僚、绅士两专名。官僚、绅士必然是士大夫，士大夫可以指官僚说，也可以指绅士说。官僚是士大夫在官时候的称呼，而绅士则是官僚离职、退休、居乡（当然居城也可以），以至未任官以前的称呼。例如梁启超以举人身份，在办学堂，办报，办学会，非官非民，可以作官，或将要作官。而且，已经脱离了平民身份，经常和官府来往，可以和官府合作。

绅士的身份是可变的，有尚未作官的绅士，有作过多年官的绅士，也有作过了官的绅士，免职退休，不甘寂寞，再去作官的。作过大官的是大绅士，作过小官的是小绅士，小官可以爬到大官，小绅士也有希望升成大绅士，自己即使官运不亨，还可指望下一代。不但官官相护，官绅也相护，不只因为是自己人，还有更复杂的体己利害关系。譬如绅士的父兄亲党在朝当权，即使不是权臣而是御史之类有弹劾权的官吏。更糟的是居乡的宰相公子公孙，甚至老太爷、老岳丈，一纸八行，可以摘掉地方官的印把子，这类人不一定作过官，甚至不一定中过举，一样是大绅士。至于秀才、举人、进士之类，眼前虽未作官，可是前程远大，十年八年内难保不作巡方御史，以至顶头上司，地方官是决不敢怠慢的。《儒林外史》上范进中举后的情形，便是绝好的例子。

以此，与其说，绅士和地方官合作，不如说地方官得和绅士合作。在通常的情形下，地方官到任以后的第一件事，是拜访绅士，联欢绅士，要求地方绅士的支持。历史上有许多例子指出，地方官巴结不好绅士，往往被绅士们合伙告掉，或者经由同乡京官用弹劾的方式把他罢免或调职。

官僚是和绅士共治地方的。绅权由官权的合作而相得益彰。

贪污是官僚的第一德性，官僚要如愿的发扬这德性，其起点为与绅士分润，地方自治事业如善堂、积谷、修路、造桥、兴学之类有利可图的，照例由绅士担任；属于非常事务的，如办乡团、救灾、赈饥、丈量土地、举办捐税一类，也非由绅士领导不可，负担归之平民，利益官绅合得。两皆欢喜，离任时的万民伞是可以预约的。

上面所说的地方自治事业，和现代所谓"自治"意义不同，不容混为一谈。而且，这类事业名义上是为百姓造福，实质上是为官僚绅士聚财，假使确曾有一丝丝利及平民的话，那也只是漏出来的涓滴而已。现代许多管税收的衙门墙上四个大字"涓滴归公"，正确的解释是只有一涓一滴归公，正和这个情形一样。

往上更推一层，绅士也和皇权共治天下。

绅权和皇权的关系，即士大夫的政治地位在历史上的变化，大体上可以分三个时期，第一时期从秦到唐，第二时期从五代到宋，第三时期从元到清。当然这只是大概的划分，并不包含有绝对的年代意义。

具体的先从君臣的礼貌来说吧，在宋以前，有三公坐而论道的说法，贾谊和汉文帝谈话，不觉膝之前席，可见都是坐着的。唐初的裴监甚至和高祖共坐御榻，十八学士在唐太宗面前也都还有坐处。可是到宋朝，便不然了，从太祖以后，大臣在皇帝面前无坐处，一坐群站，三公群卿立而论政了。到明清，不但不许坐，站着都不行，得跪着奏事了，清朝大官上朝得穿特制的护膝，怕跪久了吃不消。由坐而站而跪，说明了三个时期君臣的关系，也说明了绅权的逐步衰落和皇权的节节提高。

从形式再说到本质。

前一时期的典型例子是魏晋六朝的门阀制度。

汉代的若干世宦家族，如关西杨氏、汝南袁氏之类，四世三公，门生故吏遍天下，庄园遍布州县，奴仆数以千计，有雄厚的经济基础。在黄巾动乱时代，地方豪族如孙策、马超、许褚、张辽、曹操之类，为了保持土地和特殊权益，组织地主军队保卫乡里，造成力量，有部曲，有防区，小军阀投靠大军阀，三个大军阀三分天下，这两类家族也就占据高位，变成高级官僚了。大军阀作了皇帝，这些家族原是共建皇业的，利害共同，在九品中正的选举制度下，"上品无寒门，下品无势族"，大官位为这些家族所独占。东晋南渡，司马家和王、谢等家到了建康，东吴的旧族顾、陆、朱、张诸家虽然是本地高门，因为是亡国之余，就吃了亏，在政治地位上屈居第二等。这些高门世执国政，王、谢子弟更平步以至公卿，到刘裕以田舍翁称帝，陈霸先更是寒人，在世族眼光里，皇家只是暴发户，朝代尽管改换，好官我自为之。士大夫集团有其传统的政治社会经济以至文化地位，非皇权所能增损，绅权虽然在侍候皇权——因为皇帝有军队——目的在以皇权来发展绅权，支持绅权。经隋代两帝的有意摧残，取消九品中正制，取消长官辟举僚属办法，并设进士科，用公开的考试制度，以文字来代替血统任官，但是，文字教育还是要钱买的，大家族有优越的经济地位、人事关系，唐朝三百年的宰相，还是被二十个左右的家族所包办。

门阀制度下的绅权有历史的传统，有庄园的经济基础，有包办选举的工具，甚至有依门第高下任官的制度，有依族姓高下缔婚的风气，高门华阀成为一个利害共同的集团。并且，公卿子弟熟习典章制度，治国（办例行公事）也非他们不可。在这情形下，绅权是和皇权共存的，只有两方合作才能两利。而且，皇帝人人可做，只要有军力便行。士大夫却不然，寒人门役要成为士大夫，等于骆驼穿针孔，即使有皇帝手令帮忙，也还是办不到。何事非君，绅权可以侍候任何一姓的皇权，一个拥有大军的军阀，如得不到士大夫的支持，却作不了皇帝。

考试制度代替了门阀制度，真正发挥作用是 10 世纪的事。

经过甘露之祸，白马之祸，多数的著名家族被屠杀。经过长期的军阀混战，五代乱离，幸存的士族失去了庄园，流徙各地，到唐庄宗作皇帝，要选懂朝廷典故的旧族子弟作宰相都很不容易了。宋太祖太宗只好扩大进士科名额（唐代每科平均不过三十人，宋代多至千人）。用进士来治国，名额宽，考取容易，平民出身的进士在数量上压倒了残存的世族。进士一发榜即授官，进士出身的官僚绅士和皇权的关系是伙计和掌柜，掌柜要买卖作得好，得靠伙计卖劲，宋朝家法优礼士大夫，文彦博说为与士大夫共治天下，正是这个道理。

和前一时期不同的，前期的世族子弟有了庄园，才能中进士作官，再去扩大庄园。这时期呢，作了官再置庄园，名臣范仲淹置苏州义庄，派儿子讨租，讨得几船谷子便是好例子。

更应该注意的是印刷术发明了，得书比较容易，书籍的流通比较普遍，知识也比较不为少数家族所囤积独占，平民参加考试的机会增加了；"遗金满籝，不如教子一经"。念书，考进士，作官，发财，"万般皆下品，惟有读书高"。"天子重英豪，文章教尔曹"。政府的提倡，社会的鼓励，作官作绅士得从科举出身，竭一生的聪明才智去适应科举，"天下英雄入我彀中"，皇权永固，官爵恩泽，出于皇帝，士大夫不能不为皇帝所用，共存谈不上，共治也将就一下了。皇家是士大夫的衣食饭碗，非用全力支持不可，士大夫是皇家的管家干事，俸禄从优，有福同享，君臣间的距离不太近，也不太远，掌柜和伙计间的恩意是密切照顾到的。

从共存到共治已经江河日下了。元明清三代连共治也说不上，从合伙到作伙计，猛然一跌，跌作卖身的奴隶，绅权成为皇权的奴役了。

蒙古皇朝以马上得天下，也以马上治天下，军中将帅就是朝廷的官僚，军法施于朝堂，朝官一有过错，一顿棍子板子鞭子，挨不了被打死，侥幸活着照样作官。明太祖革了元朝的命，学会了这一套，殿廷杖责臣僚，叫作"廷杖"，在历史上大大有名。光打还不够，有现任官镣足办事的，有戴斩罪办事的。不但礼貌谈不上，连生命都时刻在死亡的威胁中。皇帝越威风，士大夫越下贱，要不作官吧，有官法硬给绑出去，非作不可，再不干，便违反了皇章，"士不为君用"，得杀头。君臣的关系一变而为主奴，说是主奴吧，连起码的主子对奴才的照顾也不存在的。前朝的旧家巨室被这个党案、那个逆案给扫荡光了，土地财产被没收。老绅士绝了种，用八股文所造成的新绅士来代替，新绅士是从奴化教育里成长的，不提反抗，连挨了打都是"恩谴"，削职充军，只要留住脑袋便感谢圣恩不尽，服服帖帖，比狗还听话。到清朝，旗人对皇帝自称奴才，汉官连自称奴才的资格也不够，不但见皇帝得跪，连见同事的王爷贝勒也得跪。到西方强国来侵掠，打了几次败仗，订结了多少次屈辱条约以后，皇权动摇，洋权日盛，对皇权的自卑被洋人所代替，结果是洋权控制了皇权，洋教育代替了八股，旧士大夫改装为知识分子以及自由主义者，出奴入主，要说说洋人所说的话，要听听国外的舆论，要做做外国人所示意的，在被谴责被训斥之后，还得陪笑脸，以兴绅权为兴民权之起点，办报纸，立学会，假手于官力，为自己找"新路"，这些绅士除了服装以外，面貌是和五十年前那些人一模一样的。

绅权在历史上的三变，从共存到共治，降而为奴役，真是一代不如一代。历史说明了两千年来绅权的没落和必然的淘汰。梁启超的时代过去了，我们今天来研究这一五十年前被提出的课题，不但很有趣，也是很重要的。

关于历史上绅士所享受的特权，将在另一文中讨论。

（原载《时与文》第 3 卷第 1 期，1948 年 4 月）

再论绅权

一、士庶之别

唐代柳芳论魏晋以来的士族——绅士家族——在政治上的特权说：

> 魏氏立九品，置中正，尊世胄（世代作官的），卑寒士（祖先不曾作过官的），权归右姓（大家族）已。其州大中正、主簿，郡中正、功曹，皆取著姓士族为之，以定门胄，品藻人物，其别贵贱，分士庶，不可易也。[①]

士族的成立是由世代作官而来的，凡三世有三公的称为膏粱，有尚书、中书令仆（射）的为华腴，祖先作过领（军）、护（军）而上的为甲姓，九卿和方伯的为乙姓，散骑常侍、大中大夫的为丙姓，吏部正员郎为丁姓，统称四姓，也叫右族。

就个别的绅士家族而论，士族南渡的为侨姓，王、谢、袁、萧是大族；东南土著叫吴姓，朱、张、顾、陆最大；山东为郡姓，王、崔、卢、李、郑是大族；关中的郡姓以韦、裴、柳、薛、杨、杜最著名；代北为虏姓，如元、长孙、宇文、于、陆、源、窦等家族都是。从 4 世纪到 10 世纪大约七百年间，中国的

---

① 《新唐书》卷一九九，《柳冲传》。

政治舞台被这三十个左右的绅士家族所独占。

士族子弟作官依族姓门第高下，有一定的出身，甲族子弟二十岁便任官。后门则须满三十岁才能考试作小官。[①] 名家有国封的，初出仕便拜员外散骑侍郎。[②] 谢景仁到三十岁才作著作佐郎，有人替他抱屈说，司马庶人父子怎么能不垮？谢景仁这样人三十岁才做这个官！[③] 甚至同一家族，还分高下，王家有乌衣诸王和马粪诸王两支，马粪王是甲族，甲族是不作台宪官的；王僧虔作御史中丞，自己解嘲说，这是乌衣诸郎的坐处，我将就作一下。[④] 至于作郎官的，那更是绝少的事。[⑤]

北魏孝文帝曾和廷臣辩论士庶任官的典制。

孝文帝问："近世高卑出身，各有常分，此果如何？"

李冲对："未审上古以来，张官列位，为膏粱子弟乎？为致治乎？"

孝文帝："当然是为致治。"

李冲："然则陛下何为专取门品，不拔才能乎？"

孝文帝："苟有过人之才，不患不知。然君子之门，借使无当世之用，要自德行纯笃，朕故用之。"

李冲："傅说、吕望，岂可以门第得之？"

孝文帝，"非常之人，旷世乃有一二耳"。

秘书令李彪："陛下若专取门第，不审鲁之三卿，孰若四科？"著作佐郎韩显宗："陛下岂可以贵袭贵，以贱袭贱？"

---

① 参见《南史》卷六，《梁武帝纪》。
② 参见《南史》卷二十，《谢弘微传》。
③ 参见《南史》卷十九，《谢景仁传》。
④ 参见《南史》卷二十二，《王僧虔传》。
⑤ 参见《南史》卷二十二，《王筠传》。

孝文帝："必有高明卓然、出类拔萃者，朕亦不拘此制。"
不久，刘昶入朝。

孝文帝告诉刘昶：

> 或言唯能是寄，不必拘门，朕以为不尔。何者，清浊同
> 流，混齐一等，君子小人，名器无别，此殊为不可。我今八
> 族以上，士人品第有九，九品之外，小人之官复有七等。若
> 有其人，可起家为三公。正恐贤才难得，不可止为一人，浑
> 我典制也。[①]

这段谈话说明士庶在政治上的相对地位，士是君子，是清
流，是德行纯笃的。庶人呢，是小人，是浊流的，是要不得的。
要维持治权，就得分别士庶，使之高卑出身，各有常分。

其次，士族都是大地主，大庄园的占有者。大量土地的取得
手段是兼并，官僚资本转变为土地资本。更重要的方式是无条件
的占领，非私人的产业如山林湖沼，豪强的绅士径自封占，据为
己有，这情形到处都是，皇权被损害了，严立法禁，不许绅士强
占，可是绅士集团不理会，政府没办法，妥协了，采分赃精神，
依官品立格，准许绅士有权按照官品高下封山占水，下面一段史
料说明了 5 世纪中期的情形：

> 扬州刺史西阳王子尚上言：山湖之禁，虽有旧科，人
> 俗相因，替而不奉，炘山封水，保为家利。自顷以来，颓
> 弛日甚，富强者兼岭而占，贫弱者薪苏无托，至渔采之地，
> 亦又如兹，斯实害人之深弊，为政所宜去绝，损失旧条，
> 更申恒制。

----

① 《资治通鉴》卷一百四十。

子尚是皇族，代表皇家利益要求重申禁令，政府当局根据壬辰诏书所立法制，占山护宅强盗律论，赃一丈以上皆弃市，尚书右丞羊希以为：

> 壬辰之制，其禁严刻，事既难遵，理与时弛，而占山封水，渐染复滋，更相因仍，便成先业，一朝顿去，易致怨嗟。今更刊革，立制五条：凡是山泽，先恒炲爐，养种竹木杂果为林芿，及陂湖江海鱼梁鳅紫场，恒加功修作者，听不追夺。官品第一第二听占山三顷，第三、第四品二顷五十亩，第五、第六品二顷，第七、第八品一顷五十亩，第九品及百姓一顷，皆依定格，条上赀薄。若先已占山，不得更占，先占阙少，依限占足。若非前条旧业，一不得禁。有犯者水土一尺以上，并计赃依常盗律论。停除咸康二年壬辰之科。从之。①

即承认过去的封占为合法，并规定各官品的封占限额。皇权向绅权屈伏了，绅士由政治的独占侵入经济，享有封山占水的特权。

此外，士族还有不服兵役的特权。②

二、士大夫和寒人

士族是一个特殊的阶级，不但严格讲求谱系阀阅、郡望房次、官位爵邑，来保证朝廷官位的占有，并且严格举行同阶层的

---

① 《南史》卷三十六，《羊玄保传》。
② 参见《南史》卷三十四，《沈怀文传》。

通婚，用通婚来加强右族的团结。当时寒人要加入这个集团，比登天还难。随便举几个例子，如宋文帝时的要官秋当、周赳，不见礼于同官张敷，《南史》卷三十二《张敷传》：

> 敷迁正员中书郎，中书舍人秋当、周赳并管要务，与敷同省名家，欲诣之，赳曰：彼若不相容接，便不如勿往，讵可轻行？当曰：吾等并已员外郎矣，何忧不得共坐。敷先旁设二床，去壁三四尺。二客就席，敷呼左右曰：移我远客！赳等失色而去。

徐爰被拒交于王球、殷景仁：

> 中书舍人徐爰有宠于上，上尝命王球及殷景仁与之相知。球辞曰：士庶区别，国之章也，臣不敢奉诏。上改容谢焉。[1]

蔡兴宗不礼王道隆，王昙首见秋当不命坐，王球拒接弘兴宗：

> 齐明帝崩，右军将军王道隆任参国政，权重一时，蹑履到兴宗前，不敢就席，良久方去，竟不呼坐。元嘉初中书舍人秋当诣太子詹事王昙首不敢坐。其后中书舍人弘兴宗为文帝所爱遇，上谓曰：卿欲作士人，得就王球坐，乃当判耳。殷、刘并杂，无所益也。若往诣球，可称旨就席。及至，球举扇曰：君不得尔！弘还，依事启闻。帝曰：我便无如此何！[2]

纪僧真要作士大夫，被拒于江敩：

---

[1] 《南史》卷二十三，《王球传》
[2] 《南史》卷二十九，《蔡兴宗传》。

永明七年（公元489）侍中江斅为都官尚书。中书舍人纪僧真得幸于上，容表有士风。请于上曰：臣出于本县武吏（《南史》作臣小人出自本县武吏），遭逢圣时，阶荣至此，为儿昏得荀昭光女，即间无所复须。唯就陛下乞作士大夫。上曰：此由江斅谢沦，我不得措意，可自诣之。僧真承旨诣斅，（登榻）坐定，教便命左右曰：移吾床远客。僧真丧气而退，告武帝曰：士大夫故非天子所命。①

南朝中书舍人关䜩表启，发署诏敕，为天子亲信，权倾天下，最是一时要官。历来多用寒人武吏。②虽然地要权重，有的还承皇帝特敕，要求和士大夫交游，可是，都被拒绝了，士庶不但有别，而且，士族深闭固拒，绝对不给寒人以礼貌，更不必说准许寒人参加士大夫集团了。

在朝廷如此，在地方也是一样，最著的例子是庾荜父子，庾荜拒邓元起作州从事：

> 荜为荆州别驾。初梁州人益州刺史邓元起功勋甚著，名地卑琐，愿名挂士流。时始兴忠武王憺为州将，元起位已高，而解巾不先州官，则不为乡里所悉。元起乞上籍出身州从事，憺命荜用之，荜不从，憺大怒，召荜责之曰：元起已经我府，卿何为苟惜从事？荜曰：府是尊府，州是荜州，宜须品藻。憺不能折，遂止。

庾乔又拒范兴话作州主簿：

---

① 《资治通鉴》卷一三六；《南史》卷三十六，《江斅传》。
② 参见《南史》卷六十，《傅昭传》；卷七十七，《恩幸传序》。

> 乔复仕为荆州别驾。时元帝为荆州刺史，而州人范兴话
> 以寒贱仕叨九流，选为州主簿，又皇太子及之，故元帝勒乔
> 听兴话到职。及属元日，州府朝贺，乔不肯就列，曰：庚乔
> 忝为端右，不能与小人范兴话为雁行。元帝闻，乃进乔而停
> 兴话。兴话羞惭，还家愤卒。①

寒人处处碰壁，被摈于士大夫集团之外，只有两条路可走，一条是以才力得主知，挤到要地，作要官，却作不了大官、清流官。一条路是从军，用战功用武力来抢地盘，进一步抢政权，篡位作皇帝，如刘裕和陈霸先，前者是田舍翁，后者是寒人，便是著例。

寒人被抑勒出清流之外，和寒人有同样情况，庶人中的工商，凭借雄厚的财力，操奇计赢，长袖善舞，要进一步保障既得利益，和发展业务，也用尽一切手段，挤进政治舞台来了。绅士们感觉威胁，一致抗拒，运用政治权力，限制工商出仕，抑勒工商不入流品，工商任官的只能任低级官。如公元477年的法令：

> 北魏太和元年，诏曰：工商皂隶，各有厥分，而有司纵
> 滥，或染流俗（流俗，《北史》作清流）。自今户内有工役
> 者，官止本部丞，若有勋劳者，不从此制。②

到隋文帝开皇十六年（公元596）更下诏制定，工商不得仕进。③唐制工商杂类不得预于仕伍④，"依选举令：官人身与同

---

① 《南史》卷四十九，《庚荜传》。
② 《资治通鉴》卷一三四。
③ 参见《资治通鉴》卷一七八。
④ 参见《旧唐书》卷四十八，《食货志》上；卷四十三，《职官志》。

居大功以上亲，自执工商，家专其业者不得仕。其旧经职任，因此解黜，后能修改，必有事业者，三年以后听仕。其三年外仍不修改者，追毁告身，即依庶人例"[1]。则不但工商不能入仕，连已入仕的官人同居大功以上亲也不许经营工商业了。

三、一千年后的绅权

隋唐以降，门阀被摧毁了，士族在社会大动荡中逐渐式微了。李唐时代的二十个左右大家族已经不完全是六朝时代的三十家族，到宋代这些家族都听不见说起了。考试制度代替了门阀制度，新官僚代替了旧官僚。

虽然如此，前代士族的特权仍然遗留给后代的新绅士。绅士的本质变了，绅权并没有什么大变。试举明代的例子来作对照。

明代士庶两阶级的分别，从大明律名例条关于文武官犯私罪一款最清楚。这条例规定："文武官职，举人，监生，生员，冠带官，义官，知印，承差，阴阳生，医生，但有职役者，犯赃犯奸，并一应行止有亏，具发为民。"发为民就是褫夺绅士所享的特权。

绅士最重要的特权是免役，关于见任官的免役，洪武十年（公元 1377）二月特降诏令说：

> 食禄之家，与庶民贵贱有等。趋事执役以奉上者，庶民之事。若贤人君子，既贵其身而复役其家，则君子野人无所

---

[1] 《唐律疏议》四，《诈伪》。

分别，非劝士待贤之道。自今百司见任官员之家，有田土者输租税外，悉免其徭役，著为令。①

见任官是作官的本人，见任官的父兄子弟则是乡绅。两年后又令"自今内外官致仕还乡者，复其家终身无所与"②。则不但见任官，连退休官也享有免役权了。嘉靖二十四年（公元1545）规定，京官一品免三十丁，二品二十四丁，至九品免六丁，外官各减一半。③不但见任或退休官员，连学校生员除本身外，也免户内差徭二丁。④明代的里役最为人民所苦，有二十亩产业的中农，要是不出一个秀才，一轮到值役，便立刻破产。⑤里役有里长、甲长两种，十年轮值一次，原则上是由殷户充当的，殷户中最殷实的是绅士，绅士不服里役，负担便全部转嫁给平民了。16世纪末年，大概现年里役，得破费一百两银子，恰是中人的家当。至于一被签为南粮解户，即使是中小地主，也非破产不可。⑥以一般情形而论，大县有秀才千人以上，假定这县有十万顷田地，秀才占五万顷，余下的五万顷的地主就得当十万顷的差；秀才如占九万顷，余下的一万顷得当十万顷的差，一句话，地方上的绅士愈多，人民愈倒霉，绅士愈富，人民愈穷，贫富的对立也更尖锐。⑦

其次是豁免田赋，正德十六年（公元1521）的优免事例，

① 《明太祖实录》卷一一一。
② 《明太祖实录》卷一二六。
③ 《皇明太学志》二。
④ 《大明会典》卷七十八，《学校》。
⑤ 《温宝忠遗稿》五，《士民说》。
⑥ 刘宗周：《刘子文编》五，《责成巡方职掌疏》。
⑦ 参见顾炎武：《亭林文集》一，《生员论中》。

规定京官三品以上免田四顷，五品以上三顷，七品以上二顷，九品以上一顷。嘉靖二十四年又改为京官一品免粮三十石，二品二十四石，到九品免粮六石，外官减半。① 生员无力完粮，可以奏销豁免。甚至可以于每月朔望到知县衙门恳准词十张，名为乞恩，包揽富户钱粮立于自名下隐吞，一年约摸有二百两银子，也够花销了。②

其次是居乡的礼貌，洪武十二年的诏令规定："致仕官居乡里，惟于宗族序尊卑如家人礼。若筵宴则设别席，不许坐于无官者之下。如与同致仕者会则序爵，爵同序齿。其与异姓无官者相见，不必答礼。庶民则以官礼谒见，敢有凌侮者论如律，著为令。"③ 婚丧之家，招待绅士另辟一室名大宾堂，不和平民共起坐。出门坐大轿，扇盖引导，有的地方官还送门皂、吏书、承应。生员出门，也有门斗张油伞前导。④

畜养奴婢也是特权之一，明制庶民是不许存养奴婢的，《明律·户律》："庶民之家存养奴婢者，杖一百，即放从良。"

法律所赋予的特权之外，还有法外的权力。把持官府，嘱托词讼，武断乡曲，封山占水，甚至杀人，无所不为，例子太多了，不必列举。这一类非法权力的形成，赵南星有一解释："乡官之中多大于守令者，是以乡官往往凌虐平民，肆行吞噬，有司稍稍禁戢，则明辱暗害，无所不至。"⑤ 以为守令官小，不敢得罪比他大的乡官。顾公燮以为是师生和同年的年谊作怪："缙绅尤

---

① 参见《皇明太学志》二。

② 参见顾公燮：《消夏闲记摘钞》中。

③ 《明太祖实录》卷一二六。

④ 参见《消夏闲记摘钞》；徐学谟：《世庙识余录》二十。

⑤ 《赵忠毅公文集》十三，《敬循职掌剖露良心疏》。

重师生年谊，平昔稍有睚眦，即嘱抚按访拿。甚至门下之人，遇有司对簿将刑，豪奴上禀主人呼唤，立即扶出，有司无可如何。其他细事虽理曲者，亦可以一帖弭之。"其实最主要的原因，还是皇权对绅权的有意宽容放纵，士大夫成为皇权的统治工具，只要不直接和皇权冲突，违反皇家的利益，动摇皇家的基础，区区凌虐剥削百姓的琐事，皇家是不会也不肯加以干预的。

一千年后的明代情形，和魏晋南北朝没有什么两样，理由是封建关系不变，绅权也不变。

（原载《时与文》第 3 卷第 9 期，1948 年 6 月）

说　士

现代词汇中的军人一名辞，在古代叫作士，士原来是又文又武的，文士和武士的分立，是唐以后的事。

在春秋时代，金字塔形的统治阶级，王诸侯大夫以下的阶层就是士，士和以上的阶层比较，人数最多，势力也最大。其下是庶民和奴隶，是劳动者，是小人，应该供养和侍候上层的君子。王诸侯大夫都是不亲庶务的，士介在上下层两阶级之间，受特殊的教育，在平时是治民的官吏，在战时是战争的主力。就上层的贵族阶级说，是维持治权的唯一动力，王诸侯大夫如不能得到士的支持，不但政权立刻崩溃，身家也不能保全。就下层的民众说，士又是庶政的推动和执行人，他们当邑宰，管理租赋，审判案件（以此，士这名辞又含有司法官的意义，有的时候也叫作士师），维持治安，当司马管理军队，当贾正管理商人，当工正管理工人，和民众的关系最为密切，因之又惯常和民众联在一起。就职业的区分，士为四民之首，其下是农工商。再就教育的程度和地位说，士和大夫最为接近，因之士大夫也就成为代表相同的教育程度和社会地位的一个专门名辞。

士在政治上社会上负有特殊任务，在四民中，独享教育的特权。为着适应士所负荷的业务，课程分作六种，称为六艺：礼乐射御书数。内中射御是必修科，其他四种次之。射是射箭和战争技术的训练，御是驾车，在车战时代，这一门功课也是非常重要的。礼是人生生活的轨范，作人的方法，礼不下庶人，在贵族社会中，是最实际的处世之学。乐是音乐，是调剂生活和节制情感的工具，士无故不辍琴瑟，孔子在齐闻韶，三月不知肉味的故事，正可以代表古代士大夫对于音乐的爱好和欣赏的能力，奏乐时所唱的歌词是诗，在外交或私人交际场合，甚至男女求爱时，都可用歌词来表达自己的意思，这些诗被记录下来，保存到现在的叫《诗经》。书是写字，数是算数，要当一个政府或地方官吏，这两门功课也是非学不可的。

士不但受特殊的教育训练，也受特殊的精神训练。过去先民奋战的史迹，临难不屈，见危授命，牺牲小我以保全邦国的可歌可泣的史诗，和食人之禄忠人之事的理论，深深印入脑中。在这两种训练下，养成了他们的道德观念！——忠，忠的意义是应该把责任看得重于生命，荣誉重于安全，在两者发生冲突时，毫不犹豫牺牲生命或安全，去完成责任，保持荣誉。

在封建时代，各国并立，士的生活由他的主人诸侯或大夫所赐的田土维持，由于这种经济关系，士只能效忠于主人。到了秦汉的统一的大帝国成立以后，诸侯大夫这一阶层完全消灭，士便直属于君主于国家，忠的对象自然也转移到对君主对国家了。士分为文武以后，道德观念依然不变，几千年以来的文士和武士，轰轰烈烈，为国家为民族而战争，而流血，而牺牲，不屈不挠，前仆后继，悲壮勇决的事迹，史不绝书。甚至布衣白丁，匹妇老妪，补锅匠，卖菜佣，乞丐妓女，一些未受教育的平民百姓，在国家危急时，也宁愿破家杀身，不肯为敌人所凌辱，这种从上到下，几千年来的一贯信念，是我国的立国精神，是我中华民族始终昂然永存，历经无数次外患而永不屈服，终能独立自主的真精神。

士原来受文事武事两种训练，平时治民，战时治军，都是本分。春秋时代列国的卿大夫，一到战时便统率军队作战，前方后方都归一体（晋名将郤縠以敦诗书礼乐见称，是个著例）。到战国时代，军事渐趋专业化，军事学的著作日益增多，军事学家战术家战略家辈出，文官和军人渐渐开始分别，可是像孟尝君、廉颇、吴起等人，也还是出将入相，既武且文。汉代的大将军、车骑将军、前将军、后将军都是内廷重臣，遇有征伐时，将军固然应该奉命出征，外廷的大臣如御史大夫和九卿也时常以将军号统军征伐，而且文武互用，将军出为外廷文官，外廷文臣改官将军，不分畛域，末年如曹操、孙权都曾举孝廉，曹操横槊赋诗，英武盖世，诸葛亮相蜀，行军时则为元帅，虽然有纯粹的职业军人如吕布、许褚之流，纯粹的文人如华歆、许靖之流，在大体上仍是文武一体。一直到唐代李林甫当国以前，还是边帅入为宰相，宰相出任边帅，内外互用，文武互调。

李林甫作宰相以后，要擅位固宠，边疆将帅多用胡人，胡人不识汉字，虽然立功，也只能从军阶爵邑上升迁，不能入主中枢大政，从此文武就判为两途。安史乱后的郭子仪，奉天功臣李晟，虽然名义上都是宰相，都是汉人，都通文义，却并不与闻政事，和前期李靖、李勣出将入相的情形完全不同了。经过晚唐五代藩镇割据之乱，宋太祖用全力集权中央，罢诸将军权，地方守令都以文士充任，直隶中枢，文士治国，武士作战，成为国家用人的金科玉律，由之文士地位日高，武士地位日低，一味重文轻武的结果，使宋朝成为历史上最不重武的时代。仁宗时名将狄青南北立功，作了枢密使，一些文士便群起攻击，逼使失意而死，南宋初年的岳飞致力恢复失地，也为宰相秦桧所诬杀。文武不但分途，而且成为对立的局面。明代文武的区分更是明显，文士任内阁部院大臣，武士任官都督府卫所，遇着征伐，必以文士督师，武士统军陷阵，武士即使官为将军总兵，到兵部辞见时，对兵部尚书必须长跪。能弯八石弓，不如识一丁字，一般青年除非科举无望，岂肯弃文就武。致武士成为只有技勇膂力而无智识教养的人，在社会上被目为粗人，品质日低，声誉日降，偶尔有一两个武士能通文翰吟咏，便群相惊诧，以为儒将。偶尔有一两个武士发表对当前国事的意见，便群起攻击，以为干政。结果武士自安于军阵，本来无教养学识的，以为军人的职责只是作战，不必求学识。这种心理的普遍化，使上至朝廷，下至闾巷，都以武士不文为当然，为天经地义。武士这一名词省去下一半，武而不士，只好称为武人了。

近百年来的外患，当国的文士应该负责，作战的武士，亦应该负责。七年来的艰苦作战，文士不应独居其功，大功当属于前线流血授命的武士。就史实所昭示，汉唐之盛之强，宋明之衰之弱，士的文武合一和分立，殆可解释其所以然。古代对士的教育和训练，应加以重视，尤其应该着重道德观念——对国家对民族尽责的精神的养成。提高政治水准，为什么而战和有所不为，彻头彻脑明白战争的意义。要提高士的社会地位，必须文事和武事并重，必须政治水准和社会地位提高，这是今后全国所应全力以赴的课题。

（原载《历史的镜子》，生活书店，1946年）

论士大夫

　　照我的看法，官僚、士大夫、绅士、知识分子，这四者实在是一个东西。虽然在不同的场合，同一个人可能具有几种身份，然而，在本质上，到底还是一个。在这里，为了讨论上的方便，我们还是不能不按照这四个不同的名词，分开来讨论所谓"士大夫"。

　　平常，我们讲到士大夫的时候，常常就会联想到现代的"知识分子"。这就是说，士大夫与知识分子，两者间必然有密切的关系。官僚是就士大夫在官位时的称号，绅士则是士大夫的社会身份。本来，士大夫是封建社会的标准产物，而知识分子则是半封建半殖民地社会的标准产物。或者说，今日的知识分子，在某些方面相当于过去时代的士大夫，过去的士大夫有若干的特性还残存在今日知识分子的劣根性里面。

　　从历史上来看，大夫原来在士之上，大夫是王侯的家臣，而士则是大夫的家臣。古代的士，原是武士，主要的职责是从事战争，是武士而非文士。一向被王侯大夫养着，叫作养士，这里所谓"养"，正和养鸡养猪养牲口同一道理，同一性质。"食人之禄，忠人之事。"受谁豢养，给谁效劳，吃谁的饭，替谁作事，有奶便是娘，要想吃得肥吃得饱就得卖命去干。到后来由于社会的动荡变化，王侯贵族失去了所继承的一切，不但没有人养得起士，连原来养士的人也不能不被人所养了。这时候，士不可能再捧着旧衣钵，吃闲饭，只好给人家讲讲故事，教书，办事，打杂，作傧相办红白大事，作秘书跑腿过日子，于是一变而为文士，从帮凶变成帮闲的。跟着，找到了新路，不是作王侯的家臣，而是从选举征辟等途径，攀上了高枝儿，作皇帝的食客雇工，摇身一变为大夫，为官僚。于是，几千年来，士大夫联成了一个名词，具有特定的内容、特征。

士大夫的内容，特征是什么呢？分析地说：

第一，士大夫有享受教育机会的特权，独占知识，囤积知识，出卖知识，"学成文武艺，货与帝王家。"知识商品化，就这点而论，士大夫和今天的知识分子完全一样。

过去的国立学校，无论是太学、国子学、国学，以至国子监等等，学生入学的资格是依父祖的官位品级，平民子弟极少机会入学，甚至完全不许入学。

第二，士大夫的地位，处于统治者和被统治者之间，上面是定于一尊的帝王，下面是芸芸的万民。对主子说是奴才，奴才是应该忠心替主人服务的，依权附势，从服务得到权位和利益，分享残羹剩饭。对人民说，他们又是主子了，法外的榨取、剥削、诛求，兼并土地，包庇赋税，走私囤积，无所不用其极。对上面是一副奴颜婢膝的脸孔，对下面是另一副威风凛凛的脸孔，这两副面孔正如《镜花缘》里所描写的，对人一副笑脸，背后的一副用布蒙住，士大夫用的这块布，上面写着"仁义道德"四个大字。对主子劝行王道、仁政，采取宽容作风，留母鸡下蛋。对人民，欺骗，威吓，麻醉，制造出种种理论，来掩饰剥削的勾当。比如大家都反饥饿，他们曾说："没饭吃，平常事。饭该给有功的人吃，因为人家在保护你们。为什么要吵吵闹闹呢？何况有的是草根，树皮！"甚至说："要那么些钱干什么，已经差强人意了，还要闹，失去清高身份！"理论没人理，跟着是刑罚，所谓"齐之以刑"。再不生效，更严重的一套就来了。两面作风，其实是一个道理，就是不要变，不要乱。如果非变不可，也要慢慢地变，一点一滴地变，温和地变，万万不能乱，为的是一变就不能不损害他们的既得利益，乱更不得了，简直要从根挖掉他们的基业。他们要保持现状，要维持原来的社会秩序，率直一点说，也就是维持自己的财产和地位，这类人用新名词说，就是所谓自由主义者。

第三，士大夫享有种种特权，例如，免赋权，免役权，作各级官吏之权，居乡享受特殊礼貌之权，包办地方事业之权，打官司奔走公门之权，作买卖走私漏税之权，畜养奴婢之权，子孙继承官位，和受教育之权等等。老百姓要缴纳田租，他们可以不缴，法律规定，官品越高，免赋越多，占有土地的负担越小，造成了经济地位的优越。老百姓要抽壮丁，"有吏夜捉人"，不管三丁抽一或是五丁抽二，总之是要出人，但是，士大夫却不必服役，例如南北朝时代士族不服兵役，明朝也有"家里出了个生员，就可免役二丁"的规定。说到做官，这本是士大夫的本分，即使不做官了，在乡作绅士，也还享有特殊礼貌，老百姓连和绅士同起坐、同桌吃饭都是不许可的。如果乡里要举办一些事业，所谓"自治"，例如修路、救灾、水利、学校等等，士大夫是天然的领袖。要贩运违法货物，有作官的八行书就可免去关卡留难。畜养奴婢，只要财力许可，几千几万都为法律所承认。此外，还有师生，同年，同乡，亲戚，种种关系可以运用，任何角落里都有人情面子，造成一股力量，条条大路都可通行。

第四，相反的，士大夫对国家民族没有义务，不对任何人负责。不当兵，不服役，不完粮纳税，一切负担都分嫁给当地老百姓。一个地方的士大夫愈多，地方的百姓就愈苦。遇有特殊变故，要"有钱出钱，有力出力"的时候，出力的固然是百姓，出钱的还是百姓，士大夫是一毛不拔的，有时候还从中渔利，发一笔捐献财。

第五，因为知识被专利，所以舆论也被垄断了。历史上所谓"清议"一向是士大夫包办的。只有士大夫才会写文章著书，才有资格说话，老百姓是没有份的，即使说了也不过是"刍荛之见"，上达不了，即使上达了，也无人看重。东汉后期的太学生，明末的东林党，清代末年的戊戌变法，都只是站在士大夫立场上，对损害他们的另一剥削集团的斗争——对宦官、外戚、贵族的斗争，和老百姓是不大相干的。

第六，士大夫也就是地主，因为他们可以凭借地位来取得大量土地，把官僚资本变成土地资本，士大夫和地主其实是同义语。反之，光是地主而非士大夫是站不住的，苛捐杂税，几年功夫就可以把这些不识时务的地主毁灭。因之，地主子弟千方百计要钻进士大夫集团，高升一步，来保全并发展产业。地主所看到的是收租的好处，看不见的是农民的困苦。通常形容士大夫"四体不勤，五谷不分"，不但不明白农民的痛苦，甚至连孔子那样人，都以不坐车而步行为失身份。因之，在思想上，在政治上，都是保守的，共同的要求是保持既得利益，无论如何要巩固维护现状，反对一切变革、进步。从整个集团利益来看，士大夫是反变革的，反进步的，也是反动的。最多，也只能走上改良主义的道路。当然，也有形式上是进步的，例如1898年的康有为梁启超，要求变法，对当时守旧官僚说，比较上是进步的，可是在本质上，他们要求变法的目的，是在保存旧统治权，保存皇帝，也就是保存他们自己的地位和利益，他们的进步立场，只是士大夫本位的形式上的进步，和一般人民的利益并不一致。

由上面的分析，士大夫是站在人民普遍愤怒与专制恐怖统治之间，也站在要求改革要求进步与保守反动之间。用新名词来说是走中间路线，两面都骂，对上说不要剥削得太狠心，通通都刮光了那我们吃什么。对下则说：你们太顽强，太自私，太贪心，又没有知识，又肮脏，专门破坏，专门捣乱，简直成什么东西。其实这些都可以回敬给他们，等于自己骂自己。他们之所以要表示超然的态度，上不着天，下不着地，吊在半空间，这是有好处的。像清朝的曾左李诸公，帮助清朝稳定了江山，便青云直上，在汉人满人之间发展自己。两面骂的好处是万一旧王朝倒了，便可投到新主人的怀抱里，他不是曾经骂过那已经倒了的旧王朝吗？反正不管谁上台总有他们的戏唱，这就是士大夫走中间路线的妙用与作风。

这种士大夫的典型例子，在历史上可以找到不知多少，简直数不胜数。这里只随便举几个谈谈。

一个是钱谦益，明末时候的人，少年时候和东林党混在一起，反贪污，反宦官。后来被政敌一棍打下来之后立刻变成了"无党无派"，在乡间住了几年又变成了"社会贤达"。1644年机会一到，一跃而为礼部尚书，无党无派和社会贤达的衔头都不要了。对东林党人则说：我是当年反贪污反宦官的健将，对当局则拼命献身。清兵一来，首先投降的就是他，死后清廷把他放入"贰臣传"之内。此公不但政治节操如此，在乡间当社会贤达时就是标准的土豪劣绅，无恶不作。

第二个是侯恂，《桃花扇》里面所说的侯朝宗的父亲，此公是明末的重臣，李自成入北京，他就降李自成，清兵入关他就降清，可以说是三朝元老。

还有，再举个明末的例子吧，《燕子笺》的作者阮大铖。他是有名的戏剧家，《燕子笺》、《春灯谜》，技巧都不坏，为了娱乐讨好弘光皇帝，清兵快到南京时，他还在忙着找好行头，在宫里献演自己的大作。此公一生，可以分为整整七个时期：第一期，没有大名气，依附同乡东林重望左光斗（阮是安徽人），钻进党去，成了名。第二期，急于作官，要过瘾，要作又大又有权的官。东林看不惯他的卑劣手段，不给他帮忙，于是此公一气之下，立刻投奔魏忠贤，拜在门下做干儿子，成为东林的死对头。替干爹出主意，大抄黑名单。第三期，东林给魏阉一网打尽，他也扶摇直上，和干爹关系很好。可是他很明白大势，预留地步，每次见干爹都花钱给门房买下名片，灭了证据，自打主意。第四时期，魏党失败了，此公立刻反咬一口，清算总账，东林、魏党两边都骂。为什么呢？——表明他是中间分子，不偏不倚。可是人民眼睛是雪亮的，还是给削了官，挂名逆案，呜呼哀哉，一辈子都没有做官的希望了。于是闲居十九年，做社会贤达写写剧本，成为第一流的文学家。第五期，南方名士们创立复社，热闹得很，贵公子都在里面。此公穷居无聊，沉不住气，于是谈兵说政，到处抬出东林的招牌来作自我宣传，想混进复社去把党人收作自己的群众。说："我是老东林，跟你们上代有交情，你们捧捧我吧！"不想那些青年人可真凶，火气大，给他下不来，发宣言（揭帖）指出他一桩一桩的罪状，一棍打击下去，此公又吃了一次亏，气得发昏。第六时期，北都倾覆，政局变了，南朝一个军阀马士英给福王保镖成立新政府。阮受了几年气，于是又勾上了马相国，做了兵部尚书。此公于是神气十足，一边大发议论，武力不以对外，清兵来还好说话，左兵来可难活命。外战不来，内战拼命，一边重翻旧案，排斥东林，屠杀青年，利用特务，要大报旧仇。开了两纸黑名单，一纸五十三名，一纸百〇八名，的的确确送了不少人进集中营，也的的确确杀了不少人。同时大肆贪污（所谓"职方贱似狗，都督满街走"，正是南京政府的写照，也正是这样把南京搞垮了台）。第七时期，清兵南下，此公投降了，但是看看福建又建立了新政府，想投机通通消息，结果为清军所杀。此公的变化多端，大概前所未有，然而万变不离宗，总是那么一副嘴脸，为自己打算。

当然，也有天良还剩一丝丝儿的，例如吴梅村，也是风流才子，而且是士大夫的领袖。明亡后，清朝逼他做官，因为怕死，守不住节，只好去作官了。把过去半生的清名，连同社会贤达的牌子都打烂了，一念之差，在威迫利诱之下走错了路，悔恨交加，临死时做了一首绝命词："万事催华发，论龚生天年竟夭，高名难没，吾病难将医药治，耿耿胸中热血，待洒向西风残月。剖却心肝今置地，问华佗，解我肠千结，追往恨，倍凄咽，故人慷慨多奇节，为当年沉吟不断，草间偷活，艾灸眉头瓜喷鼻，今日须难决绝，早患苦重来千叠，脱屣妻孥非易事，竟一钱不值何须说，人世事，几完缺？"

如以上许多例子，岂不是士大夫都是没有骨头的？都是出卖自己灵魂的？或者都是"难将医药治"的？假如引历史上某一时期如南朝作例——史家都说是"南朝无死难之臣"，这是错的，——当时，政权虽不断变换，而士大夫阶层所形成的集团的特权并没有变更，这一个集团有着政治力量所不能摧毁的，在社会、政治、经济、军事各方面的领导地位，他们本身的利益既不受朝代变换的倾轧，那他们又为什么要替寒人出身的一些皇帝死节呢？假如再引别的时代的例子，例如汉代的范滂、陈蕃，唐代的颜真卿、张巡、许远，宋代的文天祥，明代的杨继盛、杨涟、左光斗、史可法，清代的谭嗣同，为了他们的信念，为了他们的阶层利益，为了他们所保卫的特权而死，史书叫作忠臣义士的，这一类的例子也很多。这一些人都是士大夫，虽然失败，是有骨头的，有血有肉，有灵魂的，是忠于封建社会的封建道德的，——和前一类的人正是一个鲜明的对比。

当两个朝代交换，或者是社会有很大的改革的时候，往往是对人的一种考验。现在恐怕又是到了一个考验的时候了，这考验包括你也包括我。我们看见了许多阮大铖、吴伟业、钱谦益；同时我们也看见许多谭嗣同、范滂、文天祥。面对着这考验，也有许多人打着自由主义的招牌出现，那么也让历史来考验他们罢。历史是无情的，在这考验下面，我们将会看到历史的悲剧，也是这些自由主义者的悲剧。固然我们不希望今后的文学作品里再发现"绝命词"一类的作品，然而历史始终是无情的。

（原载《皇权与绅权》，观察社，1948 年）

"社会贤达"考

　　"社会贤达"这一名词是颇为有趣的，仔细想想，会使人好笑。因为，第一，似乎只有在社会上才有贤达，那么，在政府里的诸公算是什么呢？第二，社会"贤达"如王云五先生之流者居然做了官了，人不在社会而在政府，上面两字安不上，下面"贤达"两字是不是也跟着勾销呢？如虽入政府而仍为"贤达"，何以并没有创立"政府贤达"这一名词呢？第三，"社会"这一词的定义，到底算是和政府的对称呢？还是民间和政府的桥梁呢？如是前者，有几位"贤达"身在江湖，心悬魏阙，和政府本是一家，强冠以"社会"之谥，未免牛头不对马嘴。如是后者，干脆叫半官或次官好了，用不着扭捏作态，害得有几位贤达在若干场合"犹抱琵琶半遮面"，好不难为情也。

　　不管怎样，这一名词是已经成为历史的了。有历史癖的我，很想作一番历史上"社会贤达"的考据，替许多未来的新贵找一历史的渊源。

　　想了又想，历史上实在没有"社会贤达"这东西。勉强附会，以"贤达"而得官，或虽为"贤达"而毕生志业仍在做官，甚至闹到喜极而涕，"庙堂初入泪交流"的境界，或则"头在外面"，时蒙召宴垂询之荣，生前可以登报，死后可以刻入墓志铭者，比之于古，其惟"隐士""山人"之流乎？

335

首先想起的是终南捷径的故事。

《旧唐书》卷九十四《卢藏用传》："卢藏用字子潜，度支尚书承庆之侄孙也。父璥有名于时，官至魏州司马。藏用少以辞学著称，初举进士选不调，乃著《芳草赋》以见意。寻隐居终南山（新书作与兄微明偕隐终南少室二山），学辟谷练气之术。长安中（西元701至705）征拜左拾遗……景龙中（707至709）为吏部侍郎。藏用性无挺特，多为权要所逼，颇堕公道。又迁黄门侍郎，兼昭文馆学士，转工部侍郎尚书右丞。先天中（712）坐托附太平公主，配流岭表。（新书作附太平公主，主诛，玄宗欲捕斩藏用，顾未执政，意解，乃流新州。）开元初起为黔州都督府长史兼判都督事，未行而卒。（新书作卒于始兴。）藏用工篆隶，好琴棋，当时称为多能之士。（新书作藏用善蓍龟九宫术，工草隶大小篆八分，善琴，弈思精远，士贵其多能。）然初隐居之时，有贞俭之操，往来于少室终南二山，时人称为随驾隐士。及登朝，趑趄诡佞，专事权贵，奢靡淫纵，以此获讥于世。"（新书作："始隐山中时，有意当世，人目为随驾隐士。晚乃拘权利，务为骄纵，素节尽矣。司马承祯尝召至阙下，将还山，藏用指终南曰，此中大有嘉处，承祯徐曰，以仆视之，仕宦之捷径耳！藏用惭。"）

这故事是非常现实的。叔祖作过大官，父亲也作地方小官，学会了诗词歌赋，又会卜卦算命写字，加上琴呀，棋呀，样样都会，够得上是名士了。偏偏官星不耀，作不了官，于是写一篇赋，自比为芳草，哀哀怨怨，搔首弄姿，怪没有识货的来抬举。不料还是白操心，于是只好当隐士了。隐得太远太深，怕又和朝堂脱了节，拣一个靠近长安的，"独上高山望帝京"。再拣一个靠洛阳的，以便皇帝东幸时跟着走。"随驾隐士"一词实在妙不可言，其妙相当于现在的上海和庐山，两头总有一个着落。隐了几年，跟了几年，名气有了，盛朝圣世是应该征举遗逸的，于是得了"社会贤达"之名而驰马奔命，赶进京师"初入朝堂"了。

苦了几年，望了几年，不料还是小官，于是只好奔走权贵，使出满身解数，巴上了太平公主，从此步步高升，要不是闹政变，眼见指日拜相执政了。

临了，被司马承祯这老头开了一个玩笑，说终南山是仕宦捷径。其实卢藏用也真不会在乎，他不为仕宦，又上终南山去则甚？编《旧唐书》的史官，也太过糊涂了，似乎他以为卢藏用在作"随驾隐士"时颇有贞俭之操，到作了官才变坏，其实并不然。反之，"趋跄诡佞，专事权贵，奢靡淫纵"，才是他的本性。在山中的"贞俭"是无可奈何的，试问在山中他不贞俭，能囤积松木、泉水不成？而且，如不贞俭，又如何能得社会贤达之名，钻得进朝堂去？

从这一历史故事看，"社会贤达"一词和"终南捷径"正是半斤八两，铢两悉称。

卢藏用这一着灵了，到宋朝种放也照样来一套。

《宋史》卷四五七《种放传》："种放名逸，河南洛阳人也。每往来嵩华间，慨然有山林意。与母俱隐终南豹林谷之东明峰，结草为庐，仅庇风雨。以讲习为业，从学者众，得束脩以养母。母亦乐道，薄滋味……粮糒乏绝，止食芋粟……自豹林抵州郭七十里，徒步与樵人往返。"可见他原来是穷苦人家。可是到了隐居成名，又作大官，又兼隐士的差的时候，便完全不同了。"太宗嘉其节，诏京兆赐以缗钱，使养母不夺其志，有司岁时存问。咸平元年（西元998）母卒，诏赐钱三万，帛三十匹，米三十斛以助其丧。四年……赍装钱（旅费）五万……赐帛百匹，钱十万。又赐昭庆坊第一区，加帷帐什物，银器五百两，钱三十万。还山后仍特给月奉。"钱多了，立刻成大地主，《宋史》说他："……晚节颇饰舆服，于长安广置良田，岁利甚博。亦有强市者，遂至争讼。门人族属，依倚恣横。徙居嵩山，犹往来终南，按视田亩，每行必给驿乘，在道或亲诟驿吏，规算粮具之直。"简直是个土豪劣绅了。

种放之移居嵩山，是被当地地方官王嗣宗赶走的。《宋史》卷二百八十七《王嗣宗传》："嗣宗知永兴军府（长安）。时种放得告归山，嗣宗逆于传舍，礼之甚厚。放既醉，稍倨。嗣宗怒，以语讥放。放曰，君以手博得状元耳，何足道也！初嗣宗就试讲武殿，搏赵昌言帽擢首科，故放及之。嗣宗愧恨，因上疏言，所部兼并之家，侵渔众民，凌暴孤寡，凡十余族，而放为之首。放弟侄无赖，据林麓樵采，周回二百余里，夺编氓厚利。愿以臣疏下放。赐放终南田百亩，徙放嵩山。疏辞极于诟辱，至目放为魑魅。真宗方厚待放，令徙居嵩阳避之。"嗣宗极为高兴，把他生平所作的事——掘邠州狐穴，发镇州边肃奸贼，和徙种放为除三害。

种放比卢藏用高明的地方，是又作大官，又保留隐士的身份。他的老朋友陈尧叟在朝执政，陈家是大族，脚力硬，想作官时求陈尧叟向皇帝说一声，来一套征召大典，风风光光去作官。过一阵子又说不愿作官了，还是回山当隐士。于是皇帝又大摆送行宴，送盘缠服装。到山后，地方官还奉命按时请安，威风之至。再过一阵子，官瘾又发了，又回朝，隔一晌又还山。反正照样拿薪水，并不折本。而且，还山一次再回朝，官就高一次，又何乐而不为！凑上宋真宗也是喜欢这一套，弄个把隐士来点缀盛世。一唱一和，大家都当戏作，这中间只害了老实人王嗣宗，白发一顿脾气。

从这一历史故实看，作官和作隐士并不冲突，而且相得益彰。当今的社会贤达，已经上了戏台的和正在打算上戏台彩排的，何妨熟读此传，隔天下台了，还可以死抱住"社会贤达"的本钱不放，哇拉拉大喊，一为社会贤达，生死以之，海可枯，石可烂，此名不可改。

（原载北京地下刊物《社会贤达考》专号，1947 年 6 月 12 日）

明代的科举情况和绅士特权

明、清两代五六百年间的科举制度，在中国文化、学术发展的历史上作了大孽，束缚了人们的聪明才智，阻碍了科学的进展，压制了思想，使人们脱离实际，脱离生产，专读死书，专学八股，专写空话，害尽了人，也害死了人，罪状数不完，也说不完。

这些且不说，光就考试时的情况说，也是气死人的。明末艾南英《天傭子文集》有一篇文章专讲考举人时的苦处：

> 考试这一天，考场打了三通鼓，秀才们即使遇到大冷天，冰霜冻结，也得站在门外等候点名。督学呢，穿着红袍坐在堂上，灯烛辉煌，围着炉子取暖，好不舒服。
>
> 秀才们得解开衣裳，左手拿着笔砚，右手拿着布袜，听候府县官点名，排个儿站在甬道里，依次到督学面前。每一个秀才，有两个搜检军侍候，从头发搜到脚跟，光着肚子光着腿，要好几个时辰才能全搜完，个个冻得牙齿打战，腰以下都冻僵了，摸着也不像是自己的皮肤。要是大热天呢，督学穿着纱衣裳，在阴凉地里，喝着茶，摇着扇子，凉快得很。秀才们呢，十百一群，挤立在尘埃飞扬的太阳地上，按制度不能扇扇子，穿的又是大布厚衣。到了考场，几百人夹

坐在一起，腥气、秽气，蒸着、熏着，大汗通身，衣裳都湿透了，却一滴水也不敢入口。虽然公家有人管茶水，但谁也不敢喝，喝了就有人在你卷子上打一个红记号，算是舞弊犯规，文章尽管写得好，也要扣分，降一等。

冷天也罢，热天也罢，都得吃苦头。

考的时候，东西两面站着四个瞭望军，是监场的，谁也不敢抬头四面看，有人困了站一下，打一个呵欠，和隔壁考生说话，以至歪着坐，又是一个红记号打上了，算犯规，文章尽管好，也扣分，降一等。弄得人人腰脊酸痛，连大小便也不得自由，得忍着些。

连动手动脚、抬头伸腰的自由也被剥夺了，苦哉！

考试坐位呢，是衙门里的工吏包办的，他们得赚一点钱，贪污了一大半经费，临时对付，做得很窄小，两个手膀也张不开；又偷工减料，薄而脆，外加裂缝，坐下重一点，就怕塌下。加上同号的总有十几个人，坐位是用竹子联着的，谁的手脚稍动一下，联号的坐位便都动摇了，成天没个停，写的字也就歪歪扭扭了。

这篇文章写得实在好，道尽了考生的苦处，也道尽了封建统治者不把学生当人的恶毒待遇。文章里用督学的拥炉、挥扇相对衬，更把考生的苦况突出了。清朝继承了明朝这一套，《儿女英雄传》写安骥殿试时，自己背桌子考篮的情况，可以参看。

这样苦，为什么人们还是抢着考，唯恐吃不到这苦头呢？是为了作官。顾公燮《消夏闲记摘抄》记明朝人中举人的情况：

明朝末年的绅士，非常之威风。凡是中了举人，报信的人都拿着短棍，从大门打起，把厅堂窗户都打烂了，叫

作"改换门庭"。工匠跟在后面，立时修整一新，从此永
为主顾。

接着，同姓的地主来和您通谱，算作一家，招女婿的也
来了，有人来拜你作老师，自称门生。只要一张嘴，银子上
千两的送，以后有事，这些人便有依靠了。

出门呢，坐着大轿，前面有人拿着扇啦，掌着盖啦，诸
如此类，连秀才出门，也有门斗张着油伞引路。

有婚丧事的时候，绅士和老百姓是不能坐在一起的，要
另搞一个房子叫大宾堂，有功名的人单坐在一起。

清人吴敬梓所作《儒林外史》，穷秀才范进中举一段绝妙文
字，正是顾公燮这一段记载的绝妙注脚。

到中了进士，就更加威风了。上任作官，车啦，马啦，跟班
啦，衣服用具啦，饮食用费啦，都自然会有人支应。上了任，债
主也跟着来，按期还债。①

即使中不了进士，光是秀才、举人，也就享有许多特权了。
其一是免役，只要进了学，成为秀才，法律规定可免户内二丁差
役。明朝里役负担是很重的，要是有二十亩田地的中农，假如家
里不出一个秀才，一轮到里役，便得破家荡产。② 以此，一个县
里秀才举人愈多，百姓便越穷，因为他们得把绅士的负担分担下
来。③ 第二是可以有奴婢使唤；明制，平民百姓是不许存养奴婢
的，《大明律》规定："庶民之家，存养奴婢者，杖一百，即放
从良。"第三是法律的优待，明初规定一般进士、举人、贡生犯

---

① 陶奭龄：《小柴桑喃喃录》上；周顺昌：《烬余集》卷二，《与吴公如书》二。
② 《温宝忠遗稿》卷五，《士民说》。
③ 顾炎武：《亭林文集·生员论》。

了死罪，可以特赦三次，以后虽然没有执行，但是，还是受到优待，秀才犯了法，地方官在通知学校把他开除之前，是不能用刑的。如犯的不是重罪，便只通知学校当局，加以处分了事。第四是免粮，家道寒苦，无力完粮的，可由地方官奏销豁免。因之，不但秀才自己免了役，免了赋，甚至包揽隐庇，借此发财。廪生照规定由国家每年给膏火银一百二十两，不安分的便揽地主钱粮在自己名下，请求豁免，"坐一百，走三百"，不动腿呢，每年一百二十两，多跑跑县衙门呢，一年三百两，是当时的民间口语。第五便是礼貌待遇了。顾公燮所记的大宾堂是有法律根据的，洪武十二年（公元1379年）八月明太祖颁布法令，规定绅士只能和宗族讲尊卑的礼法，至于宴会，要另设席位，不许坐于无官者之下。和异姓无官者相见，不必答礼。庶民见绅士要用见官礼谒见。违反的按法律制裁。

有了这样多特权，吃点苦头又算什么呢？

明、清两代的知识分子，在通过考试之前，封建统治者把他们不当人看待，加以种种虐待。但是，在成为秀才、举人、进士之后，便成为统治集团的一员了，和庶民不同了，他们分享了统治阶级的特权，成为特权阶级了。最近有人讲明朝后期情况，把秀才也算在市民里面，把他们下降为庶民，在我看来，是不符合客观存在的历史事实的。

（原载《灯下集》，三联书店，1960年）

晚明仕宦阶级的生活

一

晚明仕宦阶级的生活，除了少数的例外，（如刘宗周之清修刻苦，黄道周之笃学正身）可以用"骄奢淫佚"四字尽之。田艺蘅《留青日札》记："严嵩孙严绍庚、严鹄等尝对人言，一年尽费二万金，尚苦多藏无可用处。于是竞相穷奢极欲。"《明史·严嵩传》记鄢懋卿之豪奢说："鄢懋卿持严嵩之势，总理两浙两淮长芦河东盐政，其按部尝与妻偕行，制五彩舆，令十二女子舁之。"万历初名相张居正奉旨归葬时："真定守钱普创为坐舆，前舆后室，旁有两庑，各立一童子供使令，凡用舁夫三十二人。所过牙盘上食味逾百品，犹以为无下箸处。"[①] 这种闹阔的风气，愈来愈厉害，直到李自成、张献忠等起来，这风气和它的提倡者同归于尽。

其实，说晚明才有这样的放纵生活，也不尽然，周玺《垂光集·论治化疏》说："中外臣僚士庶之家，靡丽奢华，彼此相尚，而借贷费用，习以为常。居室则一概雕画，首饰则滥用金宝，倡优下贱以绫缎为袴，市井光棍以锦绣缘袜，工匠役之人任

---

① 《明史》卷二一三，《张居正传》。

意制造，殊不畏惮。虽朝廷禁止之诏屡下，而奢靡僭用之习自如。"①周玺是弘正时人（？—1508），可见在十六世纪初期的仕宦生活已经到这地步。风俗之侈靡，自上而下，风行草偃，渐渐地浸透了整个社会。堵允锡曾畅论其弊，他说："冠裳之辈，怡堂成习，厝火忘危，膏粱文绣厌于口体，宫室妻妾昏于志虑，一篮之费数金，一日之供中产，声伎优乐，日缘而盛。夫缙绅者士民之表，表之不戒，尤以成风。于是有纨袴子弟，益侈豪华之志以先其父兄，温饱少年亦竞习裘马之容以破其家业，挟弹垆头，吁庐伎室，意气已骄，心神俱溃，贤者丧志，不肖倾家，此士人之蠹也。于是又有游手之辈，习谐媚以蛊良家子弟，市井之徒，咨凶谲以行无赖之事，白日思群，昏夜伏莽，不耕不织，生涯问诸傥来，非士非商，自业寄于亡命，狐面狼心，冶服盗质，此庶人之蠹也。如是而风俗不致颓坏，士民不致饥寒，盗贼不致风起者未之有也。"②

二

大人先生有了身份有了钱以后，饱食终日，无所用心，自然而然会刻意去谋生活的舒适，于是营居室，乐园亭，侈饮食，备仆从，再进而养优伶，召伎女，事博弈，蓄姬妾，雅致一点的更提倡玩古董，讲版刻，组文会，究音律，这一集团人的兴趣，使文学、美术、工艺、金石学、戏曲、版本学等部门有了飞跃的进展。

---

① 《垂光集》卷一。
② 《堵文忠公集·救时十二议疏》。

八股家幸而碰上了机会，得了科第时，第一步是先娶一个姨太太，（以今较昔，他们的黄脸婆还有不致被休的运气）王崇简《冬夜笔记》："明末习尚，士人登第后，多易号娶妾。故京师谚曰：改个号，娶个小。"第二步是广营居室，作大官的邸舍之多，往往骇人听闻，田艺蘅记严嵩籍没时之家产，光是第宅房屋一项，在江西原籍共有六千七百四间，在北京共一千七百余间。① 陆炳当事时，营别宅至十余所，庄园遍四方。② 郑芝龙田园遍闽粤，在唐王偏安一隅的小朝廷下，秉政数月，增置仓庄至五百余所③。

士大夫园亭之盛，大概是嘉靖以后的事。陶奭龄说："少时越中绝无园亭，近亦多有。"④ 奭龄是万历时代人，可见在嘉隆前，即素称繁庶的越中，士大夫尚未有经营园亭的风气。园亭的布置，除自己出资建置外，大抵多出于门生故吏的报效。顾公燮《消夏闲记》卷上说："前明缙绅虽素负清名者，其华屋园亭佳城南亩，无不揽名胜，连阡陌。推原其故，皆系门生故吏代为经营，非尽出己资也。"王世贞《游金陵诸园记》记南京名园除王公贵戚所有者外，有王贡士杞园、吴孝廉园、何参知露园、卜太学味斋园、许典客长卿园、李象先茂才园、汤太守熙召园、陆文学园、张保御园等。《娄东园亭志》仅太仓一邑有田氏园、安氏园、王锡爵园、杨氏日涉园、吴氏园、季氏园、曹氏杜家桥园、王世贞弇州园、王士骐约园、琅玡离薋园、王敬美澹园等数十园。园亭既盛，张南垣至以叠石成名："三吴大家名园，皆出其

① 《留青日札》。

② 《明史》卷三〇七，《陆炳传》。

③ 林时对：《荷锸丛谈》卷四。

④ 《小柴桑喃喃录》下。

手。其后东至于越，北至于燕，召之者无虚日。"①

对于饮食衣服尤刻意求精，互相侈尚。《小柴桑喃喃录》卷上记："近来人家酒席，专事华侈，非数日治具，水陆毕集，不敢轻易速客。汤饵肴旅，源源而来，非惟口不给尝，兼亦目不周视，一筵之费，少亦数金。"平居则"耽耽逐逐，日为口腹谋"。张岱《陶庵梦忆》自述："越中清馋无过余者，喜啖方物。北京则苹婆果、黄鼠、马牙松；山东则羊肚菜、秋白梨、文官果、甜子；福建则福橘、福橘饼、牛皮糖、红腐乳；江西则青根、丰城脯；山西则天花菜；苏州则带骨鲍螺、山查丁、山查糕、松子糖、白圆、橄榄脯；嘉兴则马交鱼脯、陶庄黄雀；南京则套樱桃、桃门枣、地栗团、窝笋团、山查糖；杭州则西瓜、鸡豆子、花下藕、韭芽、元笋、塘栖蜜橘；萧山则杨梅、莼菜、鸠鸟、青鲫、方柿；诸暨则香狸、樱桃、虎栗；嵊则蕨粉、细榧、龙游糖；临海则枕头瓜；台州则瓦楞蚶、江瑶柱；浦江则火肉；东阳财南枣；山阴则破塘笋、谢橘、独山菱、河蟹、三江屯蛏、白蛤、江鱼、鲥鱼、里河鰦。远则岁致之，近则月致之，日致之。"②衣服则由布袍而为细绢，由浅色而改淡红。范濂《云间据目钞》记云间风俗，虽然只是指一个地方而言，也足以代表这种由俭朴而趋奢华的时代趋势。他说："布袍乃儒家常服，周年鄙为寒酸，贫者必用绸绢色衣，谓之薄华丽。而恶少且从典肆中觅旧段旧服翻改新起，与豪华公子列坐，亦一奇也。春元必用大红履，儒童年少者必穿浅红道袍，上海生员冬必穿绒道袍，暑必用绉巾绿伞，虽贫如思丹，亦不能免。稍富则绒衣巾，盖益加盛矣。余最贫，

---

① 黄宗羲：《撰杖集·张南垣传》。
② 张岱：《陶庵梦忆》卷四，《方物》。

尚俭朴，年来亦强服色衣，乃知习俗移人，贤者不免。"明代制定士庶服饰，不许混淆，嘉靖以后，这种规定亦复不能维持，上下群趋时髦，巾履无别。范濂又记："余始为诸生时，见朋辈戴桥梁绒线巾，春元戴金线巾，缙绅戴忠靖巾。自后以为烦俗，易高士巾素方巾，复变为唐巾晋巾汉巾褊巾。丙午（1606）以来皆用不唐不晋之巾，两边玉屏花一双，而年少貌美者加犀玉奇簪贯发。"他又很愤慨地说："所可恨者，大家奴皆用三镶宦履，与士官漫无分别，而士官亦喜奴辈穿著，此俗之最恶者也。"

三

士大夫居官则狎优纵博，退休则广蓄声伎，宣德间都御史刘观每赴人邀请，辄以妓自随。户部郎中肖翔等不理职务，日惟挟妓酣饮恣乐。[①] 曾下饬禁止："宣德四年八月丙申，上谕行在礼部尚书胡濙曰：祖宗时文武官之家不得挟妓饮宴。近闻大小官私家饮酒，辄命妓歌唱，沉酣终日，怠废政事。甚者留宿，败礼坏俗。尔礼部揭榜禁约，再犯者必罪之。"[②] 妓女被禁后，一变而为小唱，沈德符说："京师自宣德顾佐疏后，严禁官妓，缙绅无以为娱，于是小唱盛行，至今日几如西晋太康矣。"[③] 实际上这项禁令也只及于京师居官者，易代之后，勾栏盛况依然。《冰华梅史》有《燕都妓品序》："燕赵佳人，颜美如玉，盖自古艳

---

① 《明宣宗实录》卷五六。
② 《明宣宗实录》卷五七。
③ 《野获编》卷二四。

之。矧帝都建鼎，于今为盛，而南人风致，又复袭染熏陶，其色艳宜惊天下无疑。万历丁酉庚子（1597—1600）其妖冶已极。"所定花榜借用科名条例有状元榜眼探花之目。称妓则曰老几，茅元仪《暇老齐杂记》卷四："近来士人称妓每曰老，如老一老二之类。"同时曹大章有《秦淮士女表》，《萍乡花史》有《广陵士女殿最序》。余怀《板桥杂记》记南京教坊之盛："南曲衣裳妆束，四方取以为式。"崇祯中四方兵起，南京不受丝毫影响，依然征歌召妓："宗室王孙，翩翩裘马，以及乌衣子弟湖海宾游，靡不挟弹吹箫，经过赵李，每开筵宴，则传呼乐籍，罗绮芬芳，行酒纠觞，留髡送客，酒阑棋罢，堕珥遗簪，真欲界之仙都，升平之乐国也！"①

私家则多蓄声伎，穷极奢侈。万历时理学名臣张元忭后人的家伎在当时最负盛名。《陶庵梦忆》卷四《张氏声伎》条记："我家声伎，前世无之。自大父于万历年间与范长白邹愚公黄贞父包涵所诸先生讲究此道，遂破天荒为之。有可餐班，次则武陵班……再次则梯仙班……再次则吴郡班……再次则苏小小班……再次则平子茂苑班……主人解事日精一日，而侯僮伎艺则愈出奇愈。"阮大铖是当时最负盛名的戏曲作家，他的家伎的表演最为张宗子所称道。同书卷八记："阮元海家优讲关目，讲情理，讲筋节，与他班孟浪不同。然其所打院本又皆主人自制，笔笔勾勒，苦心尽出，与他班卤莽者又不同。故所搬演本本出色，脚脚出色，出出出色，句句出色，字字出色。"士大夫不但蓄优自娱，谱制剧曲，并能自己度曲，压倒伶工。沈德符记："近年士大夫享太平之乐，以其聪明寄之剩技。吴中缙绅留意音律，如

———
① 余怀：《板桥杂记》。

太仓张工部新、吴江沈吏部璟、无锡吴进士澄时俱工度曲，每广座命伎，即老优名倡俱皇遽失措，真不减江东公瑾。"①风气所趋，使梨园大盛，所演若《红梅》、《桃花》、《玉簪》、《绿袍》等记不啻百种："括共大意，则皆一女游园，一生窥见而悦之，遂约为夫妇。其后及第而归，即成好合。皆徒撰诡名，毫无古事可考，且意俱相同，毫无足喜。"乡村每演剧以祷神："谓不以戏为祷，则居民难免疾病，商贾必值风涛。"②豪家则延致名优，陈懋仁《泉南杂志》："优伶媚趣者不吝高价，豪奢家攘而有之，婵鬓傅粉，日以为常。"使一向被贱视的伶工，一旦气焰千丈。徐树丕《识小录》记吴中在崇祯十四年（1641）奇荒后的情形："辛巳奇荒之后……优人鲜衣美食，横行里中。人家做戏一台，一本费至十余金，而诸优犹恨恨嫌少。甚至有乘马者，乘舆者，在戏房索人参汤者，种种恶状。然必有乡绅主之，人家惴惴奉之，得一日无事便为厚矣。"优人服节有至千金以上者。③男优之外，又有女戏："十余年来苏城女戏盛行，必有乡绅主之。盖以倡兼优而缙绅为之主。"④亦有缙绅自教家姬演戏者，张岱记朱云崃女戏，"西施歌舞，对舞者五人，长袖缓带，绕身若环，曾挠摩地，扶旋猗那，弱如秋乐；女官内侍，执扇葆璇盖、金莲宝炬、纨扇宫灯二十余人，光焰荧煌，锦绣纷叠，见者错愕"⑤刘晖吉女戏则以布景著："刘晖吉奇情幻想，欲补从来梨园之缺陷；如唐明皇游月宫，叶法善作，场上一时黑魆地

———————————

① 《野获编》卷二四。

② 汤来贺：《梨园说》。

③ 黄宗羲：《南雷集子·刘子行状》。

④ 《识小录》卷二。

⑤ 《陶庵梦忆》卷二。

暗，手起剑落，霹雳一声，黑幔忽收，露出一月，其圆如规，四下以其羊角染五色云气，中坐常仪，桂树吴刚，白兔捣药。轻纱缦之内，燃赛月明数株，光焰青黎，色如初曙，撒布成梁，遂蹑月窟，境界神奇，忘其为戏也。"①

四

士大夫的另一种娱乐是赌博。顾炎武《日知录》记："万历之末太平无事，士大夫无所用心，间有相从赌博者。至天启中始行马吊之戏，而今之朝士若江南山东几于无人不为此。有如韦昭论所云穷日尽明，继以脂烛，人事旷而不修，宾旅阙而不接。"甚至有"进士有以不工赌博为耻"的情形。吴伟业又记当时有叶子戏："万历末年，民间好叶子戏，图赵宋时山东群盗姓名于牌而斗之，至崇祯时大盛。有曰闯，有曰献，有曰大顺，初不知所自起，后皆验。"②缙绅士大夫以纵博为风流，《列朝诗集小传》记："福清何士壁跅弛放迹，使酒纵博。""皇甫冲博综群籍，通挟凡击毬音乐博弈之戏，吴中轻侠少年咸推服之。""万历间韩上桂为诗多倚待急就，方与人纵谈大噱，呼号饮博，探题立就，斐然可观。"此风渐及民间，结果是如沈德符所说："今天下赌博盛行，其始失货财，甚则鬻田宅，又甚则为穿窬，浸成大伙劫贼，盖因本朝法轻，愚民易犯。"③

---

① 《陶庵梦忆》卷五。
② 《绥寇纪略》卷一二。
③ 《野获编补遗》卷三。

自命清雅一点的则专务搜古董，巧取豪夺："嘉靖末年海内宴安，士大夫富厚者以治园亭教歌舞之际，间及古玩。如吴中吴文恪之孙，溧阳史尚宝之子，皆世藏珍秘，不假外索。延陵则稽太史应科，云间则朱太史大韶，携李项太学，锡山安太学华户部辈不吝重资收购，名播江南。南部则姚太史汝循、胡太史汝嘉亦称好事。若辈下则此风稍逊，惟分宜严相国父子、朱成公兄弟并以将相当途，富贵盈溢，旁及雅道，于是严以势劫，朱以货贿，所蓄几及天府。张江陵当国亦有此嗜。董其昌最后起，名亦最重，人以法眼归之。"[①] 年轻气盛少肯读书的则组织文社，自相标榜，以为名高。《消夏闲记》下："文社始于天启甲子张天如等之应社……推大讫于四海。于是有广应社，复社，云间有几社，浙江有闻社，江北有南社，江西有则社，又有历亭席社，昆阳云簪社，而吴门别有羽朋社，武林有读书社，山左有大社，佥会于吴，统于复社。"以讥弹骂詈为事，黄宗羲讥为学骂，他说："昔之学者学道者也，今之学者学骂者也。矜气节者则骂为标榜，志经世者则骂为功利，读书作文者则骂为玩物丧志，留心政事者则骂为俗吏，接庸僧数辈则骂考亭为不足学矣，读艾千子定待之尾，则骂象山阳明为禅学矣。濂溪之主静则盘桓于腔子中者也，洛下之持敬则曰是有方所之学也。逊志骂其学误主，东林骂其党亡国，相讼不决，以后息者为胜。"[②] 老成人物则伪标讲学，内行不修。艾南英《天傭子集》曾提及江右士夫情形："敝乡理学之盛，无过吉安，嘉隆以前，大概质行质言，以身践之。近岁自爱者多而亦不无仰愧前哲者。田土之讼，子女之争，告讦

---

① 《野获编》卷二六。
② 《南雷文案》卷一七。

把持之风日有见闻，不肖视其人皆正襟危坐以持论相高者也。"[①]

仕宦阶级有特殊地位，也自有他们的特殊风气。《小柴桑喃喃录》卷下说："士大夫膏肓之病，只是一俗，世有稍自脱者即共命为迂为疏为腐，于是一入仕途，则相师相仿，以求入乎俗而后已。如相率而饮狂泉，亦可悲矣。"在这情形的社会，谢肇淛说得最妙："燕云只有四种人多，奄竖多于缙绅，妇女多于男子，倡伎多于良家，乞丐多于商贾。"[②]

1934 年 1 月 22 日

（原载《大公报·史地周刊》，第三十一期，1935 年 4 月 19 日）

---

① 艾南英；《天傭子集》卷六，《复陈怡云公祖书》。
② 《五杂俎》卷三。

东林党之争

东林党之争是明朝末年历史上的一个特征。

首先应该明确这样一个问题，历史上所谓党与我们今天所说的党是两回事，不能把历史上所说的党和今天的政党混同起来。历史上所说的党并没有什么组织形式，参加哪个党是没有任何形式的，既不要交党费，也没有组织生活，更没有党章和党纲。然而在历史上又确实叫做党。历史上所谓党是指的什么呢？是指政治见解大体相同的一些人的集团，也就是统治阶级内部某些人无形的组合。明朝的东林党，它的情况大致是这样：在江苏无锡有个书院叫东林书院，这是一所学校。当时有两个政府官员，叫顾宪成和顾允成，两兄弟在北京做官的时候，由于他们的政治见解与当时的当权人物相抵触，便辞官不做，回家后在东林书院讲学。他们很有学问，在地方上声望很高，为人也正派。这样，和他们意气相投的人跟他们的来往便越来越多了。不但在地方上，就是在北京，有一些官员跟他们的来往也比较多。他们以讲学为名，发表一些议论朝政的意见。这样，从万历二十二年（1594年）开始，一直到明朝被推翻，前后五十年间，在明朝政治上形成了一批所谓东林党人，和另外一批反对东林党的非东林党人。非东林党人后来形成齐（山东）、楚（湖北）、浙（浙江）三派，与东林党争论不休。这五十年中间，在几件大事情上都有争论。你主张这样，他反对；他主张那样，你反对。举例来说，党争中最早的一个问题，就是所谓"京察"问题。"京察"这两个字大家都认识，但是不好懂。这是古代历史上的一种制度，就是政府的官员经过一定的时期要考核，相当于现在的考勤考绩。主持考勤考绩的是吏部尚书、吏部侍郎（相当于现在的内务部部长、副部长），他们主管文官的登记、资格审查、成绩考核及任免、升降、转调、俸给、奖恤等事。当时考取进士以后，有一部分进士就安排做科道官。科就是六科给事中，道就是十三道御史。六科就是按照六部（吏、户、礼、兵、刑、工）来分的。道是按照行政区划来设置的。当时全国有十三个布政使司，设了十三道御史，譬如浙江道有浙江道御史。科道官都是监察官，当时叫做"言官"。他们本身没有什么工作，只是监察别人的工作，提出赞成的或者反对的意见。他们的任务就是说活，所以叫"言官"。每次"京察"，吏部提出某些人称职，某些人不称职。1594年举行"京察"的时候，就发生了争论，这一部分人说这些人好，那一部分人说不好。凡是东林党人说好的，非东林党人一定说不好。争论中掺和了封建社会的乡里（同乡）关系。譬如齐、楚、浙就是乡里关系。不管这件事情正确不正确，只要是和我同乡的人，都是对的。还有一种同门的关系。所谓同门就是指同一个老师出身的。不管事情本身怎么样，只要跟我是同学，就都是对的。至于对亲戚、朋友则更不用说了。就在这样的封建关系组合之下，从1594年"京察"开始，一直争吵了五十年。

继"京察"问题之后，接着发生了"国本之争"。所谓"国本"就是国家的根本。我们今天说国家的根本就是人民，没有人民就没有国家。当时并没有这样的概念。那时候所谓"国本"是指皇帝的继承人问题。万历做了多年皇帝，按照过去的惯例，他应该立一个皇太子，以便他死后有一个法定的继承人。可是他不喜欢他的大儿子，他所喜欢的是他的小老婆（郑贵妃）生的儿子福王（以后封在河南洛阳），所以他就迟迟不立太子。有些大臣就叫起来了，他们认为国家的根本很重要，也就是说第二代的皇帝很重要，应该早立太子。凡是提议立太子的，万历就不高兴，他说：我还活着，你们忙什么！这样，有人主张早立太子，有人反对立太子，争吵起来了，这就叫"国本之争"。

跟着又发生了一个案子叫"梃击案"。有一天早晨，突然有一个人跑到宫里来见人就打，一直打到万历的大儿子那里去了。当然，这个人马上被逮住了。可是这里发生了一个问题，是谁叫他到宫里来打万历的大儿子的？当时有人怀疑是郑贵妃指使的。这是宫廷问题，却成了当时政治上的一个大问题，引起了争吵，东林党与非东林党大吵特吵。

万历做了四十八年皇帝，死了。他的大儿子继位不到一个月又死了。怎么死的呢？搞不清楚。据说他在病的时候，有一个医生给他红丸药吃，吃了以后就死了。这样就发生了一个问题，这个皇帝是不是被毒死的？是谁把他毒死的？因此又发生了所谓"红丸案"。各个集团之间又争吵起来了。

正在争吵的时候，发生了另外一个问题：就是这个只作了个把月的皇帝死了以后，他的儿子继位，还没成年。这个短命皇帝有个妃子李选侍，她住在正宫里不肯搬出来。她有政治野心：想趁这个小孩做皇帝的机会把持朝政。这样，又发生了争论，有一些人出来骂她：你这个妃子怎么能霸着正宫？逼着她搬出去。这个案件叫"移宫案"。京戏里有一出戏叫《二进宫》，就是反映这件事的，不过把时代改变了，把孙子的事情改成了祖父的事情。

"梃击"、"红丸"、"移宫"是当时三大案件，成为当时争论最激烈的事件。在这样的情况下，政治上出现了什么现象呢？每一件事情出来，这批人这样主张，那批人那样主张，争论不休，整天给皇帝写报告。到底谁对谁不对？从现在来看，东林党与非东林党之争，一般地说，道理在东林党方面。东林党的道理多，非东林党的道理少。但是，东林党是不是完全对呢？在某些问题上也不完全对。这样争来争去，争不出个是非来，结果只有争论，缺乏行动，许多政治上该办的事没人去管了。后来造成这种现象：某些正派的官员提出他的主张，这个主张一提出来，马上就有一批人来攻击他，他就不能办事，只好请求辞职。皇帝不知道这个人对不对，不作处理，把事情压下来。这个官既不能办事，辞职也辞不成，怎么办？干脆自己回家。他回家以后政府也不管，结果这个官就空着没人做。到万历后期政治纪律松懈到这样的地步：哪个官受了攻击就把官丢了回家，以至六部的很多部长都没人做了。万历皇帝到晚年根本不接见臣下，差不多一二十年不跟大臣见面，把自己关在宫廷里，什么事情也不管。大臣们有什么事情要跟他商量也见不着。政治腐化，纪律松懈，很多重要的问题得不到解决，却专搞无原则的纠纷。大是大非没人管了，成天纠缠在一些枝节问题上面。

这种无休止的争吵影响到一些重大的政治事件的发展。譬如日本侵略朝鲜，中国到底应不应该援助朝鲜，在这个问题上发生了争论。后来还是派兵去支援了朝鲜，第一个时期打了胜仗，收复了平壤。后来又派兵去，由于麻痹大意，打了败仗。打了败仗以后，政府里又发生争论了，主和派觉得和日本打仗没有必要，支援朝鲜意义不大，不如放弃军事办法，转而采取政治办法来解决问题。他们主张把丰臣秀吉封为日本国王，并答应和他做买卖。历史上封王叫做朝，做买卖叫做贡，所谓朝贡，说得通俗一点，就是你带些物资来卖给我，我给你一些物资作交换。在这种情况下，明朝政府只好一面按照主战派的主张，继续派兵援助朝鲜；一面派人暗中往来日本进行和议。后来明军与朝鲜军大败日本侵略军。日本愿和了。明朝政府便按照主和派撤兵议和的主张，允许议和。并派人到日本去办外交，封丰臣秀吉为国王。但日本国内本来已经有天皇，因此丰臣秀吉不接受王位，而且提出了很强硬的条件。结果外交失败了。日军重新侵略朝鲜。明朝政府只好再次出兵，最后打败了日军。由于追究外交失败的责任，又引起了争论。

这种影响在"封疆案"的问题上表现得更加明显。万历死后，东林党在政府做官的人越来越多了。这时北京有一个"首善书院"（在北京宣武门内），在这里讲学的也是东林党人。这些人在政治上提出意见时，非东林党人就起来攻击，要封闭这个书院。东林党人当然反对封闭。这样吵了二三十年。这个争论最后演变成什么局面呢？当时万历皇帝的孙子熹宗（年号天启，是崇祯皇帝的哥哥）很年轻，不懂事，光贪玩。他宠信太监魏忠贤，军事、政治各个方面都是太监当家。一些地主阶级的知识分子由于在魏忠贤门下奔走而当了官。凡是属于魏忠贤这一派的，历史上称为"阉党"。阉党里面没有什么正派人。东林党是反对阉党的。因此，党争发展到这个时候，就变成了地主阶级的知识分子与宦官的斗争。这个斗争影响到东北的军事形势。在万历以前，东北的建州女真已经壮大起来了，不断进攻辽东，占领了许多城市。到天启时代，明朝防御建州女真的军事将领熊廷弼提出一系列的军事上和政治上的主张，他认为跟建州女真进行军事斗争时，明朝军队不能退回到山海关以内，而应该在山海关以东建立军事据点。当时前方的另一个军事将领叫王化贞，他不同意这个意见，他认为只能依靠山海关来据守。熊廷弼虽然是统帅，地位比王化贞高，但是没有军事实权。而王化贞得到了魏忠贤的支持。这样，熊廷弼的正确意见因为得不到支持而不能贯彻，结果打了败仗，王化贞跑回来了，熊廷弼也跑回来了，山海关以东的很多地方都丢了。北京震动，面临着很严重的军事危机。在这种情况下又发生了有关"封疆案"的争论。当时追究这次失败的责任，到底是熊廷弼的责任，还是王化贞的责任？从当时的具体军事形势来看，熊廷弼是正确的，但他没有军队来支持。王化贞有十几万军队，坚持错误的主张，因此王化贞应该负责。但是因为熊廷弼得罪了很多人，结果把这个责任推到他身上，把他杀了。很显然，这样的争论和处理大大地影响了前方的军事形势。

"封疆案"以后，跟着就是魏忠贤对东林党人的屠杀。因为一些在朝的东林党人认为魏忠贤这样胡搞不行，就向皇帝写信控告他的罪恶。当时有杨涟等人列举了他的二十四条罪状。这些东林党人的行为得到了其他官员的支持。这样，东林党和阉党就面对面地斗争起来。由于魏忠贤军权在握，又指挥了特务，而东林党人缺乏这两样武器，结果大批的东林党人被杀。当时被杀的有杨涟、左光斗、周顺昌、黄尊素、缪昌期等。其中周顺昌在苏州很有声望，当特务逮捕他的时候，苏州的老百姓起来保护他。最后这次人民的斗争还是失败了，人民吃了苦头，周顺昌被带到北京杀害了。

熹宗死了以后，明朝最后的一个皇帝——崇祯皇帝比他哥哥清楚一点，他把魏忠贤这伙人收拾了，把一些阉党分子都杀了（魏忠贤是自己上吊死的）。但是这场斗争是不是停止了呢？没有停止，东林党人跟魏忠贤的余孽在崇祯十七年（1644年）的时候还在继续斗争。崇祯五年（1632 年），一些东林党人的后代跟与东林党有关系的地方上的知识分子组织了一个团体，叫做"复社"，以后又有"几社"，有大批青年知识分子参加。表面上他们是以文会友，写文章，写诗，是学术研究组织，实际上有政治内容。大家可能看过《桃花扇》这出戏，这出戏里的侯朝宗、陈贞慧、吴应箕、冒辟疆四公子都是复社里面的人。当时李自成已经占领了北京，崇祯上吊死了。这个消息传到了南方，没有皇帝怎么办？这时一些阉党人物就想拥小福王（由崧）来做皇帝。原来万历把最喜欢的那个儿子福王（常洵）封在河南洛阳，这是老福王。这个人很坏，在他封到洛阳时，万历给他四万顷土地，河南的土地不够，还把邻省的土地也给他。老百姓都恨透了。李自成进入洛阳以后，把老福王杀掉了。小福王由崧（这也不是个好东西）逃到南京。当时在南京掌握军事实权的是过去和魏忠贤有关系的阉党人物马士英，替他出主意的也是一个阉党分子，叫阮大铖，他们把小福王抓到手中，把他捧出来做皇帝。可是政府里面另外一批比较正派的人，像史可法、高弘图、姜日广等主张立潞王（常淓）做皇帝。这个人比较明白清楚。但马士英他们先走了一步，硬把福王捧出来做了皇帝。这样，在南京小朝廷里又发生了东林党与非东林党之争。因为马士英和阮大铖是当权的，史可法被排挤出去，去镇守扬州。在清军南下的时候，史可法坚决抵抗，在扬州牺牲了。马士英和阮大铖在南京搞得不像样，清军一步步逼近南京。这时候小福王在做什么呢？在跟阮大铖排戏。也就在这个时候，上面说的四公子就起来反对阮大铖，他们出布告，揭露阮大铖过去是魏忠贤的干儿子，名誉很不好，做了很多坏事，不能让他在政府里当权。号召大家起来反对他。南京国子监的学生也支持他们的主张，这样就形成一个学生运动。侯朝宗这些人虽然得到广大知识分子的支持,但是他们根本没有实力。而马士英、阮大铖有军事力量。结果有的人被逮捕了,有的人跑掉了。不久之后,清军占领南京,小福王的政权也就被消灭了。

党争从 1594 年开始,一直到 1645 年,始终没有停止过。无论是在政治问题上,还是在军事问题上,都争论不休。这种争论是什么性质的呢?这是地主阶级内部的矛盾。开始是东林党和齐、楚、浙三党之争,后来演变为东林党与阉党之争。由于东林党的主张在某些方面是有利于当时的生产的发展的,因此他们得到了人民的支持。但是反过来说,所有的东林党人都反对农民起义。这是他们的阶级本质决定的。譬如史可法这个历史人物,从他最后这段历史来说是应该肯定的。那时候,清军南下包围扬州,他的军事力量很薄弱,也得不到南京的支持,孤军据守扬州。但他宁肯牺牲不肯投降。这是有民族气节的人,也就是毛主席所说的有骨气。我们中国人是有骨气的,史可法就是这种有骨气的代表人物。但是他以前的历史就不好追究了。他以前干什么呢?镇压农民起义。在阶级斗争极为尖锐的时候,这些人的阶级立场是极为清楚的,反对农民起义,镇压农民起义。即使在他抗拒清军南下的时候,还要反对农民起义。有没有同情农民起义呢?没有。不可能要求统治者来同情被统治者的反抗。

对于这样一段党争的历史,要具体分析,具体研究。党争跟明朝的政治制度有关系。明太祖在洪武十三年(1380 年)取消了宰相,取消了中书省,搞了几个机要秘书到内廷来办事情。到明成祖时搞了个内阁,这是个政府机构。内阁的权力越来越大,代替了过去的宰相,虽然没有宰相之名,但是有宰相之实。至于给皇帝个人办事的有秘书,就是在宫廷里面设立一个机构,叫做"司礼监"。这是一个内廷机构,不是政府机构。司礼监有一个秉笔太监，皇帝要看什么政府报告，让秉笔太监先看；皇帝要下什么书面指示，也让秉笔太监起稿。皇帝年纪大一些、知识多一些的，还能辨别是非，是不是同意，他自己有主见。可是一些年轻的皇帝就搞不清楚，结果司礼监的秉笔太监就操纵政治，掌握了政权。因为用人和行政的权力都给了司礼监，结果形成了明朝后期的太监独裁。在明朝历史上有很多坏太监，像明英宗时代的王振，明武宗时代的刘瑾，天启时代的魏忠贤等。太监当家的结果，就造成了政府与内廷之争，也就是统治阶级内部地主阶级知识分子与太监争夺政权的斗争。明朝后期五十年的东林党之争就是在这样的背景之下进行的。

随着太监权力的扩大，不但中央被他们控制了，地方也被他们控制了。洪武十三年（1380年）以后，地方上设有三司（都指挥使司、布政使司、按察使司）。三司是各自独立的，都受皇帝的直接指挥。到了永乐时代，当一个地区发生了军事行动，像农民起义或其他的群众斗争爆发的时候，这三个司往往意见不统一，各管各的。结果只好由中央政府派官员去管理这个地方的事。这个官叫巡抚。巡抚是政府官员，常常是由国防部副部长即兵部侍郎担任。巡抚出去巡视各个地方，事情完了就回来。可是由于到处发生农民战争和民族与民族之间的战争，这个官去了以后就回不来了，逐渐变成一个地方的常驻官了。因为巡抚是中央派去的，所以他的地位在三司之上。过去三司使是地方上最大的官，现在三司使上面又加了一个巡抚。但这能不能解决问题呢？还是不能解决问题。为什么呢？因为巡抚只能指挥这一个地区的军事行动，比如浙江的巡抚就只能管浙江这一个地方。可是遇到军事行动牵涉到几个省的时候，这个巡抚就不能管了。于是又派比巡抚更高的官，即派国防部长——兵部尚书出去作总督。总督管几个省或一个大省。有了总督之后，巡抚就变成第二等官了，三司的地位则更低了。可是到了明朝后期，总督也管不了事。为什么呢？因为战争扩大了，农民战争和辽东的战争往往牵涉到五六个省。五六个省就往往有五六个总督，谁也管不了谁。结果只好派大学士出去作督师。总督也归他管。这是一方面。另一方面，明朝为了镇压各地人民的反抗，就派军官到各地去镇守，叫做总兵官，也就是总指挥。统治者对总兵官不放心，怕他搞鬼，因此总是派一个太监去监督，叫做监军。哪个地方有总兵官，哪个地方就有监军。监军可以直接向皇帝写报告，因为他是皇帝直接派出去的。因此，不但总兵官要听他的话，就是像巡抚这一类的地方官也要听他的话。这样，就形成了中央和地方都是太监当家的局面，明朝的政治变成太监的政治了。此外，明朝的皇帝贪图享受，为了满足自己生活上的欲望，哪个地方收税多就派一个太监去，哪个地方有矿藏也派一个太监去，叫做"税使"、"矿使"。全国的主要矿区，东北起辽东，西南到云南，以及武汉、苏州等大城市都有税使、矿使搜刮民脂民膏。这些太监很不讲道理，他们的任务就是弄钱。他们根本不懂得什么矿，更不懂得怎么开采，却要开矿。只要听说这个地方有金矿就要开，而且规定要在这里开三百两、五百两。如果开不出来怎么办？就要这个地方的老百姓来赔。老百姓要反抗，他就说你的房子下面有矿，把房子拆了开矿。收税也很厉害。苏州有很多机户，纺织工人数量很大。他们要加税，每一张织机要加多少钱。老百姓交不起就请愿。请愿也不行。结果就起来反抗，把太监打死，形成市民暴动。苏州市民暴动出了一个英雄人物，叫做葛贤。这个人后来被杀了。因为明朝政府要屠杀参加暴动的市民，他挺身出来顶住了。不仅在苏州，在武汉、辽宁、云南各个地方都发生了市民暴动。有的地方把太监赶跑了，有的地方把太监下面的人逮住杀了。市民暴动是明朝后期历史的一个特征。人民的生活日益困难，不但农民活不下去，城市工商业者也活不下去了，他们便起来反对暴政。

因此，当时一些比较有见解的政治家，就在政治上提出了一些主张。譬如大家知道的海瑞就是这样。他提出了什么主张呢？他作苏州巡抚，管理江苏全省和安徽一部分。这个地区的土地情况怎样呢？前面说到明朝初年土地比较分散，阶级斗争比较缓和。可是一百多年以后，情况改变了，土地全部集中在大地主、大官僚的手中，而且越来越集中。就在海瑞所管辖的地区松江府，出了一个宰相叫徐阶，他就是一个大地主，家里有二十万亩土地。土地都被大地主占有，农民没有土地，只能逃亡。土地过分集中的结果，使农民活不下去，阶级矛盾越来越尖锐。海瑞看出了毛病，他想缓和这种情况。当然，他不能也不知道采取革命的手段。他采取什么办法呢？他认为要解决人民的生活问题，要使人民不去搞武装斗争反对政府，就必须使这些穷人有土地可种。土地从哪里来呢？土地都在大地主手里，而大地主所以取得这些土地，主要的手段是非法的强占。因此他提出这样一个政治措施：要求他管辖地区内的大地主阶级，凡是强占的土地一律退还给老百姓，使老百姓多多少少有一些土地可以耕种，能够活下去。这样来缓和阶级矛盾。他坚决主张这种作法。这一来，大地主阶级就联合起来反对他，结果这个苏州巡抚只做了半年多就被大地主阶级赶跑了。海瑞的办法能不能解决当时的土地问题？当然不可能。把大地主阶级强占的一部分土地归还给老百姓能不能稍微缓和一下阶级矛盾呢？可以缓和一下。可是办不到，因为地主阶级不肯放弃他们已经到手的东西。海瑞是非失败不可的。类似海瑞这样的政治家当时还有没有呢？有的。他们也感到了阶级矛盾和阶级斗争的严重性，认为这个政权维持不下去。但是能不能提出一个解决的办法呢？谁也没有办法。不但统治阶级，就连农民起义的领袖也提不出解决的办法来。

阶级矛盾日益尖锐的结果，最后形成了明末的农民大起义。崇祯时代，各地方的农民都起来斗争，最后形成两支强大的军事力量，一支以李自成为首，一支以张献忠为首。他们有没有明确地提出解决阶级矛盾的办法呢？也没有。李自成后期曾经提出"迎闯王，不纳粮"的口号争取广大农民的支持，结果他的队伍一下子就发展到一百多万，农民、小手工业者、城市贫民都跟着他走。但是不纳粮也不能解决问题。现在有一个材料，就是山东有一个县，李自成曾经统治过那个地方，当时有人主张分田给百姓。分了没有呢？没有分。他提不出明确的办法，不但提不出消灭地主阶级的根本方针，甚至连孙中山那样的"平均地权"的办法也提不出。所以消灭封建剥削，消灭地主阶级这个根本问题，在古代历史上的任何时期都不能解决。不但地主阶级知识分子、官僚提不出解决办法，就是反对封建地主阶级的农民起义领袖也提不出解决的办法，这个问题只有在我们这个时代才能解决。我们研究过去的农民革命、农民起义时，不能把我们今天的思想意识强加于古人。我们这个时代能办到的事，不能希望古人也能办到。否则就是非历史主义的观点。目前史学界在有些问题上存在一些偏向，总希望把农民起义的领袖说得好一些，说得完满一些，不知不觉地把自己所理解的东西加在古人身上。这是不科学的、非马克思主义的观点。我们只能根据历史事实来理解、来解释、来研究和总结历史，而不可以采取别的办法。

附带讲一个小问题。前面提到巡按御史，到底巡按御史是个什么官？我们经常看京戏，很多京戏里都有这么一个官。所谓八府巡按，威风得很。他是干什么的呢？我们前面讲过御史，就是十三道御史，是按照行政区划设置的。每一道御史的职务就是监察他这个地区的官吏和政务。同时，中央有一个机构叫都察院。都察院的官吏叫左、右都御史，左、右都御史下面是左、右副都御史，左、右副都御史下面是左、右佥都御史，再下面就是御史和巡按御史。巡按御史是由都察院派出去检查地方工作的。凡是地方官有违法失职的，他们有权提出意见来。他们还可以监察司法工作，有的案子判得不正确，他们可以提出意见。老百姓申冤的，地方官那里不能解决问题，可以到巡按御史这里来告。这就是戏上八府巡按的来源。御史的官位大不大呢？不大，只是七品官。当时县官也是七品官。知识分子考上进士以后，有一批人就分配做御史。御史管的事情很少，可是在地方上有很高的职权。为什么呢？因为他代表中央，代表都察院，是皇帝的耳目之官。建立这样一种制度的目的是什么呢？目的是想通过巡按御史的监察工作，来缓和当时人民和政府之间的矛盾，解决一些问题。贪官污吏，提出来把他罢免；冤枉的案子帮助平反。于是老百姓对这样的官员寄予很大的希望，希望他们能帮助自己申冤。这种愿望，在当时的一些文学作品中得到了反映。虽然这些人在实际政治生活中并没有解决什么问题，但是一些文学家、艺术家在一定程度上反映了人民的要求，创作了许多这类题材的作品，特别是明清两代有很多剧本是反映这个思想的。这些作品大体上有这样一些共同的内容：一类是描写老百姓受了冤枉，被大地主、大官僚陷害，被关起来或者判处了死刑，最后一个巡按给他翻了案。或者是描写皇庄的庄头作威作福，不但庄田范围以内的佃农，就是庄田附近的老百姓也受他们的欺侮。姑娘被抢走了，家里面的东西被抢走了，后来遇上侠客打抱不平，或者清官出来把问题解决了。在明朝后期和清朝前期，有不少的小说、剧本是描写这些恶霸、庄头的残暴行为的。这是一类。另一类作品反映了当时知识分子的出路问题。当时的知识分子无非是通过考试中秀才、中举人、中进士。中了进士干什么呢？当巡按御史。因此有很多作品是这样的题材：一位公子遇难，在后花园里遇到一位小姐。小姐赠送他多少银子。以后上北京考上了进士，当上了八府巡按。最后夫妻团圆。这个时期的文学作品大体上有这几方面的题材，反映了这个时期的政治生活、阶级斗争的一些问题。

（原载《明史简述》，中华书局，1980 年）

"社会贤达"钱牧斋

　　就钱牧斋对明初史料的贡献说，我是很推崇这个学者的。二十年前读他的《初学集》、《有学集》、《国初群雄事略》、《太祖实录辨证》诸书，觉得他的学力见解，实在比王弇州（世贞）、朱国桢高。同时也搜集了有关他个人的许多史料，如张汉儒控告他和瞿式耜的呈文、《牧斋遗事》《虞山妖异志》《阁讼记略》《钱氏家变录》《牧斋年谱》《河东君殉家难事实》（以上均见《虞阳说苑甲编》）、《纪钱牧斋遗事》（《痛史》本）、《钱氏家变录》（《荆驼逸史》本）、瞿式耜《瞿忠宣公集》、文秉《烈皇小识》、计六奇《明季北略》，以及《明史·周延儒传》《温体仁传》《马士英传》《瞿式耜传》有关他的记载，和张汉儒呈文的另一印本（刊《文艺杂志》八期）。因为《明史》里不收这个做清朝官的两朝领袖，《清史稿》列他在《文苑传》，极简略。当时就想替此人写点什么。记不得那时候因为什么耽误了，一晃荡便是二十年。

　　最近又把从前所看过的史料重读一遍，深感过去看法之错误。因为第一他的史学方面成就实在有限，他有机会在内阁读到《昭示奸党录》《清教录》一类秘本，他有钱能花一千二百两银子买一部宋本《汉书》，以及收藏类似俞本《皇明纪事录》之类的秘笈，有绛云楼那样收藏精博的私人图书馆，从而做点考据工作，实在没有什么了不起；第二这个人的人品实在差得很，年轻时是浪子，中年是热中的政客，晚年是投满的汉奸，居乡时是土豪劣绅，在朝是贪官污吏，一生翻翻覆覆，没有立场，没有民族气节，除了想作官以外，从没有想到别的。他的一点儿成就、虚名、享受，全盘建立在对人民剥削的基础上，是一个道地的完全的小人、坏人。

可是，三百年前，他的名气真大，东林巨子，文坛领袖，斯文宗主，而且还是幕后政治的牵线人物。只是做官的日子短，在野的年代长，以他当时的声名而论，倒是个"社会贤达"也。

我正在研究历史上的士大夫官僚绅士地主这类人，钱牧斋恰好具备这些资格，而且还是"社会贤达"，因此把旧材料利用一下，写出这个人，并非毫无意义，而且也了却多年来的心愿，是为记。

一、定　论

牧斋是有自知之明的，他明白自己的大节有亏，常时嘴里说的是一套，纸上写的是一套，做的是完全不同的另一套。师友们轰轰烈烈成为一代完人，只有他醉心于功名利禄，出卖了人格灵魂，出卖了民族国家，到头来变成"药渣"，"秋风起，团扇捐"，被新主人一脚踢开，活着对不起人民，死去也羞见当年师友，老年的情怀实实在在是凄楚的、寂寞的、幽怨的，百无聊赖，只好皈依空门，靠念经礼佛来排遣、忏悔。排遣往年的过错，忏悔一生的罪恶。有时候也不免自怨自艾一番，例如《有学集》卷一《次韵茂之戊子秋重晤有感之作》：

残生犹在讶经过，执手只应唤奈何！近日理头梳齿少，频年洗面泪痕多。神争六博其如我，天醉投壶且任他。叹息题诗垂句后，重将老眼向关河。

《再次茂之他字韵》：

覆杯池畔忍重过，欲哭其如泪尽何？故鬼视今真恨晚，余生较死不争多！陶轮世界宁关我？针孔光阴莫羡他！迟暮将离无别语，好将白发喻观河。

戊子是明永历二年，清顺治五年（公元1648），这年他六十七岁了，为了被控和明朝故老闹"反清"，被羁押在南京，案情严重。想想一辈子居高官，享大名，四年前已经六十四岁了，还不顾名节，首倡投降之议，花了一笔大本钱，满以为新朝一定大用，不料还是作礼部侍郎，二十年前早已作过的官。官小倒也罢了，还被奚落，被哂笑，实在受不了，只好告病回籍。如今又吃这官司，说是为明朝呢，说不上，为清朝呢，更说不上，于是见了人只好唤奈何了，要哭也没有眼泪了，活着比死也好不了多少了。顺治十八年（公元1661），他八十岁大寿，族弟钱君鸿要发起替他征集庆寿诗文，他苦口辞谢说：

少窃虚誉，长尘华贯，荣进败名，艰危苟免，无一事可及生人，无一言可书册府，濒死不死，偷生得生。绛县之吏，不记其年，杏坛之杖，久悬其胫。此天地间之不祥人，雄虺之所憋遗，鸺鹠之所接席者也。人亦有言，臣犹知之，而况于君乎？（《有学集》卷三九《与族弟君鸿论求免庆寿诗文书》）

这一段话每一个字都是真实的、确当的。他的一生定论"荣进败名，艰危苟免"，他一生的言行是"无一事可及生人，无一言可书册府"，明亡而"濒死不死"，降清而"偷生得生"，真是一个为人民所共弃的不祥人，该以杖扣其胫的老怪物。所谓人亦有言，如顺治三年（公元 1646）在北京碰钉子谢病南归，有无名氏题诗虎丘石上《赠钱牧斋宗伯南归》：

> 入洛纷纷兴太浓，莼鲈此日又相逢；黑头已是羞江总，青史何曾用蔡邕？昔去幸宽沈白马，今归应悔卖卢龙，最怜攀折章台柳，撩乱秋风问阿侬。（此据《痛史》本。《虞阳说苑》本《牧斋遗事》首句作"入洛纷纭意太浓"，"黑头已是"作"黑头早已"，"用蔡邕"作"惜蔡邕"，末二句作"可怜折尽章台柳，日暮东风怨阿侬"。）

如《虞山行》：

> 一朝铁骑横江来，荧惑入斗天门开，群公蒲伏迎狼纛，元臣拜舞下鸾台。挂冠带笠薰风里，耳后生风色先喜，牛渚方蒙青盖尘，更向龙井钓龙子。名王前席拂朱缨，左拍宗伯右忻城，平吴利得逢双俊，投汉何曾有少卿。靡靡北道岁云暮，朔风吹出蚩尤雾，趋朝且脱尚书履，洛中那得司空座。回首先朝一梦中，黄扉久闭沙堤空，终朝褫带嗟何及，挂驷归去及秋风。……吁嗟盛名古难成，子鱼佐命褚渊生，生前莫饮乌程酒，死来休见石头城！死生恩怨同蕉鹿，空向兴亡恨失足，诗卷终当覆酒杯，山邱何用嗟华屋。（节引自《痛史》本《纪钱牧斋遗事》）

"牛渚方蒙青盖尘"指福王被虏，"更向龙井钓龙子"指牧斋作书诱降在杭州的潞王。"左拍宗伯右忻城"指文班以牧斋为首，武班以忻城伯赵之龙为首迎降清军。"黄扉久闭沙堤空"，指北上后不得大用，失意而反。和这句相发明的，还有一首《虞山竹枝词》：

> 十载黄扉事渺茫，重瞻天阙望恩光，凤凰池上无人问，依旧当年老侍郎。

《牧斋遗事》记一故事，说一天牧斋去游虎丘，穿一件小领大袖的衣服，有人揖问："这衣服是什么式样？"牧斋窘了，只好说："小领遵时王之制，大袖乃不忘先朝。"这人连忙改容说："哦，您真是两朝领袖咧！失敬失敬。"

死后，他所迎降的清朝皇家对他的看法，乾隆三十四年（公元1769）六月上谕："钱谦益本一有才无行之人，在前明时身跻阢仕。及本朝定鼎之初，率先投顺，洊陟列卿，大节有亏，实不足齿于人类。朕从前序沈德潜所选《国朝诗别裁集》，曾明斥钱谦益等之非，黜其诗不录，实为千古纲常名教之大关。彼时未经见其全集，尚以为其诗自在，听之可也。今阅其所著《初学集》、《有学集》，荒诞悖谬，其中诋毁本朝之处，不一而足。夫钱谦益果终为明朝守死不变，即以笔墨腾谤，尚在情理之中。而伊既然本朝臣仆，岂得复以从前狂吠之语，列入集中，其意不过欲借此以掩其失节之羞，尤为可鄙可耻！钱谦益业已身死骨朽，姑免追究，但此等书籍悖理犯义，岂可听其流传，必当早为销毁。"于是二集成为禁书。第二年弘历又题《初学集》："平生谈节义，两姓事君王，进退都无据，文章那有光？真堪覆瓮酒，屡见咏香囊，末路逃禅去，原为孟八郎。"四十一年又诏："钱谦益反侧卑鄙，应入《国史贰臣传》，尤宜据事直书，以示传信。"四十三年二月又谕："钱谦益素行不端，及明祚既移，率先归命。乃敢于诗文阴行诋毁，是为进退无据，非复人类。若与洪承畴等同列《贰臣传》，不示差等，又何以昭彰瘅？钱谦益应列入乙编，俾斧钺凛然，合于春秋之义焉。"（《清史列传·贰臣传》乙编）其实这些话是有些冤枉的。《初学集》是牧斋在前明的作品，刊行于崇祯十六年（癸未，公元1643），确是有好些骂清高宗先人的话。《有学集》是降清以后的结集，对清朝祖先便不敢"奴"长"奴"短了。以牧斋在明朝的作品来责备做清朝卿贰的钱谦益，当然不公道。不过，说他"进退失据，非复人类"，倒是定论。

牧斋对明朝失节，出卖祖国，出卖人民，"更一钱不值何须说！"在清朝呢，名列《贰臣传》，而且还是乙编，比洪承畴之类更下一等。活着含羞，死后受辱，这是投机分子应有的结局。

二、荣进败名

牧斋名谦益，字受之，晚年号蒙叟，亦自称东涧老人，江苏常熟人。生于明神宗万历十年，死于清圣祖康熙三年（公元1582—1664），年八十三岁。

牧斋一生的经历，十七岁（明神宗万历二十六年，公元1598）进学，二十五岁中举，二十九岁中探花，授翰林院编修，以父丧丁忧。三十九岁还朝。四十岁（熹宗天启元年，公元1621）做浙江主考，升右春坊中允。四十一岁以浙闱关节案告病回籍。四十三岁以谕德充经筵日讲官。四十四岁升詹事府少詹事，以东林党案削籍家居。四十七岁（思宗崇祯元年）补詹事府詹事，转礼部右侍郎兼翰林侍读学士，廷推枚卜，是候补宰相名单上的第二名，被温体仁攻讦革职，四十八岁后开始闲居。五十六岁被邑人张汉儒告讦为土豪恶绅，被逮北上下狱。五十七岁狱解南归。六十岁纳妾柳如是。六十四岁明福王立于南京，改元弘光，谦益官礼部尚书兼宫保，清兵进军江南，牧斋以文班首臣迎降，随例北行。六十五岁做清朝的内秘书院学士兼礼部侍郎，充《明史》副总裁。六月告病南归。六十七岁以黄毓祺案被逮到南京下狱。六十八岁狱解归里。八十三岁死。

牧斋二十岁左右在东南一带便有文名，和东林领袖顾宪成、允成兄弟交游。点探花以后，叶向高是前辈，孙承宗、王图是座主，高攀龙、左光斗、杨涟、周顺昌、姚希孟、黄道周、文震孟、鹿善继诸名流是僚友，瞿式耜是门生，程嘉燧、李流芳诸人是文酒之友，声气震动一世。到东林诸领袖先后被杀之后，"流俗相尊作党魁"，俨然是乡国重望了。张汉儒告讦案解后，"洛中之冠带，汝南之车骑，蜀郡之好事，鄂杜之诸生，闻声造门，希风枉驾，履鸟交错，舟船填咽，邑屋阒其无人，空山为之成市"。成为斯文宗主，一代大师，青年人的泰山北斗，社会上第一号的贤达。六十四岁作了两朝领袖之后，声名骤落，做官不得意，做人不像人，"人亦有言"，成天过被哂笑辱骂的日子，再也不谈气节骨格，缩在文人的圈子里，写墓铭寿序弄钱，觍觍觍觍一直到死。

这个人的一生，用他自己的话来说最确当，"荣进败名"，一句话，不顾国家民族的利益，光想做大官，利禄熏心，坏了名节，毁了自己。

天巧星浪子钱谦益

牧斋前半生是东林中佼佼的人物，反东林的阉党阮大铖造《点将录》，献给魏忠贤，黑名单上的重要人物有天罡星托塔天王李三才，及时雨叶向高，天巧星浪子钱谦益，圣手书生文震孟，霹雳火惠世扬，鼓上蚤汪文言，大刀杨涟，智多星缪昌期等三十六人。地煞星神机军师顾大章，青面兽左光斗，金眼彪魏大中，旱地忽律游士任等共七十二人。崔呈秀开的另一黑名单《天鉴录》上也赫然有钱谦益的名字（计六奇《明季北略》卷二）。天启五年杨涟、左光斗诸人被魏忠贤杀害，牧斋也牵连被削籍回里。官虽作不成，名气反而更大，朝野都把他当作东林党魁，他也以此自许，如《初学集》卷六《十一月初六日召对文华殿旋奉严旨革职待罪感恩述事》二十首之一：

> 破帽青衫又一回，当筵舞袖任他猜，平生自分为人役，流俗相尊作党魁。

如《有学集》卷一六《范勋卿文集序》：

> 余庚戌通籍，出吾师耀州王文肃公（名图，阉党卢承钦所作《点将录》，和高攀龙并列的东林副帅，此外曹于汴汤兆京史记事魏大中等谓之先锋，丁元荐沈正宗李朴等谓之敢死军人，孙丕扬邹元标谓之土木魔神）之门。……余则继耀州之后，目为党魁，饮章录牒，逾冬逮系，受钩党之祸。……入甘陵之部，刊元祐之碑，除名削迹，终老而不相贷贳。

可是他一生的行径，却是道地的"浪子"，阉党虽然比他更灭绝人性，寡廉鲜耻，给他的这个绰号倒还中肯，恰如其人的品格身份。

浙闱关节

牧斋虽是东林党人，可是还没有进身就和宦官勾搭。万历三十八年殿试后自以为文名满天下，兼之又有内线，状元是拿稳了。发榜的前一晚，已经得到宫中小太监的密报，说是状元已成定局，司礼监太监和其他宫廷权要都派人送帖子来道喜，京中亲朋故旧络绎户外，牧斋喜极乐极。不料到天亮榜发，牧斋竟是第三名探花，状元是归安人韩敬，这一跟斗摔得真惨，两人从此结下仇。原来韩敬也有内线，早攀上宫中最有势力的大太监，发榜时拿韩敬换了牧斋。牧斋还以为他的老板只此一家，以致上了一回大当。（《虞阳说苑》本《牧斋遗事》）

韩敬作了官，牧斋不服气，使一点手段，在三年京察时，把韩敬革职。

韩敬是浙江人，是反对东林的浙党党人。丢官后恨极，也处心积虑图谋报复。党争和私人怨恨从此纠缠不清。

熹宗天启元年（公元1621），牧斋奉命作浙江主考官。韩敬和秀水沈德符计议，冒用牧斋的名义，出卖关节，很多人都上了当。名士钱千秋也被说动了，用两千两银子买"一朝平步上青天"的暗号，在每篇文章的结尾嵌入一字。榜发千秋果然考取了。韩敬、沈德符使的人分赃不均，把卖关节的事情嚷开了，韩敬也派人上北京大宣传一气，又联络礼科给事中顾其仁磨勘原卷，找出证据，具疏弹劾。事情闹大，刚好钱千秋已到北京准备会试，牧斋一问果然有真凭实据，急得无法，只好自己上疏检举。经刑部审讯的结果，假冒名义出卖关节的两人枷号发烟瘴充军，钱千秋革去举人充军，牧斋和房官确不知情，以失察罚俸三月，奉旨依拟。这个科场大案，因为牧斋脚力大，就此结束。

（文秉《烈皇小识》卷二，《虞阳说苑》本《阁讼记略》，冯舒
《虞山妖乱志》卷中）

枚卜之争

明代后期大学士（宰辅）的任用，由吏部尚书领衔，会合廷
臣公推，开一张名单，由皇帝点用，叫作枚卜。

崇祯元年十一月，大学士刘鸿训罢，思宗诏廷臣举行会推枚
卜大典。

牧斋是庚戌进士，在东林有重名，会推列名是没有问题的。
惟一的劲敌是同官宜兴周延儒，延儒是万历四十一年的会元状
元，名辈虽然较后，可是不久前曾和思宗谈过话，很投机，如也
在会推单上列名，周的被点可能要比钱大。乌程温体仁官礼部尚
书，虽然是万历二十六年进士，但是名低望轻，根本挨不上，倒
不必顾虑。

周延儒事先布置，勾结外戚郑养性和东厂唐之征，势在必得。

牧斋方面，有门生户科给事中瞿式耜吏科都给事中章允儒在
奔走，瞿式耜尤其出力，联络好廷臣，会推单上十一名，第一名
成基命，第二名钱谦益，釜底抽薪，周延儒连提名的资格都被取
消了，根本说不上圈定。

明思宗性格多疑，正在奇怪怎么会不列周延儒的时候，周延
儒的反攻也正在展开，使人散布流言，街巷纷纷传说，这次会推
全由钱谦益的党羽操纵，思宗也听见了。温体仁摸清楚情势，上
《盖世神奸疏》，弹劾谦益浙闱旧案，说他是盖世神奸，不宜滥
入枚卜。思宗召集双方在文华殿面讯，温体仁是有准备的，盛气
质询，说话流利，牧斋正在打点做宰相的兴头上，斜刺里挨这一

棍，摸不清情况，说不出话，官司便输定了。第二天有旨："钱谦益关节有据，受贿是实。今又滥入枚卜之列，有党可知。祖法凛在，朕不能私，着革了职，九卿科道从公依律会议具奏，不得徇私党比，以自取罪责。"后来钱千秋案虽然由原审人员一致坚持原来的判决，牧斋止于失察，不再深问。可是大学士是被搞掉了，不但作不了大学士，连原官也丢了。革职回籍听勘。

崇祯二年十二月周延儒久阁，三年六月温体仁入阁。两个死对头接连当权，牧斋一直闲了十六年，再也不得登朝，只好在乡间作"社会贤达"，干土豪劣绅武断乡曲的勾当。

这一次牧斋吃亏的原因：一内线未走好，二被温体仁一口咬定是结党把持，做皇帝的最怕最恨臣下结党，而牧斋恰是结党有据，硬挤周延儒。又吃亏在钱千秋的案子确是有关节。一跤摔倒，再也起不来了。（《明史》卷三〇八《周延儒传》、《温体仁传》，卷二八〇《瞿式耜传》，《烈皇小识》卷二，《阁讼记略》，《虞山妖乱志》中）

贪恶兽宦

明代乡绅作恶于民间，是人民最感痛苦的一害。

崇祯十年（公元1637）常熟人张汉儒到北京告御状，告乡绅钱谦益、瞿式耜："不畏明论，不惧清议，吸人膏血，唼国正供，把持朝政，浊乱官评，生杀之权不操之朝廷而操之两奸，赋税之柄不操之朝廷而操之两奸，致令蹙额穷困之民欲控之府县，而府县之贤否，两奸且操之，何也？抚按皆其门生故旧也。欲控之司道，而司道之黜陟，两奸且操之，何也？满朝皆其私党羽翼也。以至被害者无门控诉，衔冤者无地申冤。"又告发他们：

"倚恃东林，把持党局，喜怒操人才进退之权，贿赂控江南生死之柄，伦常扫地，虐焰熏天。"开列罪款，一共是五十八款，如侵占地方钱粮，勒索地方大户，强占官地营造市房，霸占湖利强要渔船网户纳常例，私和人命，逼奸良人妻女，出卖生员，霸占盐利，通番走私，占夺故家宝玩财货，毒杀和殴杀平民，占夺田宅等等，计赃三四百万。例如：

一、恶钱谦益、瞿式耜每遇抚按提学司道知府推官知县要紧衙门结交，必先托心腹，推用其门生故旧，宣言考选可以力包，以致关说事情，动以千万，灵应如神，诈有不遂者无不立致之死，小民之冤无处申诉，富家之祸无地可容。

一、恶钱谦益、瞿式耜见本县有东西两湖华荡华汇（《文艺杂志》本作昆城湖华荡滩），关系民间水利，霸截立桩，上书"礼部右堂钱府"、"户科瞿衙"字样，渔船网户俱纳常例，佃田小民投献常规，每岁诈银七百余两，二十年来计共诈银一万四千余两，地方切齿，通县公愤。

一、恶钱谦益自卖举人钱千秋之后，手段愈辣，凡文宗处说进学者，每名必要银五百两，帮廪者每名银三百两，科举遗才者要银二百两，自家夸口三党之前曰，我的分上，如苏州阊门贝家的药，货真物精，比别人的明明贵些，只落得发去必有应验。

一、恶钱谦益乘媚阉党崔呈秀心爱顾大章家羊脂白玉汉杯，著名一棒雪，价值千金，谦益谋取到手，又造金壶二把，一齐馈送，求免追赃提问，通邑诽笑证。

一、恶钱谦益见刑部郎中赵元度两世科甲，好积古书文画，价值二万余金，后乘身故，馨抢四十八橱古书归家。

这个告发人张汉儒，牧斋自撰的《丁丑狱志》称为奸人，《明史》上也称为常熟奸民。在封建时代，以平民告发大官，其"奸"可知。不过根据冯舒的《海虞妖乱志》，所记牧斋的秽史确有几件是可以和"奸"民的控词互证的。冯舒是牧斋同县人，被这场官司卷入，闹得几乎不可开交，而且是牧斋这方面的人，牧斋和瞿式耜还为他分辨过。他的话应该有史料价值。他说：

> 钱尚书令（杀人犯）翁源德出三千金造塔（赎罪），源德丁既败，塔亦终不就。已而钱尚书必欲成之。凡邑中有公事拟罪者，必罚其赀助塔事，黠士敝民请乞不餍，亦具辞请修塔，不肖缙绅有所攘夺者，公以塔为名，而私实自利。即寿考令终者，亦或借端兴词，以造塔为诈局，邑中谓塔为大尸亲，颇称怨苦。钱尚书亦因是藉藉不理人口，谤亦由是起。

他详细记出牧斋曾由族人钱斗之手，敲诈族人钱裔肃：

> 裔肃诸弟又以宪副（钱岱）故妓人纳之尚书，裔肃不得已，亦献焉。凡什器之贵重者，钱斗辈指名索取，以为尚书欢。

张汉儒告发于下，大学士温体仁主持于上，地方大官如巡抚张国维是牧斋的门生，巡按御史路振飞是后辈，也掩饰不了，牧斋和瞿式耜被逮到京拘讯。

官司又眼见得要输了，牧斋自辩二疏，只辨得钱千秋一案，其他各款只咬定是温体仁主使，说他和张汉儒一鼻孔出气。背地里乞援于司礼监太监曹化淳，因为牧斋往年曾替曹化淳的上司司礼太监王安作过碑文，这门路就走通了。又用贿赂使抚宁侯朱国弼参奏温体仁欺君误国，内外夹攻，转退为进，要翻转这案子。

这时候锦衣卫指挥使是温体仁的人，照理温体仁这着棋是赢定了。不料他走错了一步，在思宗前告发钱谦益和曹化淳的勾结情形，得罪了曹化淳，情势立刻倒过来了，锦衣卫指挥使换了牧斋的朋友，东厂专找温体仁的错，张汉儒枷死，温体仁也接着罢相。第二年秋天牧斋和瞿式耜才出狱。

张汉儒控诉乡绅作恶，一到北京变了质，温体仁用作报复政敌的手段。温体仁得罪了曹化淳，官司又变了质，乡绅作恶的事一字不提，告发人成为"奸"民被处死。牧斋靠内监的庇佑，不但官司没有事，连劣绅恶绅的身份也连带去掉了。（《明史》卷二八〇《瞿式耜传》，冯舒《虞山妖乱志》，《虞阳说苑》本张汉儒《疏稿》，《文艺杂志》本《常熟县民张汉儒控钱谦益瞿式耜呈词》，《初学集》卷二五《丁丑狱志》，卷八七《微臣束身就系辅臣蜚语横加谨平心剖质仰祈圣明洞鉴疏》）

三、艰危苟免

崇祯十七年三月明思宗自杀的消息传到南方，南京的文武臣僚乱成一团。吵的不是如何出兵，如何复仇，而是如何找一个皇帝，重建封建统治政权。

当时避难到南京附近的有两个亲王，一是潞王，一是福王。论族属亲疏行辈福王当立，论人品潞王有潞佛子的名气，好说话，容易驾驭。可是福王有问题，万历年间为了老福王闹的妖书梃击移宫三案，东林是反对老福王的，福王如立，很可能追怨三案，又引起新的党争，不得安稳。立潞王，不但政治上不会出岔子，还可立大功。牧斋先和潞王接了头，首倡立潞王之议，南京大臣兵部侍郎吕大器、右都御史张慎言、詹事姜曰广都赞成，雷缜祚、周镳也为潞王大作宣传。这些人有的是东林，有的是准东林，一句话，东林系的士大夫全支持潞王做皇帝。

反东林的阉党着了慌，尤其是阮大铖，出尽全力，和实力派庐凤督师马士英，操江诚意伯刘孔昭，总兵高杰、刘泽清、黄得功、刘良佐结合，高级军人全拥护福王，南京的议论还没有决定，马士英已经统军拥福王到南京了。文官们没办法，只好向福王劝进，在南京建立了小朝廷，维护这一小部分人的利益。

潞王和福王皇帝地位的争夺，也就是幕后人钱牧斋和阮大铖的斗争。钱牧斋输了，马士英入阁，东林领袖史可法外出督师，阮大铖起用，从兵部右侍郎进尚书兼右副都御史，巡阅江防，红得发紫。

大铖用事后，第一件事是起用阉党，第二件事是对东林报复。他好容易熬了十几年，受尽了"清流"的笑骂，今天才能出这口气，造出十八罗汉五十三参的名目，要把东林一网打尽。雷缜祚、周镳首先被杀，南京城中充满了恐怖空气，逃的逃，躲的躲，弄得人心惶惶。

牧斋一见福王登位，知道情形不妙，立刻转舵，一百八十度大转弯，上疏称颂马士英功德，士英乐了，援引牧斋作礼部尚书。一不做二不休，牧斋索性举荐阉党，还上疏替阮大铖呼冤，大铖由之起用。可是阮大铖还是不肯解憾，黑名单上仍旧有牧斋名字。牧斋无法，只好再求马士英保护，战战兢兢，幸免无事。（《明史》卷三〇八《马士英传》）

弘光元年五月，清军进军江南，牧斋率文班诸臣迎降。南京其他大员送清豫王的礼物动不动就值万两银子，牧斋要表示自己的廉洁，送的礼最薄，这份礼单照抄如下：

太子太保礼部尚书兼翰林院学士臣钱谦益百叩首谨启上贡

计：开鎏金壶一具　法琅银壶一具　蟠龙玉杯一进　宋制玉杯一进　天鹿犀杯一进　夔龙犀杯一进　葵花犀杯一进　芙蓉犀杯一进　法琅鼎杯一进　文玉鼎杯一进　法琅鹤杯一对　银镶鹤杯一对　宣德宫扇十柄　真金川扇十柄　弋阳金扇十柄　戈奇金扇十柄　百子宫扇十柄　真金杭扇十柄　真金苏扇四十柄　银镶象箸十双

顺治二年五月二十六日太子太保礼部尚书兼翰林院学士臣钱谦益

据目见的人说，牧斋亲自捧帖入府，叩首阶下，向豫王陈说，豫王很高兴，接待得不错。（《说苑》本《牧斋遗事》）

不但第一个迎降，牧斋还派人到苏州大贴告示说："大兵东下，百万生灵，尽为齑粉，招谕之举，未知阖郡士民，以为是乎非乎？便乎不便乎？有智者能辨之矣。如果能尽忠殉节，不听招谕，亦非我之所能强也。聊以一片苦心与士民共白之而已。"又写信给常熟知县曹元芳劝降："主公蒙尘五日后，大兵始至，秋毫无犯，市不易肆。却恐有舟师入越，则吴中未免先受其锋。保境安民之举，不可以不早也。牺牲玉帛待于境上，以待强者而庇民焉，古之人行之矣。幸门下早决之。想督台自有主持。亡国之臣，求死不得，邑中怨家必攘臂而鱼肉之矣，恐亦非便计也，如何？"（《赵水部杂志》）在主俘国破的时候，他不但为敌作伥，招降父母之邦，还念念不忘他家乡那份产业，这封信活画出卖国贼那副嘴脸。

所说"求死不得"是鬼话，他自己曾告诉人，当时宠妾柳如他殉国，他迟疑不肯，柳如是发急，以身作则，奋身自沉，被侍儿抱住。他何曾求过死？连小老婆劝他死也不肯，怎么会"不得"！（顾苓《河东君传》，案顾云美也是牧斋的友人，牧斋曾为撰《云阳草堂记》，见《有学集》卷二六）

牧斋降清后，一意要为清朝立功，时潞王寄居杭州，牧斋又寄书诱降，骗说只要归顺，就可保住爵土。浙江巡抚张秉贞得信，要挟潞王出降，潞王阖家被俘北上（《说苑》本《牧斋遗事》）。牧斋自以为大功既就，而且声名满天下，这次入阁该不成问题了，兴冲冲扬鞭北上，左等右等，等到顺治三年正月，才发表作礼部侍郎管秘书院事，充修《明史》副总裁，不禁大失所望。苦苦挨了半年，又被劾夺职回籍闲住，荣进了一辈子，状元巴不到，阁老爬不上，落得身败名裂，"昔去幸宽沈白马，今归应悔卖卢龙"！（《说苑》和《痛史》本《牧斋遗事》）

牧斋到底悔了没有呢？这头不着巴那头，清朝不要，再投明朝《顺治东华录》记：

> 五年四月辛卯，凤阳巡抚陈之龙奏：自金逆（声桓）之叛，沿海一带与舟山之寇，止隔一水。故密差中军各将稽察奸细，擒到伪总督黄毓祺，搜获铜铸伪关防一颗，反诗一本，供出江北富党薛继周等，江南王觉生、钱谦益、许念元等，见在密咨拿缉。得旨：黄毓祺着正法，其……钱谦益等马国柱严饬该管官访拿。

据《贰臣传乙编》，牧斋这次吃官司也是被人告密的，告密人叫盛名儒：

> 以钱谦益曾留黄毓祺宿其家，且许助资招兵。诏总督马国柱逮讯。谦益至江宁，诉辩："此前供职内院，邀沐恩

荣，图报不遑。况年已七十，奄奄余息，动履借人扶掖，岂有他念。"哀吁问官乞开脱。会首告谦益从逆之盛名儒逃匿不赴质，毓祺病死狱中。乃以毓祺与谦益素不相识定谦。马国柱因疏言："谦益以内院大臣归老山林，子侄三人新列科目，荣幸已极，必不丧心负恩。"于是得释归。

这次狱事，一直到顺治六年春才告结束。同年七月十五日，同县瞿式耜的家人派家童到桂林去看永历帝的桂林留守牧斋的门生瞿式耜。牧斋脚踏两头船，带一封密信给他，九月十六日到达，这封密信被节引在式耜的《报中兴机会事疏》中（《瞿忠宣公集》卷五），牧斋指陈当前军事形势，列出全着要着急着。还报告清军将领动态，和可能反正的武装部队。式耜的案语说：

> 臣同邑旧礼臣钱谦益寄臣手书一通，累数百言，绝不道及寒温家常字句，惟有忠驱义感，溢于楮墨之间。盖谦益身在虏中，未尝须臾不念本朝，而规画形势，了如指掌，绰有成算。

有了这件文字，加上瞿留守的证明，万一明朝恢复天下，看在地下工作的份上，大学士的座位，这一回总该坐得上去了吧？

一年后，清军攻下桂林，瞿式耜不屈，慷慨赴义。清人修《明史》，大传的最后一位，便是牧斋早年的门生瞿式耜。这师生二人，在民族兴亡，国家存灭的严重关头，一个经不住考验，作了两朝领袖，名教罪人。一个通过考验，成了明朝的孤臣孽子，忠臣烈士。牧斋地下有知，怕也没面目见到这位高足吧！

1948 年 5 月 13 日于清华园

（原载 1948 年《中国建设》六卷五期）

论海瑞

　　看过《三女抢板》（或《生死牌》）的人，大概都记得那个挺身出来反对豪强，救了两家人性命的巡抚海瑞。这是民间流传关于海瑞的许多故事中的一个。海瑞究竟是什么样的一个人呢？

　　海瑞（1515—1587，明武宗正德十年至神宗万历十五年）是我国十六世纪有名的好官、清官，是深深得到广大人民爱戴的言行一致的政治家。他为了巩固封建统治阶级的长远统治，减轻农民市民的负担，向贪婪腐朽的封建官僚、大地主斗争了一生。

明朝人论海瑞

　　为了了解海瑞，让我们先看看当时的人们是怎样评论他的。

　　总的评论是当时的人民说他好，当时的大地主说他不好。

　　但是，有点奇怪，反对海瑞的人中间，有不少人也还是不能不称赞海瑞是好官，是清官；他是为民的，想做好事的，而且，也做了好事。

　　就明朝人的记载来看海瑞，梁云龙所作海瑞行状，除了叙述他的清廉，为百姓办好事的政绩以外，并说：

呜呼！公之出、处、生、死，其关于国家气运，吾不敢知。其学士大夫之爱、憎、疑、信，吾亦不敢知。

第以公之微而家食燕私，显而莅官立朝，质诸其所著《严师教戒》，一一契券，无毫发假。孔子所谓强哉矫，而孟子所谓大丈夫乎！古今一真男子也。

论者概其性甘淡薄，有采薇之风，天挺忠贞，有扣马之节，谓道似伯夷，信矣。然其视斯民由己饥寒，耻厥辟不为尧舜，言动必则古昔、称先王，莅官必守祖宗成宪，挫折不磨，鼎镬不避，即伊尹奚让？望之如泰山壁立，就之如春风太和，接谈无疾言，无遽色，临难无郁气，无怂容，篷楚子弟臧获，亦不见其厉色严声，即柳下惠奚加？

特其质多由于天植，学未进于时中，临事不无或过，而隘与不恭，盖亦有焉。

全面地评价海瑞，指出海瑞是这样一个人，言行一致，他的日常生活和政治作为，和所著《严师教戒》文章对证，一一符合，没有丝毫的假。是"强哉矫"，是大丈夫，是古往今来一个真男子。

他生活淡薄，性格忠贞，看到百姓的饥寒认为是自己的过失，以他的皇帝不像尧舜那样为耻辱。一言一动都要说古代如何，先王如何。作官办事则坚守祖宗朝的成法。不怕挫折，不怕牺牲。又严峻，又温和，谈话的时候，说得不太快，也不摆出一副难看面孔，遭遇危难也不表现那样忿慨抑郁。连打小孩、打奴婢，也看不到他的厉色严声。

像伯夷，像伊尹，像柳下惠。

他的本性是天赋的，但是修养还没有到家，未得中庸之道。

作事有时过了一些，窄了一些，以至有些不恭，这些毛病都是有的。

因为海瑞是被攻击谩骂，死在任上的，所以梁云龙很含蓄地说，这个人和时代的关系，他的出、处、生、死，和国家的关系如何，我不敢知道。学士大夫（封建统治阶级）对他的爱、憎、疑、信，对他的评价到底怎样，我也不敢知道。

梁云龙是海瑞的同乡，海瑞侄女的儿子，和海瑞关系很深，作行状时他在湖广巡抚任上，最了解海瑞。对海瑞的评价大体上应该是可信的。

此外，王宏诲的《海忠介公传》对海瑞也是大赞特赞的，但在末后又说上一句："乃海公之砥节砺行，而缙绅（官僚地主阶级）又多遗议，何也？"这样的好官、清官，为什么官僚地主阶级又多说他不好呢？是什么道理呢？

王宏诲也是海瑞的同乡，琼州定安人。海瑞在因批评皇帝而坐牢以前，王宏诲正在北京，作翰林院庶吉士，海瑞去看他，托其料理后事，关系也很深。

这两个人是海瑞的亲戚、同乡，也许会有人说他们有偏见。再看何乔远所作《海瑞传》，和李贽的《海忠介公传》，何乔远和李贽都是福建晋江人，他们的评价和梁云龙、王宏诲是一致的。清修《明史》，对海瑞一般很称赞（王鸿绪《明史稿》和《明史》一样），末后论断，也说他："意主于利民，而行事不能无偏云。"用意是为人民谋福利，但是有些偏差。汪有典的《史外》歌颂他的政绩以后，又说他：尝时以为朝廷上的人懦弱无为，都像妇人女子，把人骂苦了。有人恨极了，骂他大奸极诈，欺世盗名，诬圣自贤，损君辱国。他还是不理会。

人民是爱戴海瑞的，他做了半年多应天巡抚（应天府今南京，巡抚是皇帝派遣到地方，治理一个政区的行政长官，巡抚有弹劾地方官吏之权，有指挥驻军之权，权力很大），罢职的时候，老百姓沿街哭着送别，有些人家还画了他的像供在中堂里。死在南京右都御史（中央监察机关的长官）任上的时候，百姓非常哀痛，市面停止了营业，送丧穿戴着白色衣冠的行列，夹着江岸悼祭哀哭的百里不绝。

他晚年到南京作官，被御史（监察官）房寰弹劾，也就是汪有典所引的十六字罪状，引起了统治集团内部一部分青年知识分子的公愤，提出抗议，向皇帝写信申救。吏部办事进士顾允成、彭遵古、诸寿贤这三个人代表这一批人说：

> 南直隶提学御史房寰本论右都御史海瑞，大奸极诈，欺世盗名，诬圣自贤，损君辱国。……朝野闻之，无不切齿抱愤。……不意人间有不识廉耻二字如房寰者。
>
> 臣等自十余岁时即闻海瑞之名，以为当朝伟人，万代瞻仰，真有望之如在天上，人不能及者。
>
> 瑞剔历肮仕，含辛茹苦，垂白之年，终不使廪有余粟，囊有赢金。
>
> 瑞巡抚南畿时，所至如烈火秋霜，搏击豪强，则权势敛迹，禁绝侵渔，则民困立苏，兴水利，议条鞭，一切善政，至今黄童白叟，皆雅道之。近日起用，海滨无不曰海都堂又起，转相告语，喜见眉睫。
>
> 近在留都，禁绝馈送，裁革奢侈，躬先节俭，以至百僚，振风肃纪，远近望之，隐然有虎豹在山之势，英风劲气，振江南庸庸之士风，而濯之以清冷之水者，其功安可诬也。

说他们在十几岁时就知道海瑞是当代伟人，万代瞻仰的人物。海瑞作了多年大官，可是生活朴素，头发白了，没剩什么粮食，也没剩什么钱。作巡抚作为像烈火，像秋霜，打击豪强，有权势的人安分了，禁绝贪污，老百姓可以喘一口气了。兴修水利，贯彻一条鞭新法，这些好事，到现在地方上的老老小小都还想念他。听说海都堂又来了，人们互相告诉，非常喜欢。在南京，他禁止送礼，裁革奢侈，带头节俭，做出榜样，整顿纪纲，远近的人看着，有虎豹在山之势，英风劲气，像一股清冷的水，把江南庸庸碌碌的士风都改变了。这样的功绩，谁能抹杀？

房寰的攻击海瑞，把朝野的人都气坏了。想不到人世间有不识廉耻像房寰这样的人！

据后来另一营救海瑞的徐常吉的揭发，弹劾海瑞的房寰是什么样人呢？官是提学御史（管教育的监察官），人呢？是个大贪污犯。海瑞看到南京官员作风拖拉，偷懒，很不像话，下决心整顿，依明太祖的规矩，把一个犯规的御史打了一顿。御史们怕极了，想法子要赶走这个厉害上司。房寰借出外考试学生的机会，让儿子和亲家大收贿赂，送钱多的就录取，名声极坏。怕海瑞弹劾，先下手为强，就带头反对海瑞，造谣造得简直不像话。

乡官（退休居乡的官僚）是反对海瑞的，因为乡官恨他为百姓撑腰，强迫乡官把侵占的田地退还百姓。

大地主是反对海瑞的，因为海瑞一辈子贯彻一条鞭法，依新法，徭役的编派，人丁居四分之一，田粮居四分之三，农民人口多，大地主田地多，这样就减轻了贫农和中农的负担，大地主占地多，按地完粮，负担自然相应加重了，这怎么能不恨？海瑞一辈子主张清丈，重新丈量田地，把大地主少报的隐瞒的田地都清查出来了，要按地纳税，这怎么能不恨？

现任官员也不满意海瑞，因为赋役银两实行官收官解以后，省去一道中间剥削，百姓虽然得些便益，衙门里却少了一笔收入了，连北京的户部（管税收、财政的部）也很不高兴。海瑞坚持"此事于各衙门人诚不利，于百姓则为甚利"。至于禁止贪污、送礼，直接损害了现任官员们的利益，那就更不用说了。

从嘉靖（世宗）后期经隆庆（穆宗）到万历前期，从海瑞作官之时起，一直到死，这三十多年间，朝廷的首相是严嵩、徐阶、李春芳、高拱、张居正等人，除了严嵩是个大奸臣，李春芳庸庸碌碌以外，其他三个都是有名的宰相，尤以张居正为最。

严嵩不必说了，这个人是不会喜欢海瑞的，其他三个名相为什么也反对这个好官清官呢？

徐阶是严嵩的政敌，是他指使一批中级官员把严家父子参倒的，是他取严嵩地位而代之的。因为搞垮严嵩，很得人心。嘉靖帝死后，他又代草遗诏（遗嘱），革去嘉靖帝在位时一些敝政，名誉很好。但是，这人正是海瑞所反对的乡愿，凡事调停，自居中间，逃避斗争，不肯批评人，遇风转舵，作事圆滑，总留有后路，不肯负责任做好事，也怕坏事沾了边，好比中药里的甘草，什么病都可加上一味，治不好，也坏不了。正因为这样，才能保住禄位，严嵩挤他不掉。也正因为这样，官员们学了样，成为风气。海瑞痛恨这种作风，曾经多次提出批评意见。

当海瑞因批评嘉靖帝而坐牢的时候，嘉靖帝很生气，迟疑了好久，和徐阶商量，徐阶说了些好话，算是保全了海瑞的生命。嘉靖帝死后，海瑞立刻被释放，仍旧作户部主事，不久调兵部，又改任尚宝司丞（管皇帝符玺的官），大理寺丞（管审判的官），升南京右通政（管接受文件的官），外任为应天巡抚。

徐阶草遗诏改革敝政，是件好事，但是没有和同官高拱商量，高拱很有意见。又有人弹劾高拱，高拱以为是徐阶指使的，便两下里结了仇。公元1567年有个御史弹劾徐阶的弟弟和儿子都是大恶霸，有凭有据，海瑞没有搞清楚，以为是高拱指使，故意陷害徐阶，便和其他朝臣一样，给皇帝写信大骂高拱，要求把他罢斥。不久，高拱就免职了。高拱以后又回来作首相，对海瑞当然痛恨。

徐阶年纪太老，又得罪了当权的太监，1568年7月告老还乡。上一年冬天海瑞到南京，1569年6月任应天巡抚。经过近两年的调查研究，他明白自己偏听偏信，徐阶被弹劾的罪状是确实的。徐家有田四十万亩，是江南第一大地主，徐阶的弟弟和儿子都是人民所痛恨的大恶霸，大部分田地都是侵占老百姓的。他一上任就接到无数告徐家的状子，便立刻下令退田。徐阶也知道海瑞不好惹，勉强退出一部分，海瑞不满意，亲自写信给徐阶，一定要退出大半，才能结案。

徐阶虽然很看重海瑞，但是强迫退田，刺痛了心，恨极了。家人作恶，都有罪证，案是翻不了的。千方百计，都想不出办法，又忍不了这口气。最后有人出主意，定下釜底抽薪之计，派人到北京，走新的当权太监的门路，又重贿了给事中（管弹劾的官）嘉兴人戴凤翔，买他出头弹劾海瑞。戴凤翔家也是地主，亲戚朋友中一些人正在怕海瑞强迫退田。这一来，内外夹攻，戴凤翔弹劾海瑞支持老百姓，凌虐缙绅，形容老百姓像虎像狼，乡官像鱼像肉，被吃得很惨，"鱼肉缙绅"的罪状，加上有内线作主，硬把海瑞赶出了巡抚衙门。

也正是海瑞任应天巡抚这一年，高拱在年底被召还入内阁（拜相），第二年升次相，1571年5月首相李春芳退休，高拱任首相。

1572年6月，高拱罢相，张居正任首相。

在徐阶和高拱的政治斗争中,海瑞对这两个人的看法是不正确的,对徐阶只看到他好的一面,对高拱呢,恰好相反,没有看到他好的一面。许多年后,海瑞自编文集,在骂高拱的信后附记:"一时误听人言,二公心事均未的确。"改变了对两人的看法,也承认了自己的错误。

1572 年张居正作了首相,一直到 1582 年病死为止。

张居正是 1567 年 2 月入阁的。1569 年海瑞在应天巡抚任上时,他在内阁中是第三名,对海瑞的行政措施不很赞成。虽然张居正在贯彻一条鞭法这一方面和海瑞一致,但是,用行政命令强迫乡官退田,却不能同意。写信给海瑞说:吴中不讲三尺法已经很久了,你一下子要矫以绳墨,当然他们受不了,谣言沸腾,听的人都弄糊涂了。底下说他不能帮什么忙,很惭愧。意思是嫌海瑞太性急,太过火了。1577 年张居正父亲死了,按封建社会礼法,是必须辞官回家守孝的,他不肯放弃权位,叫人说通皇帝,照旧在朝办事,叫做"夺情"。这一来激怒了那些保卫封建礼法的正人君子们,认为是不孝,纷纷抗议。海瑞名气大,又敢说敢为,虽然远在广东琼州,苏州一带的文人们却假造了海瑞反对张居正的弹劾信,到处流传。到后来虽然查清楚和海瑞无关,张居正却也恨极了海瑞。有人建议重用海瑞,他都反对。

尽管如此,高拱对海瑞的评论说:海瑞做的事,说是都好,不对。说是都不好呢? 也不对。对他那些过激的不近人情的地方,不加调停(纠正)是不好的。但是,要把他那些改革积敝、为民作主的地方都改掉了,则尤其不可。张居正也说:"海刚峰(刚峰是海瑞的字)在吴,做的事情虽然有些过当,而其心则出于为民。"

地主阶级反对海瑞是当然的,例如何良俊,是华亭(松江)

的大地主，父亲是粮长，徐阶的同乡。本人是贡生，是个乡官。他家大概也吃过海瑞的苦头，对海瑞是有意见的，说海瑞性既偏执，又不能和人商量（不和大地主商量），喜自用。而且改革太快，所以失败。不说他做的事情好不好，只骂他搞快了。又说海瑞有些风颠，寡深识，缺少士大夫风度。说海瑞只养得些刁诈之人（贫农、中农），至于数百为群，阍门要索，要索不遂，肆行劫夺。若善良百姓（富农、地主），使之诈人，尚然不肯，况肯乘风生事乎！此风一起，士夫之家，不肯买田，不肯放债，善良之民，坐而待毙，则是爱之实陷之死也。怎能说是善政呢？幸亏海公转任了，此风稍息，但是人心动摇，到今天还没有安定下来。骂他搞糟了。

何良俊的《四友斋丛说》序文写于1569年，正是海瑞任应天巡抚这一年。他写的这几条批评，按语气应在1570年和1571年，书大概是这年以后刻的。他尽管站在大地主立场，骂了海瑞，但毕竟不能不说几句公道话："海刚峰不怕死，不要钱，真是铮铮一汉子！"又说："前年海刚峰来巡抚，遂一力开吴淞江，隆庆四年、五年（1570、1571）皆有大水，不至病农，即开吴淞江之力也。非海公肯担当，安能了此一大事哉！"松江一带乡官兼营工商业，海瑞要加以限制，何良俊认为"吾松士大夫工商不可谓不众矣，民安得不贫哉！海刚峰欲为之制数度量，亦未必可尽非"。

海瑞也还有几个支持他的朋友，一个是1565年入阁的李春芳，第二年升次相，1568年任首相。海瑞疏浚吴淞江和救灾等工作都曾得到李春芳的支持。另一个是朱衡，从任福建提学副使时，就很器重海瑞，后来作吏部侍郎（管铨叙官吏的副部长）推荐海瑞作兴国知县，户部云南司主事；到作了工部尚书（管建筑工程的部长），还支持海瑞大搞水利。一个是陆光祖，海瑞从兴国知县内调，就是他当吏部文选司郎中（吏部的司长）时的事。

在海瑞闲居家乡的时候，有些支持他的人，纷纷建议起用。这些人虽然不一定是他的朋友，但在事业上可以这样说，是同情和崇敬海瑞的。

海瑞是同官僚地主作斗争的。既然如此，为什么官僚地主中又有人称赞他呢？这一方面是由于海瑞在人民中间的威望，一方面也是由于海瑞的斗争究竟还没有突破封建制度所能容许的限度。海瑞在主观上和客观上都还是忠君爱国的，所以何良俊说："海刚峰之意无非为民，为民，为朝廷也。"他和官僚地主有矛盾的一面，但也有一致的一面，因之，有些官僚地主们在大骂、排挤、攻击之后，也还是说海瑞一些好话。

斗争的一生

海瑞的一生是斗争的一生，他反对坏人坏事，不屈不挠，从不灰心丧气，勇敢地把全生命投入战斗。

海瑞，广东琼山人。先世是军人，祖父是举人，作过知县。父亲是廪生，不大念书也不大理家的浪子，在海瑞四岁时便死去了。叔伯四人都是举人，其中一个中了进士，作过御史。

海瑞虽然出生在这样一个官僚家庭，但家境并不好，祖上留下十多亩田地，光收些租子是不够过活的。他母亲谢氏生性刚直严肃，二十八岁死了丈夫，便自己抚育孤儿，做些针线贴补过日子。教儿子读《孝经》《大学》《中庸》这些书。儿子长大了，尽心找严厉通达的先生，督责功课很严格。

这样，海瑞虽然出身于地主阶级，但生活并不宽裕，和穷苦人民接触的机会多，同情贫农、中农，对大地主有反感。另一面，他受了严格的封建教育，遵守封建礼法，在政治上也必然道往古、称先王，维护封建统治阶级的利益。

他不是哲学家，但深受王阳明的影响。当时正是王学盛行的时代，师友中有不少人是王派学者。王学的要点除了主要方面是唯心主义以外，还有提倡知行合一、理论和行动一致的积极方面。海瑞也主张德行属行，讲学属知，德行好的道理也会讲得好，真实读书的人也不肯弃身于小人，知和行决不是两件事。因此，他一生最恨的是知和行不一致的人，这种人明知是好事而不敢做，明知是坏事而不敢反对，遇事站在中间，逃避斗争，甚至脚踏两头船，一味讲调停，和稀泥。这种人他叫作乡愿，客气一点叫甘草。在《乡愿乱德》一文中说："善处世则必乡愿之为而已。所称贤士大夫，不免正道、乡愿调停行之。乡愿去大奸恶不甚远。令人不为大恶，必为乡愿，事在一时，毒流后世，乡愿之害如此！"他以为孟子之功，不在禹下，以恶乡愿为第一。到处揭露乡愿的罪状，在坐牢以前，去看同乡翰林院庶吉士王宏诲，痛心地说："现在医国的只一味甘草，处世的只两字乡愿。"这时候当国的首相便是徐阶。后来他在给徐阶的儿子信里也说："尊翁以调停国手自许，然调停处得之者少，调停处失之者多。"

在《严师教戒》文章中，他指出批评的好处，要求批评，接受批评："若人能攻我之病，我又能受人之攻，非义友耶？"自问自答，提出作人的标准，不白白活下去的意义："有此生必求无忝此生，而后可无忝者。圣人我师，一一放而行之，非今所竞跻巍科，陟朓仕之谓也。……入府县而得钱易易焉，宫室妻女，无宁一动其心于此乎？昔有所操，今或为恼恼者一易之乎？

财帛世界，无能屹中流之砥乎？将言者而不能行，抑行则愧影，寝则愧衾，徒对人口语以自雄乎？质冕裳而有媚心焉，无能以义自亢乎？参之衣狐貉而有耻心焉，忘我之为重乎？或疚中而气馁焉，不能长江大河，若浩然而莫御矣乎？小有得则矜能，在人而忌，前有利达，不能无竞心乎？讳己之疾，凡有所事，不免于私己乎？'穷天地、亘古今而不顾者，终亦不然乎？夫人非无贿之患，而无令德之难。于此有一焉，下亏尔影，上辱尔先矣。天以完节付汝，而汝不能以全体将之，亦奚颜以立于天地间耶？俯首索气，纵其一举，而终已于卿相之列，天下为之奔趋焉，无足齿也。呜呼！瑞有一于此，不如此死！"大意是："人不要白活着，要照着圣人的话，一一学着做。不白活着并不是说要中高科，作大官。你到了府县衙门，弄钱很容易，好房子，美丽的妇女，你会动心吗？从前怎么说的，会动摇吗？钱财世界，你挺得住吗？或者只会说可不会做，白天看自己的影子，晚上在床上都觉得惭愧，只会对人说空话充好人？看见大官想巴结，在穿狐皮袍子的人群中觉得自己寒伧，心虚气馁，说的话不成气派；小有成绩便骄傲起来，别人做了顺利的事，便想抢先；掩盖自己的毛病，干什么都存私心；顶天立地的事业，想也不肯想，要知道没钱不是毛病，没德才是毛病！这些事只要有这么一条，便对不住自己，也对不住祖先！上天生你这个人是完全的，但是你把它弄残缺了，毁了自己，你还有脸活在天地间吗？做了这些事，即使作到卿相，天下人都为你奔走，也是不值得的。唉！我要是犯了以上任何一条过错，还不如死的好。"这是他在作县学教谕时对学生的教约，此后几十年，他的生活、行事都一一照着检查自己，照着做，没有一句话没有做到。

他是个唯心主义者，认为"君子之于天下，立己治人而已矣。立己治人孰为之？心为之，心自知之。若得失，心自致之。虽天下之理无微不彰。"在教学上学王阳明，把"训蒙大意"作为教育方针，在行政措施上，也采用了王阳明的保甲法。

中了举人以后，作福建南平县学教谕（校长），主张学校是师长教学生的地方，教师有教师的尊严，不该向上官磕头。提学御史到学校来了，别的人都跪下，只有他站在中间，像个笔架，以后得了外号，叫笔架博士。

升任浙江淳安知县，反对大地主。

淳安山多地少，地方穷苦。地主往往有三四百亩的田产，却没有分毫的税，贫农收不到什么粮食，却得出百十亩的税差。由之富的愈富，穷的就更穷了。徭役也是十分繁重，每丁少的出一两二钱银子，多的要十几两，弄得"小民不胜，憔悴日甚"。解决的办法是清丈，根据实有土地面积，重新规定赋役负担；是均徭，均是按照负担能力分配，按力量多少分配，没有力量就不要负担了。这样，农民的负担才减轻了些，地主们可不乐意了。

此外，他还做了不少事，改革了许多敝政。几年后，他总结经验，把这些措施编成一部书，叫作《淳安政事》。

特别传诵一时的有两件事。

一件是拿办总督胡宗宪的公子。这位少爷路过淳安，作威作福，吊打驿吏。海瑞没收他带的大量银子，还报告胡总督说：此人冒充总督公子，胡作非为，败坏总督官声。弄得胡宗宪哭笑不得，只好自认倒霉。

一件是挡了都御史鄢懋卿的驾。鄢懋卿是严嵩的党羽，以都御史奉命出来巡查盐政，到处贪污勒索，还带着小老婆，坐五彩舆，地方疲于供应。海瑞检了鄢懋卿牌告上两句照例官话，说淳安地方小，容不下都老爷的大驾。牌告说："素性俭朴，不喜逢迎。"但是听到你以前所到地方，铺张供应，并不如此。怕是地方官瞎张罗的缘故。一封信把鄢懋卿顶回去，绕道过去，不来严州了。

连总督、都御史都敢惹，海瑞的名声逐渐传开了。封建时代的老百姓是怕官的，更怕大官。如今居然有不怕大官，敢顶大官的小官，敢替老百姓撑腰说话的小官，这个官自然就得到老百姓的爱戴了。

加上，海瑞很细心，重视刑狱，审案着重调查研究，注意科学证据和人情事理，几年中平反了几件冤狱。上官因为他精明，连邻县的疑难案件也调他会审了。这些案件的判决书后来都收在文集里，小说家剧作家选取了一些，加以渲染，几百年来在舞台上为人民所欣赏。《大红袍》、《小红袍》、《生死牌》、《五彩舆》和一些公案弹词在民间流传很广，叫作公案小说。也正因为公案小说的流传，海瑞在政治上的作为反而被公案所掩盖了。

因为得罪了胡宗宪、鄢懋卿，虽然治理淳安的政绩很好，还是被排挤调职。1562年海瑞升嘉兴通判，鄢懋卿指使党羽弹劾，降职为江西兴国知县。

在兴国一年半，办了不少好事，清丈了田亩，减少了冗官，减轻了人民的负担。其中最快人心的事是反对乡官张鳌。

张鳌作过兵部尚书，在南昌养老享福。张鳌的侄子张豹、张魁到兴国买木材，作威作福，无恶不作。老百姓气苦得很。海瑞派人传讯，他们倚仗叔父威势，不肯来。一天忽然又跑到县衙门大闹。海瑞大怒，拿下张豹，送到府里，反而判处无罪。张鳌出面写信求情，海瑞不理。张鳌又四处求情设法，这两个坏蛋居然摇摇摆摆回家去了。海瑞气极，写信向上司力争，终于把这两个坏蛋判了罪。

1564 年海瑞作了京官，户部云南司的主事。（户部按布政使司分司，云南司是管这一政区的税收的。）

两年以后，他弄清了朝廷的情况，写信给嘉靖帝，提出严厉批评。指斥皇帝迷信道教，妄想长生，二十多年不上朝，自以为是，拒绝批评，弄得君道不正，臣职不明，吏贪将弱，暴动四起。你自号尧斋，其实连汉文帝也赶不上。嘉靖帝看了，气得发昏，丢在地下，想了又想，又捡起来看，觉得说中了毛病。叹口气说："这人倒比得上比干，只是我还不是纣王啊！"

海瑞早就准备好后事，连棺材都托人买了。嘉靖帝一听说这样，倒愣住了。不过后来还是把他关在牢里。嘉靖帝死后，海瑞被释出狱。

1569 年 6 月，海瑞以右佥都御史巡抚应天十府。应天十府包括现在江苏安徽两省大部分地方，巡抚驻在苏州。

海瑞投身到一场激烈的斗争中，他要对大地主，对水灾进行斗争。

这一年江南遭到严重水灾，夏秋多雨，田地被淹，粮食涨价，农民缺粮逃亡，情况很不好。

江南是鱼米之乡，号称全国最富庶的地方。但实际上百姓生活很困苦，因为历史的关系，粮、差的负担特别重，加上土地集中的现象这二十年来特别显著，大地主占有的土地越多，人民的生活便越困苦。特别是松江，乡官田宅之多、奴仆之众，两京十二省找不出第二个。一上任，告乡官夺产的老百姓就有几万人。"二十年来，府县官偏听乡官、举人、监生，民产渐消，乡官渐富。"真是苦难重重，数说不完。

怎么办？一面救灾，一面治水。

怎么办？要大地主退田，还给老百姓；贯彻一条鞭法。

救灾采工赈办法，把赈济和治水结合起来。闹灾荒粮食不够吃，请准朝廷，把应该解京的粮食留下一部分当口粮。闹水的原因，经过亲自勘察，是多年来水利不修，吴淞江淤塞了，太湖的水排不出去，一遇特大雨量，便泛滥成灾，得立刻疏浚。说做就做，趁冬闲开工，他坐上小船，到处巡视督工，灾民一来上工有饭吃，二来工程搞好可以解决水患，变为水利，热情很高，进度很快，不到一个月就完工了。顺带地把吴淞江北面常熟的白茆河也疏浚了。这两项工程对人民，对生产好处很大。并且用的钱都是海瑞从各方面张罗来的，没有加重人民负担。以此，人民很喜欢，很感激。

这样，他战胜了灾荒，也兴修了水利。

最困难的还是限制大地主的过分剥削。要大地主退还侵占农民的田地，等于要他们的命；不这样做，农民缺地无地，种什么，吃什么？海瑞采用了擒贼先擒王的办法，先从松江下手，先拿江南最大的地主乡官徐阶兄弟作榜样，勒令退田。这一来，乡官和大地主害怕了，着慌了，有的逃到外州县躲风头，有的只好忍痛退田。李贽记载这一件好事，加以总结，赞扬说："海瑞卵翼穷民，而摧折士大夫之豪有力者，小民始忻忻有更生之望矣！"老百姓有活路了，大地主们却认为是死路。好事才开头，便被徐阶釜底抽薪，海瑞罢职了。贼没全擒到，反而丢了官，这是海瑞所没有预料到的，也是封建社会统治阶级利益所决定的必然的下场。

解决人民生活问题的关键，在海瑞看来，无过于贯彻执行一条鞭法。这个办法不是海瑞创始的，已经有好几十年历史了，并且各地办法也不尽相同。主要的方面是把过去田赋的各项各款，均徭、力差、银差、里甲等等都编在一起，通计一省丁、粮，通

派一省徭役，官收官解，除秋粮以外，一律改折银两交纳。简言
之，就是把复杂的赋役制度简化了，把实物赋税的大部分改为货
币赋税。这个办法不止可以减轻农民的负担，还可以增加国家的
收入，并且，在经济发展过程中也是有进步意义的。例如过去南
粮北运，由于当时交通困难，运费由农民负担，往往超过正税很
多，现在改折银两，省去昂贵的运输费用，人民的负担也就相应
减轻了。又如徭役，实行新法以后，不问银差、力差，只要交了
钱，由官府雇工应差，农民也就可以安心生产，不再受徭役的挂
累了。这样做，对生产的促进是有好处的。只是对大地主不大
好，因为按照新法，大地主有些地方的负担，不是减轻，而是加
重了，反对的意见很多。海瑞不顾地主们的反对，坚决执行，终
于办成了。成绩是田不荒了，人不逃了，钱粮也不拖欠了，生产
发展了。当时的人民很高兴，很感激。后来史家的记载也说：
"行条鞭法，遂为永利。"

应该指出，一条鞭法并不是摧毁封建剥削制度的办法。但
是，这个办法简化了项目和手续，比较地平均了土地的负担，特
别是减轻了贫农、中农和城市平民的某些负担，对生产的发展是
有益的，因而，也是有民主意义和进步意义的。因此，海瑞是当
时人民心目中的好官，是历史上有地位的政治家。

海瑞只做了七个月巡抚，便被大地主阶级撵下台，在家乡闲
居了十六年。

万历十年（1582）六月，张居正死。万历十三年，海瑞已经
七十二岁了，被荐任用为南京都察院右金都御史，还没到任，又
调任南京吏部右侍郎。照一般道理说，七十多岁的老人该退休
了，但是，他想了又想，好容易才有着实作一点事的机会，虽然
年纪大了，精力差了，还是一股子干劲，高高兴兴到南京上任。

明朝体制，南京是陪都，虽然也和北京一样，有五府、六部、都察院等衙门，但不能决定国家大政，是安排年老的和政治上失势官员的地方，比较清闲。海瑞却并不因为闲官就无所作为，一到职就改革敝政，把多年来各衙门出票要街道商户无偿供应物品的陋规禁止了。他说："要南京五城的百姓，负担南京千百个官员的出入用度，难怪百姓苦了！吏部是六部之首，怎么能不先想到百姓？"

当时贪污成为风气，严嵩父子虽然垮了，但从宫廷到地方，依然贿赂公行，横征勒索。海瑞一辈子反对贪污，从作教官时起，就禁止学生送礼，作县官革去知县的常例（摊派在田赋上补贴县官的陋规，一种合法的贪污）。拒绝给上官行贿，有人劝他随和一些，他愤然说："全天下的官都不给上官行贿，难道就都不升官？全天下的官都给上官行贿，又难道都不降官？怎么可以为了这个来葬送自己呢？"又说："充军也吧，死罪也吧，都甘心忍受。这等小偷行径，却干不得！"知县上京朝觐，照例可以从里甲、杂项摊派四五百两银子以至上千两银子，以便进京行贿，京官把朝觐年看成是收租的年头。海瑞在淳安任上两次上京，只用了路费银四十八两，其他一概裁革。作巡抚时，拒绝人家送礼，连多年老朋友送的人情也婉言谢绝。作了多年官，过的依然是穷书生的日子。在淳安，有一天买了两斤肉，为他母亲过生日，总督胡宗宪听见了，大为惊奇，当作新闻告诉人。罢官到京听调，穿的衣服单薄破烂，吏部的熟人劝他，才置了一件新官服。祖上留下十多亩田地，除了母亲死时，朋友送一点钱添置一点墓田以外，没有买过一亩地。买了一所房子，用银一百二十两，是历年官俸的积余。死前三天，兵部送来柴火银子，一算多了七钱银子，立刻退回去。死后，同官替他清点遗物，全部家财只有新俸银一百五十一两（一说只有十多两），绫、绸、绢各一匹，连丧事都是同官凑钱办的；看见这种情景，人们都忍不住掉下眼泪。

海瑞一生积极反对贪污，反对奢侈，主张节俭，生活朴素，是言行一致的极少见的清官。他恨极了贪官污吏，认为这是人民遭受苦难的根源，要根绝贪污，非用重刑不可。相反，像过去那样，准许贪污犯用钱赎罪，是解决不了问题的。建议恢复枉法赃满八十贯（千）处绞的法律。还提到明朝初年，严惩贪污，把贪污犯剥皮的故事。这一来，贪官污吏恐慌了，着急了，生怕海瑞剥他们的皮，联合起来，反对海瑞。

升任都察院右都御史以后，海瑞整顿纪纲，援引明太祖时的办法，用板子打御史。贪污犯房寰怕海瑞揭发，弹劾海瑞，把海瑞骂得不像人，引起了三进士的抗议。攻击的和为海瑞申雪的人吵开了，统治阶级内部发生严重争论，当国的宰相呢，依然是徐阶的手法，两面都不支持，也不得罪，不参加斗争，希望"调停"了事。最后，房寰的贪污事实被全盘揭露，遮盖不得了，才把他免职，这已经是海瑞死后的事了。

明末人谈迁记这场争论说："时人大为瑞不平，房寰今传三世而绝。"说房寰绝后是因为做了坏事。这虽然是迷信的说法，但是也可以看出当时和以后，有正义感的知识分子是同情海瑞，支持海瑞，歌颂海瑞的。

从当教官时不肯跪接御史时起，一直到建议严惩贪污，海瑞度过了他斗争的一生。

他反对乡官、大地主的兼并；反对严嵩、鄢懋卿的败坏国事，也反对徐阶的"调停"、"圆融"；他反对嘉靖帝的昏庸，只求无望的长生，不理国家政事；也反对地方官的额外需索，增加人民痛苦；他反对奢侈浪费；反对乡愿，总之，他反对坏人坏事。虽然他所处的是那样一个时代，还是坚持自己的信念，不屈不挠地斗争到死。

当时人对他的看法，不是说他做的全不对，而是说过火了一些，做过头了，偏了，矫枉过直了！他不同意，反而说就是要过火，就是要过直，不如此，风气变不过来。在给人的信中说："矫枉过直，古今同之。不过直，不能矫其枉。然生之所矫者，未见其为过直也。"而且："江南粮差之重，天下无有，古今无有。生至地方，始知富饶全是虚名，而苦楚特甚。其间可为百姓痛哭，可为百姓长太息者，难以一言尽也。"这种情况，光是要大地主退还一点非法侵占的田地，又怎么能说是过火，过直呢？应该说是不够，而不是什么过直。就当时当地的情况说，就当时苦楚特甚，可为痛哭，可为长太息的百姓说，过直应该是好得很，而不是糟得很。

当时农民暴动已经发生了。他把农民暴动的原因，明确指出是因为官坏："广寇大都起于民穷，民穷之故多端，大抵官不得其人为第一之害。"慨叹地说："今人居官，且莫说大有手段，可为百姓兴其利，除其弊。止是不染一分一文，禁左右人不得为害，便出时套中高人者矣。"把对官的要求降低到不求做好事，只要不做坏事，不贪污，也就难得了。又说："今人每谓做官自有套子，比做秀才不同，不可苦依死本。俗人俗见，谬妄之甚！区区惟愿……执我经书死本，行己而已。如此不执，虽熟人情，老世故，百凡通融，失己失人，全无用处。"痛斥当时的社会风气，在思想上进行坚决的斗争。

当然，光是执我经书死本，说往古，道先王，是解决不了当前的问题的。要求官吏不落时套，不做坏事，不贪污，不讲人情世故，不百凡通融，而不从社会的根本变革出发，也是不可能成功的。同样，不改变生产关系，简单地要求大地主退还侵占农民的部分田地，少剥削些，农民的苦楚减轻一些，无论事实上做不到，即使做了，也还是封建的剥削的社会，地主剥削农民的关系依然不变，问题还是没有解决，也是不可能解决的。在当时情况下，这是不可能解决的社会矛盾。海瑞虽然感觉到问题严重，必须坚决地和坏人坏事进行斗争，但是，他没有也不可能从本质上认识和解决这个矛盾。这是时代的矛盾，也是海瑞被大地主阶级的代表们所排挤、攻击，而又取得另一部分地主阶级同情、支持的道理。

海瑞是封建统治阶级的左派，和右派及中间派进行了长期的斗争。尽管遭受多次失败，有时候很愤慨，说出了"这等世界，做得成甚事业！"的气话。但在闲居十六年以后，有重新作事业的机会，他又以头童齿豁的高年参加了。不气馁，不服老，不怕挫折，真是"铮铮一汉子"。

海瑞的历史地位

海瑞在当时，是得到人民爱戴，为人民所歌颂的。

他反对贪污，反对奢侈浪费，主张节俭，搏击豪强，卵翼穷民，主持清丈田亩，贯彻一条鞭法，裁革常例，兴修水利，这些作为对农民，特别对贫农、中农是有利的。农民爱戴他，歌颂他是很自然的。他对城市人民，主要是商户，裁减里甲负担，禁止无偿供应物品等等，这些措施对减轻城市工商业者的负担，是有好处的。城市人民爱戴他，歌颂他，也是很自然的。此外，他还注意刑狱，特别是人命案件，着重调查研究，在知县和巡抚任上，都亲自审案，处理了许多积案，昭雪了许多冤狱。对农民和地主打官司的案件，他是站在农民一边的。海知县、海都堂是当时被压抑、被欺侮、被冤屈人们的救星。他得到广大人民的称誉、赞扬，被画像礼拜，被讴歌传颂，死后送丧的百里不绝。他的事迹，主要是审案方面的故事，一直到今天，还流传在广大人民中。

尽管海瑞在他的时代，曾经遭受攻击、排挤、辱骂，坐过牢，丢过官，但是，就封建统治阶级内部来说，他也还是被一部分人所歌颂的，赞扬的。不只是有些青年人仰慕他，以为是当代伟人，连某些反对他的人，大地主阶级的某些代表人物，如高拱、张居正、何良俊等人，都不能不对他说一些好话。死后，被谥为忠介，皇帝派官祭奠，祭文里也说了一大堆赞扬肯定的话。当时的史家何乔远、李贽都写了歌颂他的传记。清修《明史》也把他列入大传，虽然说他行事不能无偏，有些过火，但又说他从作知县一直到巡抚，作的事用意主于利民，也是肯定的。

海瑞在历史上是有地位的。

这样的历史人物，从今天来说，建设社会主义的新时代，该不该肯定，该不该歌颂？

答案是应该肯定，应该歌颂。

评价历史人物，应该从当时当地的情况出发，应该从这个人的作为是否有利于当时的人民、当时的生产出发。从以上的分析，从明朝嘉靖到万历初期这几十年间，从当地，海瑞作过官的地区，江苏、安徽、浙江、江西、福建，那时代那地区的人民，以至更广大地区的人民，是爱戴、歌颂海瑞的。反对他的人也有，只是极少数的大地主大官僚。他的主张和措施，有利于当时人民，有利于当时生产，而不利于某些大地主的兼并，不利于某些大地主的逃避赋役，转嫁给穷苦人民的恶劣勾当。

为广大人民所爱戴、歌颂，为少数大地主大官僚所攻击、反对，这样的人物，难道还不应该为我们所肯定，所歌颂吗？

我们肯定、歌颂他一生反对坏人坏事；肯定、歌颂他一生反对贪污，反对奢侈浪费，反对乡愿；我们肯定、歌颂他一生处处事事为百姓设想，为民谋利；我们肯定、歌颂他一生不向困难低头，百折不挠的斗争精神；我们肯定、歌颂他一生言行一致，里外如一的实践精神。这些品质，都是我们今天所需要学习和提倡的，而且只有社会主义时代，这些品质才能得到充分的发扬，虽然我们今天需要的海瑞和封建时代的海瑞在社会内容上有原则的不同。

在今天，建设社会主义社会的今天，我们需要站在人民立场、工人阶级立场的海瑞，为建成社会主义社会而进行百折不挠斗争的海瑞，反对旧时代的乡愿和今天的官僚主义的海瑞，深入群众、领导群众、鼓足干劲、力争上游的海瑞。

这样，封建时代的海瑞，还是值得我们今天学习的。

但是，决不能也不许可假冒海瑞，歪曲海瑞。海瑞是为当时人民办好事的，一生反对坏人坏事，从没有反对过好人好事。即使在徐阶和高拱的斗争中，他没搞清楚，对徐阶只看到好的一面，不知道他坏的一面，对高拱只知道他的缺点，没有弄明白他的政治品质好的一面，作了错误的支持和抨击。但是，几年以后，弄清楚了，就自己检查，承认了错误，并且在行动上改正了这个错误。

今天有些人自命海瑞，自封"反对派"，但是，他们同海瑞相反，不站在今天人民方面，不站在今天的人民事业——社会主义事业方面，不去反对坏人坏事，却专门反对好人好事，说这个搞早了，搞快了，那个搞糟了，过火了，这个过直了，那个弄偏了，这个有缺点，那个有毛病，太阳里面找黑子，十个指头里专找那一个有点毛病的，尽量夸大，不及其余，在人民群众头上泼冷水，泄人民群众的气。这样的人，专门反对好人好事的人，反对人民事业的人，反对社会主义事业的人，不但和历史上的海瑞毫无共同之点，而且恰好和当年海瑞所反对而又反对海瑞的大地主阶级代表们的嘴脸一模一样。广大人民一定要把这种人揪出来，放在光天化日之下，大喝一声，不许假冒！让人民群众看清他们的右倾机会主义的本来面目，根本不是什么海瑞！

这样看来，研究海瑞，学习海瑞，反对对于海瑞的歪曲，是有益处的，必要的，有现实意义的。

（原载《人民日报》，1959 年 9 月 21 日）

关于《海瑞罢官》的自我批评

一、我为什么研究海瑞？

一个多月来，各地报刊发表了许多批评和讨论《海瑞罢官》的文章（我只看到一小部分），对我极有启发，帮助，使我认识了错误，从而在此基础上，重新研究、认识海瑞。也通过这次的批评，讨论，对过去长时期没有解决的若干问题，各方面都各抒己见，展开百家争鸣，分清是非，端正立场，从而导致问题的解决，取得一致意见，提高学术水平，这是一件非常可喜的好事，值得高兴。

我研究海瑞，是 1959 年、1960 年两年中的事。把这些文章写作时间排一个队：

一、《海瑞骂皇帝》，发表于 1959 年 6 月 16 日《人民日报》，后来编入《海瑞的故事》。

二、《论海瑞》，发表于 1959 年 9 月 21 日《人民日报》，收入《灯下集》，146—168 页。

三、《海瑞的故事》，编入《中国历史小丛书》，第一版题记的时间是 1959 年 11 月 14 日。

四、《海瑞》，1960 年《新建设》第十、十一期合刊，收入《春天集》，228—237 页。

五、《海瑞罢官》，北京出版社本的前言写明 1960 年 11 月 13 日七稿，发表于 1961 年初的《北京文艺》，2 月间由北京京剧团演出，8 月间加上一篇序，出单行本。

除了《海瑞罢官》的序文以外，都是 1960 年以前写的。

和写作时间联系起来的问题是为什么要写《论海瑞》，《海瑞罢官》要人们"学习"些什么东西？

1959 年 8 月 12 日至 16 日在江西庐山举行了中国共产党第八届中央委员会第八次全体会议，会后发表了公报。公报指出"全会要求各级党委坚决批判和克服某些干部中的这种右倾机会主义的错误思想"。接着 8 月 27 日《人民日报》发表了《反右倾，鼓干劲，为在今年完成第二个五年计划的主要指标而斗争》的社论，《红旗》杂志第十七期发表了《伟大的号召》的社论。

我的《论海瑞》是在公报、社论发表后写的，9 月 17 日写成，即在《人民日报》社论发表后的第二十天。文章最后说："有些人自命海瑞，自封'反对派'，……广大人民一定要把这种人揪出来，放在光天化日之下，大喝一声，不许假冒！让人民群众看清他们的右倾机会主义的本来面目，根本不是什么海瑞！这样看来，研究海瑞，学习海瑞，反对对于海瑞的歪曲，是有益处的，必要的，有现实意义的。"[①] 这篇文章在那个时候是反对右倾机会主义的，反对假冒、歪曲海瑞的。

《海瑞罢官》在 1959 年年底动笔，是在《论海瑞》的基础上写成的。在前言中说："他又是忠于封建统治阶级的忠臣，他的一切政治作为都是为了巩固封建统治阶级的长远利益出发的。……（剧本）正面主角是海瑞。对立面是退休宰相徐阶和

---

① 《灯下集》（第二版，以下同此），167 页。

他所代表的官僚地主集团。这个集团明朝称为乡官。……（剧本）描写封建时代政治的黑暗腐败，乡官的豪横，人民被压迫奴役的惨状。……这个戏着重写海瑞的刚直不阿，不为强暴所屈，不为失败所吓倒，失败了再干的坚强意志。表现的是封建统治阶级的内部斗争，左派海瑞和以徐阶为首的右派——官僚地主集团的斗争。海瑞是封建统治阶级的忠臣，但是他比较有远见，比较接近人民，他为了本阶级的长远利益，主张办一些对当时人民有利的好事，限制乡官的非法剥削，触犯了本阶级右派的利益，展开了激烈的斗争。在这场斗争中，海瑞丢了官，但他并不屈服，不丧气。"①

现在检查起来，《论海瑞》这篇文章，在论点上，在评价上，缺点、错误是很多的。特别是缺乏阶级分析。在思想认识上，主观地要突出海瑞好的一面，越写越片面，把海瑞的历史地位评价过高了；只讲优点，少讲或不讲缺点，把海瑞写成一个封建时代非常高大、完整无缺的政治家，说他"为了巩固封建统治阶级的长远利益，减轻农民和市民的负担，向贪婪腐朽的封建官僚大地主斗争了一生"。说他"对农民和地主打官司的案件，他是站在农民一边的。海知县、海都堂是当时被压迫、被欺侮、被冤屈人们的救星"。"我们肯定歌颂他一生处处事事为百姓设想，为民谋利。"在《海瑞的故事》中，说他"像海瑞这样爱护人民，一切为老百姓着想"；等等。都是浮夸的，自相矛盾的，不符合历史实际的。文章的开头说他"为了巩固封建统治阶级的长远统治"。中间说他"在主观上和客观上都还是忠君爱国的"。"他受了严格的封建教育，遵守封建礼法，在政治上也必

---

① 《灯下集》，165 页。

然道往古，称先王，维护封建统治阶级的利益。"既然肯定了他是站在封建统治阶级立场上的，怎么又有可能同时站在农民一边呢？一个人同时可以站在对立着斗争着的两个敌对阶级的立场上吗？由此看来，历史上海瑞的立场并没有错，是我的立场错了。这是严重的根本性质的错误。

至于《海瑞罢官》问题就更严重了。写这个剧本的目的性是什么，在当时是不清楚的，糊涂的，虽然自以为写的是当时封建统治阶级的内部斗争，历史研究、历史剧要为当前的政治服务，这个剧本和1959年、1960年的现实生活又有什么关系呢？而且，在海瑞做应天巡抚的九个月中（我在论文和剧本中都错写成七个月）不是没有阶级斗争，相反，农民反对地主阶级的斗争还很激烈，为什么不写两个对立阶级的斗争，而写统治阶级的内部斗争呢？回忆起来，那时候想的只是要写一个在封建时代有正义感有斗争性的人物，因为他一生做官的四个时期，任淳安知县时期已经有旧戏《五彩舆》《大红袍》这类戏了。在北京做京官时期，已经有新戏《海瑞上疏》了，最后在南京做官时期，时间虽然有两三年，却没有做出什么可以描写的大事。只有任应天巡抚时期，过去还没有人写过戏，可以写。在这个时期，他主要做了清丈、推行一条鞭法、修吴淞江、除霸、退田五件事，前三件事不好写，就选择了除霸和退田两件事作为主题，前四稿是以退田为主题的，经过讨论，认为退田是改良主义的措施，没有意义，第五稿以后才改为以除霸为主题，退田退居陪衬地位，九场戏中有六场是写除霸的，却没有想到在当时海瑞即使除了个把恶霸，根本不会触动整个封建统治阶级的什么利益，性质会有什么改变，又有什么意义呢？"古为今用"、"厚今薄古"的原则在当时一点也没有想起过，完全是为古而古，为写戏而写戏，脱离了政治，脱离了现实。是资产阶级思想在指导着，而不是无产阶级思想在指导着。无产阶级的文学、艺术都必须为当前政治服务的不可动摇的原则，完全忘记了。

从《论海瑞》到《海瑞罢官》定稿，中间隔了一年多时间。这一年多时间，全国人民在前进，而我却停留在原地，没有迈开一步。而且《论海瑞》假如有一点点现实政治意义的话，《海瑞罢官》却一点时代的气息也闻不到了，我不但落伍，并且是后退了。

一句话，我忘记了阶级斗争！

二、苏松地区的阶级斗争和退田

《海瑞罢官》是以除霸为主题的，但是许多批评的文章却把笔锋指向退田这件我认为是陪衬的事上，这是有道理的。因为从海瑞强迫乡官退田说是改良主义的措施，《论海瑞》中说过："不改变生产关系，简单地要求大地主退还侵占农民的部分田地，少剥削些，农民的苦楚减轻一些，无论事实上做不到，即使做到了，也还是封建的剥削的社会，地主剥削农民的关系依然不变，问题还是没有解决，也是不可能解决的。在当时情况下，这是不可能解决的社会矛盾。……海瑞没有也不可能从本质上认识和解决这个矛盾。"这是一方面。另一方面，当地农民、特别是松江的农民，乡官们骂他们是"刁诈之徒"，是"刁民"，多年来一直在告乡官夺产的状，海瑞到松江，"告乡官夺产者几万人"，告状的时间如此之长，告状的人如此之多，这不是阶级斗争的一种低级形式，又是什么呢？

为什么有这么多人告乡官夺产的状呢？这要从苏松地区的

农村经济情况来分析，从阶级斗争的角度来分析。

从明朝一个朝代的情况来说，和其他封建王朝一样，存在着两个对立的阶级、被统治阶级和封建统治阶级、农民和地主、被剥削者和剥削者的斗争。从时间前后来说，明朝初期由于经过长期战争，数量很大的地主分子由于武装反抗农民起义军的进攻，大量地被消灭了；元朝官僚、宫廷所拥有的大量土地也因政权的被推翻而变成官田；由于长期战争所带来的人口剧减，特别是长江以北地区，地旷人稀，土地高度集中的现象发生了变化，明朝政府把无主的、抛荒的土地分配给无地的农民，就这样，在明初几十年中，土地的一部分是由个体农民分散经营着的，阶级矛盾有了一定程度的缓和。但从地区来说，长江以南的东南地区旧地主阶级不像北方那样，大量地被战争所消灭，相反，他们中间的一部分参加了明王朝政权，不止保存了原来拥有的土地，还有所增加，有所发展；还由于明初建都南京，成群新贵族、公侯将帅都成为新兴的大地主了，东南地区的土地集中现象逐步增加了，和北方的情况有所不同。这就是明初几十年中，南方各地不断发生农民起义，而北方地区却比较安定的经济原因。

随着时间的不断推移，东南地区土地集中的情况也不断跟着发展，阶级矛盾也就随之日益尖锐化了。

但是，这只是一般的基本的情况。就苏松地区而说，还有其特殊的和其他地区不同的情况。

第一，苏松地区的田赋特别重，明代全国实物税收约三千万石左右，苏州一府七县占二百八十一万石，松江一府三县占一百二十一万石。苏州垦田数只有九万六千五百零六顷，占全国垦田总数百分之一点一，交纳税粮呢，却占全国税收百分之九点五。① 松江垦田数只有四万七千一百五十六顷，比苏州少一半。② 苏州一府比浙江一省的负担还重，松江三个县的负担等于浙江一省的百分之四十弱。第二，是这两府的官田特别多，明朝全国官田数为全国垦田数七分之一。③ 苏州垦田总数内官田为六万五千零三顷，民田为三万四千六百九十七顷。④ 大致官田占三分之二弱，民田占三分之一强。松江府垦田数内官田为三万九千八百五十六顷三十三亩，民田却只有七千三百顷二十三亩。⑤ 官田的比例就更大了，官田占总数七分之六弱，民田只占七分之一多一点。官田和民田是怎样形成的呢？"这是因为以南宋以来，由于这一带土地肥沃，经济发展，贵族、官僚用种种方法兼并土地，（从贾似道搞公田起）到了政治局面发生变化，旧的贵族、官僚被推翻了，他们所占有的土地就被没收为官田，经过多次变化，官田就越来越多，民田就越来越少了。到明太祖（朱元璋）取得这带地方以后，又把原来（东吴张士诚）的豪族地主田地没收为官田，并且按私租收税，这样，这带地方的官田租税就特别重了。"⑥ 官田只是个名目，并不是由官府直接经营的田地。官田比民田赋税重多少呢？"今天下财赋多出吴中，吴中税法未有如今日之弊者也。……吴中有官田，有民田，官田之税，一亩有五斗六斗至七斗者，其外又有加耗，主者不免多取，盖几于一石矣。民田五升以上，似不为重，而加耗愈多，又有多

---

① 《春天集》，206—207 页
② 《松江府志》卷二十。
③ 《明史》卷七十七，《食货志》。
④ 顾炎武：《天下郡国利病书》卷二十。
⑤ 《松江府志》卷二十。
⑥ 《春天集》，207 页。

收之弊也。田之肥瘠，不甚相远，而一丘之内，只尺之间，或为官，或为民，轻重悬绝，细民转卖，官田价轻，民田价重，贫者利价之重，伪以官为民，富者利粮之轻，甘受其伪而不疑，久之民田多归于豪右，官田多留于贫穷，贫者不能供，则散之四方以逃其税，税无所出则摊之里甲，里甲坐困，去住相牵，同入于困。……田之税既重，又加以重役，今之所谓均徭者，大率以田为定，田多为上户，上户则重，田少则轻，无田又轻，亦不计其力之如何也。故民惟务逐末而不务力田，避重役也。……所谓重役者大约有三，曰解户，……曰斗库，……曰粮长，……三役之重，皆起于田，一家当之则一家破，百家当之则百家破，故贫者皆弃其田以转徙，而富者尽卖其田以避其役，吴下田贱而无所售，荒而无人耕绩，此之故也。"①说这话的人是明武宗时退休宰相王鏊，比海瑞早几十年，他说的苏松地区经济情况是和海瑞任应天巡抚时期没有很大差别的。官田田赋比民田要重十倍，而且民田多归于豪右，官田多留于贫穷。这样，把重赋都转嫁到自耕农身上，自耕农的日子便越发不好过了。第三，由于以上原因，苏松地区人口就日益减少，据《明史·地理志》：

苏州府	洪武二十六年 （公元 1393）	户四十九万一千五十四 口二百三十五万五千零三十
	弘治四年 （公元 1491）	户五十三万五千四百零九 口二百零四万八千九十七
	万历元年 （公元 1573）	户六十万七百五十 口二百零一万一千九百八十五

---

① 《明经世文编》卷一二〇；王鏊：《王文恪公集·吴中赋税书与巡抚李司空》。

松江府	洪武二十六年	户二十四万九千九百五十 口一百二十一万九千九百三十
	弘治四年	户二十万五百二十 口六十二万七千三百十三
	万历元年	户二十一万八千三百五十九 口四十八万四千四百十四

很清楚可以看出从公元1393年到1573年，一百八十年中，苏州府的户增加了，是分家的多了，口却减少三十四万三千人左右。松江府户也少了，口则剧减到七十三万五千多人，减去一大半。这是什么缘故呢？显然是松江府官田占垦田总数七分之六弱，农民负担不起，大量逃亡的缘故。这两个府的人口大量减少，并不是真的人口少了，而是转变为非农业人口了。据当时人记载，有的人成为大官僚地主家里的仆役，有的成为官府的吏胥，有的搞一条船做买卖，当然也有的跑到城市出卖劳动力，有的跑外乡外地去谋生，流浪。这种情况也就是王鏊的所谓逐末。

农民大量逃亡，不再留在原来的土地上，负担租税和徭役，在那时候，这也是反抗封建地主阶级统治的一种阶级斗争形式。

一面是农业人口的大量逃亡，像松江府这样，经过一百八十年，从一百二十多万的人口，减少到只剩四十八万四千多人，全国是找不到第二个的。另一面呢，明朝政府为了保护官僚地主的利益，还规定了一套特别优待的方法。办法规定京官一品可以免粮三十石，免役丁三十丁，二品免粮二十四石，免役丁二十四丁，以下递减，一直到从九品还可以免粮六石，免役丁六丁。外官免半。致仕官亦即乡官依照品级免粮、丁十分之七。教官、监生、举人、生员各免粮二石，役丁二丁。生员已造名在黄册者免人田七丁，新进生员不造名在黄册者免人田五丁。计算方法是"田十亩准一丁，田二十五亩准粮一石以算"①。这样，越是官做得大，越是拥有土地多，免的粮、役便越多，中小地主和富农既非官僚，又非生员的，一遇重役，便非破产不可。明末温宝忠说过：明朝里役负担是很重的，要是有二十亩田地的农民，假如家里不出一个秀才，一轮到里役，便得破家荡产。②顾炎武也说："一得为此（生员），则免于编氓之役，不受侵于里胥。"又沉痛地说："天下之病民者有三，曰乡宦，曰生员，曰吏胥，是三者法皆得以复其户，而无杂泛之差，于是杂泛之差乃尽归于小民。今之大县至有生员千人以上者比比也，且如一县土地有十万之顷，而生员土地五万，则民以五万而当十万之差矣，一县土地有十万顷而生员土地九万，则民以一万而当十万之差矣。民地愈少则诡寄愈多，诡寄愈多则民地愈少，而生员愈重，富者行关节以求为生员，而贫者相率而逃且死，故生员于其邑人无秋毫之益而有丘山之累。"由此可见，封建王朝对乡官直到生员的优免，优免的部分在封建王朝并无所失，而是分摊到里甲去的，分摊到农民身上去的，粮、差的优免部分"尽归于小民"，以此，一个地区的乡官、生员愈多，小民的负担也就愈重，阶级矛盾、阶级斗争也就日益尖锐。海瑞在给谭次川侍郎信上说："江南粮差之重，天下无有，古今无有。生至地方，始知富饶全是虚名，而苦楚特甚。其间可为百姓痛哭，可为百姓长太息者，难以一言尽也。"便说明了这种特殊情况。接着说："国计不可缺矣。分外使用及吏胥诸人之弊，若公少加意焉。宽一分江南人亦受一分

---

① 《海瑞文集》，141—142 页。
② 《温宝忠遗稿》卷五，《士民说》。

之赐矣。"田赋定额是不能少交的，但是正赋以外的额外需索，则希望能够少要一点，宽一分也好一分。其次，没有功名，也弄不到监生、生员的中小地主、富农，为了逃避重赋、重役，保全家业，自动把土地投靠到大官僚地主门下的也就日益众多，叫作投献，就这样，就更进一步促进了土地的高度集中，农民也就日益贫困，走投无路了。

投献也要加以分析，一种是自动投献的，一种是狗腿子强迫投献的，这两种都不经过买卖手续，是无代价的。还有第三种，那就是大官僚地主看中了哪一家中小地主、富农的土地，用高压手段以低价勒买的，也叫作投献。

投献是违反封建王朝法律的，因为损害了封建王朝的根本利益，《明律》规定："若将互争及他人田产妄作己业，蒙眬投献官豪势要之人，与者受者，各杖一百，徒三年。"又规定："军民人等将竞争不明并卖过及民间起科……朦胧投献……内外官豪势要之家，私换文契典卖者，投献之人，问发边卫永远充军，田地给还应得之人……其受投献家长并管庄人参究治罪。"① 这里指的都是无代价的投献。只有第三种以低价勒买的，才能"或许之赎"，前两种是说不到赎的。

明代的皇庄，公元1516年以前已有三百八十余处，共计九万余顷，后来增加到二十九万九百十九顷，不过都集中在以北京为中心的畿内地区，没有一个皇庄是在苏松地区的。② 同时，明代各朝所封亲王也没有一个是封在苏松地区的。③ 这个地区根本没

---

① 《明律》五，《户律》二，《田宅》。
② 《明史》卷七十七，《食货志》；《明经世文编》八十七《林俊查处皇庄田土疏》，八十八《传奉敕谕查勘畿内田地疏》；夏言：《夏文愍公集》卷一，《勘报皇庄疏》。
③ 《明史·诸王传》。

有皇庄。这个地区唯一的土地掠夺者是官僚大地主集团，也就是在朝的苏松籍的京官和退休回乡的官员——乡官。这个地区的阶级矛盾是农民对乡官的矛盾，不是一般的农民对地主的矛盾；这个地区的阶级斗争是农民对乡官的阶级斗争。

在海瑞任应天巡抚以前，阶级斗争已经展开了，农民除了大量逃亡以外，逃亡不了的便采取告状，告乡官夺产，大量的人告状，经常告状，告状也是阶级斗争的一种低级形式。应该明确指出，农民到官府告状是不容易的，他们没有文化，告状的状纸要花钱请人写；到府、县城告状要耗费时间，耽误劳动生产，不到不得已，忍受不了的时候，农民是不会轻易告状的。

这种告乡官夺产的农民，封建地主阶级叫作刁民，刁诈之徒，打官司告状叫刁讼，刁风。

海瑞在 1569 年任应天巡抚时，便面对着这种紧张的阶级斗争形势。他在督抚条约上说："本院到处即放告。江南刁风盛行，非系民间疾苦，官吏贪毒，实有冤抑而官司分理不当者，不准。""江南刁风日盛。""江南民风刁伪。"① 他也打老百姓的板子，关老百姓在监牢，也把他所认为刁民者枷号在衙门门口。在这一点上，他是和乡官一鼻孔出气的，立场是明确的。但在另一方面，他对判案却有自己的标准，在任淳安知县时，颁布的判断疑狱办法："窃谓凡讼之可疑者，与其屈兄，宁屈其弟；与其屈叔伯，宁屈其侄；与其屈贫民，宁屈富民；与其屈愚直，宁屈刁顽。事在争产业，与其屈小民，宁屈乡宦，以救弊也。（乡宦计夺小民田产债轴，假契侵产威逼，无所不为。为富不仁，比比有之。故曰救弊。）事在争言貌，与其屈乡宦，宁屈小民，以存体

---

① 《海瑞文集》，244、251、256 页。

也。（乡宦小民有贵贱之别，故曰存体。若乡宦擅作威福，打缚小民，又不可以存体论）。"① 应该而且必须对这段公开的文告进行具体分析，在判断疑狱上，与其屈兄，宁屈其弟，与其屈叔伯，宁屈其侄。在判断争言貌上，与其屈乡宦，宁屈小民，这是从反动的封建礼法，封建等级制度出发的，是他的封建统治阶级立场所决定的。但是，也还有另一方面，判断疑狱，与其屈贫民，宁屈富民；与其屈愚直，宁屈刁顽。特别是事在争产业，与其屈小民，宁屈乡宦。在他看来，在疑狱和争产业问题上，屈了贫民，可能引起不安、骚动，对王朝统治不利，屈了富民，屈了乡宦，他们经得起屈，屈一点也不要紧，这个屈也还是为王朝的长治久安出发的。

他面对着苏松地区，特别是松江"告乡官夺产者几万人"的斗争形势，是按着与其屈小民，宁屈乡宦的原则处理的。

松江的情况，他说："华亭乡官田宅之多，奴仆之众，小民詈怨而恨，两京十二省无有也。"他向府县官、诸生员、乡官之贤者问故，原因是："二十年以来府县官偏听乡官举监嘱事，民产渐消，乡官渐富。""乡官二十余年为虎，小民二十余年为肉。"② 这里所说的二十余年，背景是什么呢？徐阶是华亭人，他是嘉靖三十一年（公元 1552）入阁的，四十一年当首相，隆庆二年（公元 1568）致仕，当了十七年宰相。③ 从公元 1552 年到 1569 年，恰好十八年，这个二十年正好是徐阶当权的时代。

海瑞企图缓和这个激烈的阶级矛盾、阶级斗争，采取的是改

---

① 《海瑞文集》，117 页。

② 《海瑞文集》，238 页。

③ 《明史》卷一百十，《宰辅年表》。

良主义的强迫乡官退还非法侵占农民田地的办法,根据明王朝的法律:"盗卖田宅:凡盗卖换易及冒认,若虚钱实契,典卖及侵占他人田宅者,田一亩、屋一间以下,笞五十,每田五亩,屋三间,加一等,罪止杖八十,徒二年。系官者各加二等。"① 他要退的是什么田呢? 他说:"五年田土,祖宗之制,谓实有断卖文契也。苏松四府乡官,贤者固多其人,厉民致富者诚不为少。为富不仁,为仁不富,自然之理也。果有实卖文契耶! 臣于他府县告系白夺之状,间行一二,惟华亭县告乡官状,所准颇多。"② 由此可见,他下令强迫乡官退的田是白夺的田,也就是不付分文代价,用强占手段白白夺来的田,是没有实卖文契的田,这样做是符合封建统治阶级的法律,是为了维护封建统治阶级当前和长远利益的措施,同时,对于被白夺去田地的农民来说,也是有好处的。

退了多少? 海瑞自己说:"况先夺其十百,今偿其一,所偿无几。"可见退得是不多的。退了没有? 海瑞自己说:"乡官自行清退田宅,松江府申报数册到臣见在。天理人心,不容泯灭。"③ 他在给徐阶的信中也说:"近阅退田册,益知盛德出人意表。但所退数不多,再加清理行之可也。"④ 再拿海瑞的对头,轰走海瑞的徐阶的话来印证:"自隆庆庚辛(四年、五年,公元 1570、1571 年)间,吏兹土者,不思以端己裕民为政,而专导之以嚣讼,教之以争夺,民靡焉断丧其廉耻之心,毁弃其忠厚之俗,攫攘微利,骨肉为仇,故家旧族,所在破败。彼其意

① 《明律》五,《户律》二,《田宅》。
② 《海瑞文集》,237 页。
③ 《海瑞文集》,238 页。
④ 《海瑞文集》,432 页。

以为富者之财，散入于贫，则贫者当富矣，而岂知人情得财既易，用财遂轻，加以奸恶之徒，竞相诱引，淫奢饮博，视如泥沙，讼墨未干，空空如故，而富者之衰落则不可复振，盖里巷之间无富民者数年矣。"① 隆庆四年三月以前吏兹土者就是海瑞，这封信是写给当朝首相张居正，是骂海瑞的。由于他的大官僚地主的立场，当然有歪曲，但也说出一件事实，那就是海瑞强迫乡官退还非法侵夺、白夺的、没有实卖文契的田，是"富者之财，散入于贫"。富者是乡官，贫者是农民。以此，《明史·海瑞传》也说："素疾大户兼并，力摧豪强，抚穷弱。贫民田入于富室者，率夺还之。"也说他做得过火了一些："奸民多乘机告讦故家大姓，时有被诬负屈者。"这个屈也就是海瑞所主张的，事在争产业，与其屈小民，宁屈乡宦的屈。

　　海瑞退田的效果如何？海瑞自己说："臣任九个月矣。……谓扶弱被侵夺，而贫者自贫；谓抑强肆侵夺，而富者自富。"② 贫者自贫，富者自富，是他自己的总结，说明是没有效果的。而且，正因为他依据王朝法律强迫乡官退田，他是被苏松乡官在朝的代言人给事中戴凤翔弹劾下台的，他一离任，新任巡抚当然一反他的所为，所退的什百之一的田，不言而喻，又退还到乡官的手里去了。剧本《反攻》一场，徐阶说："换了新官，还不又是我们的天下。"是指出这一点的。这里也顺便说一下，在《海瑞罢官》前四稿以退田为主题的末场，众乡官在迎接新任巡抚戴凤翔时说："戴都老爷今日上任，他上本参倒海瑞，是我等重生父母，再世爹娘。如今又来巡抚东南，这一来呵，三吴又是我们的

① 徐阶：《徐文贞公集》二，《上太岳少师乞救荒》。
② 《海瑞文集》，240 页。

天下了！刁顽愚民从此再也不敢为非作歹了。良田好地又要物归原主了！感恩戴德，我等在此迎候。"（根据1960年5月写的第三稿油印本）这一段是和《反攻》一场徐阶的话相呼应的，点明了海瑞罢官后所退的田又退还到乡官手上去了。五稿以后改以除霸为主题，末场大大改写，把这一段话删去了，退田又退回到乡官手上去的事实便不那样醒目明确了。

当然，退田中有一部分是退给投献户的，但不完全是。至少有一部分是退给白夺的没有实卖文契的农民。海瑞到松江，告乡官夺产的有几万人，一人代表一户，松江府在1573年的人口数，才四十八万多一点，按1578年的全国人口和户数的平均数计算，每户为五点七人，这样松江才有八万四千多户，在八万多户中，告乡官夺产的就有几万户，假如全是投献户，是中小地主和富农，这个比例看来是太大了些。

姚文元同志批评说："要徐阶'退田'，是有过这件事的，但徐阶究竟退了没有，退了多少，是真退还是假退，都找不到可靠的材料。"徐阶确是退了一部分田的，这在上文已经说过了。退给谁呢？姚文元同志说："根据谈迁《国榷》隆庆五年七月记载，徐阶曾退出四万亩田，但那十分明确是退给官府，'入四万亩于官'，根本不是退给农民。"查《国榷》的原文是这样的：

> 隆庆五年七月庚午，蔡国熙为按察副使，整饬苏松兵备。……至是高拱擢之以迹阶，松人群起讼之，阶三子皆就系，拟以城旦，革其荫叙。入田四万亩于官。

入田四万亩于官是确有其事的，但是海瑞是隆庆四年三月以后离开应天巡抚任的。这件事发生于海瑞离任以后一年四个月，是蔡国熙办的，和海瑞一点也不相干，和海瑞的退田是两码子事。

正因为海瑞站在封建统治阶级立场，为了制止农民逃亡，赋税减少，和徭役征发，他采取了改良主义的执行封建法律的退田办法，并且还执行了与其屈小民宁屈乡宦的方针，他就遭受到大官僚地主集团的攻击，以致罢官。毛主席说："地主政权，是一切权力的基干。""宗法封建性的土豪劣绅，不法地主阶级，是几千年专制政治的基础。"①海瑞撞在地主政权、专制政治基础上了，他就不能不以失败而告终。他的改良主义的措施，不但解决不了问题，也行不通，办不了。他是改良主义的失败者。

海瑞走了，农民是不是就不告状了呢？上面《国榷》说"松人群起讼之"。和海瑞同时的华亭乡官何良俊骂他："刁诈之徒，禁之犹恐不缉，况导之使然耶？今刁诈得志，人皆效尤。至于亡弃家业，空里巷而出，数百为群，闯门要索，要索不遂，肆行劫夺。吾恐一二年不止，东南事必有不可言者。幸而海公改任，此风稍息。然人心动摇，迄今未定也。"又说："海刚峰爱民，只是养得刁恶之人。若善良百姓，虽使之诈人尚然不肯，况肯乘风生事乎！然此风一起，士夫之家，不肯买田，不肯放债，善良百姓，坐而待毙，则是爱之实陷之死也，其得谓之善政哉！"②稍后的浙江嘉兴人沈德符也说："海忠介所颁条约云：'但知国法，不知有阁老尚书。'于是刁民风起，江南鼎沸，延及吾浙，不问年月久近，服属尊卑，以贱凌良，以奴告主，弟侄据兄叔之业，祖遗蒙占夺之名。自庚午（公元1570年）至今将四十年，少者壮，壮者老，习为故常，专此诬讦。缙绅之贤者，反谨避以

---

① 《毛泽东选集》，31、15页。
② 何良俊：《四友斋丛说》卷十三。

博忠厚之名。尝闻吴中杨震崖（成）太宰云，近日地方使君逞风力者，动云不畏强御。然则强御乃我辈也。不亦哀哉！"①沈德符的话也有过分的地方，上面已经说过，在海瑞任应天巡抚以前，已经有大量的人告状了，沈德符却把这件事全算在海瑞身上，这是不符合实际情况的。不过由此看来，第一，海瑞退田在当时是有影响的，官僚地主阶级是发生了震动的；第二，地主阶级所指的刁民、刁诈之徒、刁恶之人，不大可能指的是中小地主；第三，1570 年以后，过了四十年，浙西一带的农民还在告地主的状，"以贱凌良，以奴告主"。阶级斗争并没有熄灭，封建地主阶级极为痛恨。

根据以上的分析，在 1560、1570 年，苏松地区是存在着阶级矛盾、阶级斗争的，农民是和官僚地主阶级对立的，农民告乡官夺产是阶级斗争的一种低级形式。

根据以上分析，海瑞所采取的执行封建法律的改良主义的退田措施，是完完全全站在封建统治阶级立场上的，目的是在缓和阶级矛盾，目的是在使农民不逃，田地不荒，便于徭役征发，当然，这样做，对得了退田的部分农民是有好处的，但是，决不能说成海瑞是站在农民立场上。

根据以上分析，在海瑞以前，海瑞任应天巡抚时期，在海瑞离任以后的四十年中，封建统治阶级所指的刁民、刁诈之徒、刁恶之人，亦即被他们白夺土地的农民，是在始终斗争着的，并没有屈服。

由此，可以得出结论，《海瑞罢官》这个剧本，主题应该是农民对大地主官僚集团的阶级斗争，而不是封建统治阶级的内部

---

① 《万历野获编》卷二十二。

斗争。农民应该是正面人物,英勇顽强,斗志昂扬,但是剧本写农民苍白无力,只会唉声叹气,只会喊"王法何在,天理何在?"赵玉山被当堂打死,不吭一声。"我等都是徐家佃户,哪里敢多说一句。"海瑞下令退田后,众乡民说:"江南贫民今后有好日子过了。""有土地何愁衣饭,好光景就在眼前。"最后幕后合唱"海父南归留不住,万家生佛把香烧"。使读者、观众感觉到不是由于农民自己的斗争,而是由于一个清官解决了当时的阶级矛盾,混淆了、抹煞了阶级斗争的本质,这是极端错误的,是立场性质的错误。

由此,可以得出结论,海瑞是完完全全站在封建统治阶级立场上的官僚,剧本尽管也强调了这一方面,"江南地鱼米乡多交粮饷……恶乡官贪残吏摧残乡党,害得那苦百姓逃亡他乡,民已穷财已尽国脉琢丧,我海瑞报圣上要作主张";"要申三尺皇家法";"江南困苦凄凉相,不退占田不久长";"谈孔孟说诗书取法先王,……学乡愿讲圆融愧对吾皇";"多为百万生民办一点好事,也就为皇上减少一分隐忧。"但是,把他突出的过分了,形象过于高大了,无论除霸也罢,退田也罢,都会使读者、观众理解为他是为人民的,从而混淆了阶级本质,阶级立场。立场既然错了,歌颂的又是封建官僚的刚直不阿,那么,这个剧本是为谁服务呢?显然,不可能是为无产阶级服务,而是为封建地主阶级、资产阶级服务。

由此,可以得出结论,松江地区的乡官渐富、民产渐消的情况,在他向皇帝的报告中说,府县官、生员,甚至乡官的贤者都对他说了的,海瑞在官僚中,甚至部分乡官中,是有他的社会基础的,他并不孤立。但是剧本却不提这些,只写他一个人单干,在家庭中只得到他母亲一个人的支持,这不但不符合当时历史实际，而且还宣扬了个人英雄主义，对读者、观众起了有害的作用。

总之，没有用阶级分析的方法，没有用一分为二的科学方法，没有用历史唯物主义来正确地评价人物和事件，而用的是形式主义的方法，片面地、绝对地、主观地来描述海瑞和农民群众，这是思想问题，也是阶级立场问题，错误是严重的。

三、修吴淞江、除霸和清官问题

吴淞江是修成了的，这在不少讨论文章中已经谈到了。白茆河虽也修了，但没有修成。

为了便于讨论，有必要把修吴淞江的经过说明一下。

海瑞在开吴淞江疏中说明，他于隆庆三年十二月巡历上海县，亲自相视，量得淤塞当浚地长该一万四千三百三十七丈三尺，原江面阔三十丈，今议开十五丈，计该用工银七万六千一百二两二钱九分。因为饥民动以千百，告求赈济。他就结合修河和救饥，"吴淞借饥民之力而故道可通，民借银米之需而荒歉有济"。经费来源是他自己筹措一部分，乡官史际捐出赈济谷二万石，并要求量留苏松常三府漕粮二十万石。[①] 以后他又报告："各县民告饥甚急，臣思昔人兴工救荒，旋于今正月初三日破土起工，实自初八日以后，人工方集。二月二十后渐收工，二十九日告成。……止用过银六万八千三百九十七两。"[②] 他在给人的信上

---

① 《海瑞文集》，231—232 页。

② 同上书，234 页。

也说："百凡区画，止幸吴淞江成功之速而成耳。余垂成中止，奈之何？"① 此外，《明史·河渠志》和《嘉定县志》都有修成的记载。连骂他的何良俊也说："前年海刚峰来巡抚，遂一力开吴淞江。隆庆四年、五年皆有大水，不至病农，即开吴淞江之力也。非海公肯担当，安能了此一大事哉！"② 可见这工程不但在不到两个月的时间修成（我在文章和剧本中说成不到一个月，是错的），还是当年就见效的。

于此，提出的问题是修水利是不是好事，为了什么目的。

历史上封建王朝较为稳定的时代，是比较注意修水利的，因为水利不修，常闹水灾，就会影响王朝的田赋收入。海瑞修吴淞江应该说是好事，决定是他作出的，经费是他筹集的，人力是他组织的。但是，还有其主要目的，那就是借兴工来救灾，灾民没有饭吃，闹起事来，可不得了。以工代赈，一举两得，这便是他的目的。当然，修水利参加劳动的是遭了灾的劳动人民，功劳主要是劳动人民的，但海瑞也应该算上一份。

关于除霸，内容是虚构的，想当然的。根据有没有呢，也有也没有，说没有是说洪阿兰一家三代被害的故事是虚构的。说有是根据《明史·徐阶传》："同列高拱令御史齐康劾阶，言其二子多干请，及家人横里中状。"③《高拱传》："阶子弟颇横行乡里。"④ 李贽《海瑞传》；"是时吴中贵人无逾华亭相（徐阶），按问其家无少贷。而（徐阶）弟侍郎陟武断残民，辄逮治如律。

---

① 同上书，441 页。
② 《四友斋丛说》卷十四。
③ 《明史》卷二百十三。
④ 《明史》卷二百十三。

尽夺还其侵田。"① 谈迁《枣林杂俎》："华亭徐文贞阶家居，子仆积横，讼牒山积。"是根据这些资料虚构出来的。

惩处贪官污吏的情况也是这样。梁云龙说："赇者则望风解印绶去。"② 黄秉石说："贪墨吏望风解印绶去。"③ 谈迁说："瑞一意拊单赤，抑贵势，墨吏望风解印绶去。"④《明史·海瑞传》也说："属吏惮其威，墨者自免去。"这些记载是一致的。剧本中判处王明友、李平度、萧岩的死刑和革职，也都是虚构的。

关于对清官的看法，我过去认为："由于封建统治阶级的统治基础是建立在对广大农民的剥削、掠夺上面的，封建官僚是为了地主阶级利益服务的；一切政治设施的最后目的，都是为了巩固和加强封建统治。这样，也就不难理解在封建官僚的压迫、奴役下，广大人民对于比较清明、宽大、廉洁政治的向往，对于能够采取一些措施，减轻人民负担，伸雪人民冤枉的好官的拥护了。对于这样的好官，人民作了鉴定，叫作'青天'。也正由于封建时代的、青天，极少，所以历史上屈指可数的几个'青天'，也就成为箭垛式的人物，许多人民理想中的好事都被堆砌到他们身上了。像宋朝的包拯，明朝的况钟和海瑞，都是著名的例子。也还必须指出，尽管历史上出现了几个'青天'，是当时人民给的称号。但是，也决不可以由此得出结论，以为青天'就是站在人民立场的政治家。不是的，恰恰相反，他们都是为封建统治阶级利益服务的官僚，在这一点上，也和当时其他封建官僚一样，是和人民对立的。不过，由于他们的出身和其他关系，比

---

① 《续藏书》卷二十三。

② 《海瑞文集》，540 页。

③ 《海瑞文集》，563 页。

④ 《国榷》卷六十六。

较接近人民，了解人民的痛苦，比较正直，有远见，为了维持封建统治阶级的长远利益，缓和阶级矛盾，在不损害封建统治阶级的根本利益前提下，有意识地办了一些好事。这些好事是和封建统治阶级的长远利益一致的，也是和被压迫被剥削的广大人民当前利益一致的，对当时的生产发展，对历史的进展有好处的。因此，他们在当时被人民叫作青天，在历史上也就应该是被肯定的，值得纪念的，在某些方面，还是值得今天学习的人物。"①今天检查起来，这个看法我基本上还没有什么改变。问题是最后一句话，既然封建时代的清官是为他的本阶级——封建统治阶级的利益服务的，那么，无产阶级能够向他们学习什么呢？就以《海瑞罢官》为例，我说"着重写海瑞的刚直不阿"。这个封建官僚的刚直不阿，和无产阶级的刚直不阿，有没有社会内容、本质上的区别呢？不讲区别，不讲本质不同，是不是要无产阶级去学习封建官僚的刚直不阿呢？这样一检查，用阶级分析的方法来检查，问题就多了，我过去几年，写了很多历史人物，大部分文章的结尾都说这人的某些品德值得今天学习，没有区别，没有分析，都是错误的。

由此就联系到道德的批判继承问题。

在这个问题上，我有时候是清醒的，例如我曾说过："时代不同，社会性质不同，道德标准也就不同。……总之，社会性质变了，道德标准也必然随着改变，这是个历史的发展观点。"②在谈骨气时也说过："社会不同，骨气的含义也是不同的，有着阶级本质的区别。""当然，无产阶级有它自己的英雄气概，有

---

① 《春天集》，203—204 页。
② 《灯下集》，198 页。

它自己的骨气。① 在《论民族英雄》一文中，更具体指出古代的民族英雄和今天的无产阶级革命英雄主义有着阶级本质的差别；有着立场、思想的根本差别；有着最终的目的和任务的根本差别。② 这都是正确的。但有时候又糊涂了，在讨论道德的批判继承问题时，三篇文章却强调封建道德也可以批判地继承，犯了绝大的错误。

通过批评和讨论，特别是最近向阳生同志和许启贤同志的批评，使我认识了错误，改正了自己的观点：第一，道德是阶级的道德，不同阶级有不同的道德，被统治阶级的道德和统治阶级的道德是对立的，无产阶级对封建道德、资产阶级的道德只能批判，不能继承；第二，道德是上层建筑，是从不同社会、不同经济基础上产生、发展的，它反过来又为下层基础服务，保卫本阶级的利益；第三，无产阶级道德的经济基础是全民所有制，它通过三大革命——阶级斗争、生产斗争、科学实验而成长、壮大、提高、发展，一句话，是通过阶级斗争、实践而形成的。和封建、资产阶级的道德绝无共通之处。

由此，也牵涉到历史人物评价问题，我曾经强调"评价历史人物要从生产斗争和阶级斗争出发，归结为阶级的活动。"这是正确的。但又说："评价历史人物是依据今时今地的标准呢？还是依据当时当地的标准？"这就有问题了，把历史人物放在他自己的历史时期，和同时代人相比是一回事，用今天的历史唯物主义的观点来评价历史人物又是一回事，而且是必须这样做的。其次，当时当地的标准是什么标准呢？是封建官僚的标准，还是人

---

① 《春天集》，12、14 页。

② 同上书，114 页。

民大众的标准？这里就有一个阶级分析的根本问题。

由此看来，我的思想深处，同时有正确的东西，也有错误的东西，有一点点马列主义、毛泽东思想，又有大量的封建主义的、资产阶级的、形式主义的思想。以此，有时候写对了，更多时候写错了。两种对立的东西经常在头脑中作斗争，根本原因是政治没有挂帅，正确的思想没有在头脑中确立统治的地位，所以犯错误也就是不可避免的了。

为什么会犯这样的错误呢？我现在认识到，一方面，二十多年来一直在党的教育、培养、关怀下，政治上的阶级立场是站稳了的。但在另一方面，学术思想上的阶级立场，却还基本上是旧的、老的、资产阶级的，以至还有封建的东西，没有注意，没有警惕，反而自以为没有什么问题了，放松了自我改造，问题就出在这里！毛病也就出在这里！

我也曾说过："有人批评是好事，不是坏事。"[1] 我在 1958 年以前，没有写文章。没有写，不等于在思想上就没有错误的东西，不过没有暴露出来罢了。1958 年以后，我也跃进了，不但写，而且大写特写，越写越多，暴露出来的错误也就越多。经过批评，认识错误，改正错误，转变立场，这样，至少，犯过的错误，经过批评以后不会重犯了。要是不写，不暴露，这些错误的东西会在思想中发霉，会使你中毒，最后到了不可救药的地步。道德的批判继承和《海瑞罢官》一系列文章的被批评，对我说来，确是好事，这使我重新认识自己，清理自己的思想，改变世界观、立场、观点；促使我重新学习，改造自己，好处是说不完的。

---

[1] 《灯下集》，3 页。

四、效果和立场

读了姚文元同志和各方面许多同志的批评文章以后,才初步认识到《海瑞罢官》发表和演出后的恶劣作用。再去重读毛主席《在延安文艺座谈会上的讲话》,毛主席指教我们:"文艺批评有两个标准,一个是政治标准,一个是艺术标准……检验一个作家的主观愿望即其动机是否正确,是否善良,不是看他的宣言,而是看他的行为(主要是作品)在社会大众中产生的效果。社会实践及其效果是检验主观愿望或动机的标准。"拿这个标准,即在社会大众中产生的效果来检验《海瑞罢官》,性质是十分严重的,效果是十分恶劣的。尽管在上面已经说过这个剧本是在 1959 年底到 1960 年 11 月写成的,但是《北京文艺》的发表,北京京剧团的演出,却是 1961 年年初的事,出单行本是在这一年的 8 月。这一年,正如姚文元同志所指出,社会上刮过一阵"单干风"、"翻案风",大肆叫嚣什么"平冤狱",要求"退田"等等,阶级斗争是客观存在,在这样情况下,《海瑞罢官》的发表、演出、出版,在社会实践中,会给读者和观众什么效果呢?读者和观众并不会去追究这个剧本是什么时候、年月写的,他们是在 1961 年读到、看到的,这是一个铁生生的事实。他们读了看了以后,自然而然会把剧本和这种风、那种风联系起来,江西上饶县中学朱彦同学已经指出,在 1962 年,有个坏分子就把这个剧本和要求单干退田联系起来了。[1]这是多么严重的恶劣的效果!还有,这个剧本"反映"什么呢?向海瑞"学习"些什么呢?不言而喻,这种"反映"、"学习"给党和国家、人民的

---

[1] 《文汇报》,1956 年 12 月 17 日。

社会主义事业会带来多大的损失！这个剧本在社会实践、在社会大众中的效果是可想而知的。而我作为一个国家干部，却写出这样的剧本！而且，经过五年的长时期，对这样具有严重性质的问题，却麻木不仁，无动于衷。甚至在北京京剧团演出几场以后，就停演了，为什么？没去想。甚至在两年以前，有位同志向我指出这个问题，还是不肯动脑子，引起反省，只推说是1960年写的，便自以为了事了。现在检查起来，这种态度是对当前政治的严重不负责任，是对党、人民事业的严重不负责任，决不能也不可以用任何理由来推卸这个责任，这个错误。

由此再进一步认真严肃地进行检查，"效果问题是不是立场问题？"毛主席说："一个人做事只凭动机，不问效果，等于一个医生只顾开药方，病人吃死了多少他是不管的。又如一个党，只顾发宣言，实行不实行是不管的。试问这种立场也是正确的吗？这样的心，也是好的吗？事前顾及事后的效果，当然可能发生错误，但是已经有了事实证明效果坏，还是照老样子做，这样的心也是好的吗？我们判断一个党、一个医生，要看实践，要看效果；判断一个作家，也是这样。"[1]我写了《海瑞罢官》以后，虽然没有照老样子做，但是在有位同志提出了问题以后，还不知道承认错误，改正错误，这不是立场问题又是什么呢！其次，我在《海瑞罢官》的前言中，指出他是忠于封建统治阶级的忠臣，他的一切政治作为都是为了巩固封建统治阶级的长远利益出发的，这是正确的。但是为了突出海瑞这个人物，把当时封建统治阶级的历史家一切歌颂他的话，不加具体分析，都在我的一些关于海瑞的文章和剧本里原封不动地表达出来了。这些历史家是一

---

① 《毛泽东选集》，第3卷，873—874。

些什么人呢？都是官僚地主阶级。当时农民是没有文化的，当然没有农民的著作流传下来。即使有个把民间艺人创作的关于歌颂海瑞的作品，那也还不是受了封建历史家的影响。就这样，我的关于海瑞的若干叙述、描写、刻划，关于其他历史人物的叙述、描写、刻划，就自然而然地和古代的封建历史家坐在一条板凳上了。和封建历史家坐在一条板凳上，这不是立场问题又是什么？

既然错了，那也不要紧，改了就是了。但我没有改，在1960年写完以后，又在1961年8月加序出单行本，这就是错上加错了，性质也就更加严重了。

为什么会犯这样严重性质的错误呢？毛主席在评价五四运动时说："但五四运动本身也是有缺点的。那时的许多领导人物，还没有马克思主义的批判精神，他们使用的方法，一般地还是资产阶级的方法，即形式主义的方法。他们反对旧八股、旧教条，主张科学和民主，是很对的。但是他们对于现状，对于历史，对于外国事物，没有历史唯物主义的批判精神，所谓坏就是绝对的坏，一切皆坏；所谓好就是绝对的好，一切皆好。这种形式主义地看问题的方法，就影响了后来这个运动的发展。"[①] 重读这一段，好像就是针对我的批评。不是吗？我就是形式主义地看历史问题，好的就是绝对的好吗？一切皆好吗？我就是没有马克思主义的批判精神，没有历史唯物主义的批判精神，没有一分为二的科学分析方法。尽管在十多年以前就自以为已经在政治上摆脱超阶级观点了，但是在思想上，在对待历史人物问题上，却还是资产阶级的方法，形式主义地看问题，不但没有摆脱资产阶级观点，甚至还被封建地主阶级的观点所俘虏。

---

① 《毛泽东选集》，第3卷，831—832页。

这个严重性质错误的揭发，对我是一个极为有益的教训。

我对于这个错误，"必须对于自己工作的缺点错误有完全诚意的自我批评，决心改正这些缺点错误。……同时也只有在这种严肃的负责的实践过程中，才能一步一步地懂得正确的立场是什么东西，才能一步一步地掌握正确的立场"①。我遵照毛主席的指示，诚心诚意地写了这篇自我批评。

在检查过程中，逐步认识到问题的本质，认识到这不止是一个学术性问题，而是一个政治性问题；不止是一个历史人物评价问题，而是一个阶级立场问题；不止是一个个别历史事实问题，而是用什么思想指导，用资产阶级的形式主义，主观性、片面性、表面性去分析历史人物、历史事件，还是用马克思主义、毛泽东思想、历史唯物主义、一分为二的科学分析方法去分析历史人物、历史事件的问题；是两种世界观、两种立场，两种思想方法、两种观点、两条道路的何去何从的根本问题；也就是思想、学术战线上的两条道路问题。

认识了，不等于问题就此解决了，还要通过实践，通过斗争，才能改造思想，转变立场，才能掌握正确的立场。我就以这篇自我批评为起点，追随各方面同志之后，参加这个"兴无灭资"的斗争，思想战线上的阶级斗争。

最后，我这个自我批评还只是初步的，不深入的，以后还要继续检查，以便更好地提高自己的思想觉悟水平，更好地改正错误，转变立场。感谢并期待着同志们的批评。

12月24日

（原载《北京日报》，1965年12月27日）

① 《毛泽东选集》，874页。